HISTOIRE

DE LA DÉCADENCE ET DE LA CHUTE

DE

L'EMPIRE ROMAIN,

TRADUITE DE L'ANGLAIS

D'ÉDOUARD GIBBON;

NOUVELLE ÉDITION,

ENTIÈREMENT REVUE ET CORRIGÉE,

PRÉCÉDÉE D'UNE NOTICE SUR LA VIE ET LE CARACTÈRE DE GIBBON,
ET ACCOMPAGNÉE DE NOTES CRITIQUES ET HISTORIQUES
RELATIVES, POUR LA PLUPART, A L'HISTOIRE
DE LA PROPAGATION DU CHRISTIANISME,

PAR M. F. GUIZOT.

Tome Cinquième.

A PARIS,

CHEZ LEDENTU, LIBRAIRE,

QUAI DES AUGUSTINS, N° 31.

1828.

HISTOIRE

DE LA DÉCADENCE ET DE LA CHUTE

DE L'EMPIRE ROMAIN.

V.

PARIS.—IMPRIMERIE DE CASIMII
Rue de la Vieille-Monnaie, n° 12.

HISTOIRE

DE LA DÉCADENCE ET DE LA CHUTE

DE

L'EMPIRE ROMAIN,

TRADUITE DE L'ANGLAIS

D'ÉDOUARD GIBBON.

NOUVELLE ÉDITION,

ENTIÈREMENT REVUE ET CORRIGÉE, PRÉCÉDÉE D'UNE NOTICE SUR LA VIE ET LE CARACTÈRE DE GIBBON, ET ACCOMPAGNÉE DE NOTES CRITIQUES ET HISTORIQUES RELATIVES, POUR LA PLUPART, A L'HISTOIRE DE LA PROPAGATION DU CHRISTIANISME,

PAR M. F. GUIZOT.

TOME CINQUIÈME.

A PARIS,

CHEZ LEDENTU, LIBRAIRE,

QUAI DES AUGUSTINS, N° 31.

HISTOIRE

DE LA DÉCADENCE ET DE LA CHUTE

DE L'EMPIRE ROMAIN.

CHAPITRE XXV.

Gouvernement et mort de Jovien. Élection de Valentinien. Il associe son frère Valens au trône. Division définitive des empires d'Orient et d'Occident. Révolte de Procope. Administration civile et militaire. L'Allemagne, la Bretagne (aujourd'hui l'Angleterre), l'Afrique, l'Orient, le Danube. Mort de Valentinien. Ses deux fils, Gratien et Valentinien, succèdent à l'empire d'Occident.

Les affaires publiques de l'empire se trouvèrent, à la mort de Julien, dans une situation précaire et dangereuse. Jovien sauva l'armée romaine au moyen d'un traité honteux, mais peut-être nécessaire (1), et sa piété consacra les premiers instans de la paix à rétablir la tranquillité dans l'Église et dans l'État. L'imprudence de son prédécesseur n'avait fait que

État de l'Église. A. D. 363.

---

(1) Les médailles de Jovien sont ornées de victoires, de couronnes de laurier et d'ennemis captifs. (Ducange, *Famil. byzantin.*, p. 52.) La flatterie ressemble au suicide extravagant qui se déchire de ses propres mains.

fomenter les discordes religieuses qu'il feignait de vouloir apaiser, et la balance exacte qu'il affectait de tenir entre les partis ne servit qu'à perpétuer leurs débats par des alternatives de crainte et d'espoir, et par la rivalité des prétentions qui se fondaient d'un côté sur une longue possession, de l'autre sur la faveur d'un souverain. Les chrétiens oubliaient tout-à-fait le véritable esprit de l'Évangile, et l'esprit de l'Église avait passé chez les païens. La fureur aveugle du zèle et de la vengeance avait éteint dans les familles tous les sentimens de la nature. On corrompait, on violait les lois; le sang coulait dans les provinces d'Orient, et l'empire n'avait pas de plus redoutables ennemis que ses propres citoyens. Jovien, élevé dans les principes et dans l'exercice de la foi chrétienne, fit déployer l'étendard de la croix à la tête des légions dans sa marche de Nisibis à Antioche, et le *labarum* de Constantin annonça aux peuples les sentimens religieux du nouvel empereur. Dès qu'il eut pris possession du trône, il fit passer aux gouverneurs de toutes les provinces une lettre circulaire dans laquelle il confessait les vérités de l'Évangile, et assurait l'établissement légal de la religion chrétienne. Les insidieux édits de Julien furent abolis, les immunités ecclésiastiques furent rétablies et étendues (1), et Jovien voulut bien exprimer ses

---

(1) Jovien rendit à l'Église τον αρχαιον κοσμον, expression forte et intelligible. (Philostorgius, l. VIII, c. 5; *Dissertat.*

regrets de ce que le malheur des circonstances l'obligeait à retrancher une partie des aumônes publiques. Les chrétiens chantaient unanimement les louanges du pieux successeur de Julien ; mais ils ignoraient encore quel symbole ou quel concile le souverain choisirait pour règle fondamentale de la foi orthodoxe ; et les querelles religieuses, suspendues par la persécution, se rallumèrent avec une nouvelle fureur aussitôt que l'Église se vit à l'abri du danger. Les évêques des partis opposés se hâtèrent d'arriver à la cour d'Édesse ou d'Antioche, convaincus par l'expérience qu'un soldat ignorant se déterminait par les impressions, et que leur sort dépendait de leur activité. Les chemins des provinces orientales étaient couverts de prélats homoousiens, ariens ou semi-ariens et eunomiens, qui tâchaient réciproquement de se devancer dans leur course pieuse : ils remplissaient de leurs clameurs les appartemens du palais, et fatiguaient et étonnaient peut-être l'oreille de l'empereur d'un singulier mélange d'argumens métaphysiques et de violentes invectives (1). Jovien leur recommandait l'union et la charité, et les renvoyait à la décision d'un futur concile. Sa modération était

---

de Godefroy, p. 329; Sozomène, l. vi, c. 3.) La nouvelle loi, qui condamnait le rapt ou le mariage des religieuses (*Cod. Theod.*, l. ix, tit. xxv, *leg.* 2), est exagérée par Sozomène, qui suppose qu'un regard amoureux, l'adultère du cœur, était puni de mort par le législateur évangélique.

(1) Comparez Socrate, l. iii, c. 25, et Philostorgius, l. viii, c. 6, avec les *Dissertations* de Godefroy, p. 330.

regardée comme une preuve de son indifférence ; mais il fit bientôt connaître son attachement à la foi de Nicée par le profond respect qu'il montra pour les vertus *célestes* (1) du grand saint Athanase. Cet intrépide vétéran de la foi était sorti de sa retraite à l'âge de soixante-dix ans, aussitôt qu'il avait appris la mort de son persécuteur. Il était remonté sur son trône archiépiscopal aux acclamations du peuple, et avait sagement accepté ou prévenu l'invitation de Jovien. La figure vénérable de saint Athanase, son courage tranquille et son éloquence persuasive, soutinrent la réputation qu'il avait successivement acquise à la cour de quatre souverains (2). Après s'être assuré de la confiance et de la foi de l'empereur chrétien, il retourna glorieusement dans son

---

(1) Le mot céleste exprime faiblement l'adulation impie et extravagante de Jovien vis-à-vis d'Athanase, της προς τον Θεον των ολων ομοιωσεως. (*Voyez* la lettre originale dans saint Athanase, t. II, p. 33.) Saint Grégoire de Nazianze (*orat.* XXI, p. 392) célèbre l'amitié mutuelle de Jovien et de saint Athanase. Ce furent les moines d'Égypte qui conseillèrent au primat de faire le voyage. Tillemont, *Mém. ecclés.*, t VIII, p. 221.

(2) Saint Athanase est peint avec esprit par La Bletterie, à l'occasion de son séjour à la cour d'Antioche. (*Histoire de Jovien*, t. I, p. 121-148.) Cet historien traduit les conférences singulières et authentiques de l'empereur avec le primat d'Égypte et les députés des ariens. L'abbé n'est pas satisfait des plaisanteries grossières de Jovien; mais il regarde comme une justice sa partialité pour saint Athanase.

diocèse d'Alexandrie, qu'il gouverna pendant dix ans avec une sagesse mûrie par l'expérience, et une fermeté dont l'âge n'avait rien diminué (1). Avant de quitter Antioche, il assura Jovien qu'un règne long et tranquille serait la récompense de sa dévotion orthodoxe. Le prélat était persuadé, sans doute, que dans le cas où des événemens contraires lui ôteraient le mérite de la prédiction, il lui resterait toujours celui d'un vœu dicté par la reconnaissance (2).

Dans la marche des événemens, le mouvement le plus léger employé à diriger ou à précipiter un objet dans le sens de la pente sur laquelle il est naturellement entraîné, acquiert bientôt un poids et une force irrésistible. Jovien eut le bonheur ou la prudence d'embrasser les opinions religieuses les plus conformes à l'esprit du temps, et celles que soutenaient de leur zèle les nombreux adhérens de la secte la plus puissante (3). Le christianisme obtint,

Jovien publie une tolérance universelle.

---

(1) La date de sa mort est incertaine. (Tillemont, *Mém. ecclés.*, t. VIII, p. 719-723.) Mais la date A. D. 373, mai 2, celle qui s'accorde le mieux avec la raison et avec l'histoire, est constatée par l'histoire authentique de sa vie. Maffei, *Osservazioni letterarie*, t. III, p. 81.

(2) *Voyez* les Observations de Valois et de Jortin (*Remarques sur l'Hist. ecclés.*, v. 4, p. 38) sur la lettre originale de saint Athanase, conservée par Théodoret (l. IV, c. 3). Dans quelques-uns des manuscrits, cette promesse indiscrète est supprimée, peut-être par des catholiques jaloux de la réputation prophétique de leur chef.

(3) Saint Athanase (*apud Theodoret.*, l. IV, c. 3) exagère

sous son règne, une victoire facile et décisive, et le paganisme, relevé et soutenu avec tant de soin et de tendresse par l'adresse de Julien, privé désormais de la faveur dont l'environnait le sourire du maître, tomba dans la poussière pour ne s'en relever jamais. On ferma ou on déserta les temples de la plupart des villes ; et les philosophes, qui avaient abusé d'une faveur passagère, crurent qu'il était prudent de raser leur longue barbe et de déguiser leur profession. Les chrétiens se virent avec joie maîtres de pardonner ou de venger les insultes qu'ils avaient souffertes sous le règne précédent (1). Mais Jovien dissipa les terreurs des païens par un édit sage et bienveillant, qui, en proscrivant avec sévérité l'art sacrilége de la magie, accordait à tous ses sujets l'exercice libre et tranquille du culte et des cérémonies de l'ancienne religion. L'orateur Thémistius, envoyé par le sénat de Constantinople pour porter au nouvel empereur l'hommage de son fidèle dévouement, nous a conservé le souvenir de cette loi de tolérance. Il représente la clémence comme un des attributs de la nature divine, et l'erreur comme

---

le nombre des orthodoxes qui composaient, dit-il, le monde entier : cette assertion s'est trouvée véritable trente ou quarante ans après.

(1) Socrate (l. III, c. 24), saint Grégoire de Nazianze (*orat.* IV, p. 131) et Libanius (*Orat. parental.*, c. 148, p. 369) expriment les sentimens qu'éprouvaient alors leurs factions respectives.

inséparable de l'humanité. Il appuie sur l'indépendance des sentimens, la liberté de la conscience, et expose assez éloquemment les principes d'une tolérance philosophique, dont la superstition elle-même, dans ses momens de détresse, ne dédaigne point d'invoquer le secours. Il observe, avec raison, que dans leurs derniers changemens de fortune, les deux religions ont été également déshonorées par d'indignes prosélytes, par de vils adorateurs de la puissance, qui passaient avec indifférence, et sans rougir, de l'église dans le temple, et des autels de Jupiter à la communion des chrétiens (1).

Les troupes romaines qui arrivaient à Antioche, en marche depuis sept mois, avaient, dans cet espace de temps, fait une route d'environ quinze cents milles, et souffert tous les maux que peuvent faire éprouver la guerre, la famine et un climat brûlant. Malgré leurs services, leurs fatigues et l'approche de l'hiver, l'impatient et timide Jovien n'accorda aux hommes et aux chevaux que six semaines pour se reposer. L'empereur ne pouvait supporter les raille-

Son départ d'Antioche.
A. D. 363, octobre.

─────────

(1) Themistius, *orat.* v, p. 63-71, édit. Hardouin, Paris, 1684. L'abbé de La Bletterie remarque judicieusement (*Hist. de Jovien*, t. 1, p. 199) que Sozomène a omis de parler de la tolérance générale, et que Themistius a passé sous silence l'établissement de la religion catholique. Chacun d'eux a rejeté ce qui lui était désagréable, et supprimé la partie de l'édit qu'il regardait comme moins honorable pour l'empereur Jovien.

ries mordantes et indiscrètes des habitans d'Antioche (1). Impatient de se trouver en possession du palais de Constantinople, il sentait la nécessité de prévenir l'ambition des compétiteurs qui auraient pu s'emparer avant lui, en Europe, de la souveraineté encore vacante. Mais il eut bientôt la satisfaction d'apprendre que l'on reconnaissait unanimement son autorité depuis le Bosphore de Thrace jusqu'à l'océan Atlantique. Par ses premières lettres expédiées de son camp de Mésopotamie, il avait confié le commandement militaire de la Gaule et de l'Illyrie à Malarick, brave et fidèle officier de la nation des Francs, et à son beau-père, le comte Lucilien, qui s'était distingué par le courage et les talens qu'il avait déployés à la défense de Nisibis. Malarick refusa une commission qu'il jugeait au-dessus de ses talens, et Lucilien fut massacré à Reims dans une révolte imprévue des cohortes bataves (2). Mais Jovin, maître général de la cavalerie, oubliant l'intention que l'empereur avait eue de le disgracier, apaisa le tumulte par sa modération, et rassura la

---

(1) Οἱ δὲ Ἀντιοχεῖς οὐκ ἡδέως διέκειντο πρὸς αὐτόν· ἀλλ' ἐπεσκώπτον αὐτὸν ᾠδαῖς καὶ παρῳδίαις καὶ τοῖς καλουμένοις φαμώσοις. (*famosis libellis.*) Jean d'Antioche, *in excerpta Vales.*, p. 845. Les libelles d'Antioche peuvent être admis sur le moindre témoignage.

(2) Comparez Ammien (xxv, 10), qui omet le nom des Bataves, avec Zozime (l. III, p. 197), qui transporte la révolte de Reims à Sirmium.

fidélité chancelante des soldats. Le serment de fidélité fut prêté avec des acclamations sincères, et les députés des armées d'Occident (1) saluèrent leur nouveau souverain au moment où il descendait du mont Taurus dans la ville de Tyane en Cappadoce. De Tyane il se rendit à Ancyre, capitale de la province de Galatie, où Jovien prit et donna à son fils, encore enfant, le titre de consul et les ornemens du consulat (2). Ce fut à Dadastana (3), petite ville obscure, à une égale distance de Nicée et d'Ancyre, que l'empereur trouva le terme fatal de son voyage et de son existence. Il alla se coucher après un souper peut-être trop copieux, et on le trouva le lendemain matin mort dans son lit. Il y eut différentes opinions sur la cause de cette mort. Les uns l'attribuèrent à une indigestion occasionée par la

A. D. 364, janvier.

Mort de Jovien. Février 17.

---

(1) *Quos capita scholarum ordo castrensis appellat.* Amm., XXV, 10; et Valois, *ad locum.*

(2) *Cujus vagitus, pertinaciter reluctantis, ne in curuli sellâ veheretur ex more, id quod mox accidit, protendebat.* Auguste et ses successeurs sollicitèrent respectueusement une dispense d'âge pour les fils ou les neveux qu'ils élevèrent au consulat; mais la chaise curule du premier Brutus n'avait jamais été profanée par un enfant.

(3) L'Itinéraire d'Antonin place Dadastana à cent vingt-cinq milles romains de Nicée, et à cent dix-sept d'Ancyre. (*Itinéraire* de Wesseling, p. 142.) Le Pélerin de Bordeaux, en omettant quelques postes, réduit la distance entière de deux cent quarante-deux à cent quatre-vingt-un milles. Wesseling, p. 574.

quantité de vin qu'il avait bu, ou par la qualité des champignons qu'il avait mangés le soir précédent; d'autres prétendirent qu'il avait été suffoqué durant son sommeil par la vapeur du charbon et par les exhalaisons malsaines qui sortirent des plâtres neufs dont étaient couverts les murs de l'appartement (1). Les soupçons de poison (2) et d'assassinat n'eurent d'autre motif que le peu de recherches qui furent faites sur la mort d'un prince dont le règne et la personne furent bientôt oubliés. On transporta le corps de Jovien à Constantinople, dans les tombeaux de ses prédécesseurs. Chariton, son épouse, et fille du comte Lucilien, rencontra sur sa route cette lugubre procession. Elle pleurait encore la mort violente de son père, et se flattait de sécher ses larmes dans les embrassemens d'un époux revêtu de la pourpre. Les angoisses de la tendresse maternelle vinrent ajouter encore à sa douleur et à ses regrets. Six

---

(1) *Voyez* Ammien (xxv, 10); Eutrope (x, 18), qui pouvait être aussi présent; saint Jérôme (tom. 1, p. 26, *ad Heliodorum*); Orose (viii, 31); Sozomène (l. vi, c. 6); Zozime (l. iii, p. 197-198); et Zonare (t. ii, l. xiii, p. 28-29). Nous ne pouvons nous attendre à ce qu'ils s'accordent parfaitement sur tous les points, et nous ne nous arrêterons pas à discuter les différences légères qui peuvent se trouver entre eux.

(2) Ammien, dérogeant à sa candeur et à son bon sens ordinaires, compare la mort du débonnaire Jovien à celle du second Africain, qui excita la crainte et le ressentiment de la faction populaire.

semaines avant la mort de l'empereur, son fils avait été placé, quoique enfant, dans la chaise curule, honoré du nobilissime et des vaines décorations du consulat. Il avait reçu de son grand-père le nom de Varronien. Trop jeune pour connaître la fortune, ce fut seulement aux soupçons inquiets du gouvernement, qu'il put se rappeler qu'il était fils d'un empereur. A l'âge de seize ans il vivait encore, mais on lui avait déjà fait perdre un œil; et sa malheureuse mère tremblait à tout moment qu'on ne vînt arracher de ses bras cette victime innocente, pour tranquilliser, par sa mort, la méfiance du prince régnant (1).

Après la mort de Jovien, le trône du monde romain demeura (2) dix jours sans maître. Les minis-

---

(1) Saint Chrysostôme, t. 1, p. 336-344, édit. Montfaucon. L'orateur chrétien essaie de consoler une veuve par l'exemple des illustres infortunés. Il observe que neuf empereurs qui avaient régné de son temps, en y comprenant Gallus, Constantin et Constance, étaient les seuls qui eussent terminé leur vie par une mort naturelle. De telles consolations n'ont jamais eu le pouvoir de sécher une seule larme.

(2) Dix jours paraissent à peine suffisans pour la marche et pour l'élection; mais on peut observer, 1° que les généraux avaient le droit de se servir des postes publiques pour eux, pour leur suite et pour leurs commissions; 2° que les troupes, pour le soulagement des villes, marchaient en plusieurs divisions, et que l'avant-garde pouvait être arrivée à Nicée, tandis que l'arrière-garde était encore à Ancyre.

tres et les généraux tenaient toujours les conseils et exerçaient les fonctions dont ils étaient spécialement chargés. Ils maintinrent l'ordre public et conduisirent paisiblement l'armée à Nicée en Bithynie, où se devait faire l'élection (1). Dans une assemblée solennelle, les officiers civils et militaires de l'empire offrirent unanimement, pour la seconde fois, le diadême à Salluste, qui eut encore la gloire de le refuser; et lorsque, pour rendre hommage aux vertus du père, on proposa de nommer son fils, le préfet déclara aux électeurs, avec la fermeté d'un citoyen zélé, que le grand âge de l'un et la jeunesse sans expérience de l'autre étaient également incapables des travaux pénibles du gouvernement. On proposa plusieurs prétendans que firent rejeter successivement différentes objections tirées de leur caractère et de leur situation. Mais à peine eut-on prononcé le nom de Valentinien, que le mérite reconnu de cet officier réunit en sa faveur tous les suffrages, que confirma la sincère approbation de Salluste lui-même. Valentinien (2) était fils du comte Gratien, né à Ci-

Élection et caractère de Valentinien.

---

(1) Ammien, XXVI, 1; Zozime, l. III, p. 198; Philostorg., l. VIII, c. 8; et Godefr., *Dissert.*, p. 334. Philostorgius, qui semble avoir rassemblé des détails curieux et authentiques, attribue le choix de Valentinien au préfet Salluste, au maître général Arinthæus, à Dagalaiphus, comte des domestiques, et au patricien Datianus, dont les pressantes recommandations eurent, de la ville d'Ancyre où ils étaient, une grande influence sur l'élection.

(2) Ammien, XXX, 7-9, et Victor le jeune, ont donné le

balis en Pannonie, qui, par sa force extraordinaire
et par son adresse, était parvenu d'un état obscur au
commandement militaire de l'Afrique et de la Bretagne, d'où il s'était retiré avec une immense fortune et une probité fort suspecte. Le rang et les
services de Gratien avaient contribué cependant à
faciliter à son fils les premiers pas vers la fortune, et
lui avaient procuré l'occasion de déployer les utiles
et solides qualités qui le firent distinguer de tous
ses compagnons d'armes. Valentinien avait la taille
haute; sa personne était pleine de grâce et de majesté; sa noble contenance, animée de l'expression
du courage et de l'intelligence, frappait ses ennemis
de crainte et ses amis de respect. L'invincible courage
de Valentinien était secondé par une force de corps
et de constitution qu'il avait héritée de son père.
Par cette habitude de tempérance et de chasteté qui
dompte les passions et augmente la vigueur des facultés de l'esprit et du corps, Valentinien avait conservé sa propre estime et celle du public. Élevé dans
les camps, au milieu du tumulte des armes, ayant
eu peu de loisir pour se livrer à la littérature, il ignorait la langue grecque et les règles de l'éloquence;
mais, incapable de crainte et d'embarras, il savait,
toutes les fois que l'occasion le demandait, exprimer
avec autant de facilité que d'assurance des sentimens
toujours fermement arrêtés. Valentinien n'avait étu-

---

portrait de Valentinien, qui précède naturellement et éclaircit l'histoire de son règne.

dié que les lois de la discipline militaire, et il se fit bientôt distinguer par son infatigable activité et par la sévérité inflexible avec laquelle il exigeait des soldats l'exactitude dont il donnait l'exemple. Sous le règne de Julien, il s'était audacieusement exposé à sa colère par le mépris qu'il montrait publiquement pour la religion de cet empereur (1). L'examen de sa conduite postérieure donna lieu de penser que son indiscrétion fut plutôt l'effet de l'esprit militaire que d'un grand zèle pour le christianisme. Julien lui pardonna et continua d'employer un homme dont il estimait le mérite (2). La réputation que Valentinien avait acquise sur les bords du Rhin prit un nouvel éclat dans les événemens variés de la guerre de Perse. La célérité et le succès avec lesquels il exécuta une commission importante, lui valurent la faveur de Jovien et le commandement honorable de la seconde *école* ou compagnie de ses gardes du palais. Parti d'Antioche avec l'armée, Valentinien était arrivé dans

---

(1) A Antioche, ayant été obligé d'accompagner Julien au temple, il frappa un prêtre qui voulut le purifier avec l'eau lustrale. (Sozomène, l. vi, c. 6; Théodoret, l. iii, c. 15.) Cette espèce de défi public pouvait convenir à Valentinien; mais elle ôte toute vraisemblance à ce qu'on a dit de l'indigne délation du philosophe Maxime, qui supposerait un délit plus secret. Zozime, l. iv, p. 200-201.

(2) Socrate (l. iv), Sozomène (l. vi, c. 6) et Philostorgius (l. viii, c. 7, avec les *Dissertations* de Godefroy, p. 293), disent que ce pardon fut précédé d'un exil à Mélitène ou en Thébaïde : le premier est possible.

ses quartiers d'Ancyre, lorsque, sans l'avoir prévu, sans crime et sans intrigue, il fut appelé, dans la quarante-troisième année de son âge, au gouvernement absolu de l'empire romain.

Le vœu des ministres et des généraux aurait eu peu de valeur, s'il n'eût été confirmé par l'approbation de l'armée. Le vieux Salluste, instruit par une longue expérience des caprices inattendus qui peuvent déterminer une assemblée populaire, proposa de défendre, sous peine de mort, à tous ceux dont le rang militaire pouvait former un parti, de se présenter à la cérémonie de la prochaine inauguration. Telle était cependant encore l'influence de l'ancienne superstition, qu'on augmenta d'un jour le dangereux intervalle qui devait s'écouler jusqu'à cette cérémonie, parce que celui qu'on avait choisi tombait sur l'intercalaire de l'année bissextile (1). Quand le moment fut jugé favorable, Valentinien se montra sur un tribunal élevé. L'assemblée applaudit à un choix si judicieux, et l'empereur se revêtit solennellement de la pourpre et du diadême aux acclamations de

<small>Valentinien est reconnu empereur par l'armée. A. D. 364, 26 février.</small>

---

(1) Ammien, dans une digression longue, parce qu'elle est déplacée (XXVI, 1, et Valois, *ad locum*) suppose assez légèrement qu'il comprend une question astronomique à laquelle ses lecteurs n'entendent rien. Censorin (*de Die natali*, c. 20) et Macrobe (*Saturnal.*, l. 1, c. 12-16) traitent ce sujet avec plus de sens et de jugement. La dénomination de *bissextile*, qui marque l'année funeste, est dérivée de la *répétition du sixième jour* des calendes de mars. Saint August., *ad januarium, epist.* 119.

toute l'armée rangée en ordre autour du tribunal; mais au moment où il étendait la main pour haranguer les soldats, un murmure inquiet sembla s'élever par hasard dans les rangs; il augmenta, et d'impérieuses clameurs se firent bientôt entendre et pressèrent le nouveau monarque de se nommer sur-le-champ un collègue. Le calme intrépide de Valentinien ayant ramené la multitude au silence et au respect, il lui adressa le discours suivant : « Camarades, vous étiez encore les maîtres, il y a peu d'instans, de ne point m'élever à l'empire; jugeant, par l'examen de ma vie, que j'étais digne de régner, vous m'avez placé sur le trône, et c'est à moi dorénavant à m'occuper de l'intérêt et de la sûreté de la république. Le gouvernement de l'univers est sans contredit un fardeau trop pesant pour les mains d'un faible mortel. Je connais les bornes de mon intelligence; je sais que ma vie est incertaine, et, loin de refuser les secours d'un digne collègue, je les solliciterai avec empressement; mais quand la discorde peut être funeste, on ne doit se déterminer dans le choix d'un ami sincère, qu'après de mûres délibérations, et c'est à moi seul à les faire. Pour vous, soyez soumis et raisonnables; allez vous reposer et vous tranquilliser dans vos quartiers. Vous pouvez compter sur la gratification d'usage à l'avénement d'un nouvel empereur (1). » Fiers de leur choix, satisfaits à la fois et

---

(1) Le premier discours de Valentinien est abondant dans

tremblans, les soldats étonnés reconnurent la voix d'un maître ; la violence de leurs clameurs fit place à un respectueux silence, et Valentinien, environné des aigles des légions et des différentes bannières de la cavalerie et de l'infanterie, fut conduit, par un cortége militaire, au palais impérial de Nicée. Le nouvel empereur, sentant combien il était important d'empêcher que les soldats n'en vinssent à quelque déclaration un peu trop hardie, assembla les chefs pour les consulter; et Dagalaiphus, avec une noble franchise, lui exprima en peu de mots leurs véritables sentimens : « Très-excellent empereur, lui dit-il, si vous songez seulement à votre famille, vous avez un frère ; si vous aimez la république, cherchez autour de vous le plus digne d'entre les Romains (1). » L'empereur, dissimulant son mécontentement sans rien changer à ses projets, se rendit, à petites journées, de Nicée à Nicomédie, et enfin à Constantinople. Dans un des faubourgs de cette capitale (2), trente jours après son élévation, il donna le titre

---

Ammien (xxvi, 2), concis et sentencieux dans Philostorgius (l. viii, c. 8).

(1) *Si tuos amas, imperator optime, habes fratrem. Si rempublicam, quære quem vestias* (Ammien, xxvi, 4). Dans le partage de l'empire, Valentinien conserva pour lui ce sincère conseiller, c. 6.

(2) *In suburbano,* Ammien, xxvi, 4. Le fameux *Hebdomon* ou Champ-de-Mars était à sept stades ou sept milles de Constantinople. *Voyez* Valois et son frère *ad loc.*, et Ducange, *Const.*, l. ii, p. 140, 141, 172, 173.

d'Auguste à son frère Valens. Les patriotes les plus hardis se soumirent en silence à sa volonté absolue, convaincus qu'en s'y opposant, ils se sacrifieraient eux-mêmes sans être de la moindre utilité à leurs concitoyens. Valens était dans la trente-sixième année de son âge; mais ses talens ne s'étaient fait connaître dans aucun emploi civil ou militaire, et son caractère personnel ne donnait pas au monde de grandes espérances. Il avait cependant une qualité qui le rendit cher à Valentinien, et conserva la paix intérieure de l'empire : sa reconnaissance et son attachement pour son bienfaiteur furent toujours invariables. Valens reconnut docilement, dans toutes les circonstances de sa vie, la supériorité du génie et de l'autorité de son frère (1).

Il associe son frère Valens à l'empire. A. D. 364, mars 28.

Avant de partager les provinces, Valentinien voulut réformer l'administration de l'empire. Il invita les sujets qui avaient été ou opprimés ou molestés sous le règne de Julien, de quelque classe qu'ils fussent, à présenter publiquement leurs accusations. Un silence général attesta l'intégrité sans tache du préfet, le respectable Salluste (2), et, malgré ses pressantes

Partage définitif des empires d'Orient et d'Occident. A. D. 364.

---

(1) *Participem quidem legitimum potestatis; sed modum apparitoris morigerum, ut progrediens aperiet textus.* Ammien, XXVI, 4.

(2) Malgré l'autorité de Zonare, de Suidas, et de la Chronique de Paschal, M. de Tillemont (*Hist. des Empereurs*, t. V, p. 671) a bien envie de révoquer en doute des histoires si avantageuses pour un païen.

sollicitations pour qu'il lui fût permis de se retirer des affaires; Valentinien le retint à la cour avec les plus honorables protestations d'estime et d'amitié. Mais parmi les favoris de l'avant-dernier empereur, plusieurs avaient abusé de sa crédulité ou de sa superstition, et ils ne pouvaient plus espérer ni le secours de la faveur, ni même celui de la justice (1). On destitua la plus grande partie des ministres du palais et des gouverneurs de provinces; mais Valentinien sut séparer de la foule coupable les officiers qui s'étaient distingués par leur mérite; et il paraît que, malgré les clameurs du zèle et du ressentiment, cette réforme fut conduite avec sagesse et modération (2). Les réjouissances du nouveau règne éprouvèrent une interruption passagère par l'indisposition soudaine et suspecte des deux empereurs. Dès que leur santé fut rétablie, ils quittèrent Constantinople au commencement du printemps, et terminèrent solennellement le partage de l'empire dans le château ou le palais de Mediana, à trois milles de Naissus (3). Valentinien céda à son frère la riche

---

(1) Eunape célèbre et exagère les souffrances de Maxime, p. 82, 83. Cependant il convient que ce sophiste ou magicien, favori coupable de Julien et ennemi personnel de Valentinien, en fut quitte pour le paiement d'une légère amende.

(2) L'accusation vague d'une réforme générale (Zozime, l. IV, p. 201) est réfutée par Tillemont, t. v, p. 21.

(3) Ammien, XXVI, 5.

préfecture de l'Orient, depuis le Bas-Danube jusqu'aux confins de la Perse, et se réserva les préfectures guerrières de l'Illyrie, de l'Italie et de la Gaule, depuis l'extrémité de la Grèce jusqu'au rempart de la Calédonie, et depuis le rempart de la Calédonie jusqu'au pied du mont Atlas. L'administration des provinces continua à se diriger d'après les mêmes bases; mais deux cours et deux conseils obligèrent de doubler le nombre des généraux et des magistrats; on eut égard, dans la répartition des emplois, au mérite et à la situation particulière de chacun, et l'on créa sept maîtres généraux tant de cavalerie que d'infanterie. Après avoir paisiblement terminé cette affaire importante, Valentinien et Valens s'embrassèrent pour la dernière fois. L'empereur de l'Occident établit à Milan sa résidence momentanée, et le souverain de l'Orient partit pour Constantinople, chargé du gouvernement de cinquante provinces dont il ignorait absolument la langue (1).

Révolte de Procope. A. D. 365, septembre.

La tranquillité de l'Orient ne tarda pas à être troublée par une révolte, et la puissance de Valens fut menacée par les audacieuses entreprises d'un rival

---

(1) Ammien dit en termes vagues : *Subagrestis ingenii, nec bellicis, nec liberalibus studiis eruditus* (Amm., XXVI, 14). L'orateur Themistius, avec l'impertinente vanité d'un Grec, désire, dit-il, pour la première fois, de pouvoir parler la langue latine, parce qu'elle est l'idiome de son souverain, την διαλεκτον κρατουσαν. *Orat.* 6, p. 71.

dont sa parenté avec Julien (1) faisait tout le mérite, comme elle avait été tout son crime. Procope s'était rapidement élevé du poste obscur de tribun au commandement de l'armée de Mésopotamie, et l'opinion publique le désignait déjà comme le successeur d'un prince qui n'avait point d'héritiers. Ses amis, ou ses ennemis, répandaient, sans aucun fondement, que Julien l'avait secrètement revêtu de la pourpre à Carrhes, dans le temple de la Lune (2). Il tâcha de désarmer les soupçons de Jovien par une conduite soumise et respectueuse; et, après avoir quitté sans résistance son commandement militaire, il alla, suivi de sa mère et de sa famille, cultiver l'ample patrimoine qu'il possédait dans la province de Cappadoce. L'apparition d'un officier et d'une troupe de soldats vint le troubler cruellement dans ses innocentes occupations. Ils étaient chargés par Valens et Valentinien d'arracher l'infortuné Procope des bras de ses parens, et de le conduire soit à une prison perpétuelle, soit à une mort ignominieuse. Sa présence

---

(1) Le degré incertain d'alliance ou de consanguinité est exprimé par ανεψιος, *cognatus, consobrinus.* *Voyez* Valois, *ad* Ammien, XXIII, 3. La mère de Procope pouvait être sœur de Basilina et du comte Julien, la mère et l'oncle de l'apostat. Ducange, *Fam. byzant.*, p. 49.

(2) Ammien, XXIII, 3; XXVI, 6. Il raconte ce fait en hésitant : *Susurravit obscurior fama; nemo enim dicti auctor exstitit verus.* C'est au moins une preuve que Procope était païen. Cependant sa religion ne semble avoir eu aucune influence ou favorable ou contraire à ses prétentions.

d'esprit lui procura quelque délai et une mort plus éclatante. Sans faire la moindre résistance à l'ordre des empereurs, il demanda quelques momens pour embrasser sa famille en larmes; et, tandis qu'il endormait la vigilance de ses gardes par un repas splendide, il eut l'adresse de gagner la côte de la mer Noire, d'où il passa dans la province du Bosphore. Procope resta plusieurs mois caché dans cette triste région, exposé à tous les maux de l'exil, de la solitude et du besoin, aigrissant ses peines par les réflexions d'un caractère naturellement mélancolique, et sans cesse agité de la crainte, trop bien fondée, que les Barbares, venant par hasard à découvrir son nom, ne violassent à son égard, sans beaucoup de scrupule, les lois de l'hospitalité. Dans un moment d'impatience et de désespoir, il s'embarqua sur un vaisseau marchand qui cinglait pour Constantinople, et forma l'audacieux projet de s'élever au rang de souverain, puisqu'on ne voulait pas le laisser jouir de la paix et de la sécurité attachées à la condition de sujet. Après avoir rôdé furtivement dans les villages de la Bithynie, changeant souvent de nom, d'habits et de retraite (1), il se hasarda enfin à entrer dans la capitale,

---

(1) Il prit pour retraite la maison de campagne d'Eunomius l'hérétique, dans l'absence et sans le consentement du maître, qui n'en fut pas même instruit, et qui échappa cependant avec peine à une sentence de mort. Il fut banni dans la partie la plus reculée de la Mauritanie. Philostorg., l. IX, c. 5-8; et Godefroy, *Dissert.*, p. 369-378.

et à confier son sort et sa vie à la fidélité de deux amis,
un sénateur et un eunuque, qui lui donnèrent quelques espérances fondées sur la situation des affaires
publiques. Un esprit général de mécontentement s'était répandu dans la masse des citoyens. On regrettait
l'intelligence et l'équité de Salluste, à qui Valens
avait imprudemment ôté la préfecture de l'Orient, et
l'empereur se faisait généralement mépriser par une
brutalité sans vigueur, et par une faiblesse dépourvue d'humanité. Les peuples craignaient l'influence
de son beau-père le patricien Petronius, ministre
avide et cruel, qui exigeait rigoureusement tous les
arrérages des tributs dus depuis le règne de l'empereur Aurélien. Toutes les circonstances favorisaient
les desseins d'un usurpateur. Valens avait été appelé
en Syrie par les dispositions hostiles des Persans. Du
Danube à l'Euphrate les soldats marchaient de tous
côtés, et la capitale était sans cesse remplie de troupes qui passaient ou repassaient le Bosphore. Deux
cohortes de Gaulois prêtèrent l'oreille en secret à des
propositions que les conspirateurs avaient eu soin
d'appuyer de la promesse d'une forte gratification ;
et leur vénération pour la mémoire de Julien les fit
aisément consentir à défendre les droits de son parent opprimé. Au point du jour, ils se rangèrent en
bataille près des bains d'Anastasie; et Procope, vêtu
d'un habit de pourpre, plus convenable à un histrion qu'à un souverain, parut tout à coup, comme
s'il se fût élevé du fond du tombeau, au milieu de
Constantinople. Les soldats, préparés à le recevoir,

saluèrent leur prince tremblant par des cris de joie et des sermens de fidélité. Leur nombre s'accrut d'une bande de vigoureux et grossiers paysans rassemblés dans les villages des environs, et Procope fut successivement conduit, sous leur protection, au tribunal, au sénat et au palais impérial. Durant les premiers instans de ce règne tumultueux, le morne silence des citoyens surprit et effraya l'usurpateur. Ils ignoraient la cause du tumulte, ou ils en craignaient l'événement. Mais la force militaire de Procope était supérieure à tout ce qu'on pouvait lui opposer dans le moment. Les mécontens accouraient en foule sous les drapeaux d'un rebelle; les pauvres étaient attirés par l'espoir d'un pillage général dont la crainte soumettait les riches, et l'incorrigible crédulité de la multitude se laissait encore abuser par la promesse des avantages qu'elle devait retirer d'une révolution. On saisit les magistrats, on enfonça les prisons et les arsenaux, on s'empara du port et des portes de la ville, et dans peu d'heures Procope se trouva, du moins pour le moment, maître absolu dans la capitale de l'empire. Il profita avec assez d'adresse et de courage d'un succès qu'il avait si peu espéré. Il fit répandre les bruits les plus favorables à ses intérêts, et tandis qu'il trompait la populace par de fréquentes audiences données aux ambassadeurs imaginaires des nations les plus éloignées, les corps d'armée postés dans les villes de la Thrace et dans les forteresses du Bas-Danube, se laissaient insensiblement entraîner dans la révolte. Les princes des Goths fournirent au souverain de Constantinople le secours formidable de plusieurs milliers d'auxiliaires. Ses généraux passèrent le Bosphore, et soumirent sans effort les provinces riches et désarmées de l'Asie et de la Bithynie. Après une défense honorable, la ville et l'île de Cyzique se rendirent à ses armes. Les légions renommées des Joviens et des Herculiens embrassèrent la cause de l'usurpateur, qu'elles devaient anéantir; et comme les vétérans étaient sans cesse recrutés par des levées nouvelles, Procope parut bientôt à la tête d'une armée dont la force et la valeur n'étaient point au-dessous de son entreprise. Le fils d'Hormisdas (1), jeune prince plein de valeur et d'habileté, consentit à se déclarer contre le souverain légitime de l'Orient, et l'usurpateur le revêtit sur-le-champ des pouvoirs extraordinaires accordés aux anciens proconsuls romains. Faustine, veuve de l'empereur Constance, épousa Procope, et lui confia sa personne et celle de sa fille : cette auguste alliance illustra le parti des rebelles, et le rendit plus respectable aux yeux du peuple. La princesse Constantia, âgée d'environ cinq

---

(1) *Hormisdæ maturo juveni, Hormisdæ regalis illius filio, potestatem proconsulis detulit; et civilia, more veterum, et bella, recturo.* (Ammien, xxvi, 8.) Le prince de Perse s'en tira honorablement, et fut rétabli (A. D. 380) dans le même office de proconsul de la Bithynie. (Tillemont, *Histoire des Empereurs*, t. v, p. 204.) J'ignore si la race de Sassan se perpétua. Je trouve (A. D. 514) un pape du nom d'Hormisdas; mais il était né à Frusino, en Italie. Pagi, *Brev. pontific.*, t. 1, p. 247.

ans, suivait dans une litière la marche de l'armée; son père adoptif parcourait les rangs en la portant dans ses bras, et à sa vue les soldats attendris sentaient redoubler leur fureur guérrière (1). Ils se retraçaient la gloire de la maison de Constantin, et juraient de défendre jusqu'à la dernière goutte de leur sang le tendre rejeton de cette race royale (2).

Sa défaite et sa mort.
A. D. 366, mai 28. Cependant des avis incertains de la révolte d'Orient étaient venus alarmer et troubler Valentinien. Une guerre contre les Germains le forçait à s'occuper principalement de la sûreté de ses propres États, et des bruits vagues augmentaient son anxiété. Les ennemis s'étaient emparés de toutes les communications, et faisaient adroitement répandre que la défaite et la mort de Valens avaient rendu Procope paisible possesseur de toutes les provinces de l'Orient. Valens n'était pas mort; mais, en apprenant à Césarée la première nouvelle de la révolte, il désespéra lâchement de sa fortune et de sa vie, proposa de traiter avec l'usurpateur, et n'eut pas honte d'avouer le dessein d'abdiquer la pourpre et l'empire. Ses ministres, par leur fermeté, sauvèrent leur timide monarque de la ruine et du déshonneur, et leur ha-

---

(1) La jeune rebelle fut ensuite mariée à l'empereur Gratien; mais elle mourut peu de temps après, sans laisser d'enfans. *Voyez* Ducange, *Fam. byzant.*, p. 48-59.

(2) *Sequimini culminis summi prosapiam*, dit Procope, qui affectait de mépriser la naissance obscure et l'élévation fortuite du Pannonien parvenu. Ammien, XXVI, 7.

bileté tourna bientôt en sa faveur les événemens de la guerre. Dans un temps de paix, Salluste avait quitté son emploi sans murmure ; mais dès que la sûreté publique fut attaquée, sa noble ambition redemanda la première part dans les travaux et les dangers ; et le rétablissement de ce vertueux ministre dans la préfecture d'Orient, fut, pour le peuple satisfait, le premier indice du repentir de Valens. Procope semblait commander à des provinces soumises et à de puissantes armées ; mais la plupart des principaux officiers civils et militaires, soit qu'ils fussent conduits par le devoir ou l'intérêt, avaient abandonné un parti coupable, s'étaient retirés du tumulte de la révolte, ou épiaient le moment de trahir l'usurpateur. Lupicinus accourait à marches forcées avec les légions de Syrie au secours de Valens. Arinthæus, qui, pour la force, la valeur et la beauté, surpassait tous les héros de son temps, attaqua, avec une troupe peu nombreuse, un corps de rebelles supérieur en forces. Quand il reconnut parmi eux les soldats qui avaient servi sous ses drapeaux, il leur commanda, d'une voix forte, de saisir et de lui livrer leur prétendu commandant ; et tel était l'ascendant de son caractère, qu'ils obéirent sans hésiter à cet extraordinaire commandement (1). Arbetio, respec-

---

(1) *Et dedignatus hominem superare certamine despicabilem, autoritatis et celsi fiduciâ corporis, ipsis hostibus jussit, suum vincire rectorem : atque ita turmarum antesignanus umbratilis comprensus suorum manibus.* Saint Basile

table vétéran du grand Constantin, qui avait été décoré des honneurs du consulat, se laissa gagner, quitta sa retraite et accepta le commandement d'une armée. Dans le fort du combat, il ôta son casque d'un air calme, et, découvrant sa figure vénérable et ses cheveux blancs, salua avec tendresse les soldats de Procope, en les appelant ses enfans et ses compagnons; il les exhorta à ne pas partager plus long-temps le crime d'un usurpateur méprisable, et à se réunir au vieux général qui les avait si souvent conduits à l'honneur et à la victoire. Les troupes du malheureux Procope, séduites par les conseils et par l'exemple de leurs perfides officiers, l'abandonnèrent dans les deux combats de Thyatire (1) et de Nacosie. Après avoir erré quelque temps dans les bois et les montagnes de Phrygie, il fut trahi par ses compagnons découragés, qui le traînèrent dans le camp impérial, où on lui abattit sur-le-champ la tête.

---

célèbre la force et la beauté d'Arinthæus, nouvel Hercule, et il suppose que Dieu l'avait créé comme un modèle inimitable de la perfection humaine. Les peintres ni les sculpteurs ne parvinrent point à attraper sa ressemblance, et les historiens paraissaient fabuleux lorsqu'ils racontaient ses exploits. Ammien, XXVI, et Valois, *ad locum*.

(1) Ammien place le champ de bataille en Lycie, et Zozime à Thyatire, ce qui fait une différence de cent cinquante milles. Mais Thyatire *alluitur Lyco* (Pline, *Hist. nat.*, v. 31; Cellarius, *Géogr. antiq.*, tom. II, p. 79), et les copistes ont pu convertir une petite rivière en une grande province.

Procope partagea le sort ordinaire des usurpateurs vaincus; mais les horribles cruautés que son vainqueur exerça sous les formes de la justice firent naître dans tous les cœurs l'indignation et la pitié (1).

Telles sont à la vérité les suites naturelles et ordinaires du despotisme et de la révolte. Mais on regarda comme le symptôme funeste de la colère du ciel ou de la dépravation des hommes (2), les recherches rigoureuses que Valens et Valentinien firent durant leur règne sur le crime de la magie (3). Ne craignons pas de nous laisser aller à un noble orgueil en voyant tous les pays éclairés de l'Europe rejeter aujourd'hui un préjugé odieux et cruel, adopté autrefois dans toutes les parties du monde et dans tous

<small>Recherches sévères du crime de magie à Rome et à Antioche. A. D. 373, etc.</small>

---

(1) Les aventures, l'usurpation et la chute de Procope, sont racontées en ordre par Ammien (xxvi, 6, 7, 8, 9, 10); et par Zozime (l. iv, p. 203-210). Ils servent à s'éclaircir mutuellement, et se trouvent rarement en contradiction. Themistius (*orat.* 7, p. 91, 92) ajoute quelques louanges serviles, et Eunape quelques satires malignes (p. 83, 84).

(2) Libanius, *de ulcisc. Julian. Nece*, c. 9, p. 158, 159. Le philosophe déplore la frénésie publique; mais il n'attaque point après leur mort la justice des empereurs.

(3) Les jurisconsultes anglais et français de notre siècle croient à la *théorie*, mais nient la *pratique* de la magie. (Denisart, *Recueil des Décisions de jurisprudence*, au mot *sorcier*, t. iv, p. 553; *Comment.* de Blackstone, vol. iv, p. 60.) Comme la saine raison devance ou surpasse toujours la sagesse publique, le président de Montesquieu (*Esprit des Lois*, l. xii, c. 5-6) rejette tout-à-fait l'existence de la magie.

les systèmes d'opinions religieuses (1). Toutes les nations et toutes les sectes de l'empire romain admettaient avec la même crédulité et la même horreur la réalité de cet art infernal (2), capable de suspendre le cours éternel des planètes et la liberté des opérations de l'esprit humain. Tous les peuples redoutaient la puissance mystérieuse des mots magiques et des enchantemens, des herbes puissantes et des cérémonies exécrables qui pouvaient ôter ou rendre la vie, enflammer les passions de l'âme, anéantir les œuvres de la création, et arracher à la résistance des démons les secrets de l'avenir. Ils étaient assez inconséquens pour supposer que cette suprême puissance sur le ciel, la terre et les enfers, pouvait être exercée par de misérables sorciers ambulans, qui, l'employant seulement pour satisfaire aux plus vils motifs d'intérêt ou de méchanceté, passaient leur vie obscure dans la misère et le mépris (3). Les lois

---

(1) *Voyez* les *OEuvres de Bayle*, t. III, p. 567-589. Le sceptique de Rotterdam déploie à ce sujet, selon son ordinaire, un singulier mélange de vivacité, d'esprit et de connaissances mal liées.

(2) Les païens distinguaient la bonne et la mauvaise magie par les dénominations de *théurgique* et de *gœtique* (*Hist. de l'Acad.*, etc., t. VII, p. 25). Mais ils n'auraient pu défendre cette distinction obscure contre la logique serrée de Bayle. Dans le système des juifs et des chrétiens, tous les démons sont des esprits infernaux, et tout commerce avec eux est un crime digne de mort et de damnation éternelle.

(3) La Canidia d'Horace (*Carm.*, l. v, *Od.* 5, avec les

de Rome et l'opinion publique condamnaient également la magie ; mais comme cet art tendait à satisfaire les plus impétueuses passions du cœur humain, continuellement proscrit, il ne cessait point d'être pratiqué (1). Une cause imaginaire peut produire des effets sérieux et funestes. D'obscures prédictions sur la mort d'un empereur ou le succès d'une conspiration ne pouvaient avoir d'autre objet et d'autre effet que d'animer l'espoir de l'ambition et de rompre les liens de la fidélité ; et le crime d'intention, que poursuivaient les lois contre la magie, se trouvait aggravé par les crimes réels de sacrilége et de lèse-majesté (2).

---

notes de Dacier, et les explications de Sanadon) est une magicienne connue. L'Érictho de Lucain (*Pharsal.*, vi, 430-830) est ennuyeuse et même dégoûtante, mais quelquefois sublime. Elle reproche aux Furies leur délai, et les menace, avec des expressions effrayantes par leur obscurité, de les appeler par leurs véritables noms, de faire connaître sous ses traits véritables l'infernale et mystérieuse Hécate, et d'invoquer les puissances secrètes qui habitent *au-dessous* des enfers.

(1) *Genus hominum potentibus infidum, sperantibus fallax, quod in civitate nostrâ et vetabitur semper et retinebitur.* (Tacit., *Hist.*, 1, 22.) *Voyez* saint Augustin, *de Civit. Dei*, l. VIII, c. 19 ; et le *Cod. de Théod.*, l. XI, tit. XVI, avec les *Commentaires* de Godefroy.

(2) Une consultation criminelle causa la persécution d'Antioche. On rangea les vingt-quatre lettres de l'alphabet autour d'un trépied magique, et un grand anneau placé dans le centre désigna, en balançant, les quatre lettres Θ. E. O. Δ. Théodore fut exécuté (ainsi que beaucoup d'autres à qui

Ces vaines terreurs troublaient la paix de la société et le bonheur des citoyens. La flamme qui fondait naturellement une figure de cire pouvait devenir très-dangereuse en effrayant l'imagination de celui que, pour servir les projets de la haine, cette figure était destinée à représenter (1). De l'infusion des herbes auxquelles on supposait une influence surnaturelle, on pouvait aisément passer à l'usage d'un poison plus réel, et l'imbécillité des hommes servit quelquefois de masque et d'instrument aux crimes les plus atroces. Dès que les ministres de Valens et de Valentinien eurent encouragé le zèle des délateurs, ils se trouvèrent forcés de recevoir l'accusation d'un crime trop souvent mêlé aux événemens de la vie domestique, d'un crime d'une nature moins cruelle et moins odieuse, mais auquel cependant la pieuse et excessive rigueur de Constantin avait infligé la peine de mort (2). Ces dangereuses et incohérentes complica-

---

pouvaient appartenir les syllabes fatales). Théodose réussit. Lardner (*Témoign. des païens*, v. IV, p. 353-372) a examiné très-minutieusement ce fait obscur du règne de Valens.

(1) *Limus ut hic durescit, et hæc ut cera liquescit*
Uno eodemque igni. VIRG., Bucolic., VIII, 80.
Devovit absentes, simulacraque cerea figit.
OVID., Epist. Hypsib. ad Jason., 91.

Ces enchantemens ridicules peuvent avoir affecté l'imagination et augmenté la maladie de Germanicus. Tacite, *Ann.*, II, 69.

(2) *Voyez* Heineccius, *Antiq. jur. rom.*, t. II, p. 353; et

tions du crime de lèse-majesté avec celui de magie, de l'empoisonnement et de l'adultère, présentaient des gradations infinies de culpabilité ou d'innocence, et une foule de circonstances atténuantes et aggravantes que la violence et la corruption des juges semblent avoir confondues. Ils découvrirent aisément que la cour impériale n'estimerait leur adresse et leur intelligence qu'en proportion du nombre des sentences capitales émanées de leurs tribunaux. Ne se déterminant à absoudre qu'avec la plus grande répugnance, ils cherchaient ardemment, dans des témoignages ou parjures ou forcés par les tourmens, de quoi prouver le crime le moins probable contre le citoyen le plus estimé. La suite de chaque procédure fournissait à chaque moment de nouveaux sujets de poursuite criminelle; l'audacieux délateur, dont l'imposture avait été découverte, se retirait avec impunité; mais la malheureuse victime qui trahissait ses complices réels ou prétendus obtenait rarement la vie pour prix de son infamie. Jeunes gens et vieillards étaient traînés, chargés de chaînes, de l'extrémité de l'Italie et de l'Asie au tribunal de Rome ou d'Antioche; les sénateurs, les matrones et les philosophes, expiraient dans les tortures et dans les supplices les plus ignominieux. Les soldats chargés de garder les prisons déclaraient, avec des murmures d'indignation et de pitié, qu'ils n'étaient pas assez nombreux pour s'opposer à la fuite

---

Code de Théodose, l. IX, tit. 7, et les *Commentaires* de Godefroy.

ou à la résistance de la multitude des prisonniers qu'on y entassait. Les amendes et les confiscations ruinaient les familles les plus opulentes. Les citoyens les plus innocens tremblaient pour leur vie ; et nous pouvons nous faire une idée de l'excès du mal par l'assertion exagérée d'un ancien écrivain, qui prétend que dans les provinces exposées à la persécution, plus de la moitié des habitans se trouvaient prisonniers ou fugitifs (1).

<small>Cruauté de Valens et de Valentinien. A. D. 364-375.</small>

Lorsque Tacite décrit la mort des citoyens illustres et innocens que les premiers Césars sacrifièrent à leur vengeance, l'éloquence de l'historien ou le mérite des victimes nous font éprouver vivement les sentimens de la pitié, de la terreur et de l'admiration. Ammien, écrivain sans goût et sans délicatesse, a dessiné ses tableaux sanglans avec une exactitude fastidieuse et rebutante; et notre attention n'étant plus soutenue par le contraste de la servitude et de la liberté, de la grandeur récente et de la misère du moment, nous détournerons les yeux avec horreur de la multitude d'exécutions qui déshonorèrent à Rome et à Antioche les règnes des deux empereurs (2). Va-

---

(1) Ammien (xxviii, 1; xxix, 1, 2) et Zozime (l. iv, p. 216-218) décrivent et exagèrent probablement la cruelle persécution de Rome et d'Antioche. On accusa de magie le philosophe Maxime avec une apparence de justice (Eunape, in Vit. Sophist., p. 88, 89); et le jeune Chrysostôme se crut perdu pour avoir trouvé par hasard un de ces livres proscrits. Tillemont, Hist. des Empereurs, t. v, p. 340.

(2) Consultez les six derniers livres d'Ammien, et plus

lens était très-timide (1), et Valentinien emporté (2). Valens avait pour premier principe d'administration de tout sacrifier au soin de sa sûreté personnelle. Confondu parmi les sujets, il eût baisé en tremblant la main d'un oppresseur. Placé sur le trône, il dut penser que les mêmes craintes qui eussent subjugué son âme étaient propres à lui assurer la patiente soumission de son peuple. Les favoris de Valens obtenaient, par ce qu'il leur permettait de rapines et de confiscations, des richesses que leur aurait refusées son économie (3). Ils employaient leur éloquence à lui persuader que dans les cas de crime et de lèse-majesté les soupçons équivalaient à une preuve, que la faculté de se rendre criminel en supposait

---

particulièrement les portraits des deux frères (xxx, 8, 9; xxxi, 14). Tillemont a recueilli, dans tous les écrivains de l'antiquité, ce qui s'est dit de leurs vertus et de leurs vices (t. v, p. 12-18, 127-133).

(1) Victor le jeune assure qu'il était *valdè timidus*. Cependant à *la tête* des armées il se comporta comme presque tout homme l'aurait fait, d'une manière honorable. Le même historien ajoute que sa colère n'était point dangereuse; mais Ammien observe, avec plus de bonne foi et de jugement, *incidentia crimina ad contemptam vel læsam principis amplitudinem trahens, in sanguinem sæviebat*.

(2) *Cùm esset ad acerbitatem naturæ calore propensior...., pœnas per ignes augebat et gladios*. Ammien, xxx, 8; xxvii, 7.

(3) J'ai rejeté sur les ministres de Valens le reproche d'avarice qu'on lui fait personnellement; cette passion semble plus naturelle aux ministres qu'aux souverains, en qui l'avarice doit s'éteindre par la possession de tout.

l'intention; que l'intention était aussi punissable que l'action; et que tout citoyen méritait la mort dès que sa vie menaçait la sûreté ou troublait le repos de son souverain. On trompait souvent Valentinien, on abusait de sa confiance; mais le sourire du mépris aurait imposé silence aux délateurs s'ils avaient entrepris d'effrayer son courage par le bruit d'un danger. Ils vantaient son inflexible amour pour la justice; mais, dans sa passion pour la justice, Valentinien était souvent tenté de regarder la clémence comme une faiblesse, et la colère comme une vertu. Dans le temps où il luttait avec ses égaux dans la périlleuse carrière d'une vie active et ambitieuse, il avait rarement souffert une injustice sans la punir, jamais une insulte. On blâmait son imprudence, mais on applaudissait à son courage, et les généraux les plus fiers et les plus absolus craignaient d'allumer le ressentiment d'un soldat inaccessible à la crainte. Il oublia malheureusement sur le trône du monde que le courage n'a pas d'emploi là où l'on n'a point de résistance à craindre. Au lieu d'écouter la voix de la raison et de la générosité, il se livrait à des violences désormais déshonorantes pour lui, et fatales aux impuissans objets de ses ressentimens. Dans l'administration de sa maison et dans celle de son empire, une faute légère, une offense imaginaire, une réponse vive, une omission accidentelle ou un délai involontaire, étaient immédiatement punis par une sentence de mort; et les expressions les plus promptes à sortir de la bouche de l'empereur d'Occident étaient celles-ci : « Qu'on lui tranche la tête, qu'on le brûle vif, qu'il expire sous le bâton (1). » Ses plus intimes favoris s'aperçurent bientôt qu'en hasardant d'éluder ou même de suspendre l'exécution de ses ordres sanguinaires, ils couraient risque de partager le crime et le châtiment de la désobéissance. A force de satisfaire sa féroce justice, Valentinien endurcit son âme contre les remords et contre la pitié ; et l'habitude de la cruauté vint rendre plus implacables les emportemens de sa colère : il pouvait contempler avec une tranquille satisfaction les agonies convulsives de la torture et de la mort ; et son amitié était le prix réservé à la fidélité de ceux de ses serviteurs dont le caractère lui semblait analogue au sien. Maximin répandit à Rome le sang des plus illustres citoyens ; honoré de l'approbation de l'empereur, il obtint encore pour récompense la préfecture de la Gaule. Deux ours féroces et énormes, connus l'un sous le nom d'*Innocence*, l'autre sous celui de *Mica aurea*, méritaient seuls de partager, dans le cœur du monarque, la faveur de Maximin (2). Valen-

---

(1) Il prononçait quelquefois une sentence de mort du ton de la plaisanterie : *Abi, comes, et muta ci caput, qui sibi mutari provinciam cupit.* Un enfant qui avait lâché trop tôt un lévrier, un armurier qui avait poli une cuirasse, et l'avait rendue trop légère de quelques grains, relativement au poids convenu, etc., furent les victimes de sa cruauté.

(2) Les innocens de Milan étaient un agent et trois appariteurs, que Valentinien fit exécuter pour avoir signifié des sommations légales. C'est une étrange idée que de suppo-

tinien avait fait placer les cages de ces gardes fidèles auprès de sa chambre à coucher; et il se plaisait à leur voir déchirer et dévorer les membres palpitans des malfaiteurs qu'on abandonnait à leur rage. L'empereur des Romains présidait à leur régime et à leurs exercices; et lorsque, par un long cours de services dignes de récompense, *Innocence* eut mérité sa retraite, on rendit ce fidèle animal à la liberté des forêts où il avait pris naissance (1).

<small>Leurs lois et leur gouvernement.</small> Mais lorsque les terreurs de Valens et les fureurs de Valentinien faisaient place à des sentimens plus calmes, les tyrans de l'empire devenaient les pères de la patrie. L'empereur d'Occident était alors capable d'apercevoir d'un coup d'œil ce qui convenait à ses intérêts ou à ceux du public, et d'y travailler diligemment. Le souverain d'Orient, qui imitait docilement la bonne et la mauvaise conduite de son frère, se laissait quelquefois guider par le sage et vertueux Salluste. Ces deux princes conservaient sous la pourpre la chaste et frugale simplicité de leur vie privée, et, sous leur règne, les citoyens n'eurent ni à gémir ni à rougir des plaisirs de la cour. Ils réformèrent

---

ser, ainsi que le fait Ammien (XXVII, 7), que les chrétiens honoraient comme martyrs tous ceux qui étaient condamnés injustement. Son silence impartial ne nous laisse point présumer que le chambellan Rhodanus ait été brûlé vif pour des actes de tyrannie. *Chron. Pascal.*, p. 302.

(1) *Ut bene meritam in sylvas jussit abire* **Innoxiam.** Ammien, XXIX, 3; et Valois, *ad locum*.

peu à peu un grand nombre des abus du règne de Constance; ils adoptèrent et perfectionnèrent les projets de Julien et de son successeur; et l'esprit général ainsi que le ton de leurs lois pourraient donner à la postérité la plus avantageuse opinion de leur caractère et de leur gouvernement. Ce n'est pas du maître d'*Innocence* que nous aurions dû espérer un tendre intérêt pour le bien-être de ses sujets. Cependant Valentinien condamna l'exposition des enfans nouveau-nés (1), et plaça dans quatorze quartiers de Rome quatorze médecins savans auxquels il accorda un revenu et des priviléges. Un soldat ignorant eut le bon sens de pourvoir, par d'utiles et généreuses fondations, à l'éducation de la jeunesse, et de prêter ainsi un appui aux sciences alors sur leur déclin (2). Il voulut qu'on enseignât les règles de la grammaire et de l'éloquence, en grec et en latin,

---

(1) *Voyez* le *Code de Justin.*, l. VIII, tit. 52, leg. 2. *Unusquisque sobolem suam nutriat. Quòd si exponendam putaverit, animadversioni quæ constituta est subjacebit.* Je n'entreprendrai point ici de décider entre Noodt et Binkershoek, depuis quand et jusqu'à quel point cette odieuse pratique était condamnée ou abolie par les lois, la philosophie et les progrès de la société civilisée.

(2) Le Code de Théodose explique ces institutions salutaires, l. XIII, tit. 3, *de Professoribus et Medicis;* l. XXIV, tit. 9, *de Studiis liberalibus urbis Romæ.* Outre Godefroy, notre guide ordinaire, nous pouvons consulter Giannone (*Istoria di Napoli*, t. I, p. 105-111), qui a traité ce sujet intéressant avec le zèle et l'attention d'un homme de lettres qui étudie l'histoire de son pays.

dans les capitales de toutes les provinces ; et comme on accordait aux différentes écoles un local et des priviléges en proportion de la grandeur des villes où elles étaient situées, les académies de Rome et de Constantinople réclamèrent une juste prééminence. Les fragmens des édits de Valentinien peuvent nous donner une idée de l'école de Constantinople, qui fut perfectionnée peu à peu par de nouveaux réglemens. Cette école consistait en trente-un professeurs destinés à des instructions différentes ; un pour la philosophie, deux pour la jurisprudence, cinq sophistes et dix grammairiens pour la langue grecque, trois orateurs et dix grammairiens pour la langue latine, outre sept scribes ou antiquaires, comme on les appelait alors, dont les plumes actives fournissaient aux bibliothèques publiques des copies nettes et exactes de tous les auteurs classiques. Les règles de conduite prescrites aux étudians sont curieuses, en ce qu'elles présentent l'esquisse de la première discipline de nos universités modernes. On exigeait de chaque étudiant une attestation du magistrat de sa province natale. Son nom, sa profession, sa demeure, étaient inscrits exactement sur le registre public. On prenait grand soin que la jeunesse destinée à l'étude ne perdît pas son temps dans les fêtes et les spectacles ; et le terme final de l'éducation était fixé à l'âge de vingt ans. Le préfet de la ville exerçait son autorité sur les étudians ; il avait le droit de punir les indociles et les paresseux par des châtimens corporels ou par l'expulsion, et il faisait tous les ans au grand-maître des offices un rapport sur l'exactitude et les talens des écoliers, afin que l'on pût les employer utilement au service public. Les institutions de Valentinien contribuèrent à faire jouir les citoyens de tous les bienfaits de l'abondance et de la tranquillité. Les villes se virent protégées par des *défenseurs* (1) élus par le peuple pour lui servir de tribuns ou d'avocats, pour défendre ses droits, pour porter ses plaintes devant les tribunaux et jusqu'au pied du trône. Accoutumés pendant une grande partie de leur vie à l'économie sévère qu'exige une fortune médiocre, les deux empereurs suivaient avec soin l'administration des finances; mais en examinant avec attention le gouvernement des deux empires, on apercevait entre eux une différence dans la recette et dans la dépense des revenus. Valens était persuadé que la libéralité d'un monarque entraîne inévitablement l'oppression de ses sujets, et il ne fut jamais tenté de sacrifier leur bonheur présent à leur grandeur et à leur prospérité future. Loin d'augmenter le poids des taxes qu'on avait insensiblement doublées dans l'espace de quarante ans, il supprima, dès les premières années de son règne, un quart des tributs de l'Orient (2). Valentinien paraît avoir été

---

(1) *Cod. de Théod.*, l. 1, tit. 2; et le *Paratitlon* de Godefroy, qui recueille soigneusement tout ce qui se trouve d'important dans le reste du code.

(2) Trois lignes d'Ammien (XXXI, 14) viennent à l'appui d'un discours entier de Themistius (VIII, p. 101-120), rem-

moins sensible aux peines de ses peuples et moins attentif à les soulager. Il put réformer les abus de l'administration fiscale; mais il exigea toujours sans scrupule une forte partie de la propriété publique, convaincu que cette partie des revenus, destinée à entretenir le luxe des particuliers, serait employée plus avantageusement à la défense de l'État et à l'amélioration de ses diverses parties. Les sujets de Valens applaudissaient à une indulgence dont ils retiraient tout l'avantage, et le mérite plus solide et moins brillant de Valentinien ne fut senti et avoué que par la génération suivante (1).

Valentinien assure la tolérance religieuse. A. D. 364-375.

Mais c'est principalement par sa constante impartialité dans un siècle de controverses et de factions religieuses, que le caractère de Valentinien mérite des louanges. Son jugement sain n'était ni éclairé ni corrompu par l'étude, et il écarta toujours, avec une respectueuse indifférence, les questions subtiles des débats théologiques. Le gouvernement de la terre demandait tous ses soins et satisfaisait son ambition. En se rappelant qu'il était un disciple de l'Église, il

---

pli d'adulation, de pédantisme et de lieux communs de moralité. L'éloquent M. Thomas (tome 1, p. 366-396) s'est amusé à célébrer les vertus et le génie de Themistius, qui était bien digne du siècle dans lequel il a vécu.

(1) Zozime, l. IV, p. 202; Ammien, XXX, 9. En réformant les abus dispendieux, il a pu mériter le titre de *in provinciales admodum parcus, tributorum ubique molliens sarcinas*. Sa frugalité a été taxée quelquefois d'avarice. Saint Jérôme, *Chron.*, p. 186.

n'oublia jamais qu'il était le souverain du clergé. Son zèle pour le christianisme avait éclaté sous le règne d'un apostat; il accorda à tous ses sujets le droit qu'il avait réclamé pour lui-même, et ses peuples reconnaissans purent jouir sans inquiétude d'une tolérance générale accordée par un prince violent, mais incapable de crainte et de dissimulation (1). La protection des lois mettait également à l'abri du pouvoir arbitraire et des insultes du peuple, les juifs, les païens et toutes les différentes sectes comprises sous la dénomination de chrétiens. Valentinien permettait tous les cultes et ne défendait que ces pratiques secrètes et criminelles qui cachent des vices et des désordres sous le masque de la religion. L'art de la magie était poursuivi rigoureusement et puni avec sévérité; mais, par une distinction particulière, l'empereur admettait l'ancienne méthode de divination approuvée par le sénat et exercée par les aruspices de Toscane. Du consentement des hommes les plus raisonnables d'entre les païens, il avait proscrit la licence des sacrifices nocturnes; mais il se rendit, sans la moindre difficulté, aux représentations de

---

(1) *Testes sunt leges à me in exordio imperii mei datæ : quibus unicuique quod animo imbibisset, colendi libera facultas tributa est.* (Cod. Theod., l. ix, tit. 16, leg. 9.) Nous pouvons ajouter à cette déclaration de Valentinien les différens témoignages d'Ammien (xxx, 9), de Zozime (l. iv, p. 204), et de Sozomène (l. vi, c. 7, 21). Baronius devait naturellement blâmer cette prudente tolérance. *Ann. eccl.*, A. D. 370, n° 129-132; A. D. 376, n°ˢ 3, 4.

Prætextatus, proconsul de l'Achaïe, qui l'assura que priver les Grecs de l'inappréciable jouissance des mystères d'Éleusis, serait leur ôter toutes les joies et les consolations de la vie. La philosophie peut seule prétendre (et peut-être encore n'est-ce qu'une des vaines prétentions de la philosophie) à détruire de sa main bienfaisante les funestes principes du fanatisme, si profondément enracinés dans le cœur humain; cependant cette trêve de douze ans, soutenue par le gouvernement sage et ferme de Valentinien, adoucit les habitudes et diminua les préjugés des factions religieuses, en les forçant à suspendre la répétition de leurs insultes réciproques.

Valens professe l'arianisme et persécute les catholiques. A. D. 367-378.

Le protecteur de la tolérance était malheureusement trop éloigné de la scene où la controverse exerçait ses fureurs avec le plus de violence. Dès que les chrétiens de l'Occident eurent échappé aux embûches du concile de Rimini, ils retombèrent heureux et tranquilles dans le paisible sommeil de l'orthodoxie; et les faibles restes du parti d'Arius qui existaient encore à Milan ou à Sirmium, excitaient moins de ressentiment que de mépris. Mais dans les provinces de l'Orient, depuis l'Euxin jusqu'à l'extrémité de la Thébaïde, la force et le nombre de leurs adhérens étaient plus également balancés; et cette égalité, au lieu de les porter à la paix, ne servait qu'à perpétuer les horreurs de la guerre religieuse. Les moines et les évêques soutenaient leurs argumens par des invectives, et des invectives ils passaient souvent à la violence. Athanase gouvernait toujours Alexandrie; des évêques ariens occupaient les siéges d'Antioche et de Constantinople, et chaque vacance épiscopale était l'occasion d'une émeute populaire. La réconciliation de cinquante-neuf évêques macédoniens ou semi-ariens, avait fortifié le parti des homoousiens; mais leur secrète répugnance à confesser la divinité du Saint-Esprit, obscurcissait la gloire de ce triomphe; et la déclaration de Valens, qui, dans les premières années de son règne, avait imité la conduite impartiale de son frère, fut une victoire importante en faveur de l'arianisme. Les deux empereurs s'étaient contentés, avant leur élévation, de la qualité de catéchumènes; mais la piété de Valens lui fit désirer de recevoir le sacrement de baptême avant d'exposer sa personne aux dangers d'une guerre contre les Goths. Il s'adressa naturellement à Eudoxe (1), évêque de la ville impériale; et si le prélat arien instruisit le monarque ignorant dans les principes d'une théologie hétérodoxe, c'est aux suites inévitables de ce choix erroné qu'il faut attribuer le crime ou plutôt le malheur de son disciple. Mais quelque choix qu'eût pu faire Valens, il offensait nécessairement une portion nombreuse de ses sujets,

---

(1) Eudoxe était d'un caractère doux et timide. Il devait être fort vieux lorsqu'il baptisa Valens (A. D. 367), puisqu'il avait fait sa théologie cinquante-cinq ans avant, sous Lucien, pieux et savant martyr. Philostorg., l. II, c. 14-16; l. IV, c. 4; Godefroy, p. 82-206; Tillemont, *Mém. ecclés.*, t. V, p. 474-480, etc.

les chefs des homoousiens et des ariens étant également persuadés qu'on leur faisait une violente injure et une injustice cruelle en les empêchant de faire la loi. Après cette démarche décisive, il lui fut très-difficile de conserver ou la vertu ou la réputation d'impartialité. Il n'aspirait pas, comme Constance, à passer pour un profond théologien; mais, ayant reçu les dogmes d'Eudoxe avec une docilité respectueuse, il soumit aveuglément sa conscience à ses guides ecclésiastiques, et employa l'influence de son autorité à réunir les *hérétiques athanasiens* au corps de l'Église catholique. L'empereur déplora d'abord leur aveuglement; leur obstination enflamma peu à peu sa colère, et il finit par haïr des sectaires dont il était détesté (1). Le faible Valens se laissait toujours gouverner par ceux qui conversaient familièrement avec lui; et dans une cour despotique, l'exil ou l'emprisonnement d'un citoyen sont les faveurs les plus faciles à obtenir. Les chefs du parti homoousien en furent souvent les victimes; l'opinion publique accusa la cruauté préméditée de l'empereur et de ses ministres ariens du désastre de quatre-vingts ecclésiastiques de Constantinople, qui périrent, peut-être accidentellement, dans l'incendie du vaisseau sur lequel ils étaient embarqués. Dans toutes les contes-

---

(1) Saint Grégoire de Nazianze (*orat.* 25, p. 432) déclame contre les ariens, et leur reproche le zèle funeste de la persécution comme une preuve infaillible d'erreur et d'hérésie.

tations, les catholiques (si nous pouvons d'avance nous servir de ce nom) payaient pour leurs fautes et pour celles de leurs adversaires. Les candidats ariens obtenaient la préférence dans toutes les élections, et quand la majorité du peuple s'y opposait, le magistrat civil venait à leur secours et se servait, au besoin, de la force militaire. Les ennemis de saint Athanase essayèrent de verser de l'amertume sur les dernières années d'un vieillard respectable, et l'on a célébré, comme un cinquième exil, sa retraite passagère au sépulcre de son père. Mais le zèle ardent d'un peuple nombreux qui prit précipitamment les armes, intimida le préfet, et l'archevêque eut la liberté de terminer tranquillement et glorieusement sa vie, après un règne de quarante-sept ans. La mort de saint Athanase fut le signal de la persécution d'Égypte. Le ministre païen de Valens plaça, par la force, l'indigne Lucius sur le siége archiépiscopal d'Alexandrie, et acheta la faveur de la faction dominante par la persécution et par le sang des autres chrétiens. L'entière tolérance qu'on accordait au culte des juifs et des païens, amèrement déplorée par les catholiques opprimés, leur semblait ajouter encore à leurs misères et aggraver le crime du tyran impie de l'Orient (1).

---

(1) Cette esquisse du gouvernement ecclésiastique de Valens est tirée de Socrate, l. IV; de Sozomène, l. VI; de Théodoret, l. IV; et des immenses compilations de Tillemont, particulièrement des tomes VI, VIII et IX.

<small>Juste idée de sa persécution.</small>

La victoire du parti orthodoxe a flétri la mémoire de Valens du titre de persécuteur, et le caractère d'un prince dont les vices et les vertus tiraient également leur source d'un esprit faible et d'un naturel pusillanime, mérite peu qu'on cherche à l'excuser. Cependant un examen fait de bonne foi peut donner lieu de présumer que ses ministres ecclésiastiques allèrent souvent au-delà des ordres et même de l'intention de leur maître, et que les faits ont été fort exagérés par les déclamations véhémentes et par la docile crédulité de ses antagonistes (1). 1° Le silence de Valentinien doit faire présumer que les actes partiels de sévérité qu'on exerça au nom et dans les provinces de son collègue, se bornèrent à quelques déviations obscures et peu considérables du système de tolérance généralement établi; et le judicieux historien qui a donné des louanges à la constante impartialité du frère aîné, ne parle point de la persécution de l'Orient, dont il aurait naturellement formé un contraste avec la tranquillité des États de Valentinien (2). 2° Quand les rapports vagues d'un temps

---

(1) Jortin, dans ses *Remarques sur l'histoire ecclésiastique* (vol. IV, p. 78), a déjà conçu et fait sentir ce soupçon.

(2) Cette réflexion est si forte et si claire, qu'Orose (l. VII, c. 32, 33) retarde la persécution jusqu'après la mort de Valentinien. D'un autre côté, Socrate suppose (l. III, c. 32) qu'elle fut apaisée par un discours philosophique que Themistius prononça dans l'année 374 (*orat.* XII, p. 154, en latin seulement). Toutes ces contradictions affaiblissent les preuves, et réduisent la durée de la persécution de Valens.

éloigné mériteraient une plus entière confiance, on peut juger sainement du caractère ou du moins de la conduite de Valens par sa transaction particulière avec l'éloquent Basile, archevêque de Césarée, que les trinitaires choisirent pour leur chef après la mort de saint Athanase (1). L'histoire détaillée de cette négociation a été composée par les amis et les admirateurs de saint Basile ; cependant, après avoir élagué les ornemens de rhétorique et les miracles, on demeure tout étonné de l'indulgence inattendue du tyran arien qui admira la fermeté de l'archevêque. En employant la violence, on craignit de faire révolter toute la province de Cappadoce (2). L'archevêque, qui soutenait la dignité de son rang et la vérité de ses opinions avec un orgueil inflexible, conserva paisiblement sa liberté de conscience et la possession de son archevêché. L'empereur assista dévotement au

---

(1) Tillemont, que je transcris et que j'abrége, a extrait (*Mém. ecclés.*, t. VIII, p. 153-167) les circonstances les plus authentiques des panégyriques des deux Grégoire, le frère et l'ami de saint Basile. Les lettres de saint Basile lui-même ne présentent point le tableau d'une persécution violente. Dupin, *Biblioth. ecclés.*, t. II, p. 155-180.

(2) *Basilius, Cæsariensis episcopus, Cappadociæ clarus habetur.... Qui multa continentiæ et ingenii bona uno superbiæ malo perdidit.* Ce passage peu respectueux est tout-à-fait dans le style et dans le caractère de saint Jérôme ; on ne le trouve point dans l'édition que Scaliger a faite de sa Chronique ; mais Vossius l'a trouvé dans quelques manuscrits anciens que les moines n'ont pas corrigés.

service divin dans la cathédrale, et, au lieu d'une sentence de bannissement, souscrivit une donation considérable en faveur d'un hôpital que saint Basile avait fondé récemment dans les environs de Césarée (1). 3° Je n'ai pas pu découvrir que Valens ait publié contre les disciples de saint Athanase de loi équivalente à celle que Théodose promulgua depuis contre les ariens; et l'édit qui excita les plus violentes clameurs ne paraît pas fort répréhensible. L'empereur avait observé qu'un grand nombre de ses sujets, autorisant leur paresse du prétexte de la dévotion, s'associaient aux moines d'Égypte; il chargea le comte de l'Orient d'aller les tirer de leur désert, et de forcer ces déserteurs de la société à renoncer à leurs possessions temporelles ou à remplir les devoirs d'hommes et de citoyens (2). Les ministres de Valens paraissent avoir étendu le sens de cette loi pénale, puisqu'ils se permirent d'enrôler les moines jeunes et vigoureux dans l'armée impériale. Un détache-

Valentinien.

---

(1) Cette noble et charitable fondation, qui formait presque une seconde ville, surpassait, sinon en grandeur, du moins en mérite, les vaines pyramides et les murs de Babylone; elle fut destinée particulièrement à servir d'hospice aux lépreux. Saint Grégoire de Nazianze, *orat.* 20, p. 439.

(2) *Code de Théod.*, l. XII, tit. 1, leg. 63. Godefroy (t. IV, p. 409-413) fait en même temps le métier de commentateur et celui d'avocat. Tillemont (*Mém. ecclés.*, t. VIII, p. 808) suppose une seconde loi, afin d'excuser ses amis orthodoxes qui avaient défiguré l'édit de Valens et supprimé la liberté du choix.

ment de trois mille hommes, composé de cavalerie et d'infanterie, marcha d'Alexandrie dans le désert voisin de Nitrie (1), qu'habitaient cinq mille moines. Des prêtres ariens servirent de guides aux soldats, et l'histoire rapporte qu'il fut fait un grand carnage dans les monastères qui voulurent résister aux ordres de leur souverain (2).

L'empereur Valentinien donna le premier exemple des réglemens sévères au moyen desquels la sagesse des législateurs modernes a mis des bornes à l'opulence et à l'avarice du clergé. On lut publiquement dans les églises de la ville un édit adressé à Damase, évêque de Rome (3), par lequel le monarque recommandait aux moines et aux ecclésiastiques de ne point fréquenter la demeure des veuves et des vierges, et chargeait les magistrats civils de la punition

Valentinien réprime l'avarice du clergé.
A. D. 370.

---

(1) *Voy.* d'Anville, *Description de l'Égypte*, p. 74. J'examinerai dans la suite les institutions monastiques.

(2) Socrate, l. iv, p. 24, 25; Orose, l. vii, c. 33; saint Jérôme, *in Chron.;* p. 189; et tome ii, p. 212. Les moines d'Égypte opérèrent un grand nombre de miracles, qui démontrent la sincérité de leur foi. Cela est vrai, dit Jortin dans ses Remarques; mais quelle preuve avons-nous de la vérité de ces miracles?

(3) *Code Théodosien*, l. xvi, tit. 2, leg. 20. Godefroy (t. vi, p. 49) rassemble impartialement, à l'exemple de Baronius, tout ce que les pères ont dit au sujet de cette loi importante, dont l'esprit a été ranimé long-temps après par l'empereur Frédéric ii, Édouard i^{er}, roi d'Angleterre, et d'autres princes chrétiens qui ont régné depuis le douzième siècle.

de leur désobéissance. Il ne fut plus permis au directeur de recevoir aucun don, legs ou héritage de sa fille spirituelle. Tout testament contraire à cet édit était déclaré nul ; on confisquait la donation illégale au profit du trésor. Un réglement postérieur semble comprendre les religieuses et les évêques ; toute personne attachée à l'ordre ecclésiastique devint inhabile à recevoir des dons testamentaires et fut bornée aux droits d'une succession légitime. Comme chargé de maintenir, parmi ses sujets le bonheur et les vertus domestiques, Valentinien crut devoir appliquer ce remède sévère au désordre qui commençait à se faire sentir. Dans la capitale de l'empire, les filles des familles nobles et opulentes héritaient d'une propriété considérable et indépendante. Un grand nombre de ces dévotes prosélytes avaient embrassé la doctrine chrétienne, non pas avec la conviction tranquille du discernement, mais avec la chaleur d'une passion, et peut-être avec la vivacité de la mode. Elles sacrifiaient les plaisirs du luxe et de la parure, et le désir de passer pour chastes les faisait renoncer aux douceurs de la vie conjugale. Elles choisissaient quelque ecclésiastique d'une sainteté réelle ou apparente pour diriger leur conscience timorée et amuser la tendre inquiétude d'un cœur désœuvré ; et la confiance illimitée qu'elles accordaient trop légèrement, les exposait à l'abus qu'en faisaient trop souvent des enthousiastes ou des hypocrites qui accouraient de l'extrémité de l'Orient pour jouir, sur un théâtre plus brillant, des priviléges de la profession monastique. En renonçant aux plaisirs du monde, ils en obtenaient insensiblement les plus précieux avantages : le vif attachement peut-être d'une femme jeune et belle, l'abondance recherchée d'une maison opulente, et l'hommage respectueux des esclaves, des affranchis et des cliens d'une famille de sénateurs. Les dames romaines dissipaient insensiblement leurs immenses fortunes en aumônes inconsidérées et en pélerinages dispendieux ; et le moine rusé qui s'assurait, dans le testament de sa fille spirituelle, une partie et quelquefois la totalité de sa fortune, osait encore déclarer, avec la fausse douceur de l'hypocrisie, qu'il n'était que l'instrument de la charité et l'intendant des pauvres. Le métier (1) lucratif et honteux que les ecclésiastiques exerçaient pour dépouiller les héritiers naturels, enflamma l'indignation même d'un siècle superstitieux. Deux des plus respectables pères de l'Église latine avouèrent que l'ignominieux édit de Valentinien était juste et nécessaire, et que les prêtres chrétiens avaient mérité de

---

(1) Les expressions dont je me suis servi sont faibles et très-modérées, en comparaison des violentes invectives de saint Jérôme (t. 1, p. 13, 45, 144, etc.). On lui reproche les fautes qu'il avait reprochées lui-même aux moines, ses confrères, et le *sceleratus*, le *versipellis* fut accusé publiquement d'être l'amant de la veuve Paule, autrement sainte Paule (t. 11, p. 363). Il était, à la vérité, tendrement aimé de la mère et de la fille ; mais il affirme qu'il n'a jamais fait servir son influence à satisfaire aucun intérêt personnel ou aucun désir sensuel.

perdre un privilége conservé aux comédiens et aux prêtres des idoles. Mais la sagesse et l'autorité du législateur remportent rarement la victoire sur la vigilante adresse de l'intérêt personnel, et saint Jérôme et saint Ambroise pouvaient acquiescer patiemment à l'équité d'une loi ou impuissante ou salutaire. Si les ecclésiastiques se trouvaient arrêtés dans la poursuite de leurs avantages particuliers, il était probable que leur louable industrie se tournerait alors à augmenter le patrimoine de l'Église, et à cacher ainsi leur avidité sous le manteau du patriotisme et de la piété (1).

<small>Ambition et luxe de Damase, évêque de Rome. A. D. 366-384.</small>

Damase, évêque de Rome, ayant été forcé de publier la loi par laquelle Valentinien châtiait l'avidité du clergé, eut l'adresse ou le bonheur d'attirer dans son parti le savant et zélé saint Jérôme, dont la reconnaissance a célébré le mérite et le caractère très-suspect du prélat romain (2). Mais les vices fastueux de l'Église de Rome, au temps de Valentinien et de Damase, sont détaillés d'une ma-

---

(1) *Pudet dicere, sacerdotes idolorum, mimi et aurigæ, et scorta, hæreditates capiunt: solis clericis ac monachis hac lege prohibetur. Et non prohibetur à persecutoribus, sed à principibus christianis. Nec de lege queror; sed doleo cur meruerimus hanc legem.* Saint Jérôme (t. I, p. 13) insinue discrètement la politique secrète de son patron Damase.

(2) Trois mots de saint Jérôme, *sanctæ memoriæ Damasus* (t. II, p. 109), le justifient de toutes les inculpations, et en imposent au pieux Tillemont. *Mém. ecclés.*, t. VIII, p. 386-424.

nière curieuse par Ammien, dont les observations impartiales se trouvent fortement exprimées dans le passage suivant : « Le préfet Juventius faisait jouir ses provinces de l'abondance et de la paix ; mais la tranquillité de son gouvernement fut bientôt troublée par la sédition sanglante d'une multitude égarée. L'ardeur avec laquelle Damase et Ursin se disputaient le siége épiscopal, surpassait la mesure ordinaire de l'ambition humaine; ils s'attaquaient avec la fureur attachée aux partis, et ne se soutenaient qu'au prix du sang et de la vie de leurs adhérens. Le préfet, ne pouvant ni réprimer ni apaiser le tumulte, fut contraint par la force de se réfugier dans les faubourgs. Après un combat opiniâtre, la faction de Damase obtint une victoire complète. On trouva le lendemain cent trente-sept corps morts (1) dans la basilique de Sicinius (2), où les chrétiens

---

(1) Saint Jérôme lui-même est forcé d'avouer, *crudelissimæ interfectiones diversi sexûs perpetratæ* (in Chron., p. 186). Mais l'original d'un *libelle*, ou une requête de deux prêtres du parti adverse, a échappé, on ne sait comment, à la proscription. Ils assurent que les portes de la basilique furent brûlées, et que la voûte fut découverte; que Damase fit son entrée à la tête de son clergé, des fossoyeurs, des conducteurs de chars et d'un nombre de gladiateurs qu'il avait loués; qu'aucun de son parti ne perdit la vie, et qu'on trouva cent soixante corps morts. Le père Sirmond a publié cette requête dans le premier volume de ses ouvrages.

(2) La basilique de Sicinius ou Liberius est probablement

tenaient leurs assemblées religieuses, et la fermentation des esprits tarda long-temps à se calmer. Quand je considère l'éclat de la capitale, je ne suis point surpris qu'une acquisition si précieuse enflamme le désir des hommes ambitieux, et produise les débats les plus violens et les plus opiniâtres : le candidat qui réussit est sûr d'être enrichi par la libéralité des matrones (1) ; il sait qu'après avoir orné sa personne d'une parure élégante, il pourra parcourir les rues de Rome dans son char, et que la table des empereurs n'égalera pas en délicatesse et en profusion ce que prodiguera sur la sienne le goût et la magnificence d'un pontife romain (2). Combien ces pontifes, par des moyens plus raisonnables, ne s'assureraient-ils pas un bonheur plus vrai, ajoute l'honnête païen, si, au lieu d'alléguer la grandeur de la ville pour excuse de leurs mœurs, ils imitaient la vie exemplaire de quelques évêques des provinces, dont la tempérance et la sobriété, l'humble extérieur

---

l'église de Sainte-Marie majeure, sur le mont Esquilin. Baronius, A. D. 367, n° 3 ; et Donat, *Roma antiqua et nova*, l. IV, c. 3, p. 462.

(1) Les ennemis de Damase l'appelaient *auriscalpius matronarum*, cure-oreille des femmes.

(2) Saint Grégoire de Nazianze (*orat.* 32, p. 526) peint le luxe et l'orgueil des prélats des villes impériales, leurs chars dorés, leurs chevaux fougueux et leur suite nombreuse, etc. La foule s'écartait devant eux comme elle l'aurait pu faire devant des bêtes féroces.

et les regards baissés, rendent les vertus pures et modestes agréables aux regards de la Divinité et de ses véritables adorateurs (1)! » Le schisme d'Ursin et de Damase fut éteint par l'exil du premier, et la sagesse du préfet Prætextatus rétablit la tranquillité (2). Prætextatus était un philosophe païen, plein d'érudition, de goût et de politesse. Ce fut un reproche caché sous la forme d'une plaisanterie, que la promesse qu'il fit à Damase de se faire chrétien sur-le-champ si on voulait lui donner l'évêché de Rome (3). Ce tableau de l'opulence et du luxe des papes, dans le quatrième siècle, est d'autant plus digne d'atten-

---

(1) Ammien, xxvii, 3. *Perpetuo Numini, verisque ejus cultoribus.* Admirable complaisance d'un polythéiste!

(2) Ammien, qui fait un tableau brillant de sa préfecture, l'appelle *præclaræ indolis gravitatisque senator* (xxii, 7; et Valois, *ad loc.*). Une inscription curieuse (Gruter MCII, n° 2) relate sur deux colonnes les dignités religieuses et civiles dont il fut successivement revêtu. Sur l'une on trouve qu'il fut grand-prêtre du Soleil et de Vesta, augure, quindécemvir, hiérophante, etc., etc. Sur l'autre sont les titres 1° de questeur candidat, probablement titulaire; 2° préteur; 3° correcteur de la Toscane et de l'Ombrie; 4° consulaire de Lusitanie; 5° proconsul d'Achaïe; 6° préfet de Rome; 7° préfet du prétoire d'Italie; 8° de l'Illyrie; 9° consul élu; mais il mourut avant le commencement de l'année 385. *Voy.* Tillemont, *Hist. des Emper.*, t. v, p. 241-736.

(3) *Facite me Romanæ urbis episcopum, et ero protinus christianus.* Saint Jérôme, t. ii, p. 165. On peut présumer que Damase n'aurait pas voulu acheter sa conversion à ce prix.

tion, qu'il représente le degré intermédiaire entre l'humble pauvreté du pêcheur apostolique et la puissance royale d'un prince temporel dont les États s'étendent depuis les confins de Naples jusqu'aux rives du Pô.

<small>Guerres étrangères. A. D. 364-375.</small> Lorsque le suffrage des généraux et de l'armée avait confié le sceptre de l'empire à Valentinien, ils avaient eu pour motif de ce choix judicieux sa réputation à la guerre, sa science militaire, son expérience et son attachement sévère pour les formes et pour l'esprit de l'ancienne discipline. La situation des affaires publiques justifiait la demande que les troupes firent d'un second empereur. Valentinien sentait lui-même que l'homme le plus habile et le plus actif ne pouvait suffire à défendre des invasions des frontières si éloignées les unes des autres. Aussitôt que la mort de Julien eut délivré les Barbares de la terreur de son nom, les plus brillantes espérances de pillage et de conquête soulevèrent contre l'empire les nations de l'Orient, du Nord et du Midi. Leurs incursions, souvent fâcheuses, étaient quelquefois formidables; mais durant les douze années du règne de Valentinien, sa vigilante fermeté défendit ses propres États, et l'influence de son génie sembla diriger la conduite du faible Valens. Peut-être la méthode chronologique ferait-elle ressortir plus vivement les embarras pressans de chacun des deux empereurs; mais l'attention du lecteur serait trop fréquemment distraite par le changement d'objets et par des récits sans liaison. Un tableau séparé des

cinq grands théâtres de la guerre, 1° l'Allemagne, 2° la Bretagne ou Angleterre, 3° l'Afrique, 4° l'Orient, et 5° le Danube, donnera une idée plus juste de l'état militaire de l'empire sous les règnes de Valens et de Valentinien.

I. Ursace, grand-maître des offices (1), avait offensé les ambassadeurs des Allemands par une conduite dure et hautaine, et en diminuant, par une économie mal placée, la valeur et la quantité des présens qu'ils se croyaient autorisés à réclamer, soit à titre d'usage ou de convention, à l'avénement d'un nouvel empereur. Ils ne dissimulèrent point leur profond ressentiment d'une insulte qu'ils regardaient comme nationale, et le communiquèrent à leurs compatriotes. Le soupçon du mépris enflamma l'âme irascible des chefs, et la jeunesse guerrière courut aux armes. Avant que Valentinien eût pu traverser les Alpes, les villages de la Gaule étaient en feu; et les Allemands avaient mis les captifs et les dépouilles en sûreté dans leurs forêts, avant que le général Dagalaiphus pût parvenir à les joindre. Au commencement de l'année suivante, les forces militaires de toute la nation s'assemblèrent en colonnes profondes et solides, et forcèrent le passage du Rhin pendant le froid rigoureux d'un hiver des pays septentrionaux. Deux comtes romains furent défaits et mortellement blessés; et l'étendard des Hérules et

Allemagne. Les Allemands envahissent la Gaule. A. D. 365.

A. D. 366, janvier.

---

(1) Ammien, XXVI, 5. Valois ajoute une note longue et intéressante sur le maître des offices.

des Bataves resta entre les mains des Allemands, qui, avec des menaces et des cris d'insulte, en firent un trophée de leur victoire. On reprit l'étendard; mais les Bataves, aux yeux de leur juge sévère, n'avaient pas encore réparé la honte de leur fuite. Valentinien était persuadé que ses soldats, avant de parvenir à mépriser leurs ennemis, devaient apprendre à redouter leur commandant. Il fit assembler solennellement ses troupes, et les Bataves se virent avec effroi environnés de toute l'armée impériale. L'empereur monta sur son tribunal, et, dédaignant de punir des lâches par la mort, il imprima une tache d'ignominie indélébile sur les officiers dont l'inconduite et la pusillanimité avaient été la première cause de cette défaite honteuse. On dégrada les Bataves de leur rang, on leur ôta leurs armes, et ils furent condamnés à être vendus comme esclaves au dernier enchérisseur. A cette épouvantable sentence, les coupables se prosternèrent, tâchèrent de fléchir l'indignation de leur souverain, et promirent, si on daignait leur accorder encore une épreuve, de se montrer dignes du nom de Romains et de ses soldats. Valentinien feignit d'y consentir avec répugnance; les Bataves reprirent leurs armes et en même temps l'inébranlable résolution de laver leur honte dans le sang des Allemands (1). Dagalaiphus refusa de

---

(1) Ammien, XXVII, 1; Zozime, l. IV, p. 208. Le soldat contemporain passe sous silence la honte des Bataves, par égard pour l'honneur militaire, qui ne pouvait intéresser un rhéteur grec du siècle suivant.

commander en chef ; et cet habile officier, qui avait représenté, peut-être avec trop de prudence, la difficulté de l'entreprise, eut, avant la fin de la campagne, la mortification de voir surmonter toutes ces difficultés par son rival Jovin, dans une victoire décisive qu'il remporta sur les forces dispersées des Barbares. A la tête d'une armée bien disciplinée, composée d'infanterie, de cavalerie et de troupes légères, Jovin avança rapidement, mais avec précaution, sur Scarponna (1), dans le territoire de Metz, où il surprit une forte division des Allemands avant qu'ils eussent le temps de courir aux armes, et anima ses soldats par l'espoir de vaincre sans peine et sans danger. Une autre division, ou plutôt une autre armée, après avoir inutilement et cruellement dévasté tous les pays d'alentour, se reposait sur les bords ombragés de la Moselle. Jovin, qui avait observé le terrain avec le coup d'œil d'un général, s'avança en silence, à travers une vallée profonde et couverte de bois, jusqu'à ce qu'il pût distinctement s'assurer par ses propres yeux de l'indolente sécurité des Germains. Les uns baignaient leurs grands corps dans la rivière, d'autres peignaient leurs longs cheveux blonds, ou avalaient de copieuses rasades de vins rares et délicieux. Tout à coup la trompette romaine se fit entendre, et les légions

Leur défaite.

___

(1) *Voyez* d'Anville, *Notice de l'ancienne Gaule*, p. 587. Mascou (*Histoire des anciens Germains*, t. VII, 2) désigne clairement la Moselle, qu'Ammien ne nomme pas.

s'élancèrent dans leur camp. La surprise produisit le désordre, le désordre fut suivi de la déroute et de l'épouvante, et cette multitude confuse des plus braves guerriers tomba sans défense sous les épées et les traits des soldats romains et des auxiliaires. Ceux qui prirent la fuite se réfugièrent à la troisième et principale armée, dans les plaines Catalauniennes, près la ville de Châlons en Champagne : on fit précipitamment rentrer les détachemens dispersés, et les chefs des Barbares, alarmés et avertis par le désastre de leurs compagnons, se préparèrent à combattre, dans une bataille générale et décisive, les forces victorieuses du lieutenant de Valentinien. Ce combat sanglant et opiniâtre se soutint, durant toute une journée d'été, avec une valeur égale et des succès alternatifs. Les Romains, vainqueurs à la fin, perdirent environ douze cents hommes. Les Allemands laissèrent six mille morts sur le champ de bataille, et quatre mille furent blessés. Le brave Jovin, après avoir chassé jusque sur les bords du Rhin les restes de leur armée en déroute, revint à Paris jouir des applaudissemens de son souverain, et recevoir la dignité de consul pour l'année suivante (1). Les Romains déshonorèrent leur triomphe par le traitement indigne qu'ils firent essuyer à un roi captif. Ils le pendirent à un gibet, à l'insu de

---

(1) On trouve la description de ces batailles dans Ammien (XXVII, 2), et dans Zozime (l. IV, p. 209). Ce dernier suppose que Valentinien y était en personne.

leur général indigné lorsqu'il apprit cette barbarie. Cette action honteuse, dont on pouvait accuser la fureur du soldat, fut suivie du meurtre prémédité de Withicab, le fils de Vadomair, prince allemand, d'une constitution faible et valétudinaire, mais d'une valeur ardente et redoutable. Un assassin domestique commit ce crime à l'instigation des Romains (1); cet oubli des lois de la justice et de l'humanité découvrait les craintes secrètes que leur inspirait la faiblesse d'un empire sur son déclin. Les conseils publics n'adoptent guère le secours du poignard, tant qu'ils peuvent se reposer sur la puissance de l'épée.

Au moment où les Allemands paraissaient le plus humiliés de leurs derniers revers, l'orgueil de Valentinien reçut une mortification dans la surprise de Mogontiacum ou Mayence, la principale ville de la Haute-Allemagne. Au moment où les chrétiens, sans défiance, célébraient une de leurs fêtes, Rando, l'un des chefs allemands, guerrier habile et hardi, qui avait long-temps médité son entreprise, passa subitement le Rhin, entra dans la ville dépourvue de tout moyen de défense, et emmena une multitude d'esclaves des deux sexes. Valentinien résolut de tirer une vengeance sanglante de tout le corps de la nation. Le comte Sébastien reçut ordre d'entrer dans le

Valentinien passe le Rhin et le fortifie. A. D. 368.

---

(1) *Studio sollicitante nostrorum, occubuit.* Ammien, XXVII, 10.

pays avec les bandes d'Italie et d'Illyrie, probablement du côté de la Rhétie. L'empereur, accompagné par son fils Gratien, passa le Rhin à la tête d'une puissante armée, dont les deux ailes étaient soutenues par Jovin et par Sévère, maîtres généraux de la cavalerie et de l'infanterie de l'Occident. Dans l'impuissance de s'opposer à la destruction de leurs villages, les Allemands campèrent sur la cime d'une montagne presque inaccessible dans le duché de Wurtemberg, et attendirent courageusement l'attaque des Romains. L'intrépide curiosité avec laquelle Valentinien persistait à découvrir quelque sentier sans défense, pour y faire monter ses soldats, pensa lui coûter la vie. Une troupe de Barbares sortit précipitamment de son embuscade, et l'empereur, obligé de fuir de toute la vitesse de son cheval dans une descente raide et glissante, laissa derrière lui celui qui portait son armure et son casque enrichi d'or et de pierres précieuses. Au signal de l'assaut, les Romains environnèrent la montagne de Solicinium, et montèrent de trois côtés. Chaque pas qu'ils parvenaient à gagner augmentait leur ardeur et abattait le courage de leurs ennemis. Lorsque toutes leurs forces occupèrent le plateau, leur impétuosité précipita les Barbares vers le bas de la montagne, du côté du nord, où le comte Sébastien était posté pour couper leur retraite. Après cette brillante victoire, Valentinien retourna dans ses quartiers d'hiver à Trèves, où il permit à la joie publique de se manifester par la magnifique représentation des jeux triomphaux (1). Mais le sage monarque, au lieu d'entreprendre la conquête de l'Allemagne, réserva toute son attention pour l'importante et difficile défense des frontières de la Gaule, contre un ennemi dont les forces étaient sans cesse recrutées par une foule d'intrépides volontaires qui accouraient sans cesse des tribus les plus reculées vers le nord (2). Depuis les sources du Rhin jusqu'au détroit de l'Océan, l'empereur fit construire, sur les bords de ce fleuve, une chaîne de forts et de tours : habile dans les arts mécaniques, il inventa de nouvelles fortifications et de nouvelles armes. De nombreuses levées de Romains et de jeunes Barbares furent sévèrement disci-

---

(1) Ammien raconte l'expédition de Valentinien (XXVII, 10), et Ausone la célèbre (*Mosell.*, 421, etc.). Il suppose ridiculement que les Romains ne connaissaient pas les sources du Danube.

(2) *Immanis enim natio, jam inde ab incunabulis primis varietate casuum imminuta; ita sæpius adolescit, ut fuisse longis sæculis æstimetur intacta.* Ammien, XXVIII, 5. Le comte du Buat (*Hist. des peuples de l'Europe*, t. VI, p. 370) attribue la population des Allemands à la facilité avec laquelle ils adoptaient des étrangers (*).

(*) « Cette explication, dit M. Malthus, ne fait que reculer la difficulté. Elle place la terre sur une tortue, sans nous apprendre sur quoi la tortue repose. Nous pouvons toujours demander quel était cet intarissable réservoir du Nord, d'où sortait sans cesse un torrent d'intrépides guerriers ? Je ne pense pas qu'on puisse admettre la solution que Montesquieu a donnée de ce problème (voy. *Grandeur et Décadence des Romains*, c. 16, p. 187). La difficulté disparaîtra, si nous appliquons aux nations de l'ancienne Germanie un fait bien observé en Amérique, et généralement connu : je veux dire, si nous supposons que, lorsque la guerre et la famine n'y met-

plinées, et soigneusement instruites dans tous les exercices militaires. Malgré l'opposition des Barbares, dont quelques-uns se permirent seulement de modestes représentations, et quelques autres, de violentes attaques, Valentinien acheva la barrière du Rhin, qui assura la tranquillité de la Gaule durant les neuf dernières années de son règne (1).

Les Bourguignons.
A. D. 371.

L'empereur, qui avait adopté les sages maximes de Dioclétien, s'appliquait à fomenter et à renou-

---

(1) Ammien, xxviii, 2; Zozime, l. iv, p. 214. Victor le jeune parle de l'intelligence que l'empereur Valentinien avait pour la mécanique. *Nova arma meditari; fingere terrâ seu limo simulacra.*

taient point d'obstacles, leur nombre croissait au point de doubler en vingt-cinq ou trente ans. La convenance et même la nécessité de cette application résultent du tableau des mœurs des Germains, tracé par la main de Tacite (voy. *Tacit.; de Mor. German.*, c. 16, 18, 19, 20).... Des mœurs si favorables à la population, jointes à cet esprit d'entreprise et d'émigration, si propre à écarter la crainte du besoin, présentent l'image d'une société douée d'un principe d'accroissement irrésistible. Elles nous montrent l'intarissable source de ces armées et de ces colonies dont l'empire romain eut à soutenir le choc, et sous lesquelles il succomba. Il n'est pas probable qu'en aucun temps la population de la Germanie ait subi de suite deux périodes de doublement, ou même une seule en vingt-cinq années. Les guerres perpétuelles de ces peuples, l'état peu avancé de leur agriculture, surtout l'étrange coutume adoptée par plusieurs tribus, de s'entourer de déserts, s'opposaient absolument à un tel accroissement. Sans doute à aucune époque le pays ne fut bien peuplé, quoique souvent il fût surchargé d'un excès de population..... Mais, au lieu de s'appliquer à éclaircir leurs forêts, à dessécher leurs marais, à rendre leur sol capable de suffire à une population croissante, il était plus conforme à leurs habitudes martiales et à leur humeur impatiente d'aller en d'autres climats chercher des vivres, du pillage et de la gloire. » *Essai sur le principe de population*, t. 1, p. 145 et suiv. (*Note de l'Éditeur.*)

veler les discordes intestines qui animaient les unes contre les autres les différentes peuplades de la Germanie. Au milieu du quatrième siècle, les Bourguignons, peuple errant, nombreux, et descendant des Vandales (1), occupaient sur les deux rives de l'Elbe les contrées peut-être de la Lusace et de la Thuringe. Leur nom obscur devint insensiblement celui d'un puissant royaume, et est enfin demeuré à une province florissante. Le contraste du gouvernement civil et de la constitution religieuse, est la particularité la plus remarquable dans les usages des anciens Bourguignons. Leur roi ou général était connu sous la dénomination d'*Hendinos*, et leur grand-prêtre portait le nom de *Sinistus*. La personne du grand-prêtre était sacrée, et sa dignité perpétuelle ; mais le roi n'exerçait qu'une autorité très-précaire. Si le malheur des événemens de la guerre semblait accuser le roi d'un défaut de courage ou de conduite, il était sur-le-champ déposé. L'injustice de ses sujets allait jusqu'à le rendre responsable de la fertilité de la terre et de la régularité des saisons, qui semblent plutôt appartenir au département sacerdotal (2). Les Alle-

---

(1) *Bellicosos et pubis immensæ viribus affluentes ; et ideo metuendos finitimis universis.* Ammien, xxviii, 5.

(2) Je suis toujours disposé à soupçonner les historiens et les voyageurs d'avoir converti des faits particuliers en lois générales. Ammien attribue à l'Égypte une coutume semblable, et les Chinois l'imputaient à leur tour au Tatsin ou empire romain. De Guignes, *Hist. des Huns*, tome II, part. I, page 79.

mands et les Bourguignons avaient des contestations fréquentes sur la possession de quelques marais salans (1) : les derniers se laissèrent facilement tenter par les sollicitations secrètes et par les offres libérales de l'empereur. L'origine fabuleuse qui les faisait descendre des soldats romains, employés à la garde des forteresses de Drusus, fut adoptée de part et d'autre avec une crédulité d'autant plus docile, que cette opinion favorisait leur intérêt mutuel (2). Une armée de quatre-vingt mille Bourguignons ne tarda pas à paraître sur les bords du Rhin, et réclama impatiemment le secours et les subsides promis par Valentinien ; mais l'empereur prétexta des excuses et des délais jusqu'au moment où, après une attente infructueuse, ils furent contraints de se retirer. Les forteresses et les garnisons du Rhin mirent les frontières de la Gaule à l'abri de leur juste ressentiment,

---

(1) *Salinarum finiumque causâ, Alemannis sæpè jurgabant.* (Ammien, XXVIII, 5.) Ils se disputaient peut-être la possession de la *Sala*, rivière qui produisait le sel, et qui avait fait le sujet d'une ancienne contestation. Tacit., *Ann.*, XIII, 57; et Lipse, *ad loc.*

(2) *Jam indè temporibus priscis, sobolem se esse romanam Burgundii sciunt :* et la tradition vague prit peu à peu une forme plus régulière (Orose, l. VII, c. 32). Elle est détruite par l'autorité irrécusable de Pline, qui servit dans la Germanie, et composa l'histoire de Drusus (Plin. secund., *epist.* 3, 5) moins de soixante ans après la mort de ce héros. *Germanorum genera quinque Vindili, quorum pars Burgundiones*, etc. *Hist. nat.*, IV, 28.

et le massacre qu'ils firent de leurs prisonniers servit du moins à envenimer encore la haine héréditaire des Bourguignons et des Allemands. Peut-être l'inconstance qu'on remarque ici dans la conduite d'un prince aussi sage que Valentinien, s'explique-t-elle par quelque changement survenu dans les circonstances. Son dessein avait été probablement d'intimider les Allemands, et non pas de les écraser, puisque la destruction de l'une ou de l'autre de ces deux nations aurait détruit la balance qu'il voulait conserver, en les contenant l'une par l'autre. L'un des princes allemands, Macrianus, qui, avec un nom romain, avait acquis les talens militaires et ceux du gouvernement, avait mérité sa haine et son estime. L'empereur lui-même, à la tête d'un corps de troupes lestes et légèrement armées, daigna, pour le poursuivre, passer le Rhin et s'avancer jusqu'à cinquante milles dans le pays; il se serait inévitablement saisi de Macrianus, si l'impatience des soldats n'avait rompu ses sages mesures. Ce prince allemand fut admis depuis à l'honneur d'une conférence particulière avec l'empereur, et les faveurs qu'il en reçut en firent jusqu'à sa mort un fidèle et sincère allié des Romains (1).

Les fortifications de Valentinien défendaient l'in- *Les Saxons.*

---

(1) Les guerres et les négociations relatives aux Allemands et aux Bourguignons, sont rapportées d'une manière claire par Ammien-Marcellin (XXVIII, 5; XXXIX, 4; XXX, 3), Orose (l. VII, c. 32), et les Chroniques de saint Jérôme et

térieur du continent ; mais les côtes maritimes de la Gaule et de la Grande-Bretagne étaient toujours exposées aux ravages des Saxons. Ce nom célèbre, qu'un sentiment national doit nous rendre cher, a échappé à l'attention de Tacite; et, dans les cartes de Ptolémée, cette nation n'occupe que le col resserré de la péninsule cimbrique, et les trois petites îles vers l'embouchure de l'Elbe (1). Ce territoire étroit, aujourd'hui le duché de Schleswig, ou peut-être de Holstein, n'aurait pas pu fournir les inépuisables essaims de Saxons qui régnèrent sur l'Océan, remplirent la Grande-Bretagne de leur langage, de leurs lois et de leurs colonies, et défendirent si longtemps la liberté du Nord contre les armées de Charlemagne (2). On aperçoit aisément la solution de cette difficulté dans la ressemblance des mœurs et de la constitution incertaine des tribus de l'Allemagne, qui se trouvaient confondues ensemble par les moin-

---

de Cassiodore fixent quelques dates et ajoutent quelques circonstances.

(1) Επι τον αυχενα της Κιμβρικης χερσονησου, Σαξονες. Ptolémée place les restes des Cimbres à l'extrémité septentrionale de la péninsule (le promontoire cimbrique de Pline, IV, 27). Il remplit l'intervalle qui séparait les Cimbres des Saxons, des six tribus obscures qui s'étaient réunies, dès le sixième siècle, sous la dénomination commune de *Danois*. *Voyez* Cluvier, *German. antiq.*; l. III, c. 21, 22, 23.

(2) M. d'Anville (*Établiss. des États de l'Europe*, p. 19, 26) a marqué les limites étendues de la Saxe de Charlemagne.

dres événemens de guerre ou d'alliance. La position des véritables Saxons les encouragea à embrasser les professions périlleuses de pêcheurs et de pirates, et le succès de leurs premières entreprises excita naturellement l'émulation des plus braves de leurs compatriotes, qui se déplaisaient dans la triste solitude des montagnes et des forêts. Chaque marée pouvait descendre sur l'Elbe des flottes de canots remplis d'intrépides guerriers, avides de contempler le vaste Océan, et de prendre part aux richesses et aux jouissances d'un monde qui leur était inconnu. Il paraît probable cependant que les nations qui habitaient le long des côtes de la mer Baltique, fournissaient aux Saxons la plus grande partie de leurs auxiliaires. Elles possédaient des armes et des vaisseaux, l'art de la navigation et l'expérience des combats maritimes; mais la difficulté de passer le Sund, les *colonnes d'Hercule* du septentrion (1), où la mer est fermée par les glaces durant plusieurs mois de l'année, retenait leur courage et leur activité dans les limites d'un lac très-spacieux. Le bruit des armemens qui étaient sortis avec succès de l'embouchure de l'Elbe,

---

(1) La flotte de Drusus n'avait pu réussir à passer ou même à approcher le détroit du Sund, appelé, d'après la ressemblance, les colonnes d'Hercule, et cette entreprise navale fut abandonnée sans retour. (Tacit., *de Moribus German.*, c. 34.) La connaissance que les Romains acquirent des nations de la mer Baltique (c. 44, 45) fut due aux voyages qu'ils firent par terre pour chercher de l'ambre.

les enhardit bientôt à traverser le petit isthme de Schleswig, et à lancer leurs vaisseaux dans la grande mer. Les différentes troupes de pirates et d'aventuriers qui combattaient sous les mêmes drapeaux, s'unirent insensiblement en une société permanente, d'abord de brigandage, et ensuite de gouvernement. Cette confédération militaire, unie de plus en plus par les doux liens du mariage et de la parenté, se forma insensiblement en corps de nation; et les tribus voisines qui sollicitaient leur alliance, reçurent le nom et les lois des Saxons. Si le fait n'était pas appuyé sur des témoignages incontestables, on nous soupçonnerait de vouloir tromper la crédulité de nos lecteurs, en donnant la description des vaisseaux sur lesquels les pirates saxons se jouaient hardiment au milieu des vagues de la mer d'Allemagne, de la Manche et de la baie de Biscaye. La quille de leurs grands bateaux à fond plat était construite de bois léger; mais les bords et tous les ouvrages supérieurs étaient composés de claies recouvertes de peaux épaisses (1). Ils devaient sans doute succomber souvent au danger du naufrage qui les menaçait sans cesse, durant le cours de leurs longues et lentes

---

(1) *Quin et Aremoricus piratam Saxona tractus*
Sperabat; cui pelle salum sulcare Britannum
Ludus, et assuto glaucum mare findere lembo.
SIDON., in Panegyr. Avit., 369.

Le génie de César ne dédaigna pas d'imiter pour un usage particulier ces vaisseaux grossiers, mais légers, dont se ser-

navigations, et les annales maritimes des Saxons devaient se remplir du récit des pertes annuelles qu'ils éprouvaient sur les côtes de la Gaule et de la Bretagne ; mais ces pirates intrépides bravaient également les périls de la mer et ceux qui les attendaient sur le rivage. L'habitude des entreprises éclaira leur intelligence ; les derniers de leurs matelots savaient manier une rame, hisser une voile et conduire un vaisseau, et les Saxons se réjouissaient à l'approche d'une tempête qui cachait leur expédition et dispersait les flottes de leurs ennemis (1). Quand ils eurent acquis une connaissance exacte des provinces maritimes de l'Occident, ils étendirent la scène de leurs brigandages, et les pays les plus enfoncés dans les terres ne durent plus se croire en sûreté contre leurs invasions. Leurs bateaux tiraient si peu d'eau, qu'ils s'avançaient aisément à quatre-vingts et à cent milles dans les grandes rivières : ils étaient si légers, qu'on les transportait sur des chariots, d'une rivière à une autre : et les pirates qui entraient par l'embouchure

---

vaient aussi les habitans de la Bretagne. (*Comment. de Bell. civil.*, 1, 51 ; et Guichardt, *Nouveaux Mémoires militaires*, t. II, p. 41, 42.) Les vaisseaux bretons étonneraient aujourd'hui le génie de César.

(1) Les meilleurs récits originaux, relativement aux pirates saxons, se trouvent dans Sidonius Apollinaris (l. VIII, épît. 6, p. 223, édit. de Sirmond) ; et le meilleur commentaire est celui de l'abbé Dubos (*Hist. critique de la monarchie française*, etc., tome 1, l. 1, c. 16, p. 148-155 ; *voyez* aussi p. 77, 78).

de la Seine ou du Rhin, pouvaient descendre sur le cours rapide du Rhône jusque dans la mer Méditerranée. Sous le règne de Valentinien, les Saxons ravagèrent les provinces maritimes de la Gaule. Un comte militaire fut chargé de la défense de la côte septentrionale ou limite de l'Armorique, et cet officier, soit que ses forces ou ses talens se trouvassent au-dessous des difficultés de cette mission, fut bientôt obligé d'implorer le secours de Sévère, maître général de l'infanterie. Les Saxons, environnés et vaincus par le nombre, furent obligés de rendre tout leur butin, et de fournir un corps de leur plus belle jeunesse pour servir dans les armées impériales. Ils demandaient seulement qu'à ces conditions on leur permît de se retirer honorablement et en sûreté. Le général romain accéda d'autant plus facilement à cette demande, qu'il méditait une trahison cruelle, et bien imprudente tant qu'il existerait un seul Saxon capable de venger par les armes le sort de ses compatriotes (1). L'impétuosité de l'infanterie, qu'on avait secrètement postée dans une vallée profonde, trahit l'embuscade, et les Romains auraient peut-être été victimes de leur propre perfidie, si un corps nombreux de cuirassiers, alarmé par le bruit du combat, ne fût pas venu précipitamment les tirer du

---

(1) Ammien (xxviii, 5) justifie ce manque de foi envers des pirates et des brigands, et Orose (l. vii, c. 32) exprime plus clairement leur crime réel : *Virtute atque agilitate terribiles.*

péril, et triompher, par la supériorité du nombre, de l'opiniâtre valeur des Saxons. Le glaive des vainqueurs épargna quelques prisonniers destinés à périr dans l'amphithéâtre ; et l'orateur Symmaque se plaint de ce que vingt-neuf de ces Barbares, que le désespoir porta à s'étrangler de leurs propres mains, ont ainsi diminué les amusemens du public. Cependant ces mêmes habitans de Rome, remplis d'humanité et de philosophie, n'apprenaient qu'avec horreur que les Saxons sacrifiaient à leurs dieux la dixième partie de leurs prisonniers, et qu'ils tiraient au sort les victimes de ce barbare sacrifice (1).

II. La lumière des sciences et de la philosophie a fait oublier peu à peu les colonies fabuleuses des Égyptiens et des Troyens, des Scandinaves et des Espagnols, qui flattaient la vanité de nos ancêtres et plaisaient à leur crédulité (2). Notre siècle se contente de cette idée simple et raisonnable que les îles de la Grande-Bretagne et de l'Irlande ont été succes-

Grande-Bretagne. Les Pictes et les Écossais.

---

(1) Symmaque (l. II, épît. 46) ose encore prononcer les noms sacrés de Socrate et de la philosophie. Sidonius, évêque de Clermont, pouvait condamner (l. VIII, épît. 6) avec *moins* d'inconséquence les sacrifices humains des Saxons.

(2) Au commencement du dernier siècle, le savant Cambden, armé d'un scepticisme respectueux, détruisit le roman de Brutus le Troyen, enseveli aujourd'hui dans l'oubli, ainsi que Scota, fille de Pharaon, et sa nombreuse postérité. On assure qu'il se trouve encore en Irlande, parmi les naturels du pays, des hommes fortement attachés à l'opinion de la *colonie milésienne*. Un peuple mécon-

sivement peuplées par les habitans de la Gaule. Depuis les côtes de Kent jusqu'à l'extrémité du Caithness et de l'Ulster, on aperçoit distinctement les traces de l'origine celtique dans le langage, dans les mœurs et dans la religion des habitans. Le caractère particulier de quelques tribus de Bretons peut s'attribuer naturellement à l'influence des causes locales et accidentelles (1). Les Romains réduisirent leur province à un état de servitude policée et paisible. La Calédonie conserva seule les droits de sa liberté sauvage. Dès le règne de Constantin, les deux grandes tribus des Pictes et des Écossais partagèrent entre elles cette contrée septentrionale (2). Leur destinée

---

tent de sa situation présente saisit avidement les fables de sa gloire passée.

(1) Tacite, ou plutôt Agricola, son beau-père, a pu remarquer le teint des Germains ou des Espagnols chez quelques tribus bretonnes; mais, après y avoir réfléchi, leur opinion était cependant que: *In universum tamen æstimanti Gallos vicinum solum occupásse credibile est. Eorum sacra deprehendas.... sermo haud multùm diversus.* (In Vit. Agricolæ, c. 11.) César avait remarqué qu'ils professaient la même religion (*Comment. de Bell. gall.*, VI, 13); et dans son temps, l'émigration de la Gaule belgique était un événement récent, ou au moins constaté par l'histoire (v, 10). Cambden, le Strabon de la Bretagne, a établi avec modestie nos véritables antiquités (*Britannia*, vol. 1, *Introd.*, p. ij-xxxj).

(2) Dans l'obscurité des antiquités calédoniennes, j'ai pris pour guides deux montagnards savans et ingénieux, dont la naissance et l'éducation peuvent inspirer de la

a été très-différente. Les victorieux Écossais ont anéanti par leurs succès la puissance, et presque jusqu'à la mémoire de leurs rivaux; et, après avoir maintenu durant plusieurs siècles la dignité d'un royaume indépendant, ils ont étendu, par une union légale et volontaire, l'honorable dénomination d'Anglais. La main de la nature avait contribué à distinguer les Pictes des Écossais. Les premiers cultivaient les plaines, et les derniers habitaient les montagnes. On peut considérer la côte orientale de la Calédonie comme une vaste plaine unie et fertile, qui, sans de grands travaux, pouvait produire beaucoup de grains; et l'épithète de *cruitnich,* ou mangeur de grains, exprimait le mépris ou l'envie des montagnards carnassiers. La culture des terres avait pu introduire une séparation plus exacte des propriétés et l'habitude d'une vie sédentaire; mais le brigandage et la guerre étaient toujours la passion dominante des Pictes, et les Romains distinguaient leurs guerriers, qui combattaient tout nus, par les

---

confiance. *Voyez* les Dissertations critiques sur l'origine, l'antiquité, etc., des Calédoniens, par le docteur John Macpherson, *Londres,* 1768, *in-*4°; et l'Introduction à l'Histoire de la Grande-Bretagne et de l'Irlande, par Jacques Macpherson, *Londres,* 1773, *in-*4°, troisième édition. Le docteur Macpherson était ministre dans l'île de Sky; et c'est une circonstance honorable pour notre siècle, qu'un ouvrage plein de saine critique et d'érudition ait été composé dans la plus éloignée des îles solitaires des Hébrides.

couleurs saillantes et par les figures bizarres dont ils peignaient leurs corps. La partie occidentale de la Calédonie est hérissée de montagnes escarpées, peu susceptibles de payer le laboureur de ses peines, et très-propres à la pâture des troupeaux. Les montagnards ne pouvaient avoir d'autres occupations que celles de chasseurs et de bergers ; et comme ils se fixaient rarement dans une habitation, on leur donna la dénomination expressive de *Scots*, qui signifie, dit-on, en langue celtique, errans ou vagabonds. Habitant une terre stérile, ils étaient forcés de chercher dans la mer un supplément de nourriture. Les lacs et les baies qui coupent leur pays, sont très-abondans en poisson ; et ils s'enhardirent peu à peu à jeter leurs filets dans l'Océan. Le voisinage des Hébrides, semées le long de la côte occidentale de l'Écosse, tenta leur curiosité et augmenta leur intelligence. Ils acquirent insensiblement l'art ou plutôt l'habitude de conduire leurs bateaux dans une tempête, et de se diriger durant la nuit par la position des étoiles. Les deux pointes sourcilleuses de la Calédonie atteignent presqu'à la côte d'une île spacieuse dont la brillante végétation mérita le nom de *Green*, qui signifie verte, et elle a conservé, avec un léger changement, celui d'*Erin* ou Ierne, ou Ireland. Il est probable qu'à quelque époque très-reculée de l'antiquité, une colonie d'Écossais affamés descendit dans les plaines fertiles de l'*Ulster*, et que ces étrangers, venus du Nord, qui avaient osé combattre les légions romaines, étendirent leurs conquêtes dans une île

peuplée d'un petit nombre de sauvages pacifiques.
Quoi qu'il en soit, il est certain qu'au temps du déclin de l'empire romain, la Calédonie, l'Irlande et l'île de Man étaient habitées par des Écossais; et que dans les vicissitudes de leurs fortunes diverses°, leurs tribus, qui s'associaient souvent dans des entreprises militaires, prenaient mutuellement le plus vif intérêt les unes aux autres. Ils chérirent long-temps l'opinion d'une origine commune; et les missionnaires de l'île des Saints, qui répandirent le christianisme dans le nord de la Bretagne, persuadèrent aux habitans que leurs compatriotes irlandais étaient en même temps les véritables ancêtres et les pères spirituels de la race écossaise. Cette tradition vague et obscure a été conservée par le vénérable Bède, qui a répandu un peu de lumière sur l'obscurité du huitième siècle. Les moines et les bards, deux espèces d'hommes qui ont également abusé du privilége de la fiction, ont accumulé un tas de fables sur ce faible fondement. La nation écossaise a reconnu avec un orgueil mal entendu son origine irlandaise, et les annales d'une longue suite de rois imaginaires ont été embellies par l'imagination de Boëce et l'élégance classique de Buchanan (1).

---

(1) L'opinion presque oubliée qui faisait tirer aux Écossais leur origine de l'Irlande, s'est ranimée dans ces derniers temps, et a été fortement soutenue par le révérend M. Whitaker (*Hist. de Manchester*, vol. 1, p. 430, 431; et dans l'*Histoire originale des Bretons*, prouvée par des

<small>Leur invasion dans la Grande-Bretagne.
A. D. 343-366.</small>

Six ans après la mort de Constantin, les incursions funestes des Pictes et des Écossais exigèrent la présence du plus jeune de ses fils, qui régnait sur l'empire d'Occident. Constans visita la Grande-Bretagne : mais nous pouvons juger de l'importance de ses exploits par le langage de son panégyriste, qui ne célèbre que son triomphe sur les élémens, ou, en d'autres termes, le bonheur qu'il eut de passer sans peine et sans danger du port de Boulogne à celui de Sandwich (1). L'administration corrompue

---

faits, p. 154, 293). Il avoue cependant, 1° que les Écossais, dont parle Ammien-Marcellin (A. D. 340), étaient déjà établis dans la Calédonie, et que les auteurs romains ne parlent point de leur émigration d'un autre pays ; 2° que toutes ces émigrations, attestées ou adoptées par des bardes irlandais, des historiens écossais ou les antiquaires bretons, Buchanan, Cambden, Usher, Stillingfleet, sont entièrement fabuleuses ; 3° que trois des tribus irlandaises, citées par Ptolémée (A. D. 150), sont d'extraction calédonienne ; 4° qu'une branche cadette des princes calédoniens de la maison de Fingal acquit et posséda la monarchie d'Irlande. D'après ces concessions, il ne reste de différence, entre M. Whitaker et ses adversaires, que sur des points obscurs peu importans. L'*histoire originale* qu'il produit d'un Fergus, cousin d'Ossian, qui fut transplanté (A. D. 320) d'Irlande en Calédonie, est bâtie sur une conjecture tirée des poésies erses, et sur l'autorité suspecte de Richard de Cirencester, moine du quatorzième siècle. La vivacité d'esprit de cet ingénieux et savant antiquaire, lui a fait oublier la nature de la question qu'il discute avec tant de véhémence, et qu'il décide d'un ton si absolu.

(1) *Hyeme tumentes ac sævientes undas calcastis Oceani*

et sans vigueur des eunuques de Constans, aggrava les calamités d'une province accablée au dehors, par la guerre et au dedans par la tyrannie. Les vertus de Julien ne la soulagèrent que passagèrement ; son absence et sa mort enlevèrent bientôt à la Bretagne son bienfaiteur. L'avarice des commandans militaires retenait les sommes d'or et d'argent recueillies avec peine dans le pays, ou accordées par la libéralité de la cour pour le paiement des soldats. On vendait publiquement les décharges ou du moins les exemptions du service militaire. La détresse des soldats, indignement privés de la faible portion de subsistance que leur accordait la loi, les forçait à déserter en grand nombre. Tous les liens de la discipline étaient relâchés, et les grands chemins étaient infestés de voleurs (1). L'oppression des bons citoyens et l'impunité des scélérats contribuaient également à répandre dans l'île l'esprit de mécontentement et de révolte ; et tout sujet ambitieux, tout exilé sans ressource, aurait pu aisément se flatter de renverser le gouvernement faible et odieux de la Bretagne. Les tribus guerrières de la partie septentrionale, qui détestaient l'orgueil et la puissance du roi du monde,

---

sub remis vestris ;.... insperatam imperatoris faciem Britannus expavit. Julius Firmicus Maternus, *de Error. profan. Relig.*, p. 464, ed. Gronov. *ad calcem Minuc. Fel. Voyez* Tillemont, *Hist. des Emp.*, t. IV, p. 336.

(1) Libanius., *Orat. parent.*, c. 39, p. 264. Ce passage curieux a échappé aux recherches de nos antiquaires bretons.

suspendirent leurs dissensions particulières ; et les Barbares des côtes et de l'intérieur, les Pictes, les Écossais et les Saxons, inondèrent rapidement, avec une violence irrésistible, tout le pays depuis le mur d'Antonin jusqu'à la côte maritime de Kent. La riche et fertile province de Bretagne (1) possédait abondamment tous les moyens de luxe et de jouissances que ces Barbares ne pouvaient se procurer ni par le commerce ni par leur propre industrie ; et, en déplorant la discorde éternelle des humains, le philosophe sera, je crois, forcé de convenir que l'avidité du butin est un motif de guerre plus raisonnable que la vanité de la conquête. Depuis le siècle de Constantin jusqu'à celui des Plantagenets, les Calédoniens, pauvres et audacieux, se montrèrent sans cesse animés de l'amour du pillage ; et le même peuple chez qui la généreuse humanité semblait avoir inspiré les chants ossianiques, se déshonorait par une ignorance sauvage des vertus pacifiques et des lois de la guerre. Les Pictes et les Écossais (2) ont troublé long-

---

(1) Les Calédoniens admiraient et enviaient l'or, les chevaux, les flambeaux, etc., de *l'étranger*. *Voyez* la *Dissertation* du docteur Blair sur *Ossian*, vol. II, p. 343, et l'*Introduction* de M. Macpherson, p. 242-286.

(2) Lord Lyttleton a raconté dans le plus grand détail (*Hist. de Henri* II, v. I, p. 182), et sir David Dalrymple (*Annal. de l'Écosse*, vol. I, p. 69) a cité légèrement une invasion des Écossais, qui fut accompagnée d'actes de férocité (A. D. 1137), dans un siècle où les lois, la religion et la société, devaient avoir adouci leurs mœurs primitives.

temps la tranquillité de leurs voisins méridionaux, qui ont peut-être exagéré leurs cruels ravages; et les Attacottes (1), une de leurs tribus guerrières, d'abord ennemis et ensuite soldats de Valentinien, sont accusés, par un témoin oculaire, d'un goût de préférence pour la chair humaine. Quand ils cherchaient une proie dans les bois, ils attaquaient, dit-on, le berger plutôt que ses troupeaux; et ils choisissaient les parties les plus charnues et les plus délicates des hommes et des femmes, pour en faire leurs abominables repas (2). S'il a réellement existé une race d'anthropophages dans les environs de la ville commerçante et lettrée de Glasgow, nous pouvons trouver dans l'histoire de l'Écosse les deux extrêmes de la vie sauvage et de la société civilisée. Ces réflexions servent à étendre le cercle de nos idées, et à nous faire espérer que la Nouvelle-Zé-

---

(1) *Attacotti bellicosa hominum natio.* (Ammien, XXVII, 8.) Cambden (p. clij de son *Introduction*) a rétabli le véritable nom dans le texte de saint Jérôme. Les bandes d'Attacottes que saint Jérôme avait vues dans la Gaule, furent placées depuis en Italie et dans l'Illyrie. *Notitia,* S. VIII, XXIX, XL.

(2) *Cùm ipse adolescentulus in Galliâ viderim Attacottos ou Scotos, gentem britannicam, humanis vesci carnibus; et cùm per sylvas porcorum greges, et armentorum pecudumque reperiant, pastorum nates et feminarum papillas solere abscindere, et has solas ciborum delicias arbitrari.* Tel est le témoignage de saint Jérôme (t. II, p. 75), dont je ne trouve aucune raison de soupçonner la véracité.

lande produira peut-être dans quelques siècles le Hume de l'hémisphère méridional.

<small>Théodose délivre la Grande-Bretagne.
A. D. 367-370.</small>

Tous ceux qui pouvaient s'échapper en traversant le canal, apportaient à Valentinien les nouvelles les plus tristes et les plus alarmantes. L'empereur apprit bientôt que les deux commandans militaires de cette province avaient été surpris et massacrés par les Barbares. Il y envoya et rappela presque aussitôt Sévère, comte des domestiques. Les représentations de Jovin ne servirent qu'à faire connaître à la cour de Trèves l'étendue du danger. Après de longues délibérations, Valentinien chargea le brave Théodose du soin de défendre, ou plutôt de recouvrer la Bretagne. Les historiens de ce siècle ont célébré avec une complaisance particulière les exploits de ce général, qui fut la tige d'une suite d'empereurs; mais ses brillantes qualités méritaient leur éloge, et la nouvelle de sa nomination fut reçue de la province et de l'armée comme un présage heureux de la victoire. Il saisit un moment favorable pour s'embarquer, et aborda sans accident en Bretagne, suivi des nombreux vétérans qui composaient les bandes des Hérules, des Bataves, des Joviens et des Victors. Dans sa marche de Sandwich à Londres, Théodose défit plusieurs troupes de Barbares et rendit la liberté à une multitude de captifs; et, après avoir distribué une petite partie des dépouilles à ses soldats, il établit sa réputation de justice et de désintéressement en restituant le reste aux propriétaires légitimes. Les citoyens de Londres, qui commençaient à désespérer d'échapper aux Barbares, ouvrirent leurs portes; et dès que Théodose eut obtenu de la cour de Trèves le secours nécessaire d'un lieutenant et d'un gouverneur civil, il exécuta avec sagesse et vigueur l'entreprise difficile de délivrer la Bretagne. Les soldats errans furent rappelés à leurs drapeaux; une amnistie générale dissipa leurs terreurs; le général, en donnant lui-même l'exemple, fit supporter plus gaîment la sévérité de la discipline militaire. Les troupes des Barbares partagées en différens corps, qui exerçaient leurs ravages sur terre et sur mer, ne lui permirent pas de remporter des victoires éclatantes; mais l'habile général déploya la supériorité de ses talens dans les opérations de deux campagnes consécutives, et délivra, par sa prudence et son activité, la province entière de ses barbares ennemis. Les soins paternels de Théodose relevèrent et raffermirent les fortifications, et rendirent aux villes leur première splendeur; sa main vigoureuse repoussa les Calédoniens tremblans sur la pointe septentrionale de l'île, et perpétua le nom et la gloire du règne de Valentinien par la formation d'une nouvelle province qu'il nomma Valentie.(1). Les poëtes et les panégyristes ont pu ajouter, avec une apparence de vérité, que les régions inconnues de Thulé furent teintes du sang des Barbares, que les vagues

A. D. 368, 369.

---

(1) Ammien a raconté d'une manière concise (xx, 1; xxvi, 4; xxvii, 8; xxviii, 3) toute l'histoire de la guerre de Bretagne.

de l'océan Hyperboréen blanchirent sous les rames des galères romaines, et que les îles reculées des Orcades furent témoins de la victoire navale remportée par Théodose sur les pirates saxons (1). Il quitta la province avec une réputation brillante et sans tache, et l'empereur Valentinien, capable d'applaudir sans envie au mérite de ses sujets, récompensa les services de Théodose en l'élevant au grade de maître général de la cavalerie sur le Haut-Danube. Placé dans le poste important du Haut-Danube, le libérateur de la Bretagne arrêta et défit les armées des Allemands avant qu'on l'eût choisi pour apaiser la révolte de l'Afrique.

<small>Tyrannie de Romanus. A. D. 366, etc</small>

III. Le prince qui refuse de punir ses ministres coupables, passe pour leur complice dans l'esprit des peuples. Le comte Romanus avait exercé longtemps en Afrique le commandement militaire, et

---

(1)   *Horrescit..... ratibus..... impervia Thule.*
Ille...... nec falso nomine Pictos
Edomuit, Scotumque vago mucrone secutus,
Fregit hyperboreas remis audacibus undas.

CLAUD., in III consul. Honor., v. 53, etc.

..... Maduerunt Saxone fuso
Orcades : incaluit Pictorum sanguine Thule ;
Scotorum cumulos flevit glacialis Ierne.

In IV consul. Honor., vers. 31, etc.

Voyez aussi Pacatus (*in Panegyr. vet.*, XII, 5); mais il est difficile d'apprécier au juste la valeur réelle des métaphores de l'adulation. Comparez les victoires de Bolanus (Statius, *Silv.*, v, 2) avec son caractère (Tacit., *in Vit. Agric.*, c. 16).

ses talens n'étaient point indignes de son emploi. Mais comme la plus sordide avarice déterminait toujours sa conduite, il agissait souvent comme s'il eût été l'ennemi de sa province, et le protecteur des Barbares du désert. Les trois villes florissantes d'Oea, de Leptis et de Sabrata, qui formaient depuis longtemps une confédération sous le nom de Tripoli (1), se trouvèrent pour la première fois forcées de fermer leurs portes pour se mettre à l'abri d'une invasion. Les sauvages de Gétulie surprirent et massacrèrent plusieurs de leurs plus honorables citoyens; ils pillèrent les villages et les faubourgs des villes, et arrachèrent par méchanceté les vignes et les arbres fruitiers. Les habitans consternés implorèrent le secours de Romanus; mais ils éprouvèrent que leur gouverneur n'était ni moins cruel ni moins avide que les Barbares. Avant de marcher contre les ennemis, Romanus exigea des Tripolitains quatre mille chameaux et une somme d'argent exorbitante, qu'ils étaient également hors d'état de fournir. Cette demande équivalait à un refus, et on pouvait le regarder justement comme l'auteur de la calamité publique. Dans l'assemblée suivante de leurs trois villes,

---

(1) Ammien cite souvent leur *concilium annuum legitimum*. Leptis et Sabrata sont détruites depuis long-temps; mais la ville d'Oea, patrie d'Apulée, est encore florissante sous le nom de Tripoli. *Voyez* Cellarius, *Geogr. antiq.*, t. II, part. II, p. 81; d'Anv., *Géogr. anc.*, t. III, p. 71, 72; et Marmol, *Afrique*, t. II, p. 562.

qui avait lieu tous les ans, ils choisirent deux députés qu'ils chargèrent de porter à Valentinien le don annuel d'une victoire d'or massif, don offert par le devoir plutôt que par la reconnaissance, et qui devait être accompagné d'une humble complainte sur ce que, ruinés par leurs ennemis, ils étaient encore trahis par leur gouverneur. Si la sévérité de l'empereur eût été bien dirigée, elle serait tombée sur la tête du coupable Romanus; mais le comte, dès long-temps instruit dans l'art de corrompre, avait dépêché de son côté un prompt et fidèle messager chargé de lui assurer la faveur vénale de Remigius, grand-maître des offices. Des artifices trompèrent la sagesse du conseil impérial, et des délais refroidirent la vertueuse indignation qu'avaient excitée les plaintes des Tripolitains. Une seconde incursion les ayant obligés de les renouveler, la cour de Trèves envoya Palladius examiner l'état de l'Afrique et la conduite de Romanus. La rigidité de Palladius ne fut pas difficile à désarmer. S'étant laissé séduire par le désir de s'approprier une partie du trésor qu'il avait apporté pour payer les troupes, une fois criminel, il ne pouvait se refuser à reconnaître l'innocence et le mérite de Romanus. L'accusation des Tripolitains fut déclarée fausse et sans fondement; Palladius retourna de Trèves en Afrique avec une commission spéciale pour rechercher et punir les auteurs de cette conspiration sacrilége contre les représentans du souverain. Les informations se firent avec tant d'adresse et de succès, que les habitans de Leptis, qui venaient de soutenir un siége de huit jours, se dédirent et blâmèrent la conduite de leurs députés. L'aveugle cruauté de Valentinien se hâta de prononcer un arrêt sanguinaire. Le président du conseil de Tripoli, qui avait osé gémir sur les malheurs de la province, fut exécuté publiquement à Utique avec quatre des principaux citoyens, qui passaient pour les complices de cette prétendue imposture; deux autres eurent la langue arrachée par ordre exprès de l'empereur; et Romanus, enorgueilli par l'impunité, irrité par la résistance, conserva son commandement militaire jusqu'au moment où les Africains, poussés à bout par ses vexations, entrèrent dans la révolte du Maure Firmus (1).

Révolte de Firmus. A. D. 372.

Son père Nabal était un des plus riches et des plus puissans princes maures qui reçussent la loi des Romains. Ses femmes et ses concubines lui avaient donné une postérité nombreuse, qui, après sa mort, se disputa sa riche succession; et Zamma, l'un de ses fils, fut tué dans une querelle par son frère Firmus. Le zèle avec lequel Romanus poursuivit la vengeance de ce meurtre, ne peut guère s'attribuer qu'à des motifs d'avarice ou de haine personnelle; mais pour cette fois il avait la justice de son côté; son influence était puissante, et Firmus comprit qu'il fallait ou porter sa tête au bourreau, ou en appeler au

---

(1) Ammien, XVIII, 6. Tillemont (*Hist. des Empereurs*, t. V, p. 25, 676) a discuté les difficultés chronologiques de l'histoire du comte Romanus.

peuple et à son épée de la sentence du consistoire impérial. Il fut reçu comme le libérateur de son pays (1). Dès que les Africains s'aperçurent que Romanus ne pouvait être redoutable qu'à une province soumise, ce tyran de l'Afrique devint l'objet du mépris général. La ruine de Césarée, qui fut pillée et réduite en cendres par les Barbares indisciplinés que commandait Firmus, apprit aux autres villes qu'il était dangereux de lui résister. Son pouvoir était solidement établi, au moins dans les provinces de Numidie et de Mauritanie, et il semblait hésiter seulement s'il prendrait le diadême d'un roi maure ou la pourpre d'un empereur romain. Mais les imprudens et malheureux Africains s'aperçurent bientôt que dans cette révolte précipitée ils n'avaient pas assez consulté leurs forces et l'habileté de leur chef. Avant qu'il eût pu se procurer des nouvelles certaines de la nomination du général destiné par l'empereur d'Occident à marcher contre lui, et du rassemblement d'une flotte de vaisseaux de transport à l'embouchure du Rhône, il apprit tout à coup que le grand Théodose, suivi d'un petit corps

---

(1) La chronologie d'Ammien est vague et obscure; et Orose (l. VII, c. 33, p. 551, éd. de Havercamp) semble placer la révolte de Firmus après la mort de Valentinien et de Valens. Tillemont (*Hist. des Emper.*, t. V, p. 691) travaille à retrouver son chemin. C'est au pied sûr et patient de la mule des Alpes, qu'il faut se fier dans les passages les plus glissans et les plus escarpés.

de vétérans, avait déjà débarqué près d'Igilgilis ou de Gigeri, sur la côte d'Afrique, et le timide usurpateur se sentit écrasé sous l'ascendant de tant de vertu et de génie militaire. Quoiqu'il lui restât des troupes et des trésors, désespérant bientôt de la victoire, il eut recours aux artifices employés par le rusé Jugurtha dans le même pays et dans une situation semblable. Il essaya de tromper, par une soumission apparente la vigilance du général romain, de séduire ses troupes, et de traîner la guerre en longueur en engageant successivement les tribus indépendantes à épouser sa querelle ou à faciliter sa fuite. Théodose imita la conduite de son prédécesseur Métellus et obtint les mêmes succès. Lorsque Firmus, d'un ton de suppliant, vint déplorer sa propre imprudence et solliciter humblement la clémence de l'empereur, le lieutenant de Valentinien le reçut amicalement et ne s'opposa point à sa retraite; mais il eut soin d'exiger des gages solides et utiles de son sincère repentir, et les insidieuses protestations du prince maure ne lui firent pas ralentir un seul instant ses opérations militaires. Théodose découvrit par sa vigilance une conspiration, et satisfit, sans beaucoup de répugnance, à l'indignation du peuple, qu'il avait secrètement excitée. On abandonna, selon la coutume, une partie des complices de Firmus à la fureur des soldats; d'autres, en plus grand nombre, eurent les deux mains coupées; et vécurent pour servir d'exemple par le spectacle horrible de leur mutilation. A la haine que ressentaient les rebelles

Théodose soumet l'Afrique.
A. D. 373.

contre leur ennemi, se mêla bientôt la crainte, et à la crainte qu'il inspirait à ses soldats se mêlait une respectueuse admiration. Au milieu des plaines immenses de Gétulie et des innombrables vallées du mont Atlas, il était impossible d'empêcher la fuite de Firmus; et si l'usurpateur avait pu lasser la patience de son adversaire, il aurait vécu dans la profondeur de quelque solitude en attendant une révolution plus heureuse. Mais la persévérance de Théodose ne se démentit point, et il poursuivit sans relâche la résolution de terminer la guerre par la mort du rebelle et la destruction de toutes les tribus d'Afrique qui partageaient son crime. A la tête d'un petit corps de troupes qui excédait rarement trois mille cinq cents hommes, le général romain s'avança dans le cœur du pays avec une prudence inébranlable, également éloignée de la témérité et de la crainte. Il eut quelquefois à repousser des armées de vingt mille Maures. L'impétuosité de ses attaques portait le désordre parmi les Barbares indisciplinés; et ses retraites, toujours faites à temps et en bon ordre, déconcertaient toutes leurs mesures. Ils étaient continuellement déjoués par les ressources de cet art militaire qu'ils ne connaissaient point, et ils sentirent et reconnurent la justice de la supériorité que s'attribuait le chef d'une nation civilisée. Lorsque Théodose entra dans les vastes États d'Igmazen, roi des Isaflenses, l'orgueilleux sauvage lui demanda d'un air insultant son nom et l'objet de son expédition. « Je suis, lui dit le comte d'un ton imposant et dédaigneux, je suis le général de Valentinien, monarque de l'univers; il m'envoie ici pour poursuivre et punir un brigand sans ressources. Remets-le à l'instant entre mes mains, et sois assuré que si tu n'obéis pas au commandement de mon invincible souverain, toi et ton peuple vous serez entièrement exterminés. » Dès qu'Igmazen fut bien persuadé que son ennemi avait les moyens et la volonté d'exécuter sa terrible menace, il consentit à acheter une paix nécessaire par le sacrifice d'un fugitif coupable. Les gardes placés pour s'assurer de Firmus lui ôtaient tout espoir de s'échapper; mais le Maure rebelle, après avoir banni par l'ivresse la crainte de la mort, évita le triomphe insultant des Romains en s'étranglant pendant la nuit. Son cadavre, le seul présent qu'Igmazen pût faire au général, fut jeté négligemment sur un chameau, et Théodose reconduisit ses troupes victorieuses à Sitifi, où le reste de son armée le reçut avec des acclamations de joie et d'affection (1).

Les vices de Romanus avaient fait perdre l'Afrique, les vertus de Théodose la rendirent aux Romains; et la conduite que la cour impériale tint avec ces deux généraux peut servir de leçon en satisfaisant la curiosité. En arrivant en Afrique, Théodose sus-

Théodose a la tête tranchée à Carthage.
A. D. 376.

---

(1) Ammien, XXIX, 5. Le texte de ce long chapitre de quinze pages in-quarto, est corrompu et défiguré, et le récit est obscurci, faute de limites géographiques et de renseignemens chronologiques.

pendit l'autorité du comte Romanus ; celui-ci fut mis, jusqu'à la fin de la guerre, sous une garde sûre, mais traité avec distinction. On avait les preuves les plus incontestables de ses crimes, et le public attendait avec impatience qu'on le livrât à la sévérité de la justice ; mais la puissante protection de Mellobaudes l'enhardit à récuser ses juges légitimes, à solliciter des délais répétés qui lui donnèrent le temps de se procurer une foule de témoins favorables, et à couvrir enfin ses anciens crimes, en y ajoutant les crimes nouveaux de la fraude et de l'imposture. A peu près dans le même temps, on trancha ignominieusement, à Carthage, la tête du libérateur de la Bretagne et de l'Afrique, sur le vague soupçon que son nom et ses services le plaçaient au-dessus du rang d'un sujet. Valentinien n'existait plus ; et on peut imputer aux ministres qui abusaient de l'inexpérience de ses fils, la mort de Théodose et l'impunité de Romanus (1).

État de l'Afrique.

Si Ammien eût heureusement employé son exactitude géographique à décrire les exploits de Théodose dans l'Afrique, nous aurions détaillé avec satisfaction toutes les circonstances particulières de sa marche et de ses victoires ; mais la fastidieuse énumération des tribus inconnues de l'Afrique peut se réduire à la remarque générale, qu'elles étaient toutes de la race noire des Maures, qu'elles habitaient, sur les

---

(1) Ammien, xxviii, 4 ; Orose, l. vii, c. 33, p. 551, 552 ; saint Jérôme, dans sa *Chronique*, p. 187.

derrières des provinces de Numidie et de Mauritanie, le pays que les Arabes ont nommé depuis la patrie des dattiers et des sauterelles (1), et que, comme la puissance des Romains déclinait en Afrique, les bornes des pays cultivés et civilisés s'y resserraient dans la même proportion. Au-delà des limites des Maures, le vaste désert du sud s'étend à plus de mille milles jusqu'aux bords du Niger. Les anciens, qui connaissaient très-imparfaitement la grande péninsule d'Afrique, ont été quelquefois disposés à croire que la zone torride n'était point susceptible d'être habitée par des hommes (2); d'autres fois ils la peuplaient, au gré de leur imagination, d'hommes sans tête ou plutôt de monstres (3), de satyres avec des cornes et des pieds fourchus (4), de centau-

---

(1) Léon l'Africain (dans les *Viaggi di Ramusio*, tome 1, p. 78-83) a fait une description curieuse des peuples et du pays, que Marmol (*Afrique*, t. III, p. 1, 54) décrit d'une manière beaucoup plus détaillée.

(2) Les progrès de l'ancienne géographie réduisent peu à peu cette zone inhabitable de quarante-cinq à vingt-quatre, ou même à seize degrés de latitude. *Voyez* une note savante du docteur Robertson, *Hist. d'Amér.*, vol. 1, p. 426.

(3) *Intra; si credere libet, vix jam homines et magis semiferi..... blemmyes, satyri*, etc. Pomponius-Mela, 1, 4, p. 26, éd. Voss. in-8°. Pline explique philosophiquement les irrégularités de la nature que sa crédulité avait admises (v, 8).

(4) Si le satyre est le même que l'orang-outang ou singe de la grande espèce (Buffon, *Hist. nat.*, t. XIV, p. 43), il est possible qu'on en ait vu un à Alexandrie sous le règne de Constantin. Il reste cependant toujours un peu de diffi-

res (1) et de pygmées humains qui, pleins de courage, faisaient aux grues une guerre dangereuse (2). Carthage aurait tremblé, si un bruit étrange était venu lui apprendre que le pays coupé par l'équateur recélait des deux côtés une multitude de nations qui ne différaient que par la couleur de la figure ordinaire des hommes; et les Romains, dans leur anxiété, auraient cru voir le moment où aux essaims des Barbares sortis du Nord viendraient se joindre, du fond du Midi, d'autres essaims de Barbares aussi cruels et aussi redoutables. Une connaissance plus particulière du génie de leurs ennemis d'Afrique aurait sans doute anéanti ces

---

culté, relativement à la conversation que saint Antoine eut avec un de ces pieux sauvages dans le désert de la Thébaïde. Saint Jérôme, *in Vit. Paul. eremit.*, t. 1, p. 238.

(1) Saint Antoine rencontra aussi un de ces monstres, dont l'empereur Claude affirma sérieusement l'existence. Le public s'en moquait; mais son préfet d'Égypte eut l'adresse d'envoyer une préparation artificielle, qui passa pour le corps embaumé d'un hippocentaure, et que l'on conserva durant plus d'un siècle dans le palais impérial. *Voy.* Pline, *Hist. nat.*, VII, 3; et les *Observations* judicieuses de Freret, *Mém. de l'Acad.*, t. VII, p. 321, etc.

(2) La fable des pygmées est aussi ancienne qu'Homère. (*Iliad.*, III, 6.) Les pygmées de l'Inde et de l'Éthiopie (*Trispithami*) n'avaient que vingt-sept pouces de hauteur; et, dès le commencement du printemps, leur cavalerie, montée sur des boucs et des béliers, se mettait tous les ans en campagne pour détruire les œufs des grues. *Aliter*, dit Pline, *futuris gregibus non resisti:* Ils construisaient leurs maisons de boue, de plumes et de coquilles d'œufs. *Voyez* Pline, VI, 35; VII, 2; et Strabon, l. II; p. 121.

vaines terreurs. On ne doit, à ce qu'il me semble, attribuer l'inaction des nègres, ni à leurs vertus, ni à leur pusillanimité. Ils se livrent, comme tous les hommes, à leurs passions et à leurs appétits, et les tribus voisines se font fréquemment la guerre (1). Mais leur ignorance grossière n'a jamais inventé d'armes réellement propres à l'attaque ou à la défense. Ils paraissent également incapables de former un plan vaste de conquête ou de gouvernement, et les nations des zones tempérées abusent cruellement de l'infériorité reconnue de leurs facultés intellectuelles. On embarque annuellement sur la côte de Guinée soixante mille noirs, qui ne reviennent jamais dans leur patrie. On les charge de chaînes (2), et cette émigration continuelle, qui dans le cours de deux siècles aurait pu fournir des armées susceptibles de subjuguer l'univers, atteste les crimes de l'Europe et la faiblesse des Africains.

IV. Les Romains avaient fidèlement exécuté le traité ignominieux auquel l'armée de Jovien devait son salut, et leur renonciation solennelle à l'alliance de l'Arménie et de l'Ibérie exposait ces deux royaumes, sans défense, aux entreprises du monarque

L'Orient. La guerre de Perse. A. D. 365-378.

---

(1) Les troisième et quatrième volumes de l'estimable *Histoire des Voyages* décrivent l'état actuel des nègres. Le commerce des Européens a civilisé les habitans des côtes maritimes, et ceux de l'intérieur du pays l'ont été par des colonies mauresques.

(2) *Hist. philosoph. et polit.*, etc., t. IV, p. 192.

persan (1). Sapor entra dans l'Arménie à la tête d'un corps formidable de cuirassiers, d'archers et d'infanterie mercenaire. Mais ce prince s'était fait une habitude invariable de mêler les négociations aux opérations militaires, et de considérer le parjure et la trahison comme les plus utiles instrumens de la politique des souverains. Il affecta de donner des louanges à la conduite prudente et modérée du roi d'Arménie; et le crédule Tyranus, trompé par les démonstrations répétées de sa fausse amitié, se laissa persuader de remettre sa personne et sa vie au pouvoir d'un ennemi perfide et cruel. Au milieu d'une fête brillante, on le garrotta de chaînes d'argent, par respect pour le sang des Arsacides; et, après un séjour de peu de temps dans la tour d'oubli à Ecbatane, il fut délivré des misères de la vie ou par sa propre main, ou par celle d'un assassin. Le royaume d'Arménie devint une province de la Perse. Sapor, après en avoir partagé l'administration entre un satrape d'un rang distingué et un de ses eunuques favoris, marcha sans perdre de temps contre les belliqueux Ibériens. Ses forces supérieures expulsèrent Sauromaces, qui régnait en

---

(1) L'autorité d'Ammien est décisive (XXVII, 12). Moïse de Chorène (l. III, c. 17, p. 249; etc.; c. 34, p. 269), Procope (*de Bell. Pers.*, l. I, c. 5, p. 17, édit. Louvre), ont été consultés; mais le témoignage de ces historiens, qui confondent des faits différens, répètent les mêmes événemens, et adoptent les faits les plus étranges, ne doit être employé qu'avec beaucoup de restriction et de circonspection.

Ibérie sous la protection des empereurs ; et, pour insulter à la majesté de Rome, le roi des rois mit la couronne sur la tête de son ignoble vassal Aspacuras. Dans toute l'Arménie, la ville d'Artogerasse (1) osa seule résister aux armes de Sapor. Le trésor déposé dans cette forteresse tentait l'avarice du Persan ; mais Olympias, femme ou veuve du roi d'Arménie, excitait la compassion publique, et animait jusqu'au désespoir la valeur des citoyens et des soldats. Les Persans furent surpris et repoussés sous les murs d'Artogerasse, dans une sortie audacieuse et bien concertée ; mais les troupes de Sapor se renouvelaient et s'augmentaient sans cesse ; la garnison épuisée perdait courage ; un assaut emporta la place, et l'orgueilleux vainqueur, après avoir détruit la ville par le fer et par la flamme, emmena captive une reine infortunée qui, dans des temps plus heureux, avait été destinée à épouser le fils de Constantin (2). Mais Sapor s'était trop tôt flatté de la conquête de deux royaumes subordonnés ; il eut bientôt lieu d'apercevoir qu'une conquête est toujours mal assurée quand les sentimens de la haine et de la vengeance restent dans le cœur des citoyens. Les satrapes,

---

(1) Peut-être Artagera ou Ardis, sous les murs de laquelle fut blessé Caïus, petit-fils d'Auguste. Cette forteresse était située au-dessus d'Amida, près de l'une des sources du Tigre. *Voyez* d'Anville, *Géogr. anc.*; t. II, p. 106.

(2) Tillemont (*Hist. des Emper.*, t. v. p. 701) prouve, par la chronologie, qu'Olympias *doit* avoir été la mère de Para.

qu'il était forcé d'employer, saisirent la première occasion de regagner la confiance de leurs compatriotes, et de signaler leur haine implacable pour les Persans. Les Arméniens et les Ibériens, depuis leur conversion, regardaient les chrétiens comme les favoris de l'Être suprême, et les mages comme ses ennemis. L'influence qu'exerçait le clergé sur des peuples superstitieux fut constamment employée en faveur des Romains. Tant que les successeurs de Constantin avaient disputé à ceux d'Artaxercès la possession des provinces intermédiaires de leurs États, les liens de fraternité établis par la religion avaient donné un avantage décisif aux prétentions de l'empire. Une faction nombreuse et active reconnut Para, fils de Tyranus, pour le légitime souverain de l'Arménie ; ses droits au trône étaient consacrés par une succession de cinq cents ans. Du consentement unanime des Ibériens, les deux princes rivaux partagèrent également les provinces ; et Aspacuras, placé sur le trône par le choix de Sapor, fut obligé de déclarer que ses enfans, en ôtage chez le roi de Perse, étaient la seule considération qui l'empêchât de renoncer ouvertement à son alliance. L'empereur Valens, qui respectait la foi du traité, et qui craignait d'ailleurs d'envelopper l'Orient dans une guerre dangereuse, ne se permit qu'avec beaucoup de lenteur et de précautions de porter secours, en Arménie et en Ibérie, aux partisans des Romains. Douze légions établirent l'autorité de Sauromaces sur les rives du Cyrus, et la valeur d'Arinthæus défendit les bords de l'Eu-

phrate. Une puissante armée, sous les ordres du
comte Trajan, et de Vadomair, roi des Allemands,
établit son camp sur les confins de l'Arménie; mais,
dans la crainte de se voir imputer la rupture du
traité, on leur enjoignit sévèrement de ne pas se
permettre les premières hostilités; et telle fut la
stricte obéissance du général romain, qu'il se retira,
poursuivi par une grêle de traits que lui lancèrent
les Persans, attendant toujours, avec une patience
exemplaire, qu'ils lui eussent incontestablement
donné le droit de se venger par une victoire honorable et légitime. Cependant ces apparences de guerre
se tournèrent insensiblement en de longues et vaines
négociations. Les Romains et les Persans s'accusèrent mutuellement d'ambition et de perfidie; et il y a
lieu de croire que le traité avait été rédigé d'une
manière bien obscure, puisqu'on fut obligé d'en
appeler au témoignage partial de ceux des généraux
des deux partis qui avaient assisté aux négociations (1). L'invasion des Huns et des Goths, qui
ébranlèrent, peu de temps après, les fondemens de
l'empire romain, exposa les provinces d'Asie aux
entreprises de Sapor; mais la vieillesse du monarque
et peut-être ses infirmités lui firent enfin adopter

---

(1) Ammien (XXVII, 12; XXIX, 1; XXX, 1, 2) a rapporté
les événemens de la guerre de Perse, sans donner aucune
date. Moïse de Chorène (*Hist. d'Arm.*, l. III, c. 28, p. 261;
c. 31, p. 266; c. 35, p. 271) ajoute quelques faits; mais il
n'est pas facile de distinguer la vérité noyée dans les fables.

A.D. 380.

des maximes plus pacifiques et plus modérées. Il mourut après un règne de soixante-dix ans, et tout changea à la cour et dans les conseils. Les Persans se trouvèrent probablement assez occupés par leurs divisions intestines et par la guerre éloignée de Caramanie (1). Le souvenir des anciennes injures s'éteignit dans les jouissances de la paix. Les royaumes d'Arménie et d'Ibérie, du consentement mutuel et tacite des deux empires, furent rendus à leur douteuse neutralité. Dans les premières années du règne de Théodose, un ambassadeur persan vint à Constantinople pour effacer, par des excuses, les torts du dernier règne, qu'il ne prétendait pas justifier, et offrir, comme un tribut d'amitié et même de respect, un magnifique présent de pierres précieuses, d'étoffes de soie, et d'éléphans des Indes (2).

Aventures de Para, roi d'Arménie.

Les aventures de Para forment un des traits les plus saillans et les plus singuliers du tableau général

---

(1) Artaxercès fut le successeur du grand Sapor. Il était son frère (*cousin germain*) et tuteur de son fils Sapor III. (Agathias, l. IV, p. 136, éd. Louvre.) Voyez l'*Hist. univ.*, vol. XI, p. 86, 161. Les auteurs de cet ouvrage ont compilé avec soin et érudition l'histoire de la dynastie des Sassanides; mais c'est un arrangement contraire à toute raison, que de vouloir diviser la partie romaine et la partie orientale en deux histoires différentes.

(2) Pacatus, *in Panegyr. vet.*, XII, 22; et Orose, l. VII, c. 34. *Ictumque tum fœdus est, quo universus Oriens usque ad nunc* (A. D. 416) *tranquillissime fruitur.*

des affaires de l'Orient sous le règne de Valens. Ce jeune prince s'était échappé, à la sollicitation de sa mère Olympias, à travers la multitude de Persans qui assiégeaient Artogerasse, et avait imploré le secours de l'empereur d'Orient. Le timide Valens prit la défense de Para, le soutint, le rappela, le rétablit et le trahit alternativement. Quelquefois on permettait à Para de ranimer par sa présence les espérances des Arméniens, et les ministres de Valens se persuadaient que tant que son protégé ne porterait ni le diadême ni le titre de roi, on ne pourrait leur reprocher aucun manquement à la foi publique. Mais ils se repentirent bientôt de leur imprudence : le monarque persan éclata en reproches et en menaces, et le caractère cruel et inconstant de Para lui-même leur donna de grands sujets de méfiance. Il sacrifiait au moindre soupçon la vie de ses plus fidèles domestiques, et entretenait secrètement une honteuse correspondance avec l'assassin de son père et l'ennemi de son pays. Sous le prétexte de se consulter avec l'empereur sur leurs intérêts communs, Para se laissa persuader de descendre des montagnes d'Arménie, où son parti était en armes, et de mettre son destin et sa vie à la discrétion d'une cour perfide. Les gouverneurs des provinces qu'il traversa le reçurent, à son passage, avec les honneurs dus au roi d'Arménie, tel qu'il l'était réellement à ses propres yeux et dans l'opinion de ses compatriotes ; mais lorsqu'il fut arrivé à Tarse en Cilicie, on arrêta sa marche sous différens prétextes. On veillait sur toutes ses démarchés avec une respectueuse vigilance. Enfin il s'aperçut qu'il était le prisonnier des Romains. Dissimulant avec soin ses craintes et son indignation, il prépara secrètement sa fuite, et partit accompagné d'un corps de trois cents hommes de sa cavalerie. L'officier de garde à la porte de son appartement avertit sur-le-champ de son évasion le consulaire de la Cilicie, qui l'atteignit dans le faubourg, et lui représenta inutilement l'imprudence et le danger de son entreprise. On envoya une légion à sa poursuite; mais une légion ne pouvait pas inquiéter la fuite d'un corps de cavalerie légère, et à la première décharge de leurs traits, elle se retira avec précipitation sous les murs de Tarse. Après avoir marché deux jours et deux nuits sans se reposer, Para et ses Arméniens arrivèrent au bord de l'Euphrate; mais le passage de cette rivière, qu'ils furent obligés de traverser à la nage, leur occasiona du retard et la perte de quelques-uns de leurs compagnons. On avait donné l'alerte à toutes les troupes, et les deux chemins, qui n'étaient séparés que par un intervalle de trois milles, étaient fermés par un corps de mille archers à cheval, sous les ordres d'un comte et d'un tribun. Para aurait inévitablement cédé à la supériorité du nombre, sans l'arrivée fortuite d'un voyageur, qui l'instruisit du danger et du moyen d'y échapper. La troupe des Arméniens s'enfonça dans les sentiers obscurs et presque impraticables d'un petit bois, et laissa derrière elle le comte et le tribun, qui continuaient à attendre patiemment son arrivée sur le grand chemin. Ils retournèrent à la cour impériale pour s'y excuser de leur négligence ou de leur malheur, et soutinrent très-sérieusement que le roi d'Arménie, connu pour un habile magicien, avait eu recours à quelque métamorphose pour passer lui et ses cavaliers sans être aperçus. Arrivé dans son royaume, Para affecta d'être toujours l'allié et l'ami des Romains; mais ils l'avaient trop violemment outragé pour lui pardonner, et sa mort fut secrètement décidée dans le conseil de Valens. L'exécution de cette sentence sanguinaire fut confiée à l'adroite prudence du comte Trajan; il eut le mérite de parvenir à s'insinuer assez dans la confiance d'un prince crédule, pour pouvoir trouver l'occasion de lui plonger un poignard dans le cœur. Para fut invité par les Romains à une fête préparée avec tout le faste et toute la sensualité de l'Orient. Tandis que les convives, échauffés par le vin, s'amusaient d'une musique militaire qui faisait retentir la salle, le comte Trajan s'éloigna pour un instant; il rentra l'épée nue à la main, et donna le signal du massacre. Un Barbare vigoureux s'élança avec fureur sur le roi d'Arménie; quoique celui-ci défendît courageusement sa vie avec la première arme qui lui tomba sous la main, il succomba, et la table du général romain fut teinte du sang royal d'un convive et d'un allié. Telles étaient les maximes faibles et odieuses de l'administration des Romains, que, pour atteindre au but peu certain de leurs projets politiques, ils violaient inhumainement, et à la face de l'univers, les lois des nations et les droits sacrés de l'hospitalité (1).

<small>Le Danube. Conquêtes d'Hermanric.</small>

V. Durant un intervalle de paix de trente années, les Romains fortifièrent leurs frontières, et les Goths étendirent leurs conquêtes. Les victoires du grand Hermanric (2), roi des Ostrogoths, et le plus noble de la race des Amalis, ont été comparées, par l'enthousiasme de ses compatriotes, aux exploits d'Alexandre, avec cette différence singulière et presque incroyable, que le génie martial du héros goth, au lieu d'être soutenu par la vigueur de la jeunesse, n'éclata que dans l'hiver de sa vie, depuis l'âge de quatre-vingts ans jusqu'à cent dix. Les tribus indépendantes reconnurent, soit de bon gré, soit par contrainte, le roi des Ostrogoths pour le souverain de la nation gothique. Les chefs des Visigoths ou *Thervingi* renoncèrent au titre de roi, et se contentèrent de la dénomination plus modeste de *juges*. Parmi ces juges, Athanaric, Fritigern et Alavivus étaient les plus illustres par leur mérite personnel et par leur proximité des provinces romaines. Ces

---

(1) *Voyez* dans Ammien (xxx, 1) les aventures de Para. Moïse de Chorène le nomme Tiridate, et raconte une histoire longue et assez probable sur son fils Gnelus, qui, dans la suite, obtint en Arménie la faveur du peuple, et excita la jalousie du roi régnant (l. III, c. 21, etc., p. 253, etc.).

(2) Le récit succinct du règne et des conquêtes d'Hermanric, me paraît un des meilleurs fragmens que Jornandès ait tirés des histoires des Goths, d'Ablavius ou de Cassiodore.

conquêtes nationales augmentaient la puissance militaire d'Hermanric, et étendaient les vues de son ambition. Il envahit les pays situés au nord de ses États, et douze nations considérables, dont les noms et les limites ne sont pas exactement connus, cédèrent successivement à l'effort de ses armes (1). Les Hérules, qui habitaient des terres marécageuses près le lac Méotis, étaient renommés par leur force et leur agilité; et les Barbares, dans toutes leurs guerres, sollicitaient avec ardeur le secours de leur infanterie légère très-estimée parmi leurs compatriotes. Mais la haute et infatigable persévérance des Goths triompha enfin de l'active valeur des Hérules, et après une action sanglante dans laquelle leur roi fut tué, les restes de cette tribu guerrière passèrent dans le camp d'Hermanric. Il tourna ensuite ses armes contre les Vénèdes, formidables par leur nombre, mais peu accoutumés à la guerre; ils occupaient les vastes plaines de la Pologne moderne. Les Goths ne leur étaient pas inférieurs en nombre; la discipline et l'habitude des combats leur donnèrent la victoire. Après avoir soumis les Vénèdes, Hermanric s'avança, sans trouver de résistance, jusqu'aux confins du pays

---

(1) M. du Buat (*Hist. des Peuples de l'Europe*, tome VI, p. 311-329) recherche avec plus de soin que de succès les provinces soumises par les armes d'Hermanric. Il nie l'existence des *Vasinobroncæ*, à cause de la longueur de leur nom. Cependant l'envoyé de France à Ratisbonne ou à Dresde doit avoir traversé le pays des *Mediomatrici*.

des Estiens (1), peuple ancien, dont le nom s'est perpétué dans la province d'Estonie. Ces peuples éloignés, situés sur la côte de la mer Baltique, prospéraient par l'agriculture, s'enrichissaient par le commerce de l'ambre, et consacraient leur pays au culte particulier de la mère des dieux. Mais la rareté du fer obligeait les guerriers estiens à combattre avec des massues, et la conquête de cette riche contrée fut, dit-on, le fruit de la prudence d'Hermanric plutôt que de sa valeur. Ses États, qui s'étendaient depuis le Danube jusqu'à la mer Baltique, comprenaient les premiers établissemens des Goths et toutes leurs nouvelles conquêtes. Il régnait sur la plus grande partie de l'Allemagne et de la Scythie, avec l'autorité d'un conquérant, et quelquefois avec la cruauté d'un tyran. Mais il commandait à une multitude d'hommes inhabiles à perpétuer et à illustrer la mémoire de leurs héros. Le nom d'Hermanric est presque oublié; ses exploits sont imparfaitement connus, et les Romains semblèrent ignorer eux-mêmes les progrès d'une puissance ambitieuse qui menaçait la liberté du Nord et la tranquillité de l'empire (2).

---

(1) On trouve le nom d'*Æstri* dans l'édition de Grotius. (Jornandès, p. 642). Mais le bon sens et le manuscrit de la bibliothèque ambroisienne y ont rétabli celui des *Æstii*, dont Tacite a peint les mœurs et la situation. *Germania*, c. 45.

(2) Ammien (xxxi, 3) observe en termes généraux : *Ermenrichi...: nobilissimi regis ; et, per multa variaque fortiter facta, vicinis gentibus formidati*, etc.

Les Goths étaient héréditairement affectionnés à la maison de Constantin, dont ils avaient tant de fois éprouvé la puissance et la libéralité. Ils respectaient la foi des traités; et s'il arrivait à quelques-unes de leurs bandes de passer les frontières romaines, ils s'excusaient de bonne foi sur l'impétuosité indocile de la jeunesse barbare. Leur mépris pour deux princes d'une naissance obscure, nouvellement élevés sur le trône par une élection populaire, éveilla leur ambition, et leur inspira le projet d'attaquer l'empire avec toutes les forces réunies de leur nation (1). Dans ces dispositions, ils consentirent volontiers à embrasser le parti de Procope, et à fomenter, par leur dangereux secours, les discordes civiles des Romains. D'après les conventions publiques, on ne pouvait leur demander que dix mille auxiliaires ; mais le zèle ardent des chefs des Visigoths rassembla une armée de trente mille hommes, avec laquelle ils passèrent le Danube (2). Ils marchaient dans cette orgueilleuse confiance que leur invincible valeur déciderait du sort de l'empire; et les provinces de la Thrace gémi-

Motifs de la guerre des Goths.
A. D. 366.

---

(1) *Valens.... docetur relationibus ducum, gentem Gothorum, eâ tempestate intactam ideòque sævissimam, conspirantem in unum, ad pervadendam parari collimitia Thraciarum.* Ammien, XXVI, 6.

(2) M. du Buat (*Hist. des Peuples de l'Europe*, tome VI, p. 332) a constaté avec soin le véritable nombre de ces auxiliaires. Les trois mille d'Ammien et les dix mille de Zozime ne formaient que les premières divisions de l'armée des Goths.

rent sous le poids de cette multitude de Barbares qui commandaient en maîtres et ravageaient en ennemis. Mais l'intempérance avec laquelle ils se livraient à leurs brutales passions ralentit leurs progrès; et avant d'avoir appris d'une manière certaine la défaite et la mort de Procope, ils aperçurent, par l'aspect menaçant que prit tout à coup le pays qui les environnait, que la puissance civile et militaire avait été ressaisie par son heureux rival. Une chaîne de postes et de fortifications, placée avec intelligence par Valens ou par ses généraux, arrêta leur marche, coupa leur retraite et intercepta leurs subsistances. La faim dompta, ou du moins fit taire l'orgueil des Barbares; ils jetèrent en frémissant leurs armes aux pieds d'un vainqueur qui leur offrait des vivres et des chaînes. Valens distribua cette multitude de captifs dans toutes les villes de l'Orient, et les provinciaux, se familiarisant bientôt avec leur figure sauvage, essayèrent leurs forces contre ces adversaires formidables, dont le nom avait été si long-temps pour eux un objet de terreur. Le roi des Scythes (le seul Hermanric pouvait mériter ce titre pompeux) fut affligé autant qu'irrité de cette perte nationale. Ses ambassadeurs se plaignirent hautement à la cour de Valens de l'infraction d'une alliance ancienne et solennelle qui subsistait depuis si long-temps entre les Goths et les Romains. Ils représentèrent qu'ils n'avaient fait que remplir leur devoir en secourant le parent et le successeur de l'empereur Julien, et exigèrent la restitution immédiate de leurs concitoyens captifs. Un de leurs moyens de défense était d'une espèce singulière : ils prétendirent que leurs généraux, traversant l'empire en armes et à la tête d'une troupe ennemie, devaient être considérés comme revêtus du caractère sacré et des priviléges d'ambassadeurs (1). La réponse à ces demandes extravagantes fut un refus modéré mais positif, signifié aux Barbares par Victor, maître général de la cavalerie, qui leur exposa avec force et avec dignité les justes griefs de l'empereur de l'Orient. Les négociations furent rompues, et les courageuses exhortations de Valentinien excitèrent le timide Valens à ressentir l'insulte faite à la majesté de l'empire (2).

Un historien de ce siècle a célébré l'importance et l'éclat de cette guerre des Goths (3), dont les

<small>Les hostilités et la paix.
A. D. 367, 368, 369.</small>

---

(1) On trouve dans les Fragmens d'Eunape (*Excerpt. legat.*, p. 18, éd. du Louvre) l'histoire de la marche et des négociations qui suivirent. Les provinciaux trouvèrent, en se familiarisant avec les Barbares, qu'ils n'étaient pas d'une force si redoutable qu'ils se l'étaient imaginé. Ils avaient la taille haute, mais les jambes peu agiles et les épaules étroites.

(2) *Valens enim, ut consulto placuerat fratri, cujus regebatur arbitrio, arma concussit in Gothos, ratione justâ permotus.* Ammien (XXVII, 4) décrit ensuite, non pas le pays des Goths, mais la province paisible et soumise de la Thrace, qui ne prit point de part à la guerre.

(3) Eunape, in *Excerpt. legat.*, p. 18, 19. Le sophiste a sûrement considéré comme une seule guerre toute la suite

événemens ne méritent cependant l'attention de la postérité que comme les avant-coureurs du déclin et de la chute prochaine de l'empire. Au lieu de conduire lui-même ses soldats scythes et allemands sur les bords du Danube ou aux portes de Constantinople, le monarque, succombant sous le poids des années, chargea le brave Athanaric de la gloire et du danger d'une guerre défensive contre un ennemi dont la faible main maîtrisait les forces d'un puissant empire. On établit un pont de bateaux sur le Danube ; la présence de Valens anima les troupes, et l'empereur suppléa à son ignorance de l'art de la guerre par sa valeur personnelle et par une sage déférence aux conseils de Victor et d'Arinthæus, maîtres généraux de la cavalerie et de l'infanterie. Ils conduisirent habilement les opérations de la campagne, mais sans pouvoir chasser les Visigoths des postes avantageux qu'ils occupaient sur les montagnes ; et les Romains, manquant de subsistances dans des plaines dévastées, repassèrent le Danube à l'approche de l'hiver. Les pluies continuelles, ayant enflé prodigieusement le cours de ce fleuve, occasionèrent une suspension d'armes tacite, et retinrent Valens durant tout l'été suivant dans son camp de Marcianopolis. La troisième année de la guerre fut plus avantageuse aux Romains et plus funeste pour les Goths. La cessation du commerce privait les

---

de l'histoire des Goths, jusqu'aux victoires et à la paix de Théodose.

Barbares des objets de luxe que déjà l'habitude mettait pour eux au nombre des nécessités de la vie ; et le dégât d'une portion considérable du pays les menaçait des horreurs d'une famine. Athanaric se décida ou fut forcé à risquer, dans la plaine, une bataille qu'il perdit, et la cruelle précaution que prirent les généraux victorieux de promettre une forte gratification pour chaque tête de Goth présentée dans le camp impérial, rendit la défaite et la poursuite plus sanglantes. La soumission des Barbares apaisa Valens et son conseil. L'empereur écouta favorablement les remontrances éloquentes et flatteuses du sénat de Constantinople, qui prit part pour la première fois aux délibérations publiques, et on chargea les généraux Victor et Arinthæus, qui avaient conduit si heureusement la guerre, de régler les conditions de la paix. La liberté du commerce, dont les Goths jouissaient précédemment, fut restreinte à deux villes situées sur le Danube. Leurs chefs payèrent chèrement leur imprudence par la perte des subsides et de leurs pensions ; on fit en faveur du seul Athanaric une exception plus avantageuse qu'honorable pour ce juge des Visigoths. Athanaric, qui, dans cette occasion, semble avoir consulté son intérêt personnel sans attendre les ordres de son souverain, soutint sa propre dignité et celle de sa nation lorsque les ministres de Valens lui proposèrent une entrevue. Il répondit constamment qu'il ne pouvait mettre le pied sur les terres de l'empire sans se rendre coupable de parjure et de trahison ; il est plus que probable que les perfidies récentes des Romains contribuèrent à lui faire observer religieusement son serment. On choisit pour le lieu de la conférence le Danube, qui séparait les États des deux nations indépendantes. L'empereur de l'Orient et le juge des Visigoths, accompagnés d'un nombre égal de gens armés, s'avancèrent chacun dans un grand bateau, jusqu'au milieu du fleuve. Après avoir ratifié le traité et reçu les ôtages, Valens retourna en triomphe à Constantinople, et les Goths restèrent paisibles environ six ans, jusqu'à l'époque où une multitude de Scythes descendus des régions glacées du Nord les chassa de leurs foyers, et les précipita dans les provinces romaines (1).

<small>Guerre des Quades et des Sarmates. A. D. 374.</small> En cédant à son frère le gouvernement du Bas-Danube, l'empereur de l'Occident s'était réservé la défense des provinces de la Rhétie et de l'Illyrie, qui occupent un si grand espace sur les bords du plus grand fleuve de l'Europe. La politique active de Valentinien s'occupait sans cesse d'assurer les frontières par de nouvelles fortifications; mais l'abus de cette

---

(1) La description de la guerre des Goths se trouve dans Ammien (XXVII, 5), dans Zozime (l. IV, p. 211-214), et chez Themistius (*orat.* 10, p. 129-141.). Le sénat de Constantinople députa l'orateur Themistius pour féliciter l'empereur de sa victoire, et le servile orateur compare Valens *sur* le Danube à Achille *dans* le Scamandre. Jornandès passe sous silence une guerre particulière aux Visigoths, et peu glorieuse pour la nation gothique. Mascou, *Histoire des Germains*, XII, 3.

politique excita le juste ressentiment des Barbares.
Le terrain que l'on avait marqué pour y bâtir une des
forteresses que projetait l'empereur, était pris sur le
territoire des Quades; ils s'en plaignirent avec tant
de modération, qu'Equitius, maître général de l'Illyrie, consentit à suspendre l'ouvrage en attendant
qu'il fût mieux instruit des volontés de l'empereur.
Maximin, préfet ou plutôt tyran de la Gaule, saisit
cette occasion de nuire à son rival et d'avancer la
fortune de son propre fils. L'impétueux Valentinien
souffrait difficilement qu'on lui résistât; il se laissa
persuader, par son favori, que si son fils Marcellinus
était chargé du gouvernement de Valeria et de la
conduite de l'ouvrage, les Barbares ne l'importuneraient plus de leurs audacieuses remontrances. Les
Romains et les Allemands souffrirent également de
l'arrogance d'un jeune homme incapable, qui regardait sa rapide élévation comme une récompense et
une preuve de la supériorité de son mérite. Il feignit
cependant de recevoir avec considération la requête
modeste de Gabinius, roi des Quades; mais sa fausse
complaisance couvrait le projet de la plus noire et de
la plus sanglante perfidie, et le prince crédule accepta la funeste invitation de Marcellinus. Je ne sais
comment écarter la monotonie du récit de cette répétition des mêmes crimes, ni comment raconter que
dans le cours de la même année, quoique dans deux
parties éloignées de l'empire, deux généraux romains souillèrent leur table inhospitalière du sang de
deux rois leurs hôtes et leurs alliés, inhumainement

massacrés par leur ordre et en leur présence. Gabinius eut le même sort que Para ; mais les fiers Allemands n'endurèrent pas cet outrage avec l'indifférence des serviles Arméniens. Les Quades étaient bien déchus de cette puissance formidable qui, au temps de Marc-Aurèle, avait semé la terreur jusqu'aux portes de Rome ; mais ils avaient encore des armes et du courage. Ce courage fut augmenté par le désespoir, et les Sarmates leur fournirent le contingent ordinaire de cavalerie. Marcellinus avait imprudemment choisi pour cet assassinat le moment où la révolte de Firmus tenait éloignées les plus braves troupes de ses vétérans ; et la province, presque sans défense, se trouvait exposée à la vengeance des Barbares furieux. Ils entrèrent dans la Pannonie au temps de la moisson, dédaignèrent ou démolirent des forts vides de soldats, et brûlèrent sans pitié tout le butin qu'ils ne purent emporter. La princesse Constantia, fille de l'empereur Constance et petite-fille de Constantin le Grand, n'échappa qu'avec peine à leurs fureurs. Cette princesse, qui avait innocemment soutenu la révolte de Procope, était destinée à épouser l'héritier de l'empire d'Occident. Elle traversait la province jusqu'alors paisible avec une suite brillante et désarmée. Le zèle actif de Messala, gouverneur général de ces provinces, sauva la princesse d'un tel danger, et l'empire d'une telle honte. Ayant appris que les Barbares environnaient presque entièrement le village où elle s'était arrêtée pour dîner, il l'enleva précipitamment dans son propre char, et fit, avec la plus rapide diligence, un trajet de vingt-six milles jusqu'aux portes de Sirmium. Cette retraite aurait été encore peu sûre si les Quades et les Sarmates avaient profité, pour s'en emparer, de la consternation du peuple et des magistrats. Mais leur lenteur donna le temps à Probus, préfet prétorien, de rasseoir ses esprits et de ranimer le courage des citoyens. Il sut habilement les animer à réparer les fortifications par le travail le plus assidu, et par ses soins une compagnie d'archers vint porter à la capitale de l'Illyrie un secours utile et opportun. Arrêtés par les murs de Sirmium, les Barbares indignés tournèrent leurs armes contre le maître général de la frontière, qu'ils accusaient injustement du meurtre de leur souverain. Equitius n'avait à leur opposer que deux légions; mais elles étaient composées des vétérans des bandes de la Mœsie et de la Pannonie. L'obstination avec laquelle ces deux corps se disputèrent les vains honneurs du rang fut la cause de leur défaite. Agissant séparément et sans aucun concert, ils cédèrent aisément à la valeur et à l'activité des cavaliers sarmates qui les surprirent et les massacrèrent. Ces succès excitèrent l'émulation des tribus voisines; et la province de la Mœsie aurait été infailliblement perdue, si le jeune Théodose, duc ou commandant militaire de la frontière, n'eût signalé, par la défaite des Barbares, un génie et une intrépidité dignes de son illustre père et de la haute fortune qui l'attendait (1).

---

(1) Ammien (xxix, 6) et Zozime (l. iv, p. 219-220)

Expédition de Valentinien.
A. D. 375.

Valentinien, alors à Trèves, était profondément affligé des malheurs de l'Illyrie; mais la saison trop avancée le força de remettre au printemps suivant l'exécution de ses desseins. Il partit des bords de la Moselle, suivi de presque toutes les forces de la Gaule, et répondit d'une manière équivoque aux ambassadeurs des Sarmates qui vinrent en supplians au devant de lui, qu'aussitôt qu'il serait arrivé sur les lieux, il examinerait et prononcerait. Arrivé à Sirmium, il donna audience aux députés des provinces d'Illyrie, qui se félicitèrent hautement du bonheur dont ils jouissaient sous le favorable gouvernement de Probus, préfet du prétoire (1). Valentinien, flatté de leurs protestations de reconnaissance et de fidélité, demanda imprudemment au député de l'Épire, philosophe cynique et d'une imperturbable sincérité,

---

marquent soigneusement l'origine et les progrès de la guerre des Sarmates et des Quades.

(1) Ammien (xxx, 5), qui reconnaît le mérite de Petronius-Probus, blâme avec justice son administration tyrannique. Lorsque saint Jérôme traduisit et continua la Chronique d'Eusèbe (A. D. 380, *voyez* Tillemont, *Mém. ecclés.*, t. XII, p. 53-626), il déclara la vérité, ou au moins l'opinion publique de son pays, dans les termes suivans: *Probus P. P. Illyrici iniquissimis tributorum exactionibus ante provincias quas regebat, quàm à Barbaris vastarentur, erasit.* (Chron., édit. Scaliger, p. 187; *Animadver.*, p. 259.) Le saint se lia depuis d'une amitié très-intime avec la veuve de Probus; et avec moins de vérité, quoique sans beaucoup d'injustice, il substitua dans le texte au nom de Probus celui du comte Equitius.

s'il avait été envoyé par le vœu de sa province (1). « Je suis venu, répondit Iphiclès, accompagné des larmes et des gémissemens d'un peuple qui m'envoyait à regret. » L'empereur se tut; mais, grâce à l'impunité dont ils jouissaient, les agens du gouvernement avaient adopté cette funeste maxime, qu'ils pouvaient opprimer les peuples sans manquer à leur devoir envers le souverain. Un examen sévère de leur conduite aurait apaisé le mécontentement public, et la punition du meurtre de Gabinius pouvait seule rétablir la confiance des Barbares et l'honneur du nom romain; mais le monarque présomptueux n'avait pas assez de grandeur d'âme pour oser avouer une faute; oubliant la provocation, il ne se souvint que de son injure et entra dans le pays des Quades, altéré de sang et de vengeance. La cruelle justice des représailles lui parut, et parut peut-être aux yeux de l'univers, un motif suffisant pour autoriser des dévastations et des massacres dignes d'une guerre de sauvages (2). Telles furent la discipline des Romains et la consternation des Barbares, que Valentinien repassa le Danube sans perdre un seul de ses soldats.

---

(1) Julien (*orat.* 6, p. 198) représente son ami Iphiclès comme un homme vertueux et rempli de mérite, qui s'était rendu ridicule et s'était fait tort en adoptant les manières et l'habillement des philosophes cyniques.

(2) Ammien, xxx, 5. Saint Jérôme, qui exagère le malheur de Valentinien, lui refuse la consolation de la vengeance. *Genitali vastato solo et inultam patriam derelinquens* (t. 1, p. 26).

Comme il avait résolu d'achever la destruction des Quades dans une seconde campagne, il prit ses quartiers d'hiver à Bregetio, sur le Danube, dans les environs de Presbourg, ville de la Hongrie. Tandis que la rigueur de la saison suspendait les opérations de la guerre, les Quades essayèrent d'apaiser, par leurs soumissions, la colère de l'empereur, qui reçut leurs ambassadeurs dans son conseil, à la sollicitation d'Equitius. Ils se prosternèrent humblement au pied du trône et affirmèrent par serment, sans oser se plaindre du meurtre de leur roi, que la dernière invasion était le crime de quelques brigands indisciplinés, désavoués et détestés de la nation. La réponse de l'empereur leur laissa peu d'espoir de compassion ou de clémence. S'abandonnant à l'impétuosité de son caractère, il invectiva contre leur bassesse, leur ingratitude et leur insolence. Sa voix, ses gestes, ses regards, et la couleur de son teint, attestaient la violence des mouvemens furieux auxquels il se laissait emporter; tout son corps était agité des convulsions de la colère : dans ce moment un vaisseau se rompit dans sa poitrine, et le monarque tomba sans voix dans les bras de ses serviteurs, dont le pieux respect tâcha de cacher sa situation à la foule qui l'environnait; mais il expira au bout de quelques instans dans les plus cruelles souffrances, conservant sa présence d'esprit jusqu'au dernier soupir, et s'efforçant en vain de manifester ses intentions aux ministres et aux généraux qui environnaient son lit. Valentinien avait à sa mort environ cinquante-

Mort de Valentinien.
A. D. 375,
17 novemb.

quatre ans, et cent jours de plus auraient accompli la douzième année de son règne (1).

Un auteur ecclésiastique atteste sérieusement la polygamie de Valentinien (2). « L'impératrice Severa (ce sont les expressions dans lesquelles a été racontée cette fable), ayant admis à sa familiarité la belle Justine, fille d'un gouverneur d'Italie, fut vivement frappée de ses charmes, qu'elle avait eu souvent l'occasion d'admirer dans le bain; et elle en fit imprudemment devant l'empereur un éloge si détaillé, que celui-ci, tenté d'introduire dans son lit une seconde épouse, accorda par un édit à tous les sujets de son empire, dans leurs liens domestiques, la même liberté qu'il s'était permise. » Mais nous pouvons assurer, sur l'autorité de l'histoire et de la raison, que Valentinien n'eut Severa et Justine pour épouses que

Les empereurs Gratien et Valentinien II.

---

(1) *Voyez*, relativement à la mort de Valentinien, Ammien (xxx, 6), Zozime (l. iv, p. 221), Victor (*in Epit.*), Socrate (l. iv, c. 31) et saint Jérôme (*in Chron.*, p. 187, et t 1, p. 26, *ad Heliodorum*). Ils ne s'accordent point dans les circonstances, et Ammien donne tellement dans l'éloquence, qu'il tombe dans le galimatias.

(2) Socrate (l. iv, c. 31) est le seul écrivain original qui atteste cette histoire peu croyable, et si opposée aux lois et aux mœurs des Romains, qu'elle ne méritait pas la savante *Dissertation* de M. Bonamy (*Mém. de l'Acad.*, tome xxx, p. 394-405). Cependant je voudrais conserver la circonstance naturelle du bain, au lieu de suivre Zozime, qui représente Justine comme une femme âgée et veuve de Magnence.

l'une après l'autre, se servant de la liberté du divorce, que les lois romaines autorisaient encore, quoique condamné par l'Église. Severa était mère de Gratien, qui semblait réunir tous les droits à la succession de l'empire d'Occident. Fils aîné d'un empereur dont le règne glorieux avait confirmé le choix libre et honorable de ses compagnons d'armes, dès l'âge de neuf ans il avait reçu des mains d'un père indulgent la pourpre, le diadême et le titre d'Auguste. L'élection avait été solennellement ratifiée par le consentement et les acclamations des armées de la Gaule (1). Dans tous les actes publics postérieurs à cette cérémonie, le nom de Gratien se trouvait après ceux de Valentinien et de Valens ; et, par son mariage avec la petite-fille de Constantin, il réunissait tous les droits héréditaires de la maison Flavienne, consacrés par une suite de trois générations d'empereurs, par la religion et par la vénération des peuples. A la mort de son père, le jeune prince entrait dans sa dix-septième année, et ses vertus justifiaient déjà les espérances des peuples et des soldats. Mais tandis que Gratien, sans inquiétude, se tenait tranquillement dans le palais de Trèves, son père, éloigné de lui de plusieurs centaines de milles, expirait subitement dans le camp de Bregetio. Les passions, si long-temps

---

(1) Ammien (xxvii, 6) décrit l'élection militaire, et l'investiture *auguste*. Il ne paraît pas que Valentinien ait consulté le sénat de Rome, ou l'ait même informé de cet événement.

réprimées par la présence d'un maître, reparurent à sa mort avec violence dans le conseil impérial. Equitius et Mellobaudes, qui commandaient un détachement des bandes italiennes et illyriennes, exécutèrent avec adresse le dessein ambitieux de régner au nom d'un enfant. Ils surent, sous les plus honorables prétextes, écarter les chefs les plus populaires et les troupes de la Gaule, qui auraient pu faire valoir les droits du légitime successeur de Valentinien. En même temps ils appuyèrent sur la nécessité d'éteindre, par une démarche hardie et décisive, les espérances des ennemis étrangers et intérieurs. L'impératrice Justine, laissée dans un palais à cent milles de Bregetio, fut respectueusement invitée à se rendre dans le camp avec le second fils de l'empereur. Six jours après la mort de Valentinien, ce jeune prince, du même nom, et âgé seulement de quatre ans, parut devant les légions dans les bras de sa mère, et reçut solennellement, au bruit des acclamations militaires, le titre d'empereur et les marques du pouvoir suprême. La prudente modération de Gratien épargna à son pays la guerre civile dont il paraissait menacé. Ratifiant de bonne grâce le choix de l'armée, il déclara qu'il regardait le fils de Justine comme son frère, et non pas comme son rival; il engagea l'impératrice à fixer, avec son fils Valentinien, sa résidence à Milan, dans la belle et paisible province de l'Italie, tandis qu'il se chargerait du gouvernement plus exposé des provinces au-delà des Alpes. Gratien dissimula son ressentiment contre les auteurs de la conspiration, jusqu'au moment où il pourrait les punir ou les éloigner sans danger; et, quoiqu'il montrât toujours de la tendresse et des égards pour son jeune collègue, il confondit insensiblement, dans l'administration de l'empire d'Occident, les droits de régent avec l'autorité de souverain. Le gouvernement du monde romain s'exerçait aux noms réunis de Valens et de ses deux neveux. Mais le faible empereur d'Orient, qui succéda au rang de son frère aîné, n'obtint jamais la moindre influence dans les conseils de l'Occident (1).

___

(1) Ammien, xxx, 10; Zozime, l. IV, p. 222, 223. Tillemont a prouvé (*Hist. des Empereurs*, t. v, p. 707-709) que Gratien régna sur l'Italie, sur l'Afrique et sur l'Illyrie. J'ai tâché d'exprimer son autorité sur les États de son frère en termes ambigus, comme il le faisait lui-même.

CHAPITRE XXVI.

Mœurs des nations pastorales. Marche des Huns de la Chine en Europe. Défaite des Goths; ils passent le Danube. Guerre des Goths. Défaite et mort de Valens. Gratien élève Théodose sur le trône de l'empire d'Orient. Son caractère et ses succès. Paix et établissement des Goths.

DANS la seconde année du règne de Valentinien et de Valens, le 21 du mois de juillet, pendant la matinée, un tremblement de terre violent et destructeur ébranla presque toute la surface du globe occupée par l'empire romain. Le mouvement se communiqua aux mers ; les rives baignées ordinairement par la Méditerranée restèrent à sec ; on prit à la main une quantité immense de poissons. De grands vaisseaux se trouvèrent enfoncés dans la bourbe, et la retraite des flots offrit à l'œil ou plutôt à l'imagination, flattée de ce singulier tableau (1), des montagnes et des vallées, qui, depuis la formation du monde, n'avaient jamais été exposées aux rayons du soleil. Mais au retour de la marée, les eaux s'élancè-

Tremblement de terre.
A. D. 365,
21 juillet.

---

(1) Tel est le mauvais goût d'Ammien (XXVI, 10), qu'il est difficile de distinguer les faits qu'il raconte de ses métaphores. Il affirme cependant avoir vu la carcasse pourrie d'un vaisseau, *ad secundum lapidem*, à Méthone ou Modon, dans le Péloponèse.

rent avec une impétuosité et un poids irrésistibles, qui causèrent les plus grands désastres sur les côtes de la Sicile, de la Dalmatie, de la Grèce et de l'Égypte. De grands bateaux furent entraînés et placés sur les toits des maisons, ou à la distance de deux milles du rivage ordinaire. Les maisons englouties disparurent avec leurs habitans, et la ville d'Alexandrie a perpétué, par une cérémonie annuelle, le souvenir de l'inondation funeste qui coûta la vie à cinquante mille de ses citoyens. Cette calamité, dont le récit s'exagérait en passant d'une province à l'autre, frappa tout l'empire d'étonnement et d'épouvante, et les imaginations effrayées étendirent les conséquences d'un malheur momentané. On se rappelait les tremblemens de terre précédens, qui avaient détruit les villes de la Palestine et de la Bithynie, et les Romains étaient disposés à regarder ces coups terribles comme l'annonce de malheurs encore plus affreux. Leur vanité timide confondait les symptômes du déclin de leur empire avec ceux de la fin du monde (1). On avait alors pour habitude d'attribuer tous les événemens extraordinaires à une

---

(1) On trouve des descriptions différentes des tremblemens de terre et des inondations dans Libanius (*orat. de ulcisc. Julian. Nece*, c. 10); dans Fabricius (*Bibliot. græc.*, t. VII, p. 158, et les notes savantes d'Olearius); dans Zozime (l. IV, p. 221); Sozomène (l. VI, c. 2); Cedrenus (p. 310-314); saint Jérôme (*in Chron.*, p. 186); et (t. I, p. 250) dans la *Vie de saint Hilarion*. Épidaure aurait été

volonté particulière de la Divinité. Tous les phénomènes de la nature se trouvaient liés par une chaîne invisible aux opinions morales ou métaphysiques de l'esprit humain, et les plus profonds théologiens pouvaient indiquer, d'après l'espèce de leurs préjugés, comment l'établissement de l'hérésie tendait nécessairement à produire le tremblement de terre; par quelle cause l'inondation devait inévitablement résulter des progrès de l'erreur et de l'impiété. Sans prétendre discuter la probabilité de ces sublimes spéculations, l'historien doit se contenter d'observer, sur l'autorité de l'expérience, que les passions des hommes sont plus funestes au genre humain que les convulsions passagères des élémens (1). Les effets destructeurs d'un tremblement de terre, d'une tempête, d'une inondation ou de l'éruption d'un volcan, sont très-peu de chose, comparés aux calamités ordinaires de la guerre, même adoucies comme elles le sont maintenant par la prudence ou par l'humanité des souverains de l'Europe, lorsqu'ils amusent leurs loisirs ou exercent le courage de leurs sujets par la

---

engloutie, si ses citoyens n'avaient prudemment placé sur le rivage saint Hilarion, moine d'Égypte. Il fit le signe de la croix, et les eaux s'arrêtèrent, s'abaissèrent devant lui, et se retirèrent.

(1) Dicéarque le péripatéticien a composé un Traité pour prouver cette vérité que l'expérience a suffisamment démontrée, et qui n'est pas une des plus honorables pour la race humaine. Cicéron, *de Officiis*, II, 5.

pratique de l'art militaire. Cependant les mœurs et les lois de l'Europe moderne protégent la vie et la liberté du soldat vaincu, et le citoyen paisible a rarement à se plaindre que sa personne ou même sa fortune ait eu à souffrir des malheurs de la guerre. A l'époque désastreuse de la chute de l'empire romain, que nous pouvons dater du règne de Valens, la sûreté de tous les citoyens était personnellement attaquée. Les arts et les travaux, fruits de l'industrie d'une longue série de siècles, disparaissaient sous les mains féroces des Barbares d'Allemagne et de Scythie. L'invasion des Huns précipita sur les provinces de l'Occident la nation des Goths, qui, en moins de quarante ans, envahirent depuis les bords du Danube jusqu'à l'océan Atlantique, et ouvrirent, par leurs succès, une route aux incursions de tant de hordes encore plus sauvages. Les contrées reculées du globe recélaient le principe de cette grande commotion; et l'examen attentif de la vie pastorale des Scythes (1) ou Tartares (2) jettera du jour sur la cause cachée de ces émigrations dévastatrices.

<small>Les Huns et les Goths.
A. D. 376.</small>

---

(1) Les Scythes primitifs d'Hérodote (l. IV, c. 47-59; p. 99-101) étaient resserrés par le Danube et les Palus-Méotides dans un carré d'environ quatre mille stades (quatre cents milles romains). *Voyez* d'Anville (*Mém. de l'Acad.*, t. XXXV, p. 571-573). Diodore de Sicile (t. I, l. II, p. 155, édit. Wesseling) a observé les progrès successifs du nom et de la nation.

(2) Les Tatars ou Tartares étaient originairement une tribu

On peut attribuer les différens caractères des nations civilisées à l'usage et à l'abus de la raison, qui modifient d'une manière si différente, et compliquent d'une manière si artificielle les mœurs et les opinions d'un Européen et celles d'un Chinois; mais l'opération de l'instinct est plus sûre et plus simple que celle de la raison. Il est beaucoup plus aisé de rendre compte des appétits d'un quadrupède que des argumens d'un philosophe ; et plus les hordes de sauvages approchent de l'état des animaux, plus le caractère d'un individu est constamment le même ; et plus il a de rapport à celui de tous. L'uniforme stabilité des mœurs est la suite de l'imperfection des facultés. Tous les hommes, réduits dans un état d'égalité, conservent les mêmes besoins, les mêmes désirs et les mêmes jouissances ; et l'influence de la nourriture ou du climat, qu'un si grand nombre de causes morales arrêtent ou détruisent dans un état de société plus civilisé, contribue puissamment à former et conserver le caractère national des Barbares. Dans tous les siècles, les plaines immenses de la Scythie ou Tartarie ont été habitées par des tribus errantes de pasteurs et de chasseurs, dont la paresse

Mœurs pastorales des Scythes et des Tartares.

---

ils furent d'abord les rivaux des Mongoux, et devinrent leurs sujets: Les Tartares formaient l'avant-garde de l'armée victorieuse de Gengis-khan et de ses successeurs, et on appliqua à la nation entière le nom qui avait été connu le premier des étrangers. Freret (*Hist. de l'Acad.*, t. XVIII, p. 60), en parlant des pâtres septentrionaux de l'Europe et de l'Asie, se sert indistinctement des noms de Scythes et de Tartares.

se refuse à cultiver la terre, et dont l'esprit inquiet dédaigne la gêne d'une vie sédentaire. Dans tous les siècles, les Scythes et les Tartares ont été renommés par leur courage intrépide et par leurs rapides conquêtes. Les pasteurs du Nord ont à plusieurs reprises renversé les trônes de l'Asie, et leurs armées victorieuses ont répandu la terreur et la dévastation dans les contrées les plus fertiles et les plus belliqueuses de l'Europe (1). Dans cette occasion, comme dans beaucoup d'autres, l'historien judicieux se trouve forcé de renoncer à une agréable chimère, et d'avouer avec quelque répugnance, que les mœurs pastorales, ornées par l'imagination des attributs de la paix et de l'innocence, se joignent beaucoup plus naturellement aux habitudes féroces d'une vie guerrière. A l'appui de cette observation, je considèrerai trois articles principaux dans la vie des nations pastorales et guerrières : 1° leur nourriture ; 2° leurs habitations ; 3° leurs occupations. L'expérience des temps modernes a confirmé les récits de l'antiquité (2); et les bords du Volga, du Selinga et du Bo-

---

(1) *Imperium Asiæ ter quæsivère: ipsi perpetuò ab alieno imperio, aut intacti, aut invicti, mansère.* Depuis le temps de Justin ils ont ajouté à ce nombre. Voltaire (t. x, p. 64 de son *Histoire générale*, c. 156) a rassemblé en peu de mots les conquêtes des Tartares.

Oft, o'er the trembling nations from afar,
Has Scythia breath'd the living cloud of war.

(2) Le quatrième livre d'Hérodote offre un portrait des

rysthène, nous présenteront le spectacle uniforme des mêmes mœurs et des mêmes habitudes (1).

I. Le blé ou même le riz, qui constitue la nourri- Nourriture. ture principale et la plus saine des nations civilisées, ne s'obtient que par les travaux constans des cultivateurs. Quelques-uns des heureux sauvages qui habitent entre les deux tropiques, reçoivent de la libéralité de la nature une subsistance abondante; mais dans les climats du Nord, une nation de pasteurs est réduite à ses troupeaux. Je laisse à décider aux habiles praticiens de l'art médical, si toutefois ils le peuvent, jusqu'à quel point une nourriture animale ou végétale peut influer sur le caractère des hommes, et si l'idée de cruauté attachée à l'épithète de carnivore, doit être regardée autrement que comme

---

Scythes, curieux quoique imparfait. Parmi les modernes qui ont peint le tableau de ces mœurs uniformes, il en est un, le khan de Khowaresm, Abulghazi-Bahadur, qui parle d'après ce qu'il a senti lui-même; et les éditeurs français et anglais ont éclairci, par d'abondantes recherches, son *Histoire généalogique des Tartares*. Carpin, Ascelin et Rubruquis (*Histoire des Voyages*, t. VII) peignent les Mongoux du quatorzième siècle. A ces guides, j'ai ajouté Gerbillon et d'autres jésuites (*Description de la Chine*, par du Halde, t. IV, qui a examiné avec soin la Tartarie chinoise), et l'intelligent et véridique voyageur Bell d'Antermony (2 vol. *in-*4°, *Glasgow,* 1763).

(1). Les Usbecks sont ceux qui ont le plus dérogé à leurs mœurs primitives : 1° en embrassant la religion mahométane; 2° par la possession des villes et des moissons de la Grande-Buckarie.

un préjugé innocent, et peut-être salutaire au genre humain (1). Cependant, s'il est vrai que le sentiment de la compassion s'affaiblisse insensiblement par le spectacle et par l'habitude de la cruauté domestique, nous pouvons observer que la tente d'un pasteur tartare expose aux regards, dans leur plus dégoûtante simplicité, les objets affreux que leur déguise la délicatesse de l'Europe. Chez eux les bœufs et les moutons sont égorgés par la main dont ils étaient accoutumés à recevoir tous les jours leur nourriture, et leur insensible meurtrier voit leurs membres sanglans étalés sur sa table sans beaucoup de préparation. Dans la profession militaire, et principalement dans la marche d'une armée nombreuse, il paraît très-avantageux de faire subsister les soldats de viande, exclusivement à toute autre nourriture. Les provisions de grains tiennent beaucoup de place et sont sujettes à se gâter; et les immenses magasins absolument nécessaires à la subsistance de nos troupes, ne peuvent se transporter que lentement et emploient beaucoup d'hom-

---

(1) *Il est certain que les grands mangeurs de viande sont, en général, cruels et féroces plus que les autres hommes. Cette observation est de tous les lieux et de tous les temps. La barbarie anglaise est connue,* etc. (*Émile* de Rousseau, t. 1, p. 274.) Quoi que nous puissions penser de ces observations générales, *nous* n'admettrons pas facilement la vérité de l'exemple qu'il allègue. La complainte de Plutarque et les lamentations pathétiques d'Ovide séduisent notre raison en excitant notre sensibilité.

mes et de chevaux ; mais les troupeaux qui accompagnent les armées tartares, offrent une provision assurée et toujours croissante de lait et de viandes fraîches. L'herbe croît très-vite et très-abondamment dans presque tous les terrains incultes, et il y a peu de contrées assez stériles pour que le vigoureux bétail du Nord ne trouve pas à y pâturer : d'ailleurs, la patiente abstinence des Tartares et leur peu de délicatesse servent à ménager les munitions. Ils mangent également les animaux tués pour leur nourriture, et ceux qui sont morts de maladie ; ils ont un goût de préférence pour la chair du cheval, proscrite dans tous les temps par les nations civilisées de l'Europe et de l'Asie ; et ce goût particulier facilite leurs expéditions militaires. Dans leurs incursions les plus rapides et les plus éloignées, chaque cavalier scythe mène toujours avec lui un second cheval, et ces relais servent, dans l'occasion, ou à hâter la marche ou à apaiser la faim des Barbares. Le courage et la pauvreté trouvent bien des ressources. Lorsque les fourrages commencent à s'épuiser autour du camp des Tartares, ils égorgent la plus grande partie de leurs troupeaux, et conservent la viande, qu'ils font fumer ou sécher au soleil. Dans la nécessité imprévue d'une marche rapide, ils font provision d'une quantité de petites boules de fromage, ou plutôt de lait caillé durci, qu'ils délaient au besoin dans de l'eau, et cette nourriture peu substantielle suffit pour soutenir pendant plusieurs jours la vie et même le courage de leurs patiens guerriers. Mais cette extraordinaire abstinence, digne d'être approuvée du stoïcien, et peut-être même enviée par l'ermite, est ordinairement suivie des plus furieux accès de voracité. Les vins des climats plus fortunés sont le présent le plus agréable, la denrée la plus précieuse que l'on puisse offrir à des Tartares; et ils n'ont encore exercé leur industrie qu'à extraire du lait de jument une liqueur fermentée, qui possède à un très-haut degré la faculté de les enivrer. Semblables aux animaux de proie, les sauvages, soit de l'Ancien, soit du Nouveau-Monde, éprouvent les vicissitudes de la famine et de l'abondance; et leurs estomacs endurcis souffrent sans beaucoup d'inconvéniens les extrêmes opposés de l'intempérance et de la faim.

Habitations. II. Dans les siècles de simplicité rustique et martiale, un peuple de soldats et de laboureurs s'est dispersé sur la vaste étendue d'un pays qu'ils ont cultivé, et il a fallu sans doute du temps pour assembler la jeunesse guerrière de la Grèce ou de l'Italie sous les mêmes drapeaux, soit pour défendre leurs propres frontières, soit pour attaquer celles de leurs voisins. Le progrès des manufactures et du commerce rassemble peu à peu un grand nombre d'hommes dans les murs d'une ville; mais ces citoyens ne sont plus des soldats, et les arts qui perfectionnent la société civile, anéantissent l'esprit militaire. Les mœurs pastorales des Scythes semblent réunir les différens avantages de la simplicité et de la civilisation. Les individus de la même tribu sont constamment rassemblés; mais ils sont rassemblés dans un camp, et le courage naturel de ces intrépides pasteurs est animé par un secours et une émulation réciproques. Les maisons des Tartares ne sont que de petites tentes d'une forme ovale, demeure froide et malpropre, qu'habitent ensemble sans distinction les jeunes gens des deux sexes. Les palais des riches consistent dans des huttes de bois d'une grandeur assez médiocre pour être facilement transportées sur de grands chariots, attelés peut-être de vingt ou trente bœufs. Les troupeaux, après avoir brouté tout le jour dans les pâturages voisins, se retirent à l'approche de la nuit dans l'enceinte du camp. La nécessité d'éviter une confusion dangereuse dans ce concours perpétuel d'hommes et d'animaux, doit introduire par degrés, dans la distribution, l'ordre et la garde des différens campemens, une sorte de régularité militaire. Dès que le fourrage d'un district est consommé, la tribu ou plutôt l'armée des pasteurs marche en bon ordre vers de nouveaux pâturages, et acquiert par ce moyen, dans les occupations ordinaires de sa vie, la connaissance pratique de l'une des plus importantes et des plus difficiles opérations de la guerre. La différence des saisons règle le choix des campemens. Dans l'été, les Tartares s'avancent au nord, et placent leurs tentes sur le bord d'une rivière ou dans le voisinage de quelque ruisseau ; mais dans l'hiver ils reviennent au midi, et appuient leur camp derrière une éminence, à l'abri des vents, qui se sont refroidis dans leur passage sur les régions glacées de la Sibérie. Ces mœurs sont très-propres à répandre chez les tribus, errantes l'esprit de conquête et d'émigration. Leur attachement pour un territoire est si faible, que le moindre accident suffit pour les en éloigner. Ce n'est point le pays, c'est son camp qui est la patrie du Tartare ; il y trouve toujours sa famille, ses compagnons et toutes ses possessions. Dans ses plus longues marches, il est sans cesse environné des objets chers, précieux ou familiers à sa vue. La soif du butin, la crainte ou le ressentiment d'une injure, l'impatience de la servitude, ont suffi dans tous les temps pour précipiter les tribus de la Scythie dans des pays inconnus, où elles espéraient trouver une nourriture plus abondante ou un ennemi moins redoutable. Les révolutions du Nord ont souvent déterminé le destin du Midi. Dans ce conflit de nations ennemies, les vainqueurs et les vaincus ont été alternativement poursuivans et poursuivis des confins de la Chine jusqu'à ceux de l'Allemagne (1). Ces grandes émigrations, exécutées quelquefois avec une rapidité presque incroyable, étaient facilitées par la nature du climat. On sait que le froid est plus rigoureux dans la Tartarie qu'il ne devrait l'être naturellement au milieu d'une zone tempérée : on en donne pour raison la hauteur des plaines qui s'élèvent, principalement du côté de l'orient, à plus d'un demi-mille au-dessus

---

(1) La découverte de ces émigrations des Tartares est due à M. de Guignes (*Hist. des Huns*, t. 1, 2). Ce savant et laborieux interprète de la langue chinoise a ouvert des scènes nouvelles et importantes dans l'histoire du genre humain.

du niveau de la mer, et la grande quantité de salpêtre dont le sol est rempli (1). Dans l'hiver, les rivières larges et rapides qui déchargent leurs eaux dans l'Euxin, dans la mer Caspienne et dans la mer Glaciale, sont gelées profondément. Les terres sont couvertes de neige, et les tribus victorieuses ou fugitives peuvent traverser sans danger, avec leurs chariots, leurs familles et leurs troupeaux, la surface ferme et unie de cette vaste plaine.

III. La vie pastorale, comparée aux travaux de l'agriculture et des manufactures, est sans contredit une vie oisive, surtout pour les principaux pasteurs de la race tartare, qui, chargeant leurs esclaves du détail de leurs troupeaux, voient rarement leur loisir troublé par des soins domestiques et des travaux assidus. Mais ce n'est point aux jouissances paisibles de l'amour et de la société qu'ils consacrent ces loisirs, c'est à l'exercice violent et sanguinaire de la chasse. Les plaines de la Tartarie nourrissent une nombreuse race de chevaux forts, dociles, faciles à dresser pour la chasse et pour la guerre. Les Scythes ont été connus dans tous les temps pour de hardis et

Exercices.

---

(1) Les missionnaires ont découvert dans la Tartarie chinoise, à quatre-vingts lieues du grand mur, une plaine élevée de trois mille pas géométriques au-dessus du niveau de la mer. Montesquieu, qui a usé et abusé des relations des voyageurs, a motivé les révolutions de l'Asie sur cette circonstance importante, que le froid et le chaud, la force et la faiblesse, se trouvent contigus, sans qu'il y ait une zone tempérée qui les sépare. *Esprit des Lois*, l. XVII, c. 3.

habiles cavaliers. L'habitude leur donne tant d'aisance et de fermeté sur leurs chevaux, qu'on a prétendu que c'était sans en descendre qu'ils se livraient aux fonctions les plus ordinaires de la vie, comme de manger, de boire et même de dormir. Ils se servent, avec beaucoup d'adresse et de vigueur, de la lance et d'un arc fort long, dont la flèche pesante, dirigée par un coup d'œil toujours sûr, frappe avec une force irrésistible. Ils en font souvent usage contre les timides animaux du désert, qui multiplient dans l'absence de leurs ennemis les plus redoutables; contre le lièvre, la chèvre, le chevreuil, le daim, le cerf, l'élan et l'antilope. Les fatigues de la chasse exercent continuellement la patience des hommes et des chevaux, et l'abondance du gibier contribue à la subsistance et même au luxe des camps tartares. Mais les chasseurs de la Scythie ne bornent pas leurs exploits à la destruction de ces animaux timides ou peu dangereux. Ils marchent hardiment à la rencontre du sanglier, lorsque, animé par la vengeance, il revient sur ceux qui le poursuivent. Ils excitent le courage pesant de l'ours et la fureur du tigre endormi dans les bois. On peut acquérir de la gloire partout où il y a du danger; et l'habitude de la chasse, qui donne les occasions de faire preuve d'adresse et de courage, doit être considérée comme l'image et l'école de la guerre. Les chasses générales, l'orgueil et le plus grand plaisir des princes tartares, servent d'exercice instructif à leur nombreuse cavalerie. Ils environnent une enceinte de plusieurs lieues de circonférence, dans laquelle se trouve renfermé tout le gibier d'une grande étendue de pays, et les troupes qui forment le cordon avancent lentement et régulièrement vers un centre marqué, où les animaux, captifs et entourés de tous côtés, tombent sous les flèches et les traits des chasseurs. Dans cette marche, qui dure souvent plusieurs jours, la cavalerie est obligée de gravir les montagnes, de passer les rivières à la nage et de traverser la profondeur des vallées sans déranger l'ordre de la marche. Les Tartares acquièrent l'habitude de diriger leurs regards et leurs pas vers un objet éloigné, de conserver leurs distances, de suspendre ou d'accélérer leur marche relativement aux mouvemens des troupes qui sont sur leur droite ou sur leur gauche, d'observer et de répéter les signaux de leurs commandans. Les chefs apprennent, dans cette école pratique, la plus importante leçon de l'art militaire, le discernement prompt du terrain, de la distance et du temps. Le seul changement nécessaire au moment de la guerre est d'employer contre l'ennemi la même patience et la même valeur, la même intelligence et la même discipline ; et les amusemens de la chasse peuvent servir de prélude à la conquête d'un empire (1).

---

(1) Petis de La Croix (*Vie de Gengis-khan*, l. III, c. 7) représente toute l'étendue et la pompe d'une chasse des Mongoux. Les jésuites Gerbillon et Verbiest suivaient l'empereur Kamhi quand il chassait dans la Tartarie (Du Halde, *Description de la Chine*, tome IV, p. 81, 290, etc., édition

Gouvernement.

La société politique des anciens Germains ne paraissait être qu'une réunion volontaire de guerriers indépendans. Les tribus de la Scythie, connues sous la dénomination moderne de *hordes,* semblaient présenter chacune une famille nombreuse et toujours croissante, multipliée dans le cours de plusieurs siècles. Les plus pauvres et les plus ignorans des Tartares conservent, avec un sentiment de fierté, leur généalogie comme un trésor inestimable; et, malgré la distinction de rang introduite par la possession d'une propriété plus ou moins abondante en richesses pastorales, ils se considèrent tous particulièrement et mutuellement comme les descendans du fondateur de leur tribu. La coutume qu'ils conservent encore d'adopter les plus braves de leurs prisonniers, peut justifier l'opinion de ceux qui regardent la multiplication extraordinaire de cette famille comme légale et fictive. Mais un préjugé utile, consacré par le temps et par l'opinion, produit l'effet de la vérité. Ces orgueilleux Barbares obéissent volontairement au chef de leur famille, et leur commandant ou *mursa* exerce, comme représentant de leur premier ancêtre, l'autorité d'un juge en temps de paix, et celle d'un général en temps de guerre. Dans les premiers temps du monde pastoral, chaque mursa, si nous pouvons

---

in-folio). Son petit-fils Kienlong, qui réunit la discipline tartare à l'érudition chinoise, décrit (*Éloge de Moukden,* p. 273-285), comme poëte, les plaisirs dont il avait joui comme chasseur.

nous servir ici de ce nom moderne, agissait comme chef indépendant d'une grande famille séparée des autres, et les limites des territoires particuliers se fixaient insensiblement par la supériorité de la force ou par le consentement mutuel. Mais, l'influence constante de diverses causes contribua à réunir les hordes errantes en communauté nationale, sous le commandement d'un chef suprême. La faiblesse désirait du secours, et la force était ambitieuse de commander. La puissance, qui est le résultat de l'union, opprima les tribus voisines et leur imposa la loi; et, comme on admettait les vaincus à partager les avantages de la victoire, les plus vaillans chefs se rangèrent volontairement avec toute leur suite sous l'étendard formidable de la confédération générale, et le plus heureux des princes tartares obtint, ou par la supériorité de son mérite, ou par celle de sa puissance, le commandement militaire sur tous les autres. Il fut élevé sur le trône aux acclamations de ses égaux, et reçut le nom de *khan*, qui exprime, dans le langage du nord de l'Asie, la toute-puissance de la royauté. Les descendans du fondateur de la monarchie conservèrent long-temps un droit exclusif à la succession, et maintenant les *khans* qui règnent depuis la Crimée jusqu'au mur de la Chine, descendent tous en droite ligne du fameux Gengis (1). Mais

---

(1) *Voyez* le second volume de l'*Histoire généalogique des Tartares*, et les listes des khans, à la fin de la *Vie de Gengis-khan*. Sous le règne de Timur ou Tamerlan, un de ses

comme le premier devoir d'un souverain tartare est de conduire en personne ses sujets aux combats, on a souvent peu d'égard aux droits d'un enfant, et quelque prince du sang royal, distingué par sa valeur et par son expérience, reçoit le sceptre et l'épée de son prédécesseur. On lève régulièrement sur les tribus deux taxes différentes : l'une pour soutenir la dignité du monarque national, et l'autre pour le chef particulier de la tribu ; et chacune de ces taxes monte à la dîme de la propriété de chaque sujet et des dépouilles qui lui tombent en partage. Un souverain tartare jouit de la dixième partie des richesses de ses sujets ; et, comme les nombreux troupeaux qui font sa richesse particulière se multiplient ainsi dans une proportion bien plus considérable que les autres, il est en état de suffire abondamment au luxe peu recherché de sa cour, de récompenser ses favoris, et de maintenir, par la douce séduction des présens, une obéissance qu'il n'obtiendrait peut-être pas toujours de sa seule autorité. Les mœurs des Tartares, accoutumés, comme leur *khan*, au meurtre et au brigandage, peuvent excuser à leurs yeux quelques actes particuliers de sa tyrannie qui exciteraient l'horreur d'un peuple civilisé ; mais le pouvoir arbitraire d'un despote n'a jamais été reconnu dans les

---

sujets, descendant de Gengis, portait encore le titre de khan, et le conquérant de l'Asie se contentait du nom d'émir ou sultan. Abulghazi, part. v, 4 ; d'Herbelot, *Bibliot. orient.*, p. 878.

déserts de la Scythie. La juridiction immédiate du *khan* est restreinte à sa propre tribu, et on a modéré l'exercice de ses prérogatives par l'ancienne institution d'un conseil national. La *coroultai* ou diète des Tartares, se tenait régulièrement, dans le printemps et dans l'automne, au milieu d'une vaste plaine (1); où les princes de la famille régnante et les *mursas* des différentes tribus pouvaient à l'aise se réunir à cheval et suivis de tous leurs guerriers: le monarque ambitieux, en passant en revue les forces d'un peuple armé, se voyait obligé de consulter son inclination. On aperçoit, dans la constitution politique des nations scythes ou tartares, les principes du gouvernement féodal; mais le conflit perpétuel de ces peuples turbulens s'est terminé quelquefois par l'établissement d'un empire despotique. Le conquérant, enrichi par les tribus et soutenu par les armes de plusieurs rois dépendans, a étendu ses conquêtes dans l'Europe et dans l'Asie. Les pasteurs du Nord se sont assujettis aux arts, aux lois et à la gêne de résider dans des villes; et le luxe, après avoir détruit la liberté, a ébranlé peu à peu les fondemens du trône (2).

---

(1) *Voyez* les diètes des anciens Huns (de Guignes, t. II, p. 26), et une description curieuse de celles de Gengis-khan (l. I, c. 6; l. IV, c. 11). Ces assemblées sont fréquemment citées dans l'histoire persane de Timur, quoiqu'elles ne servissent qu'à légitimer les résolutions de leur maître.

(2) Montesquieu travaille péniblement à expliquer une différence qui n'a jamais existé entre la liberté des Arabes et

Situation et étendue de la Scythie et de la Tartarie.

Le souvenir des événemens ne se conserve pas long-temps chez une nation ignorante et sujette à des migrations fréquentes et éloignées. Les Tartares modernes ignorent les conquêtes de leurs ancêtres (1); et nous avons puisé notre connaissance de l'histoire des Scythes dans leur commerce avec les nations civilisées du Sud, les Grecs, les Chinois et les Persans. Les Grecs, qui naviguaient sur l'Euxin et envoyaient des colonies sur les bords de la mer, découvrirent à la longue, et imparfaitement, une partie de la Scythie, depuis le Danube et les confins de la Thrace jusqu'aux Méotides glacés, le séjour d'un éternel hiver, et jusqu'au Caucase, que les poëtes donnaient pour bornes à la terre. Les Grecs célébrèrent, avec une simplicité crédule, les vertus de la vie pastorale (2), et furent, avec plus de raison, effrayés du nombre et de la valeur des Barbares, qui avaient écrasé avec mépris l'immense armement de Darius, fils d'Hystaspe (3). Les monarques

---

l'esclavage perpétuel des Tartares. *Esprit des Lois*, l. XVII, c. 5; l. XVIII, c. 19, etc.

(1) Abulghazi-khan, dans les deux premières parties de son *Histoire généalogique*, raconte les fables ridicules et les traditions des Tartares Usbecks, concernant les temps qui précédèrent le règne de Gengis.

(2) Dans le treizième livre de *l'Iliade*, Jupiter détourne les yeux des plaines sanglantes de Troie vers celles de la Thrace et de la Scythie. Ce changement d'objets ne lui aurait pas présenté des scènes plus paisibles ou plus innocentes.

(3) Thucydide, l. II, c. 97.

persans avaient poussé leurs conquêtes vers l'occident jusqu'aux rives du Danube (1) et aux confins de la Scythie européenne. Leurs provinces orientales étaient exposées aux incursions des Scythes de l'Asie, ces sauvages habitans des plaines au-delà de l'Oxus et du Jaxarte, deux larges rivières dont le cours se dirige vers la mer Caspienne. La longue et mémorable querelle d'Iran et de Touran sert encore de sujet à l'histoire ou aux romans orientaux. La valeur fameuse et peut-être fabuleuse des héros persans, Rustan et Asfendiar, se signala pour la défense de leur pays contre les Afrasiabs du Nord (2) : et le courage indomptable des mêmes Barbares résista sur le même terrain aux armées victorieuses de Cyrus et d'Alexandre (3). Aux yeux des Grecs et des

---

(1) *Voyez* le quatrième livre d'Hérodote. Lorsque Darius s'avança dans le désert de la Moldavie, entre le Danube et le Niester, le roi des Scythes lui envoya une souris, une grenouille, un oiseau et cinq flèches. Terrible allégorie !

(2) Ces guerres et ces héros se trouvent à leurs chapitres respectifs dans la *Biblioth. orientale* de d'Herbelot ; ils ont été célébrés dans un poëme épique de soixante mille couplets rimés par Ferdusi, l'Homère de la Perse. (*Voyez* l'*Histoire de Nader Shah*, p. 145-165.) Le public doit regretter que sir W. Jones ait suspendu ses recherches sur la littérature orientale.

(3) La description de la mer Caspienne, avec ses rivières et les tribus qui l'avoisinent, se trouve éclaircie avec beaucoup de travail dans l'*Examen critique des historiens d'Alexandre*, qui compare la véritable géographie avec les erreurs produites par la vanité et l'ignorance des Grecs.

Perses, l'étendue réelle de la Scythie était bornée à l'orient par les montagnes d'Imaüs ou de Caf; leur ignorance sur les pays situés à l'extrémité inaccessible de l'Asie mêlait beaucoup de fables aux idées qu'ils se formaient de ces contrées éloignées. Mais ces régions inaccessibles sont l'ancienne résidence d'une nation puissante et civilisée (1), qui remonte, par une tradition vraisemblable, à quarante siècles, et qui peut justifier d'une histoire de deux mille ans (2), attestée par le témoignage non interrompu d'histo-

---

(1) La première habitation de ces nations semble avoir été au nord-ouest de la Chine, dans les provinces de Chensi ou Chansi. Sous les deux premières dynasties, la principale ville était encore un camp mouvant. Les villages étaient clair-semés, et les pâturages étaient beaucoup plus étendus que les terres cultivées. On recommandait l'exercice de la chasse, pour détruire les animaux sauvages. Petcheli, ou le terrain que Pékin occupe aujourd'hui, était désert, et les provinces méridionales n'étaient peuplées que d'Indiens sauvages. La dynastie des Han, deux cent six ans avant Jésus-Christ, donna à l'empire sa forme et son étendue actuelles.

(2) L'ère de la monarchie chinoise a été fixée à des époques différentes; depuis deux mille neuf cent cinquante-deux jusqu'à deux mille cent trente-deux années avant Jésus-Christ, et l'année 2637 a été adoptée légalement par l'autorité du présent empereur, comme celle de l'époque véritable. Les difficultés naissent de l'incertitude de la durée des deux premières dynasties, et de l'intervalle qui les sépare des temps réels ou fabuleux de Fohi ou Hoangti. Sematsien date sa chronologie authentique dès l'an 841. Les trente-six éclipses de Confucius, dont on a vérifié trente-

riens exacts et contemporains (1). Les annales de la Chine (2) éclaircissent l'état et les révolutions des tribus pastorales, qu'on peut toujours distinguer sous la dénomination vague de Scythes ou de Tartares, tour à tour vassaux, ennemis et conquérans d'un grand empire, dont la politique n'a cessé de résister à la

---

une, furent observées entre les années 722 et 480 avant Jésus-Christ. La période historique de la Chine ne remonte pas plus haut que les olympiades des Grecs.

(1.) Après l'espace de plusieurs générations d'anarchie et de despotisme, la dynastie des Han, deux cent six ans avant Jésus-Christ, fut l'époque de la renaissance des sciences. On rétablit les fragmens de l'ancienne littérature; on perfectionna et l'on fixa les caractères; et l'on assura la conservation future des livres par les utiles inventions de l'encre, du papier, et de l'art d'imprimer. Sematsien publia la première histoire de la Chine quatre-vingt-dix-sept ans avant Jésus-Christ; une suite de cent quatre-vingts historiens, continuèrent et perfectionnèrent ses travaux. Les extraits de leurs ouvrages existent encore, et la plus grande partie se trouve aujourd'hui déposée dans la bibliothèque royale de France.

(2) Ce qui regarde la Chine a été éclairci par les travaux des Français, des missionnaires à Pékin, et de MM. Freret et de Guignes à Paris. Les trois notes précédentes m'ont été fournies par le Chou-King, avec la préface et les notes de M. de Guignes, *Paris*, 1770; le Tong-Kien-Kang-Mou, traduit par le père de Mailla, sous le nom d'*Histoire générale de la Chine*, t. 1, p. 49-200; les *Mémoires sur la Chine*, Paris, 1776, etc., t. 1, p. 1-323; t. 11, p. 5-364; l'*Hist. des Huns*, t. 1, p. 1-131; t. v, p. 345-362; et les *Mémoires de l'Acad. des Inscriptions*, t. x, p. 377-402; t. xv, p. 495-564; t. xviii, p. 178-295; t. xxxvi, p. 164-238.

valeur aveugle et impétueuse des Barbares du Nord. De l'embouchure du Danube à la mer du Japon, la longitude de la Scythie s'étend à peu près à cent dix degrés, qui, sous ce parallèle, donnent plus de cinq mille milles. Il n'est pas aussi facile de déterminer exactement la latitude de ces immenses déserts; mais depuis le quarantième degré qui touche au mur de la Chine, nous pouvons avancer à plus de mille milles vers le nord, où nous serons arrêtés par le froid excessif de la Sibérie. Dans cet affreux climat, au lieu du portrait animé d'un camp tartare, on voit sortir de la terre, ou plutôt des neiges dont elle est couverte, la fumée qui annonce les demeures souterraines des Tongoux et des Samoïèdes. Des rennes et de gros chiens leur tiennent imparfaitement lieu de bœufs et de chevaux, et les conquérans de l'univers dégénèrent insensiblement en une race de sauvages chétifs et difformes, que fait trembler le bruit des armes (1).

Établissement primitif des Huns.

Ces mêmes Huns, qui, sous le règne de Valens, menacèrent l'empire romain, avaient long-temps auparavant semé la terreur dans l'empire de la Chine (2). Ils occupaient anciennement, et peut-être

---

(1) *Voyez* l'*Histoire générale des Voyages* (t. XVIII), et l'*Histoire généalogique* (vol. II, p. 620-664).

(2) M. de Guignes (t. II, p. 1-124) a donné l'histoire originale des anciens Hióng-noù ou Huns. La géographie chinoise de leur pays semble comprendre une partie de leurs conquêtes.

originairement, une vaste étendue de pays aride et stérile au nord de la grande muraille. Cette contrée est occupée aujourd'hui par les quarante-neuf hordes ou bannières des Mongoux, nation pastorale, composée d'environ deux cent mille familles (1). Mais la valeur des Huns avait reculé les étroites limites de leurs États, et leurs chefs grossiers, connus sous le nom de *Tanjoux*, devinrent peu à peu les conquérans et les souverains d'un empire formidable. Vers l'orient, l'Océan seul put arrêter l'effort de leurs armes, et les tribus clair-semées entre l'Amour et l'extrémité de la péninsule de Corée, suivirent malgré elles les drapeaux des Huns victorieux. Du côté de l'occident, vers la source de l'Irtisch et des vallées de l'Imaüs, ils trouvèrent un pays plus vaste et des ennemis plus nombreux. Un des lieutenans du Tanjou subjugua dans une seule expédition vingt-six nations. Les Igours (2), distingués entre les Tartares par l'usage des lettres, étaient du nombre de ses vassaux; et, par une étrange liaison des événemens du monde, la fuite d'une de ces tribus errantes rappela les Parthes victorieux de l'invasion de la Syrie (3).

Leurs conquêtes dans la Scythie.

---

(1) *Voyez* dans du Halde (t. IV, p. 18-65) une description circonstanciée du pays des Mongoux, avec une carte exacte.

(2) Les Igours ou Vigours étaient partagés en trois classes, les chasseurs, les pâtres et les laboureurs; et les deux premières classes méprisaient la dernière. *Voyez* Abulghazi, part. II, c. 7.

(3) *Mémoires de l'Académie des Inscriptions*, t. XXV,

Au nord, les Huns regardaient l'Océan comme la seule borne de leur domination. Sans ennemis pour leur résister, sans témoins pour contrarier leur vanité, ils pouvaient exécuter à leur gré la conquête réelle ou imaginaire des régions glacées de la Sibérie, et ils fixèrent la mer du Nord pour dernière limite de leur empire. Mais le nom de cette mer, sur les rives de laquelle le patriote Sovou adopta la vie d'un pasteur et d'un exilé (1), peut s'appliquer avec plus de probabilité au Baikal, vaste bassin d'environ trois cents milles de longueur, qui dédaigne la modeste dénomination de lac (2), et qui communique aujourd'hui avec la mer du Nord, par le long cours de l'Angara, du Tonguska et du Jénissea. La conquête d'un si grand nombre de nations éloignées pouvait flatter la vanité du Tanjou; mais la valeur des Huns

---

p. 17-33. L'esprit étendu de M. de Guignes a rapproché ces événemens éloignés.

(1) On célèbre encore à la Chine la renommée de So-vou ou So-ou, son mérite et ses aventures extraordinaires. *Voy.* l'*Éloge de Moukden*, p. 20., et les notes, p. 241-247; et les *Mémoires sur la Chine*, t. III, p. 317-360.

(2) *Voyez* Isbrand Ives, dans la *Collection de Harris* (vol. II, p. 931); les *Voyages* de Bell (v. I, p. 247-254); Gmelin, dans l'*Histoire générale des Voyages* (t. XVIII, p. 283-329). Ils rapportent tous cette opinion vulgaire, que *la mer sainte* s'irrite et devient orageuse dès qu'on ose lui donner le nom de lac. Cette délicatesse grammaticale occasionne souvent des querelles entre l'absurde superstition des mariniers, et l'absurde obstination des voyageurs.

ne pouvait être récompensée que par la jouissance des richesses et du luxe de l'empire du Sud. On avait élevé, dans le troisième siècle avant l'ère chrétienne, un mur de quinze cents milles de longueur, pour défendre les frontières de la Chine contre leurs incursions (1); mais ce mur immense, qui tient une place considérable sur la carte du monde, ne contribua jamais à la sûreté d'une nation peu guerrière. Le Tanjou rassemblait souvent jusqu'à deux ou trois cent mille hommes de cavalerie, redoutables par leur adresse à manier leurs arcs et leurs chevaux, par leur patience courageuse à supporter les rigueurs des saisons, et par l'incroyable rapidité de leur marche, que n'arrêtaient guère les torrens et les précipices, les montagnes les plus escarpées et les rivières les plus profondes. Ils se répandirent tous à la fois sur la surface du pays, et leur impétueuse célérité déconcerta la tactique grave et compassée d'une armée chinoise. L'empereur Kaoti, soldat de fortune (2), élevé sur le trône par son mérite personnel, marcha contre les Huns avec les troupes des vétérans formés

<small>Leur guerre contre les Chinois, deux cent un ans avant Jésus-Christ.</small>

---

(1) Du Halde (t. II, p. 45) et de Guignes (t. II, p. 59) parlent l'un et l'autre de la construction du grand mur de la Chine.

(2) *Voyez* la vie de Lieoupang ou Kaoti, dans l'*Histoire de la Chine*, publiée à Paris en 1777, etc. (t. I, p. 442-522). Cet ouvrage volumineux est une traduction faite par le père de Mailla du Tong-Kien-Kang-Mou, célèbre abrégé de la grande histoire de Semakouang (A. D. 1084) et de ses continuateurs.

dans les guerres civiles de la Chine ; mais les Barbares l'environnèrent bientôt de tous côtés ; et, après un siége de sept jours, le monarque, n'ayant aucun espoir d'être secouru, fut forcé d'acheter sa liberté par une capitulation ignominieuse. Les successeurs de Kaoti, occupés des arts pacifiques, et livrés aux délices de leur palais, se soumirent à une humiliation plus durable. Ils se déterminèrent trop promptement à regarder comme insuffisantes leurs troupes et leurs fortifications. Ils se laissèrent trop aisément persuader que les soldats chinois, qui, pour éviter d'être surpris par les Huns, annoncés de tous côtés par la lueur des flammes, dormaient le casque en tête et la cuirasse sur le dos, seraient bientôt épuisés par des travaux continuels et des marches inutiles (1). Pour se procurer une tranquillité précaire et momentanée, ils stipulèrent un paiement annuel d'argent et d'étoffes de soie ; et le misérable expédient de déguiser un tribut réel sous la dénomination d'un don et d'un subside, fut également adopté par les empereurs de Rome et par ceux de la Chine ; mais le tribut de ceux-ci comprenait un article encore plus honteux, qui révoltait les sentimens de la nature et de l'hu-

---

(1) *Voyez* un mémoire fort long et fort libre présenté par un mandarin à l'empereur Vouti, en l'an 180 avant Jésus-Christ, dans du Halde (t. ii, p. 412-426.), d'après une collection de papiers d'État, écrite avec le crayon rouge par Kamhi lui-même (p. 384-612). Un second mémoire du ministre de la guerre, Kang-Mou (tome ii, p. 555), fournit quelques détails curieux sur les mœurs des Huns.

manité. Les fatigues d'une vie sauvage, qui détruisent dans leurs premières années les enfans nés avec une constitution faible, mettent une disproportion sensible dans le nombre des deux sexes. Les Tartares sont généralement laids, et même difformes : ils se servent de leurs femmes pour tous les travaux domestiques; mais ils sont avides de se procurer la jouissance d'objets plus agréables. Les Chinois étaient obligés de livrer tous les ans aux grossières caresses des Huns un nombre fixe de leurs plus belles filles (1); et ils s'assuraient l'alliance des orgueilleux Tanjoux en leur donnant en mariage les filles véritables ou adoptives de la famille impériale, qui tâchaient en vain d'échapper à cet opprobre sacrilége. L'infortune de ces victimes désolées a été peinte par une princesse de la Chine, qui déplore son malheur d'avoir été condamnée par ses parens à un exil perpétuel, et à passer sous les lois d'un époux barbare, d'être réduite pour boisson, à du lait aigre, à de la viande crue pour nourriture, et de n'avoir qu'une tente pour palais. Elle exprime, avec une simplicité touchante, son désir d'être transformée en oiseau, pour s'envoler vers sa chère patrie, l'objet de ses tendres et perpétuels regrets (2).

---

(1) Le tribut accoutumé d'un certain nombre de femmes se trouve mentionné comme un des articles du traité. *Hist. de la Chine* par les Tartares mantcheoux, t. 1, p. 186, 187, avec les notes de l'éditeur.

(2) De Guignes, *Hist. des Huns*, t. 11, p. 62.

<small>Déclin et chute des Huns.</small>

Les tribus pastorales du Nord avaient fait deux fois la conquête de la Chine. Les forces des Huns n'étaient point inférieures à celles des Mongoux ou des Mantcheoux, et leur ambition pouvait se flatter des mêmes succès; mais les armes et la politique de Vouti (1), cinquième empereur de la puissante dynastie des Han, humilièrent leur orgueil et arrêtèrent leurs progrès. Durant son long règne de cinquante-quatre ans, les Barbares des provinces méridionales se soumirent aux lois des Chinois; ils adoptèrent leurs mœurs, et les anciennes limites de l'empire, qui se terminaient à la grande rivière de Kiang, s'étendirent jusqu'au port de Canton. Au lieu de se borner aux timides opérations d'une guerre défensive, ses lieutenans pénétrèrent jusqu'à plusieurs centaines de milles dans le pays des Huns. Dans ces vastes déserts, où il était impossible de former des magasins, et difficile de transporter une quantité de provisions suffisante, les armées de Vouti eurent souvent à souffrir des maux intolérables. De cent quarante mille soldats avec lesquels les généraux chinois étaient entrés en campagne, ils n'en ramenèrent que trente mille sains et saufs aux pieds de leur empereur; mais cette perte avait été compensée par des succès brillans et décisifs. Ils avaient profité habilement de la supériorité que leur donnaient la nature de leurs chariots

<small>Avant Jésus-Christ 146-87.</small>

---

(1) *Voyez* le règne de l'empereur Vouti, dans le Kang-Mou (tome III, p. 1–98). Son caractère inconstant et inconséquent paraît être peint avec impartialité.

de guerre et le secours des Tartares auxiliaires. Le camp du Tanjou fut surpris au milieu de la nuit et d'une débauche. Le monarque des Huns s'ouvrit courageusement un chemin au milieu des ennemis ; mais il laissa quinze mille des siens sur le champ de bataille. Cependant cette grande victoire, précédée et suivie de plusieurs combats sanglans, contribua moins à détruire la puissance des Huns que la politique adroite dont Vouti fit usage pour détacher de leur obéissance les nations tributaires. Intimidées par les armées de l'empereur chinois, ou séduites par ses promesses, elles rejetèrent l'autorité du Tanjou : quelques-unes se reconnurent alliées ou vassales de l'empire; toutes devinrent les plus implacables ennemies des Huns; et dès que ces orgueilleux Barbares se trouvèrent réduits à leurs propres forces, leur grandeur disparut, et leur nombre aurait à peine suffi pour peupler une grande ville de l'empire des Chinois (1). La désertion de ses sujets et les embarras d'une guerre civile obligèrent le Tanjou à renoncer lui-même au titre de souverain indépendant, et à assujettir la liberté d'une nation fière et guerrière.

Avant Jésus-Christ
70.

---

(1) On trouve cette expression dans le mémoire présenté à l'empereur Vouti. (Du Halde, t. IV, p. 417.) Sans adopter les exagérations de Marc-Paul et d'Isaac Vossius, nous pouvons raisonnablement supposer que Pékin renferme deux millions d'habitans. Les villes du sud, où sont placées les manufactures de la Chine, ont une population encore supérieure.

Il fut reçu à Sigan, alors capitale de la monarchie, par les troupes, les mandarins et l'empereur lui-même, avec tous les honneurs que la vanité chinoise fut capable d'inventer pour orner et déguiser son triomphe (1). On le logea dans un palais magnifique; il eut le pas avant tous les princes de la famille royale, et on épuisa la patience du roi barbare dans un banquet à huit services, durant lequel on exécuta neuf différens morceaux de musique; mais il rendit à genoux un respectueux hommage à l'empereur, prononça, en son nom et pour tous ses successeurs, un serment de fidélité perpétuelle, et reçut du victorieux Vouti un sceau qui portait l'emblême de sa dépendante royauté. Depuis cette soumission humiliante, les Tanjoux manquèrent quelquefois à leur serment de fidélité, et saisirent l'instant favorable pour exercer leur brigandage; mais la monarchie des Huns déclina peu à peu, et des dissensions civiles divisèrent enfin ces Barbares en deux nations séparées et ennemies. Un de leurs princes, poussé par la crainte et l'ambition, se retira vers le sud avec huit hordes, composées de quarante à cinquante mille familles. Il obtint, avec le titre de Tanjou, un territoire commode sur les frontières des provinces chinoises, et la constance de son attachement pour l'em-

---

(1) *Voyez* le Kang-Mou (t. III, p. 150), et la suite des événemens, chacun dans leur année particulière. Cette fête remarquable est célébrée dans l'éloge de Moukden, et expliquée dans une note du père Gaubil (p. 89, 90).

pire fut maintenue par sa faiblesse et par le désir de se venger de ses anciens compatriotes. Depuis le moment de cette funeste séparation, les Huns du nord continuèrent à languir environ cinquante ans, jusqu'au moment où ils furent accablés de tous côtés par des ennemis étrangers et domestiques. Une colonne (1) élevée sur une haute montagne, apprit à la postérité que les armées chinoises s'étaient victorieusement avancées à sept cents milles dans le pays des Barbares. Les Sienpi (2), tribu des Tartares orientaux, vengèrent sur les Huns les injures que leurs ancêtres en avaient reçues, et la puissance des Tanjoux, après un règne de treize cents ans, fut entièrement détruite avant la fin du premier siècle de l'ère chrétienne (3).

{A. D. 93.}

Les Huns, vaincus et dispersés, éprouvèrent, selon leur caractère et leur situation, des fortunes diverses (4). Plus de cent mille individus de cette nation, des plus pauvres à la vérité, et des moins

{Leurs émigrations. A. D. 100, etc.}

---

(1) Cette inscription fut composée sur le lieu même par Pankou, président du tribunal de l'histoire. (*Kang-Mou*, t. III, p. 392.) On a découvert des monumens semblables dans différens endroits de la Tartarie. *Hist. des Huns*, t. II, p. 122.

(2) M. de Guignes (t. I, p. 189) a inséré un article court sur les Sienpi.

(3) L'ère des Huns est placée par les Chinois douze cent dix ans avant Jésus-Christ; mais la suite de leurs rois ne commence que dans l'année 230. *Hist. des Huns*, t. II, p. 21-123.

(4) Le Kang-Mou (t. III, p. 88, 91, 95, 139, etc.) ra-

courageux, restèrent dans leur pays natal, renoncèrent à leur nom, et se mêlèrent à la victorieuse nation des Sienpi. Cinquante-huit hordes, environ deux cent mille hommes, préférant une plus honorable servitude, se retirèrent au sud, et implorèrent la protection de l'empereur chinois, qui leur permit d'habiter sur les frontières de la province de Chansi et du territoire d'Ortous, et leur en confia la garde ; mais les tribus les plus puissantes et les plus belliqueuses des Huns conservèrent dans leurs revers le courage indépendant de leurs ancêtres. L'Occident tout entier était ouvert à leur valeur, et ils résolurent d'y chercher et d'y conquérir, sous la conduite de leurs chefs héréditaires, un pays éloigné qui pût demeurer inaccessible aux armes des Sienpi et aux lois de la Chine (1). Ils passèrent bientôt les montagnes de l'Imaüs et les bornes de la géographie des Chinois ; mais nous pouvons distinguer les deux principales troupes de ces formidables exilés, qui dirigèrent leur marche, l'une vers l'Oxus, et l'autre vers le Volga. La première de ces colonies s'établit dans les plaines vastes et fertiles de la Sogdiane, sur la rive orientale de la mer Caspienne, où ils con-

Les Huns blancs de la Sogdiane.

---

conte les différentes circonstances de la chute et de la fuite des Huns. On peut expliquer le petit nombre dont il compose chaque horde, par leurs pertes et par leurs divisions.

(1) M. de Guignes a suivi habilement les traces des Huns à travers les vastes déserts de la Tartarie (tome II, p. 123, 277 et 325, etc.).

servèrent le nom de Huns, avec le surnom d'Euthalites ou Nephtalites. Leurs mœurs, et jusqu'aux traits de leur visage, s'adoucirent insensiblement sous un climat tempéré et dans une province (1) florissante qui conservait encore quelque souvenir des arts de la Grèce (2). Les Huns blancs, nom qui leur fut donné d'après le changement de leur couleur, abandonnèrent bientôt les mœurs pastorales de la Scythie. Gorgo, qui, sous le nom de Carizme, a joui d'une splendeur passagère, devint la résidence du roi, qui régna paisiblement sur un peuple docile. Les travaux des Sogdiens fournissaient à leur luxe, et les Huns ne conservèrent de leur ancienne barbarie que la coutume odieuse d'enterrer vivans, dans le tombeau où l'on déposait un prince ou un citoyen opulent,

---

(1) Mohammed, sultan de Carizme, régnait dans la Sogdiane lorsqu'elle fut envahie (A. D. 1218) par Gengis-khan et ses Mongoux. Les écrivains orientaux (voyez d'Herbelot, Petis de La Croix, etc.) célèbrent les villes florissantes qu'il dépeupla, et les pays fertiles qu'il ravagea. Dans le siècle suivant, Abulféda (Hudson, Geogr. min., t. III) a décrit ces mêmes provinces de Khorasmia et de Mawaralnahr. On peut voir leur misère actuelle dans l'*Histoire généalogique des Tartares* (p. 423-469).

(2) Justin (xlj, 6) a laissé un Abrégé sur les rois grecs de la Bactriane. Je suppose que ce fut leur industrie qui ouvrit un nouveau commerce en transportant les marchandises des Indes en Europe, par la voie extraordinaire de l'Oxus, la mer Caspienne, le Cyrus, le Phase et la mer Noire. Les Séleucides et les Ptolémées étaient les maîtres de toutes les autres routes par terre et par mer.

jusqu'au nombre de vingt de ceux qui avaient partagé ses bienfaits durant sa vie (1). Le voisinage des frontières de la Perse exposait souvent les Huns à de sanglans combats avec toutes les armées de cette monarchie ; mais ils respectaient en temps de paix la foi des traités, et les lois de l'humanité en temps de guerre. Leur victoire mémorable sur Péroses ou Firuz fit autant d'honneur à la modération qu'à la valeur des Barbares. La seconde division des Huns, leurs compatriotes, qui s'avança vers le nord-ouest, rencontra plus d'obstacles, et se fixa sous un climat plus rigoureux. La nécessité leur fit changer les soies de la Chine pour les fourrures de la Sibérie. Les commencemens imparfaits de civilisation qui se faisaient sentir parmi eux, s'effacèrent entièrement, et leur férocité naturelle s'augmenta par leurs rapports avec des tribus barbares qu'on a comparées, avec assez de justice, aux animaux sauvages du désert. Leur fierté indocile rejeta bientôt la succession héréditaire des Tanjoux ; chaque horde fut gouvernée par son mursa particulier ; et leur conseil tumultueux dirigeait les entreprises de la nation. Le nom de la Grande-Hongrie a attesté jusqu'au treizième siècle leur résidence sur les rives orientales du Volga (2). Dans l'hiver, ils descen-

Les Huns du Volga.

---

(1) Procope, *de Bell. pers.*, l. 1, c. 3, p. 19.

(2) Dans le treizième siècle, le moine Rubruquis, qui traversa la plaine immense de Kipzak, en allant à la cour du grand khan, observa le nom remarquable de Hongrie, et

daient avec leurs troupeaux vers l'embouchure de cette grande rivière, et ils poussaient leurs excursions dans l'été jusqu'à la latitude de Saratoff, ou peut-être jusqu'au confluent du Kama. Telles étaient du moins les récentes limites des Calmoucks noirs (1), qui restèrent environ cent ans sous la protection de la Russie, et qui sont retournés depuis dans leur ancienne patrie, sur les frontières de la Chine. Le départ et le retour de ces Tartares errans, dont le camp réuni composait cinquante mille familles, explique les anciennes émigrations des Huns (2).

Il est impossible de remplir l'intervalle obscur du temps qui s'est écoulé depuis que les Huns disparurent des environs de la Chine, jusqu'au moment où ils se montrèrent sur les frontières des Romains. Quoi qu'il en soit, on peut raisonnablement croire qu'ils

Les Huns subjuguent les Alains.

---

des traces d'un langage et d'une origine commune avec les peuples de la Hongrie européenne. *Histoire des Voyages*, t. VII, p. 269.

(1) Bell (vol. 1, p. 29-34) et les éditeurs de l'*Hist. généalogiq.* (p. 539) ont décrit les Calmoucks du Volga au commencement de notre siècle.

(2) Cette grande transmigration de trois cent mille Calmoucks ou Torgouts se fit en l'année 1771. Les missionnaires de Pékin ont traduit le récit original de Kienlong, l'empereur régnant de la Chine, qui fut destiné à servir d'inscription à une colonne. (*Mém. sur la Chine*, t. 1, p. 401-418.) L'empereur affecte le doux et séduisant langage du fils de Dieu et du père des peuples.

furent poussés jusque sur les confins de l'Europe par les mêmes adversaires qui les avaient chassés de leur pays natal. La puissance des Sienpi, leurs ennemis implacables, qui s'étendait à plus de trois mille milles d'orient en occident (1), doit les avoir insensiblement éloignés par la terreur de leur voisinage; et l'affluence des tribus fugitives de la Scythie devait nécessairement augmenter les forces des Huns ou resserrer leur territoire. Les noms barbares et peu connus de ces différentes hordes blesseraient l'oreille du lecteur, sans rien présenter à son intelligence; mais je ne puis me dispenser d'observer que le nombre des Huns du Nord dut être considérablement augmenté par la dynastie du Sud, qui, dans le cours du troisième siècle, se soumit au gouvernement des Chinois; que les plus braves guerriers de cette nation durent chercher et suivre les traces de leurs compatriotes libres et fugitifs, et oublier, dans les revers communs de leur infortune, les divisions qu'avait occasionées

---

(1) Le Kang-Mou (t. III, p. 447) donne à leurs conquêtes une étendue de quatorze mille *lis*. Selon la présente évaluation, deux cents, ou plus rigoureusement cent quatre-vingt-treize *lis* sont égales à un degré de latitude, et un mille anglais contient par conséquent plus de terrain que trois milles chinois; mais il y a de fortes raisons de croire que les anciennes *lis* faisaient à peine une moitié des modernes. *Voyez* les laborieuses recherches de M. d'Anville, géographe qui n'est étranger à aucun siècle ou climat du globe. *Mém. de l'Acad.*, t. II, p. 125-502; *Mesures itinér.*, p. 154, 167.

entre eux la prospérité (1). Les Huns, avec leurs troupeaux, leurs femmes, leurs enfans, leur suite et leurs alliés, se transportèrent sur la rive occidentale du Volga, et s'avancèrent audacieusement sur les terres des Alains, peuple de pasteurs, qui occupait ou dévastait une vaste étendue des déserts de la Scythie. Les Alains couvraient de leurs tentes les plaines situées entre le Tanaïs et le Volga; mais leurs noms et leurs mœurs s'étendaient à toutes leurs conquêtes; et les tribus des Agathirses et des Gélons, remarquables par leur coutume de se peindre le corps, étaient du nombre de leurs vassaux. Ils avaient pénétré au nord, dans les régions glacées de la Sibérie, parmi des sauvages dont la rage ou la faim se nourrit de chair humaine; et au sud, ils poussaient leurs incursions jusqu'aux frontières de la Perse et de l'Inde. Le mélange des races sarmates et germaines avait un peu contribué à rectifier les traits des Alains, à blanchir leur peau basanée, à teindre leur chevelure d'une couleur plus claire, qu'il est rare de rencontrer chez les Tartares. Moins difformes et moins sauvages que les Huns, mais non moins redoutables, ils ne leur cédaient point pour la valeur et pour l'amour de la liberté, et rejetèrent toujours l'usage de l'esclavage domestique. Passionnés pour la guerre,

---

(1) Voyez l'*Hist. des Huns*, t. II, p. 125-144. L'histoire suivante (p. 145-277) de trois ou quatre dynasties des Huns, prouve avec évidence que leur long séjour à la Chine n'avait point amolli leur courage.

les Alains regardaient le pillage et les combats comme la gloire et la félicité du genre humain. Un cimeterre nu, fiché en terre, était le seul objet de leur culte religieux. Les ornemens dont ils caparaçonnaient leurs chevaux, chèrement achetés au prix de leur sang, étaient composés des crânes de leurs ennemis, et ils regardaient avec pitié les guerriers pusillanimes qui attendaient patiemment la mort des infirmités de l'âge ou des douleurs d'une longue maladie (1). Les Huns et les Alains combattirent, sur les bords du Tanaïs, avec une valeur égale, mais avec un succès différent. Les Huns l'emportèrent; le roi des Alains perdit la vie, et les restes de la nation vaincue, réduits à l'alternative ordinaire de la fuite ou de la soumission, se dispersèrent en divers lieux (2). Une colonie de ces exilés trouva un refuge dans les montagnes du Caucase, entre le Pont-Euxin et la mer Caspienne, où ils conservent encore leur nom et leur indépendance. Une autre colonie s'avança avec intrépidité jusqu'à la mer Baltique, s'associa aux tribus septen-

---

(1) *Utque hominibus quietis et placidis otium est voluptabile, ita illos pericula juvant et bella. Judicatur ibi beatus qui in prælio profuderit animam: senescentes etiam et fortuitis mortibus mundo digressos, ut degeneres et ignavos conviciis atrocibus insectantur.* Nous devons nous faire une grande opinion des vainqueurs de pareils hommes.

(2) Relativement aux Alains, *voyez* Ammien (XXXI, 2); Jornandès (*de Rebus geticis*, c. 24); M. de Guignes (*Hist. des Huns*, t. II, p. 279); et l'*Hist. généalog. des Tartares* (t. II, p. 617).

trionales de l'Allemagne, et partagea le butin fait dans la Gaule et dans l'Espagne sur les sujets de l'empire ; mais la plus nombreuse partie des Alains accepta une alliance honorable et avantageuse avec ses vainqueurs ; et les Huns, qui estimaient la valeur de leurs ennemis vaincus, s'avancèrent avec leurs forces réunies vers les frontières de l'empire des Goths.

Le grand Hermanric, dont les États s'étendaient depuis la mer Baltique jusqu'au Pont-Euxin, jouissait, sur la fin de sa vie, du fruit de ses victoires et d'une brillante réputation, quand il fut alarmé par l'approche redoutable d'une multitude d'ennemis inconnus (1), auxquels ses barbares sujets pouvaient sans injustice donner le nom de Barbares. Le nombre des Huns, la rapidité de leurs mouvemens, et leur inhumanité, jetèrent la terreur chez les Goths, qui, voyant leurs villages en flammes et leurs champs ensanglantés, s'exagérèrent encore leurs justes sujets d'effroi. A ces motifs d'épouvante se joignaient la surprise et l'horreur que leur causaient la voix grêle, les gestes sauvages et l'étrange difformité des Huns.

Leurs victoires sur les Goths.
A. D. 375.

---

(1) Comme nous sommes en possession de l'histoire authentique des Huns, il serait ridicule de répéter ou de réfuter les fables qui défigurent leur origine et leurs exploits, leur passage des marais ou de la mer Méotide pour poursuivre un bœuf ou un cerf, *les Indes qu'ils avaient découvertes*, etc. Zozime, l. IV, p. 224 ; Sozomène, l. VI, c. 37 ; Procope, *Hist. Miscell.*, c. 5 ; Jornandès, c. 24 ; *Grandeur et Décadence des Romains*, c. 17.

On a comparé les sauvages de la Scythie, et avec assez de vérité, à des animaux qui marcheraient gauchement sur deux pieds, et à ces demi-figures appelées *termes*, placées assez souvent sur les ponts de l'antiquité. Ils différaient des autres races d'hommes par la largeur de leurs épaules, par leurs nez épatés et leurs petits yeux noirs, profondément enfoncés dans la tête. Comme ils étaient presque sans barbe, ils ne présentaient jamais ni les grâces viriles de la jeunesse, ni l'air vénérable de l'âge avancé (1). On leur assignait une origine digne de leur figure et de leurs manières. Les sorcières de la Scythie, ayant été, dit-on, bannies de la société des hommes pour leurs forfaits, s'étaient accouplées dans les déserts avec les esprits infernaux, et les Huns avaient été le fruit de ces exécrables amours (2). Cette fable horrible et absurde fut avidement adoptée par la haine crédule des Goths; mais, en satisfaisant leur haine, elle augmenta leur terreur. Il était en effet

---

(1) *Prodigiosæ formæ, et pandi, ut bipedes existimes bestias; vel quales in commarginandis pontibus, effigiati stipites dolantur incompti.* (Ammien, XXXI 1:) Jornandès (c. 24), fait une caricature frappante de la figure d'un Calmouck. *Species pavendâ nigredine.... quædam deformis ossa, non facies; habensque magis puncta quàm lumina.* Voyez Buffon, *Hist. natur.*, t. III, p. 380.

(2) Cette exécrable origine, que Jornandès décrit avec la rancune d'un Goth, peut avoir été tirée primitivement d'une fable grecque beaucoup plus agréable. Hérod., l. IV, c. 9, etc.

bien naturel de supposer que les descendans des sorcières et des démons devaient hériter en partie de la puissance surnaturelle aussi bien que de la méchanceté de leurs ancêtres malfaisans. Hermanric se préparait à réunir toutes les forces de son royaume contre ses ennemis ; mais il découvrit bientôt que les tribus de ses vassaux, fatiguées de l'état d'oppression où il les tenait, étaient plus disposées à seconder qu'à repousser l'invasion des Huns. Un des chefs des Roxolans (1) avait déserté précédemment les drapeaux d'Hermanric ; et le tyran cruel s'était vengé sur son épouse innocente, en la faisant écarteler par des chevaux sauvages. Les frères de cette victime infortunée saisirent à leur tour le moment de la vengeance. Le vieux roi des Goths, dangereusement blessé d'un coup de poignard, languit encore quelque temps ; mais ses infirmités retardaient les opérations de la guerre, et les conseils de la nation étaient agités par la discorde et par la jalousie. Sa mort, qu'on a attribuée à son propre désespoir, laissa les rênes du gouvernement entre les mains de Withimer, qui, avec le secours suspect d'une troupe de Scythes mercenaires, soutint quelque temps une lutte inégale contre les Huns et les Alains. Il fut vaincu à la

---

(1) Les Roxolans peuvent être les ancêtres des Russes (d'Anville, *Empire de Russie*, p. 1-10), dont la résidence (A. D. 862), aux environs de Novogorod-Veliki, ne peut pas être fort éloignée du lieu que le géographe de Ravenne assigne (1, 12 ; IV, 46 ; v, 28, 30) aux Roxolans (A. D. 886).

fin, et perdit la vie dans une bataille décisive. Les Ostrogoths se soumirent à leur sort; et nous retrouverons bientôt les descendans de la race royale des Amalis au nombre des sujets de l'orgueilleux Attila. Mais l'activité d'Alathæus et de Saphrax, deux guerriers d'une fidélité et d'une valeur éprouvées, sauva l'enfance du roi Withéric. Ils conduisirent, par des marches prudentes, les restes des Ostrogoths indépendans sur les bords du Danaste ou Niester, rivière considérable qui sépare aujourd'hui les États ottomans de l'empire de Russie. Le prudent Athanaric, plus occupé de la sûreté des siens que de la défense générale du royaume, avait placé le camp des Visigoths sur les rives du Niester, résolu de se défendre contre les Barbares victorieux, qu'il ne croyait pas devoir attaquer. La célérité ordinaire des Huns fut retardée par l'embarras des dépouilles et des esclaves; mais, par leur habileté, ils trompèrent Athanaric, dont l'armée n'échappa qu'avec peine à une entière destruction. Au clair de la lune, un corps nombreux de cavalerie passa la rivière dans un endroit guéable, environna et attaqua le juge des Visigoths, qui défendait les bords du Niester; et ce ne fut qu'à force de courage et d'intelligence, qu'il parvint à se retirer sur les hauteurs. L'intrépide général avait déjà formé un nouveau et sage plan de guerre défensive, et les lignes qu'il commençait à construire entre les montagnes, le Pruth et le Danube, auraient mis à l'abri des ravages des Huns la vaste et fertile contrée connüe aujourd'hui sous le nom de Valachie (1); mais la timide impatience de ses compatriotes effrayés, trompa son espoir et déconcerta ses projets. Persuadés que le Danube était la seule barrière qui pût les mettre à l'abri de la rapide poursuite et de l'invincible valeur des Barbares de Scythie, le corps entier de la nation s'avança vers les bords de cette grande rivière, sous les ordres de Fritigern et d'Alavivus (2), et implora la protection de l'empereur romain de l'Orient. Athanaric, toujours attaché à ses sermens, ne voulut point entrer sur les terres des Romains : il se retira, suivi d'une troupe fidèle, dans le pays montagneux de Caucaland, défendu et presque caché, à ce qu'il paraît, par les impénétrables forêts de la Transylvanie (3).

Après avoir terminé la guerre des Goths avec une apparence de gloire et de succès, Valens avait traversé ses provinces d'Asie, et était venu enfin fixer sa résidence dans la capitale de la Syrie. Il employa

Les Goths implorent la protection de Valens.
A. D. 376.

---

(1) Le texte d'Ammien paraît imparfait ou corrompu; mais on peut tirer de la nature du terrain de quoi expliquer quel devait être le rempart des Goths, et même de quoi suppléer presqu'à une description. *Mém. de l'Acad.*, etc., t. XXVIII, p. 444-462.

(2) M. du Buat (*Hist. des Peuples de l'Eur.*, t. VI, p. 407) a conçu l'étrange idée qu'Alavivus était le même qu'Ulphilas, l'évêque goth; et qu'Ulphilas, petit-fils d'un esclave de Cappadoce, était devenu le prince temporel des Goths.

(3) Ammien (XXXI, 3) et Jornandès (*de Reb. get.*, c. 24) ont décrit la destruction de l'empire des Goths par les Huns.

le séjour de cinq ans (1) qu'il fit à Antioche, à veiller, sans s'exposer de trop près, sur les entreprises du monarque persan, à repousser les incursions des Sarrasins et des Isaures (2); à faire triompher la théologie arienne par des argumens plus irrésistibles que ceux de l'éloquence et de la raison, et à tranquilliser son âme timide et soupçonneuse en faisant périr sans distinction les innocens avec les coupables. Mais il eut bientôt de quoi occuper sérieusement son attention par l'avis important que lui donnèrent les officiers civils et militaires chargés de la défense du Danube. Ils lui apprenaient que le Nord était agité par une terrible tempête; que l'irruption des Huns, sauvages d'une race inconnue et monstrueuse, avait renversé l'empire des Goths; que cette nation orgueilleuse et guerrière, maintenant réduite au dernier degré d'humiliation, couvrait d'une multitude suppliante un espace de plusieurs milles sur les bords du fleuve, d'où ces infortunés, les bras étendus et avec de douloureuses lamentations, déploraient leurs malheurs, le danger qui les menaçait, sollicitaient comme leur refuge la compassion et la

---

(1) La chronologie d'Ammien est obscure et imparfaite. Tillemont a tâché d'éclaircir et d'arranger les annales de Valens.

(2) Zozime, l. iv, p. 223 ; Sozomène, l. vi, c. 38. Les Isauriens infestaient, durant tous les hivers, les routes de l'Asie-Mineure jusqu'aux environs de Constantinople. Saint Basile, *epist. eccl., ap.* Tillemont, *Hist. des Emp.*, t. v, p. 106.

clémence de l'empereur, et le suppliaient de leur permettre de cultiver les déserts de la Thrace ; protestant que s'ils obtenaient de sa bonté libérale un si grand bienfait, ils se regarderaient comme attachés à l'empire par les liens les plus forts du devoir et de la reconnaissance, observeraient ses lois et défendraient ses frontières. Ces promesses furent confirmées par les ambassadeurs des Goths, qui attendaient impatiemment qu'une résolution de Valens décidât du sort de leurs infortunés compatriotes. Valentinien était mort à la fin de l'année précédente. Sa sagesse et son autorité ne dirigeaient plus les conseils de l'empereur d'Orient ; et comme la pressante situation des Goths exigeait une résolution aussi prompte que décisive, Valens se trouvait privé de la ressource favorite des âmes faibles et timides, qui regardent les délais et les réponses équivoques comme l'effort de la prudence la plus consommée. Tant que les passions et les intérêts subsisteront parmi les hommes, les mêmes questions débattues dans les conseils de l'antiquité, relativement à la paix ou à la guerre, à la justice ou à la politique, se représenteront fréquemment dans les délibérations des conseils modernes ; mais le plus habile ministre de l'Europe n'a jamais eu à considérer l'avantage ou le danger d'admettre ou de repousser une innombrable multitude de Barbares, contraints par la faim et par le désespoir à solliciter un établissement sur les terres d'une nation civilisée. L'examen d'une proposition si intimement liée avec la sûreté publique, embarrassa et

A. D. 375,
17 novemb.

divisa le conseil de Valens; mais ils adoptèrent tous bientôt le sentiment qui satisfaisait la vanité, l'indolence et l'avarice de leur souverain. Les esclaves, décorés du titre de préfet ou de général, déguisant ou ignorant le danger d'une émigration nationale, si excessivement différente des colonies partielles qu'on avait reçues accidentellement sur les frontières de l'empire, rendirent grâce à la fortune qui amenait des extrémités du globe une multitude de guerriers intrépides pour défendre le trône de Valens, dont les trésors pourraient désormais s'augmenter des sommes immenses que les provinciaux donnaient pour se dispenser du service militaire. La cour impériale accepta le service des Goths, et accorda leur demande. On envoya immédiatement des ordres aux gouverneurs civils et militaires du diocèse de Thrace, de faire les préparatifs nécessaires pour le passage et la subsistance de ce grand peuple, en attendant qu'on eût choisi un terrain suffisant pour sa future résidence. L'empereur mit à sa libéralité deux conditions rigoureuses que la prudence pouvait suggérer aux Romains, mais que la situation désastreuse des Goths pouvait seule contraindre leur indignation à supporter. Avant de traverser le Danube, ils devaient tous livrer leurs armes, et en outre leurs enfans, pour être répandus dans les provinces de l'Asie, où ils seraient civilisés par l'éducation, et serviraient en même temps d'ôtages à la fidélité de leurs parens.

Les Goths passent le Danube et sont reçus dans l'empire.

Dans l'incertitude où les tenait une négociation

lente et douteuse, et traitée loin d'eux, les Goths impatiens firent audacieusement quelques tentatives pour passer le Danube sans l'aveu du gouvernement dont ils avaient imploré la protection. Les troupes postées le long de la rivière veillaient sur tous leurs mouvemens, et taillèrent en pièces leurs premiers détachemens; mais telle était la pusillanimité des conseils de Valens, que les braves officiers qui avaient rempli leur devoir en défendant leur pays, perdirent leur emploi et sauvèrent difficilement leur vie. On reçut enfin l'ordre impérial de faire passer le Danube à toute la nation des Goths (1); mais l'exécution n'en était pas facile : des pluies continuelles avaient prodigieusement augmenté le cours du Danube, dont la largeur s'étend, en cet endroit, à plus d'un mille (2); et dans ce passage tumultueux, un grand nombre d'individus périrent, emportés par la violence du courant. Une foule de vaisseaux, de bateaux et de canots, passaient et repassaient nuit et

---

(1) On trouve le récit du passage du Danube dans Ammien (xxi, 3, 4), Zozime (l. iv, p, 223, 224), Eunape (*in Excerpt. legat.*, p. 19, 20), et Jornandès (c. 25, 26). Ammien déclare (c. 5) qu'il n'entend seulement que *ipsas rerum digerere summitates;* mais il se trompe souvent sur leur importance, et son inutile prolixité est désagréablement balancée par une concision mal placée.

(2) Chishull, voyageur attentif, a observé la largeur du Danube, qu'il traversa au sud de Bucharest, près le confluent de l'Argish (p. 77); il admire la beauté et la fertilité naturelle de la Mœsie et de la Bulgarie.

jour d'un rivage à l'autre, et les officiers de Valens veillèrent, avec le soin le plus actif, à ce qu'il ne demeurât pas sur l'autre rive un seul de ces Barbares destinés à renverser l'empire romain jusque dans ses fondemens. On essaya de prendre une liste exacte du nombre des émigrans; mais ceux qui en furent chargés renoncèrent avec effroi à cette impraticable et interminable entreprise (1); et le principal historien de ce siècle affirme sérieusement que la multitude innombrable des Goths pouvait faire croire aux prodigieuses armées de Darius et de Xerxès, regardées jusqu'alors comme de vaines fables adoptées par une antiquité crédule. Un dénombrement qui paraît assez probable fait monter les guerriers des Goths à deux cent mille hommes : en ajoutant une juste proportion de femmes, d'enfans et d'esclaves, la totalité de cette redoutable émigration peut être évaluée à un million de personnes de tout sexe et de tout âge. Les enfans, du moins ceux des personnages au-dessus du commun, furent séparés du reste du peuple; on les conduisit sans délai dans les différens endroits choisis pour leur résidence et leur éducation, et sur toute leur route, ces ôtages ou ces captifs excitèrent,

---

(1) *Quem qui scire velit, Libyci velit æquoris idem
Discere quàm multæ zephyro turbentur arenæ.*

Ammien a inséré dans sa prose ces vers de Virgile (*Georg.*, l. II), destinés originairement par le poëte à exprimer l'impossibilité de calculer les différentes sortes de vins. *Voyez* Pline, *Hist. nat.*, l. XIV.

par leur riche et brillante parure, par leur figure robuste et martiale, l'étonnement et l'envie des habitans des provinces. Mais la clause la plus humiliante pour les Barbares, et la plus importante pour les Romains, fut honteusement éludée. Les Goths, croyant leur gloire et leur sûreté également intéressées à la conservation de leurs armes, se montrèrent disposés à les racheter d'un prix bien propre à tenter les désirs ou l'avarice des officiers impériaux. Pour conserver leurs armes, ces orgueilleux Barbares consentirent, bien qu'avec quelque répugnance, à prostituer leurs femmes et leurs filles. Les charmes d'une jeune beauté, ou ceux d'un jeune garçon, étaient des moyens infaillibles pour s'assurer la connivence des inspecteurs, dont la cupidité était aussi excitée quelquefois par les tapis ornés de franges ou par les toiles précieuses que possédaient leurs nouveaux alliés, ou bien dont le devoir était sacrifié à l'avidité méprisable de remplir leurs maisons d'esclaves ou leurs fermes de troupeaux (1). Les Goths passèrent dans les bateaux les armes à la main ; et quand ils se trouvèrent tous rassemblés sur le bord opposé du fleuve, leur vaste camp, répandu sur la plaine et sur

---

(1) Eunape et Zozime citent soigneusement ces preuves du luxe et de la richesse des Goths. Cependant on peut présumer que ces objets étaient le fruit de l'industrie des provinces romaines, et étaient passés entre les mains des Goths, soit comme butin en temps de guerre, soit par des présens ou des achats faits durant la paix.

les hauteurs de la Basse-Mœsie, offrait l'aspect menaçant d'une armée ennemie. Les chefs des Ostrogoths, Saphrax et Alathæus, qui avaient sauvé leur jeune roi, parurent peu de temps après sur la rive septentrionale du Danube, et envoyèrent immédiatement leurs ambassadeurs à Valens, pour solliciter, avec les mêmes protestations de reconnaissance et de fidélité, une faveur pareille à celle qui avait été accordée aux supplications des Visigoths; mais le refus absolu de l'empereur suspendit leur marche, et découvrit le repentir, les craintes et les soupçons de son conseil.

Misère et mécontentement des Visigoths. Une nation de Barbares, sans asile et sans discipline, exigeait des mesures à la fois les plus fermes et les plus adroites. On ne pouvait suffire à la subsistance journalière d'un million de nouveaux sujets que par une prévoyance active que le moindre accident ou la moindre méprise était susceptible de déranger. Il était également dangereux d'exciter, par l'apparence de la crainte ou du mépris, l'insolence ou l'indignation des Goths; et le salut de l'État semblait dépendre de la prudence et de l'intégrité des généraux de Valens. Dans cette circonstance difficile, le gouvernement militaire de la Thrace était confié à Maxime et à Lupicinus, dont les âmes vénales eussent sacrifié toute considération du bien public à l'espoir du plus léger profit, et dont la seule excuse était leur incapacité, qui leur dérobait les pernicieuses conséquences de leur coupable administration. Au lieu d'obéir aux ordres de l'empereur, et de satisfaire avec une honorable générosité aux demandes des

Goths, ils se firent bassement et cruellement un revenu des besoins de ces Barbares affamés ; les vivres les plus communs se vendirent à un prix exorbitant ; au lieu de viandes saines et nourrissantes, on remplissait les marchés de chair de chien et d'animaux dégoûtans morts de maladie. Pour obtenir une livre de pain, un Goth sacrifiait souvent la possession d'un esclave utile, mais qu'il ne pouvait pas nourrir, et une très-petite quantité de viande s'évaluait jusqu'à dix livres d'un métal précieux, mais devenu inutile (1). Quand ils eurent épuisé tous les autres moyens, ils vendirent, pour subsister, leurs enfans des deux sexes ; et, malgré l'amour de la liberté qui brûlait dans leurs cœurs, les Goths se soumirent à cette humiliante maxime, qu'il valait mieux que leurs enfans fussent nourris dans la servitude, que de les laisser mourir de faim dans l'indépendance. C'est un ressentiment bien vif que celui qu'excite la tyrannie d'un prétendu bienfaiteur, lorsqu'il exige encore de la reconnaissance pour un service qu'il a effacé par des injures. Un esprit de mécontentement s'éleva insensiblement

---

(1) *Decem libras*. Il faut sous-entendre le mot d'*argent*. Jornandès laisse percer les passions et les préjugés d'un Goth. Les méprisables Grecs Eunape et Zozime déguisent la tyrannie des Romains, et parlent avec horreur de la perfidie des Barbares. Ammien, historien patriote, passe légèrement, et à regret, sur ces circonstances odieuses. Saint Jérôme, qui écrivit presque dans le temps de l'événement, est franc et clair, quoique concis. *Per avaritiam Maximi ducis, ad rebellionem fame coacti sunt*. In Chron.

dans le camp des Barbares fatigués de faire valoir sans succès le mérite de leur patience et de leur respect; ils commencèrent à se plaindre hautement du traitement indigne qu'ils recevaient de leurs nouveaux alliés, et jetèrent autour d'eux les yeux sur ces riches et fertiles provinces au milieu desquelles on leur faisait souffrir toutes les horreurs d'une famine artificielle : mais ils avaient encore entre les mains des moyens de salut et même de vengeance, puisque l'avarice de leurs tyrans, en les outrageant, leur avait laissé leurs armes. Les clameurs d'une multitude peu accoutumée à déguiser ses sentimens, annoncèrent les premiers symptômes de la résistance, et jetèrent l'épouvante dans l'âme timide et criminelle de Maxime et de Lupicinus. Ces ministres artificieux, substituant la ruse de quelques expédiens momentanés à la sagesse d'un plan général, essayèrent d'éloigner les Goths des frontières de l'empire, et de les disperser en différens cantonnemens situés dans l'intérieur des provinces. Sentant bien qu'ils avaient peu mérité le respect ou l'obéissance des Barbares, ils rassemblèrent à la hâte une force militaire capable de hâter la marche tardive d'un peuple qui, obéissant avec répugnance, n'avait cependant pas encore renoncé au titre et aux devoirs de sujets de l'empire romain : mais les généraux de Valens, uniquement occupés du ressentiment des Visigoths, eurent l'imprudence de désarmer les vaisseaux et les forts qui défendaient le passage du Danube. Ce fatal oubli fut promptement aperçu et mis à profit par Saphrax et

Alathæus, qui guettaient avec inquiétude le moment favorable d'échapper à la poursuite des Huns. A l'aide des bâteaux et des radeaux qu'ils purent rassembler à la hâte, les chefs des Ostrogoths transportèrent, sans opposition, leur jeune roi et leur armée, et les Romains virent un camp indépendant et téméraire se fixer audacieusement sur leurs terres (1).

Sous le nom de juges, Alavivus et Fritigern gouvernaient les Visigoths en temps de guerre et en temps de paix, et le consentement libre de la nation avait ratifié le pouvoir qu'ils tenaient de leur naissance. Dans un temps de tranquillité, leur autorité aurait pu être égale ainsi que leur rang. Mais lorsque la faim et l'oppression eurent porté le désespoir dans l'âme des Visigoths, Fritigern, fort supérieur en talens à son collègue, prit seul le commandement militaire, dont il était capable de faire usage pour le bien public. Il suspendit l'impétuosité des Visigoths jusqu'au moment où les insultes de leurs oppresseurs pourraient justifier la résistance dans l'opinion publique: mais il n'était pas disposé à sacrifier à une vaine réputation de justice et de modération des avantages d'une solidité plus réelle. Sentant de quelle utilité serait à son parti la réunion de tous les Goths sous les mêmes étendards, il cultiva secrètement l'amitié des Ostrogoths; et, affectant d'obéir aveuglément aux ordres des généraux romains, il avança lentement

Révolte des Goths dans la Mœsie, et leurs premières victoires.

_____

(1) Ammien, xxxi, 4, 5.

avec son armée jusqu'à Marcianopolis, capitale de la Basse-Mœsie, environ à soixante-dix milles du Danube, et ce fut en ce lieu fatal que l'explosion de la discorde et de la haine mutuelle éclata dans une révolte générale. Lupicinus avait invité les chefs des Goths à un superbe festin, et leur suite guerrière restait sous les armes à la porte du palais : mais les portes de la ville étaient exactement gardées, et les Barbares se trouvaient exclus d'un marché abondant, auquel ils croyaient avoir droit comme alliés et comme sujets de l'empire romain. On rejeta leurs instances avec hauteur et dérision; leur patience était épuisée, et bientôt les soldats et les Goths se trouvèrent mêlés dans un violent combat d'injures et de reproches. Un premier coup fut imprudemment porté, et une épée imprudemment tirée dans cette dispute accidentelle répandit le premier sang, qui devint le signal funeste d'une guerre longue et destructive. Au milieu du bruit et des excès de l'intempérance, Lupicinus apprit, par un avis secret, que plusieurs de ses soldats avaient perdu leurs armes et la vie. Échauffé par le vin et troublé par le sommeil, le général romain ordonna, sans réflexion, de les venger par le massacre des gardes de Fritigern et d'Alavivus. Les cris perçans et les gémissemens des mourans avertirent Fritigern de son extrême danger. Il sentit qu'il était perdu s'il donnait le moment de la réflexion à celui qui venait de lui faire une si cruelle injure, et conservant l'intrépidité tranquille d'un héros : « Il semble, dit-il aux Romains d'un ton ferme mais doux, qu'il s'est élevé quelque dispute entre les deux nations : elle peut avoir les suites les plus funestes si nous ne nous hâtons de calmer le tumulte en tranquillisant nos troupes sur notre sûreté, et en les contenant par notre présence. » A ces mots, Fritigern et ses compagnons tirèrent leurs épées et s'ouvrirent sans peine un chemin à travers la foule qui remplissait les cours du palais, les rues, et jusqu'aux portes de la ville, où ils montèrent précipitamment à cheval, et disparurent aux yeux des Romains étonnés. A leur arrivée au camp, l'armée les reçut avec des acclamations de joie et de fureur. La guerre fut immédiatement résolue et commencée sans délai. Ils déployèrent l'étendard national, selon la coutume de leurs ancêtres, et l'air retentit du son perçant et lugubre de la trompette des Barbares (1). Le faible et coupable Lupicinus, qui, après avoir osé outrager un ennemi redou-

---

(1) *Vexillis de more sublatis, auditisque triste sonantibus classicis.* (Ammien, XXXI, 5.) Ce sont les *rauca cornua* de Claudien (*in* Rufin. II, 57), les longues cornes des *uri* ou taureaux sauvages, telles que celles dont les cantons suisses d'Uric et d'Underwald se sont servis plus récemment. (Simler; *de Rep. helv.*, l. II, p. 291, éd. Fuselin, *Tigur.* 1734.) On trouve sur un cornet militaire, dans une relation originale de la bataille de Nanci, quelques mots frappans, quoique dits peut-être au hasard (A. D. 1477) : « Attendant le combat, ledit cor fut corné par trois fois, tant que le vent du corneur pouvait durer; ce qui esbahit fort M. de Bourgogne; *car déjà à Morat l'avait ouy.* » *Voyez* les pièces justificatives dans la quatrième édition de Philippe de Comines, t. III, p. 493.

table, avait négligé de l'anéantir et avait encore l'audace de le mépriser, marcha contre les Goths à la tête des forces militaires qu'il put rassembler dans cette circonstance pressante. Les Barbares l'attendaient à neuf milles de Marcianopolis; et dans cette occasion, les talens du général l'emportèrent sur les armes et sur la discipline de ses ennemis. Le génie de Fritigern dirigea si habilement la valeur des Goths, que, par une attaque serrée et impétueuse, ils rompirent les légions romaines. Lupicinus laissa sur le champ de bataille ses armes, ses drapeaux, ses tribuns et ses plus braves soldats; leur courage inutile ne servit qu'à faciliter la fuite ignominieuse de leur commandant. « Cet heureux jour mit fin aux malheurs des Barbares et à la sécurité des Romains. Dès ce moment, les Goths, s'élevant au-dessus de la condition précaire d'étrangers fugitifs, jouirent des droits de citoyens et de conquérans. Ils exercèrent un empire indépendant sur les possesseurs des terres, et furent maîtres absolus dans les provinces septentrionales bornées par le Danube. » Telles sont les expressions d'un historien des Goths (1), qui, avec une éloquence sans art, célèbre la gloire de ses compatriotes. Mais le gouvernement des Barbares ne tendait qu'à la rapine et à la destruction : les minis-

---

(1) Jornandès, *de Rebus geticis*, c. 26, p. 648, édit. Grot. Ces *splendidi panni* (car il faut les regarder ainsi relativement au reste) sont probablement tirés des histoires plus complètes de Priscus, Ablavius et Cassiodore.

tres de Valens avaient privé les Goths des jouissances de la vie et des droits de l'humanité; cette nation irritée se vengea cruellement de leur injustice sur les sujets de l'empire, et les crimes de Lupicinus furent expiés par la ruine des paisibles laboureurs de la Thrace, par l'incendie de leurs villages, par le massacre ou la captivité de leurs innocentes familles. La nouvelle de la victoire des Goths se répandit en peu de temps dans le pays environnant; et les Romains, frappés d'épouvante et de terreur, contribuèrent, par leur précipitation et leur imprudence, à augmenter les forces de Fritigern et les calamités de la province. Un peu avant la grande émigration, une nombreuse colonie de Goths, conduite par Suérid et Colias, avait été reçue au service et sous la protection de l'empire (1). Ils campaient sous les murs d'Adrianople; mais les ministres de Valens, désiraient leur faire passer l'Hellespont et les éloigner de leurs compatriotes, dans la crainte que la proximité et le succès de la révolte ne les entraînât sous les drapeaux de Fritigern. La soumission respectueuse avec laquelle ils reçurent l'ordre de leur départ pouvait être regardée comme une preuve de leur fidélité; ils se bornèrent à demander avec modération, et dans les termes les plus convenables, deux jours de délai et les rations nécessaires pour la route. Mais le premier magistrat d'Adrianople, irrité

Ils pénètrent dans la Thrace.

---

(1) *Cum populis suis longè antè suscepti.* Nous ignorons la date précise et les circonstances de leur émigration.

de quelques désordres qu'ils avaient commis dans sa maison de campagne, refusa durement leur demande, et, armant contre eux les citoyens et les manufacturiers de cette ville populeuse, il leur ordonna de partir sur-le-champ, en menaçant de les y forcer. Les Barbares étonnés gardèrent le silence et souffrirent quelque temps les insultes et les hostilités de la populace. Mais dès que leur dédaigneuse patience fut épuisée, ils s'élancèrent sur cette foule indisciplinée, imprimèrent plus d'une honteuse blessure sur le dos de leurs ennemis fuyant de toutes parts, et les dépouillèrent des riches armures (1) qu'ils étaient indignes de porter. La conformité de griefs et de conduite les réunit aux Visigoths victorieux. Les troupes de Colias et de Suérid attendirent l'arrivée du grand Fritigern, se rangèrent sous ses drapeaux, et signalèrent leur valeur au siége d'Adrianople; mais la résistance de la garnison apprit aux Barbares que l'impétuosité du courage suffit rarement pour emporter des fortifications régulières. Leur général avoua sa faute, leva le siége, déclara qu'il était en paix avec les remparts de pierres (2), et se vengea de ce mauvais succès sur les campagnes voisines. Les ouvriers qui exploitaient les mines d'or

---

(1) Il y avait une manufacture impériale de boucliers établie à Adrianople; les *fabricenses* ou ouvriers se mirent à la tête de la populace. Valois *ad* Ammien, xxxi, 6.

(2) *Pacem sibi esse cum parietibus memorans.* Ammien, xxxi, 7.

de la Thrace (1), sous la verge et au profit d'un maître inhumain (2), se joignirent à Fritigern, qui les reçut avec joie et en tira un grand secours. Ces nouveaux associés conduisirent les Barbares par des sentiers secrets dans les retraites où les habitans avaient caché leurs grains et leurs troupeaux. A l'aide de ces guides, ils pénétraient partout : la résistance devenait impossible ; la fuite était impraticable, et la patiente soumission de la faible innocence excitait rarement la compassion des Barbares victorieux. Ils retrouvèrent et reprirent, dans le cours de ces ravages, un grand nombre des enfans qu'ils avaient vendus et dont ils déploraient la perte; mais ces douces entrevues, qui auraient pu les rappeler à des sentimens d'humanité, ne servirent qu'à irriter leur férocité naturelle par le désir de la vengeance. Ils écoutaient d'une oreille avide le récit de

---

(1) Ces mines étaient dans le pays des *Bessi*, sur la cime des montagnes du Rhodope, qui courent entre Philippes et Philippopolis, deux villes de Macédoine qui tirent leur nom et leur origine du père d'Alexandre. De ces mines il tirait tous les ans, non pas le poids, mais la valeur de mille talens (deux cent mille livres sterling). Ce revenu servait à payer la phalange, et à corrompre les orateurs de la Grèce. *Voyez* Diodore de Sicile, t. II, l. XVI, p. 88, éd. Wessel; les *Commentaires* de Godefroy sur le Code de Théodose, t. III, p. 496; Cellarius, *Geogr. antiq.*, t. I, p. 676–857; d'Anville, *Géogr. anc.*, t. I, p. 336.

(2) Comme ces malheureux ouvriers prenaient souvent la fuite, Valens avait publié des lois sévères pour les arracher de leurs retraites. *Cod. Théod.*; l. X, tit. XIX, leg. 5, 7.

ce que leurs enfans captifs avaient eu à souffrir de la débauche et de la cruauté de leurs maîtres, et les parens indignés s'en vengèrent par de semblables excès sur les fils et les filles des Romains (1).

Opérations de la guerre des Goths.
A. D. 377.

Valens et ses ministres avaient commis une grande imprudence en introduisant une nation ennemie dans le cœur de l'empire; mais les Visigoths pouvaient encore être rappelés à des sentimens de paix par un noble aveu des fautes passées et par une conduite plus équitable à l'avenir. Cette politique prudente et modérée semblait convenir au caractère timide du monarque de l'Orient; mais, dans cette seule occasion, Valens s'avisa d'être brave, et cette valeur déplacée fut également fatale à l'empereur et à ses sujets. Valens annonça la résolution de conduire son armée d'Antioche à Constantinople pour anéantir cette dangereuse révolte; et comme il n'ignorait pas les difficultés de l'entreprise, il demanda du secours à son neveu l'empereur Gratien, qui disposait de toutes les forces de l'Occident. On rappela précipitamment les vétérans qui défendaient l'Arménie; on abandonna cette importante frontière à la discrétion de Sapor, et la conduite de la guerre contre les Goths fut confiée, dans l'absence de Valens, à ses lieutenans Trajan et Profuturus, deux généraux dont l'incapacité égalait presque la présomption. Richo-

---

(1) *Voyez* Ammien (xxxi, 5, 6). L'historien de la guerre des Goths perd son temps à récapituler inutilement les anciennes incursions des Barbares.

mer., comte des domestiques, les joignit à leur arrivée dans la Thrace avec les auxiliaires de l'Occident qui marchaient sous ses drapeaux. Ils étaient composés des légions gauloises, où la désertion s'était à la vérité introduite à tel point, qu'elles ne présentaient plus que la vaine apparence d'une force et d'un nombre de soldats qu'elles n'avaient plus. Dans un conseil de guerre où l'on fit parler l'orgueil à la place de la raison, on résolut de chercher et d'attaquer les Barbares qui campaient dans de vastes prairies, près de la plus méridionale des six embouchures du Danube (1). Leur camp était fortifié, comme à l'ordinaire, par un rempart formé de chariots; et, tranquilles dans cette vaste enceinte (2), ils y jouissaient du fruit de leur valeur et des dépouilles de la province. Au milieu de leurs débauches, le vigilant Fritigern examinait les mouvemens et pénétrait les desseins de ses ennemis. Il voyait toujours le nombre des Romains s'augmenter; et comme il ne doutait point qu'ils n'eussent l'intention de tomber sur

---

(1) L'Itinéraire d'Antonin (p. 226, 227, éd. Wesseling) marque la position du champ de bataille à environ soixante milles au nord de Tomi, où Ovide fut exilé, et le nom de *Salices* (*Saules*) explique la nature du terrain.

(2) Cette enceinte de chariots (*carrago*) était la fortification ordinaire des Barbares. Vegetius, *de Re militari*, l. III, c. 10; Valois *ad* Ammien, XXXI, 7. Leurs descendans en conservèrent le nom et l'usage jusqu'au quinzième siècle. Le *charroi* qui environnait l'armée doit être une phrase familière à ceux qui ont lu Froissard ou Cominés.

son arrière-garde lorsque la disette du fourrage l'obligerait à lever son camp ; il rappela tous les détachemens qui battaient le pays. Dès qu'ils aperçurent les fanaux enflammés (1), ils obéirent, avec une incroyable rapidité, au signal de leur commandant. Le camp se remplit d'une foule guerrière ; ses clameurs impatientes demandaient la bataille, et le courage des chefs approuvait et animait encore le zèle tumultueux des soldats. La nuit approchait, et les deux armées se préparèrent à fondre l'une sur l'autre au point du jour. Tandis que les trompettes faisaient entendre le signal du combat, un serment mutuel et solennel affermit encore l'opiniâtre résolution des Goths. Dès que les deux armées s'ébranlèrent, la plaine retentit des cris des Goths ; des chants grossiers, qui célébraient la gloire de leurs ancêtres, se mêlèrent à ces cris sauvages et discordans. Les Romains y répondirent par l'harmonie artificielle de leur cri militaire. Fritigern montra quelque habileté en s'emparant d'une hauteur voisine ; mais cette mêlée sanglante, qui, commencée avec l'aurore, ne se termina qu'à la nuit, fut soutenue des deux côtés par les efforts obstinés de la valeur, de la force et de l'adresse personnelle. Les légions d'Arménie soutinrent leur réputation ; mais elles furent écrasées par

---

(1) *Statim ut accensi malleoli.* Je me sers de l'expression littérale de torches ou fanaux ; mais je soupçonne que c'est une de ces pompeuses métaphores, un de ces ornemens trompeurs qui défigurent perpétuellement le style d'Ammien.

le poids irrésistible de la multitude de leurs ennemis. Les Barbares rompirent l'aile gauche des Romains, et jonchèrent la plaine de leurs corps défigurés. Cet échec était compensé d'un autre côté par des succès ; et lorsque la nuit fit cesser le massacre et rentrer les deux armées dans leur camp, elles se retirèrent l'une et l'autre sans avoir obtenu ni les honneurs ni l'avantage de la victoire. La perte se fit sentir plus cruellement aux Romains relativement à l'infériorité de leur nombre ; mais les Barbares furent si épouvantés de cette résistance vigoureuse, et peut-être inattendue, qu'ils restèrent sept jours sans sortir de leur camp. On enterra les principaux officiers aussi honorablement que le permirent les circonstances ; les corps des soldats restèrent étendus sur le champ de bataille, et furent avidement dévorés par les oiseaux de proie, souvent appelés, dans ce siècle, à la joie d'un pareil festin. Plusieurs années après, les ossemens blanchis et dépouillés qui couvraient encore la plaine, présentèrent aux yeux d'Ammien un effroyable monument de la bataille de Salices (1).

L'événement douteux de cette sanglante journée

Union des Goths avec les Huns et avec les Alains.

---

(1) *Indicant nunc usque albentes ossibus campi*. (Ammien, XXXI, 7.) L'historien peut avoir traversé ces plaines comme soldat ou comme voyageur ; mais sa modestie a supprimé les aventures qui lui sont arrivées personnellement depuis les guerres de Constance et de Julien contre les Persans. Nous ignorons dans quel temps il quitta le service et se retira à Rome, où il paraît qu'il a composé l'histoire de son siècle.

arrêta les progrès des Goths, et les généraux de l'empire, dont l'armée aurait été anéantie par la répétition d'une bataille si meurtrière, conçurent le projet plus raisonnable d'accabler les Barbares sous les besoins et le poids de leur propre multitude. Ils se préparèrent à les enfermer dans un coin de terre étroit, entre le Danube, les déserts de la Scythie et les montagnes d'Hémus, jusqu'à ce que l'inévitable disette de subsistances eût épuisé leurs forces et leur courage. Ce projet fut conduit avec assez de prudence et de succès. Les Barbares avaient consumé presque tous leurs magasins et les moissons du pays; les fortifications des Romains s'avançaient et se resserraient par les soins de Saturnin, maître général de la cavalerie; mais une nouvelle alarmante vint interrompre ses travaux : il apprit que de nouveaux essaims de Barbares avaient passé le Danube laissé sans défense, et s'avançaient, soit pour secourir Fritigern, soit pour l'imiter. Craignant avec raison d'être bloqué lui-même et peut-être écrasé par les armes d'une nation inconnue, Saturnin abandonna le siége du camp des Visigoths, et les Barbares furieux, délivrés de leurs entraves, rassasièrent leur faim et satisfirent leur vengeance par la dévastation du pays fertile qui s'étend à plus de trois cents milles depuis les bords du Danube jusqu'au détroit de l'Hellespont (1). L'habile Fritigern avait appelé avec succès à son

---

(1) Ammien, XXXI, 8.

secours les passions et l'intérêt de ses alliés barbares, dont l'avidité pour le pillage et la haine contre les Romains avaient secondé ou même prévenu l'éloquence de ses ambassadeurs. Il s'unit par une étroite et utile alliance avec le corps principal de sa nation, qui obéissait à Saphrax et à Alathæus, comme gardiens du jeune roi. Les tribus rivales suspendirent, en faveur de l'intérêt commun, leur ancienne animosité; toute la partie indépendante de la nation se rangea sous le même étendard, et il paraît même que les chefs des Ostrogoths cédèrent le commandement à la supériorité de mérite reconnu du général des Visigoths. Il obtint le secours des Taifales, dont la réputation militaire était souillée et déshonorée par l'infamie de leurs mœurs publiques. Chaque jeune homme de cette nation, à son entrée dans le monde, s'attachait à un des guerriers de la tribu par les liens d'une honorable amitié et d'un amour odieux, et il ne pouvait se soustraire à cette liaison contre nature, qu'après avoir prouvé sa virilité en abattant, sans aucun secours, un ours énorme ou un sanglier de la forêt (1). Mais les Goths tirèrent leurs plus formida-

---

(1) *Hanc Taifalorum gentem turpem, et obscenæ vitæ flagitiis ita accipimus mersam; ut apud eos nefandi concubitus fœdere copulentur mares puberes, ætatis viriditatem in eorum pollutis usibus consumpturi. Porro, si qui jam adultus aprum exceperit solus, vel interemit ursum immanem, colluvione liberatur incesti.* (Ammien, XXXI, 9.) Parmi les Grecs, principalement chez les Crétois, les liens de l'amitié étaient resserrés et souillés par cet amour contre nature.

bles auxiliaires du camp des ennemis qui les avaient chassés de leur patrie. L'indiscipline, et des possessions trop étendues, retardaient les conquêtes des Huns et des Alains, et jetaient la confusion dans leurs conseils. Plusieurs de leurs hordes se laissèrent séduire par les promesses de Fritigern, et la légère cavalerie des Scythes vint soutenir les énergiques et puissans efforts de la ferme et vigoureuse infanterie des Goths. Les Sarmates, qui ne pouvaient pardonner au successeur de Valentinien, jouirent de la confusion générale et l'augmentèrent; et une irruption des Allemands, faite à propos dans la Gaule, nécessita l'attention de l'empereur de l'Occident (1) et divisa ses forces.

Victoire de Gratien sur les Allemands.

On sentit vivement, dans cette circonstance, l'inconvénient auquel on s'était exposé en admettant dans l'armée, et jusque dans le palais impérial, des Barbares qui, conservant toujours des relations avec leurs compatriotes, leur révélaient imprudemment ou à dessein la faiblesse de l'empire. Un des gardes du corps de Gratien était né chez les Allemands, dans la tribu des Lentienses, qui habitait au-delà du lac de Constance. Quelques affaires de famille l'obligèrent à demander un congé, et dans la courte visite qu'il fit à ses parens et à ses amis, la vanité du jeune

---

(1) Ammien, xxxi, 8, 9. Saint Jérôme (t. 1, p. 26) fait le dénombrement des nations, et rapporte une suite de calamités qui durèrent vingt ans. Cette épître à Héliodore fut composée en 397. Tillemont, *Mém. ecclés.*, t. xii, p. 645.

soldat, exposée à leurs questions, ne put résister au désir de faire connaître à quel point il était au fait des desseins de l'empereur et des secrets de l'État. Instruits par lui que Gratien se disposait à conduire toutes les forces militaires de la Gaule et de l'Occident au secours de son oncle Valens, les Allemands, impatiens du repos, saisirent le moment favorable pour une invasion. Quelques détachemens qui passèrent dans le mois de février sur les glaces du Rhin, furent le prélude d'une guerre plus sérieuse. L'espoir du pillage, et peut-être de la conquête, fit taire toutes les considérations de la prudence et de la foi nationale. De chaque forêt, de chaque village, il sortait des bandes d'aventuriers audacieux; et la grande armée des Allemands, que la crainte des peuples, à leur approche, fit monter d'abord à quarante mille hommes, fut portée, après leur défaite, à soixante-dix mille, par l'adulation servile des courtisans de la cour impériale. On rappela sur-le-champ, où l'on retint, pour la défense de la Gaule, les légions qui avaient reçu l'ordre de partir pour la Pannonie; Nanienus et Mellobaudes partagèrent le commandement militaire; et quoique le jeune empereur respectât la sagesse et l'expérience du premier, il se sentait plus disposé à admirer, à imiter l'ardeur martiale de son collègue, à qui il permit de réunir les deux titres incompatibles de comte des domestiques et de roi des Francs. Priarius, roi des Allemands, se laissait également guider ou plutôt emporter par une valeur impétueuse. Les deux armées, animées de l'esprit de leurs chefs, se cherchèrent, s'aperçurent et se chargèrent près la ville d'Argentaria ou Colmar (1), dans les plaines de l'Alsace. La discipline des Romains, leurs savantes évolutions et leurs traits redoutables, eurent tout l'honneur de la victoire. Les Allemands conservèrent long-temps leur terrain, et y furent impitoyablement massacrés. Environ cinq mille Barbares échappèrent à la mort en fuyant dans les bois et dans les montagnes. Priarius, mort glorieusement sur le champ de bataille, évita les reproches du peuple, toujours disposé à blâmer comme injuste et impolitique une guerre malheureuse. Après cette victoire, qui assura la paix de la Gaule et la gloire des armes romaines, l'empereur partit sans délai, en apparence, pour son expédition en Orient ; mais quand il fut près des confins du pays des Allemands, il se replia habilement sur la gauche, et les surprit en passant inopinément le Rhin et en s'avançant hardiment dans leurs terres. Les Barbares lui opposèrent tous les obstacles que purent leur fournir la nature et leur courage : ils se retirèrent successivement de colline en colline, jusqu'à ce que des épreuves répétées les eussent convaincus de la puissance et de la persévérance de leurs ennemis. L'empereur accepta la soumission des Barbares, non comme un

---

(1) M. d'Anville (*Notice de l'ancienne Gaule*, p. 96-99) fixe exactement le champ de bataille, *Argentaria* ou *Argentovaria*, à vingt-trois lieues ou trente-quatre milles et demi romains au sud de Strasbourg. C'est des ruines de cette ville que s'est élevée tout à côté celle de Colmar.

gage de leur repentir, mais comme une preuve de leur détresse ; et il choisit parmi leur jeunesse un nombre de vigoureux soldats qu'il emmena comme les garans les plus certains qu'il pût avoir de la conduite future de leurs infidèles compatriotes. Les Romains savaient trop bien par expérience que les Allemands ne pouvaient être ni soumis par les armes ni contenus par les traités, pour attendre de cette expédition une tranquillité durable ; mais elle fournit à leur jeune monarque l'occasion de déployer des vertus qui annonçaient la gloire et la prospérité de son règne. Lorsque les légions gravirent les montagnes et escaladèrent les fortifications des Barbares, la valeur du jeune Gratien se distingua dans les premiers rangs, et plusieurs de ses gardes eurent leur brillante armure percée et brisée à côté de leur souverain. A l'âge de dix-neuf ans, le fils de Valentinien faisait admirer ses talens politiques et militaires, et son armée regarda sa victoire sur les Allemands comme un présage certain de ses triomphes sur les Goths (1).

Tandis que Gratien jouissait des justes applaudissemens de ses sujets, Valens, qui avait enfin quitté Antioche, suivi de sa cour et de son armée, fut reçu à Constantinople comme l'auteur des calamités publiques. A peine s'était-il reposé dix jours dans cette

Valens marche contre les Goths. A. D. 378, mai 30, juin 11.

---

(1) L'Épitome de Victor, la Chronique de saint Jérôme, et l'histoire d'Orose (l. VII, c. 333, p. 552, éd. *Havercamp*), peuvent ajouter quelques détails au récit impartial et plein de faits, donné par Ammien (XXXI, 10).

capitale, que les clameurs séditieuses de l'hippodrome le pressèrent de marcher contre les Barbares qu'il avait appelés dans ses États. Les citoyens, toujours braves loin du danger, déclaraient avec confiance que si on voulait leur donner des armes, ils entreprendraient seuls de délivrer les provinces d'un insolent ennemi (1). L'arrogante présomption d'une multitude ignorante hâta la chute de l'empire. Valens, qui ne se sentait ni dans sa réputation ni en lui-même de quoi soutenir le mépris public, fut poussé par le désespoir dans l'imprudence, et les succès de ses lieutenans lui persuadèrent qu'il triompherait facilement des Goths, réunis par les soins de Fritigern dans les environs d'Adrianople. Le vaillant Frigerid avait coupé le chemin aux Taïfales; le roi de ces Barbares débauchés avait été tué sur le champ de bataille, et le reste de ses troupes ayant demandé la vie, avait été envoyé en Italie pour y cultiver les terres abandonnées des territoires de Parme et de Modène (2). Les exploits de Sébastien (3), nouvel-

---

(1) *Moratus paucissimos dies, seditione popularium levium pulsus.* (Ammien, xxxi, 11.). Socrate (l. iv, c. 38) ajoute les dates et quelques circonstances.

(2) *Vivosque omnes circa Mutinam, Regiumque, et Parmam, italica oppida, rura culturos, exterminavit.* (Amm., xxxi, 9.) Dix ans après l'établissement de la colonie des *Taïfales*, ces villes et ces districts paraissent dans la plus grande misère. *Voyez* Muratori *Dissertazioni sopra le Antichità italiane;* t. 1, *Dissert.* xxi, p. 354.

(3) Ammien (xxxi, 11.); Zozime (l. iv, p. 228-230). Le

lement admis au service de l'empereur, et élevé au
rang de maître général de l'infanterie, étaient encore
plus honorables pour lui et plus utiles à l'empire.
Ayant obtenu la permission de choisir trois cents
hommes dans chaque légion, il fit bientôt reprendre
à ce détachement séparé l'esprit de discipline et
l'exercice des armes, presque entièrement oubliés
sous le règne de Valens. Le brave et vigilant Sébastien surprit un corps nombreux de Goths dans leur
camp, et la quantité de dépouilles qu'il recouvra
remplirent la ville d'Adrianople et la plaine voisine.
Le superbe récit que le général fit de ses propres
exploits, donna de l'inquiétude et de la jalousie à la
cour impériale; et quand il voulut prudemment in-
sister sur les difficultés que présentait la guerre des
Goths, on loua sa valeur, mais on rejeta ses avis; et
Valens, aveuglé par les suggestions flatteuses des
eunuques de son palais, s'empressa de recueillir lui-
même la gloire d'une conquête qu'on lui peignait
comme sûre et facile. Un corps nombreux de vétérans joignit son armée; et sa marche de Constantinople à Adrianople fut conduite avec tant d'intelligence, qu'il prévint l'activité des Barbares qui

---

dernier s'étend sur les exploits partiels de Sébastien, et raconte en deux lignes l'importante bataille d'Adrianople. Selon les critiques ecclésiastiques qui haïssent Sébastien, les
louanges de Zozime sont déshonorantes. (Tillemont, *Hist.
des Empereurs*, t. v, p. 121.) Son ignorance et ses préjugés
en font un juge très-peu compétent du mérite.

projetaient d'occuper les défilés intermédiaires, et d'arrêter l'armée, ou d'intercepter ses convois. Valens plaça son camp sous les murs d'Adrianople, le fortifia, selon l'usage des Romains, d'un fossé et d'un rempart, et assembla le conseil qui devait décider du destin de l'empereur et de l'empire. Victor, né chez les Sarmates, mais dont l'expérience avait tempéré l'impétuosité, soutint le parti de la raison, et conseilla de temporiser, tandis que Sébastien, en courtisan docile, se conformait aux inclinations de la cour, et représentait toutes les précautions, toutes les mesures qui pouvaient indiquer le doute de la victoire, comme indignes du courage et de la majesté de leur invincible monarque. Les artifices de Fritigern et les avis prudens de l'empereur d'Occident précipitèrent la ruine de Valens. Le général des Barbares connaissait parfaitement l'avantage de mêler les négociations aux opérations de la guerre : il envoya un ecclésiastique chrétien, comme ministre de paix, pour pénétrer et diviser, s'il était possible, le conseil de ses ennemis. L'ambassadeur fit une peinture vraie et touchante des cruautés et des injures dont la nation des Goths avait à se plaindre, et protesta, au nom de Fritigern, qu'il était encore disposé à quitter les armes, et à ne s'en servir que pour la défense de l'empire, si on voulait accorder à ses compatriotes un établissement paisible dans les contrées incultes de la Thrace, et une quantité suffisante de grains et de bétail. Il ajouta secrètement, et comme en confidence, que les Barbares irrités accepteraient peut-être difficilement ces conditions raisonnables et que Fritigern ne se flattait pas de pouvoir conclure un traité si désirable, à moins que le voisinage d'une armée impériale n'ajoutât le sentiment de la crainte à l'influence de ses sollicitations. A peu près dans le même temps, le comte Richomer arriva de l'Occident et annonça la défaite et la soumission des Allemands. Il apprit à Valens que son neveu avançait à grandes journées à la tête des vétérans et des légions victorieuses de la Gaule, et le pria, au nom de Gratien et de la république, de suspendre toute entreprise hasardeuse jusqu'au moment où le succès serait assuré par la jonction des deux armées et des deux empereurs. Mais les illusions de la jalousie et de la vanité aveuglaient le faible monarque de l'Orient. Dédaignant ce conseil important et un secours qui lui paraissait humiliant, il comparait en lui-même son règne sans gloire, ou peut-être honteux, à la réputation brillante d'un prince adolescent. Agité par ces cruelles réflexions, Valens se précipita sur le champ de bataille pour y ériger ses trophées imaginaires, avant que la diligence de son collègue ne vînt usurper une partie de la gloire qu'il se promettait.

Le 9 du mois d'août, jour qui a dû être marqué au nombre des plus funestes sur le calendrier des Romains (1), l'empereur Valens, après avoir laissé

Bataille d'Adrianople. A. D. 378, 9 août.

---

(1) Ammien (xxxi, 12, 13) est presque le seul qui parle des conseils et des événemens qui furent terminés par la funeste bataille d'Adrianople. Nous avons critiqué les défauts

sous une forte garde son bagage et son trésor militaire, partit d'Adrianople pour attaquer les Goths campés à douze milles de ses murs (1). Par quelque méprise d'ordre, ou faute de connaître suffisamment le terrain, l'aile droite, formée par la colonne de cavalerie, se trouva en vue de l'ennemi, tandis que la gauche en était encore considérablement éloignée. Les soldats, malgré la brûlante chaleur de l'été, furent obligés de précipiter leur marche, et la ligne de bataille se forma avec lenteur, confusion, et d'une manière irrégulière. La cavalerie des Goths fourrageait dans les environs, et Fritigern, pour lui donner le temps d'arriver, eut recours à ses artifices ordinaires. Il envoya plusieurs officiers porter des paroles de paix, il fit des propositions, demanda des ôtages et retarda l'attaque de plusieurs heures, durant lesquelles les Romains restaient exposés, après une marche précipitée, à la faim, à la soif et aux rayons d'un soleil insupportable. L'empereur consentit à envoyer un ambassadeur au camp des Goths, et on applaudit au zèle de Richomer, qui seul eut le cou-

---

de son style, le désordre et l'obscurité de ses narrations; mais, au moment de perdre le secours de cet historien impartial, nos reproches sont arrêtés par le regret que nous cause cette perte difficile à réparer.

(1) La différence des huit milles d'Ammien aux douze milles d'Idacius ne peut embarrasser que ces critiques (Valois *ad loc.*) qui regardent une grande armée comme un point mathématique qui n'a ni espace ni dimensions.

rage d'accepter cette dangereuse commission. Le comte des domestiques, décoré des marques de sa dignité, était déjà en chemin quand il fut rappelé précipitamment par l'alerte de la bataille. Bacurius l'Ibérien, qui commandait un corps d'archers et de cuirassiers, avait imprudemment commencé l'attaque; et comme ils s'étaient avancés en désordre, ils prirent honteusement la fuite et furent fort maltraités. En ce moment, les rapides escadrons de Saphrax et d'Alathæus, attendus avec tant d'impatience par le général des Goths, descendirent, comme un tourbillon, des montagnes voisines, traversèrent la plaine et appuyèrent la charge tumultueuse, mais irrésistible, de l'armée barbare. L'événement de la bataille d'Adrianople, si fatale à l'empereur et à l'empire, peut être rapporté en peu de mots. La cavalerie des Romains prit la fuite; l'infanterie fut abandonnée, entourée et taillée en pièces. Les plus savantes évolutions et la valeur la plus ferme suffisent rarement pour sauver un corps d'infanterie environné dans une plaine par une cavalerie supérieure en nombre. Mais les troupes de Valens, serrées par les ennemis, affaiblies encore par la frayeur, se trouvaient entassées sur un terrain étroit où il était impossible d'étendre les rangs, et où elles pouvaient à peine se servir de l'épée et du javelot. Au milieu du tumulte, du carnage et du désespoir, l'empereur, abandonné de ses gardes et blessé, dit-on, par un dard, chercha sa sûreté dans les rangs des lanciers et des Mattiaires, qui conservaient encore leur terrain avec un peu plus

Défaite des Romains.

d'ordre et de fermeté que le reste. Ses fidèles généraux, Victor et Trajan, le voyant en danger, crièrent à haute voix que tout était perdu si l'on ne parvenait à sauver l'empereur. Quelques troupes, animées par cette exhortation, accoururent à son secours : elles ne trouvèrent qu'un monceau sanglant d'armes brisées et de cadavres défigurés, sans pouvoir découvrir leur malheureux souverain ni parmi les vivans ni au nombre des morts; et leur recherche devait nécessairement être inutile, si on peut ajouter foi aux récits des historiens qui racontent les circonstances de sa mort.

Mort de l'empereur Valens.

Les serviteurs de Valens le transportèrent du champ de bataille dans une cabane des environs, où ils essayèrent de panser sa blessure et de pourvoir à sa sûreté. Mais une troupe d'ennemis environna bientôt cette humble retraite. Ils tâchèrent d'en forcer la porte : mais, irrités de la résistance et de quelques traits lancés du comble de la cabane, les Barbares mirent le feu à une pile de bois, qui consuma la cabane, l'empereur et sa suite. Un jeune Romain qui tomba de la fenêtre se sauva seul pour rendre témoignage de ce douloureux événement, et apprendre aux Goths quel prisonnier ils avaient perdu par leur imprudente cruauté. Un grand nombre d'officiers braves et distingués périrent à la bataille d'Adrianople, dont la perte fut égale à celle de la défaite de Cannes, et dont les suites entraînèrent des malheurs infiniment plus funestes (1). On trouva parmi les

---

(1) *Nec ulla annalibus, præter Cannensem pugnam, ita*

morts deux maîtres généraux de la cavalerie et de l'infanterie, deux grands officiers du palais, trente-cinq tribuns, et l'univers put apprendre, avec quelque satisfaction, que Sébastien, l'auteur du désastre public, en avait été aussi la victime. L'armée romaine, réduite à moins d'un tiers, regarda comme un grand bonheur l'obscurité de la nuit qui favorisait la fuite de la multitude dispersée et la retraite plus régulière de Victor et de Richomer, qui, seuls, au milieu de la consternation générale, montrèrent ce que peuvent le calme et la discipline (1).

Tandis que l'impression récente de la crainte et de la douleur agitait encore l'imagination des Romains, le plus célèbre orateur du siècle composa

<small>Oraison funèbre de Valens et de son armée.</small>

---

ad internecionem res legitur gesta. (Ammien, XXXI, 13.) Selon le grave Polybe, il ne s'échappa du champ de bataille de Cannes que six cent soixante-dix cavaliers, et trois mille soldats d'infanterie ; dix mille furent faits prisonniers, et le nombre des morts se monta à cinq mille six cent trente cavaliers, et soixante-dix mille fantassins. (Polybe, l. III, p. 371, éd. Casaubon, in-8°.) Tite-Live (XXII, 49) est un peu moins sanglant ; il ne compte parmi les morts que deux mille sept cents cavaliers et quarante mille hommes d'infanterie. L'armée romaine consistait, à ce que l'on suppose, en quatre-vingt-sept mille deux cents hommes effectifs (XXII, 36).

(1.) J'ai tiré quelques faibles lumières de saint Jérôme (t. I, 26, et dans la *Chronique,* p. 188), de Victor (*in Epit.*), d'Orose (l. VII, c. 33, p. 554), Jornandès (c. 27), Zozime (l. IV, p. 230), Socrate (l. IV, p. 38), Sozomène (l. VI, c. 40), Idatius (*in Chron.*). Mais toutes ces autorités réunies ne peuvent balancer celle d'Ammien.

l'oraison funèbre d'une armée vaincue et d'un empereur haï du peuple, dont le trône était déjà occupé par un étranger. « Nous ne manquons pas, dit Libanius, de censeurs qui attribuent nos désastres à l'impétuosité de l'empereur ou à l'indiscipline et à la lâcheté de nos soldats ; pour moi, je respecte le souvenir de leurs victoires précédentes ; je respecte le courage avec lequel ils ont reçu une mort glorieuse, fermes à leur poste et les armes à la main ; je respecte le champ de bataille teint de leur sang et de celui des Barbares. Les pluies ont déjà effacé ces marques honorables ; mais leurs ossemens amoncelés, les os des généraux, ceux des centurions et des braves soldats, sont un monument plus durable. L'empereur lui-même combattit et tomba aux premiers rangs. En vain on lui offrit les chevaux les plus rapides pour le mettre à l'abri de la poursuite de l'ennemi ; en vain on le conjura de conserver sa vie pour le bien de l'empire ; il répondit constamment qu'il ne méritait pas de survivre à tant de vaillans guerriers, à tant de sujets fidéles, et il fut honorablement enseveli sous un monceau de morts. N'imputons pas la victoire des Barbares à la terreur, à la faiblesse ou à l'imprudence des troupes romaines ; les chefs et les soldats avaient tous la valeur de leurs ancêtres, ils les égalaient en discipline et dans la science militaire. L'amour de la gloire animait leur noble intrépidité ; ils combattirent à la fois contre les rayons d'un soleil brûlant, contre les angoisses d'une soif dévorante, et contre le fer et la flamme des ennemis ; enfin ils préférèrent une mort honorable à une fuite ignominieuse. L'indignation des dieux a seule causé nos malheurs et le succès des Barbares. » L'impartialité de l'histoire dément une partie de ce panégyrique (1), où l'on ne reconnaît ni le caractère de Valens, ni les circonstances de la bataille ; mais on ne peut trop louer l'éloquence, et surtout la générosité de l'orateur d'Antioche.

Cette victoire mémorable enfla l'orgueil des Goths ; mais leur avarice souffrit cruellement, quand ils apprirent qu'on avait sauvé dans Adrianople la plus riche partie du trésor impérial. Ils se hâtèrent d'arriver à cette dernière récompense de leurs travaux ; mais ils furent arrêtés par les restes de l'armée vaincue, dont le courage était animé par le désespoir et par la nécessité de conserver la ville, son dernier refuge. On avait garni les murs d'Adrianople et les remparts du camp qui y était appuyé, de machines de guerre qui lançaient des pierres d'un poids énorme, et effrayaient les Barbares ignorans, plutôt par le bruit et la rapidité de leur décharge que par le dommage réel qu'elles leur causaient. Les soldats et les citoyens, les habitans de la province et les domestiques du palais, se réunirent tous pour la défense commune ; ils repoussèrent les attaques furieuses des Barbares, et éventèrent tous leurs stratagêmes. Après un combat soutenu avec opi-

Les Goths assiégent Adrianople.

---

(1) Libanius, *de ulcisc. Julian. Nece*, c. 3; Fabricius, *Bibl. græc.*, t. VII, p. 146-148.

niâtreté durant plusieurs heures, les Goths se retirèrent dans leurs tentes, convaincus, par cette nouvelle expérience, de la sagesse du traité que leur habile chef avait tacitement conclu, et de l'inutilité de leurs efforts contre les fortifications de villes grandes et populeuses. Après avoir très-impolitiquement massacré, de premier mouvement, trois cents déserteurs, dont la mort bien méritée ne pouvait être utile qu'à la discipline des Romains, les Goths levèrent en frémissant le siége d'Adrianople. Le théâtre du tumulte et de la guerre se changea tout à coup en une silencieuse solitude ; la multitude disparut en un instant ; on n'aperçut dans les sentiers secrets des bois et des montagnes que les traces des fugitifs tremblans qui cherchaient au loin un asile dans les villes de l'Illyrie et de la Macédoine, et les fidèles officiers de la maison et du trésor de Valens se mirent avec précaution à la recherche de leur empereur dont ils ignoraient la mort. L'armée des Goths, comme un torrent dévastateur, se précipita des murs d'Adrianople vers les faubourgs de Constantinople. Ils admirèrent avec surprise l'extérieur magnifique de la capitale de l'Orient, la hauteur et l'étendue de ses murs, cette multitude opulente et effrayée assemblée sur les remparts, et la double perspective de la terre et de la mer. Tandis qu'ils contemplaient avec envie les beautés inaccessibles de Constantinople, un parti de Sarrasins (1) que Valens

---

(1) Valens avait obtenu ou plutôt acheté l'amitié des Sar-

avait heureusement pris à son service, fit une sortie. La cavalerie des Scythes ne tint point contre la vitesse étonnante et l'impétuosité martiale des chevaux arabes. Leurs cavaliers étaient très-exercés à la petite guerre, et la férocité des Barbares du Sud fit frémir les Barbares du Nord. Ils virent un Arabe nu et velu, qui venait de tuer un soldat goth d'un coup de poignard, appliquer ses lèvres à la plaie, et sucer avec une horrible expression de plaisir le sang de son ennemi vaincu (1). L'armée des Goths, chargée des dépouilles des riches faubourgs de Constantinople et de tous les environs, s'achemina lentement du Bosphore aux montagnes qui bordent la Thrace du côté de l'occident. La terreur ou l'incapacité de Maurus leur livra le passage de Succi, et, n'ayant plus de résistance à craindre des armées de l'Orient vaincues et

---

rasins, dont les irruptions continuelles désolaient la Phénicie, la Palestine et l'Égypte. La foi chrétienne avait été récemment introduite chez un peuple destiné à établir et propager dans la suite une autre religion. Tillemont, *Hist. des Empereurs*, t. v, p. 104, 106, 141; *Mém. ecclés.*, t. VII, p. 593.

(1) *Crinitus quidam, nudus omnia præter pubem, subraucum et lugubre strepens.* Ammien, XXXI, 16, et Valois *ad locum*. Les Arabes combattaient souvent tout nus, coutume qu'on peut attribuer à la chaleur du climat autant qu'à une ostentation de bravoure. La description de ce sauvage inconnu est le portrait frappant de Derar, dont le nom sema si souvent la terreur parmi les chrétiens de Syrie. *Voyez* Ockley, *Hist. des Sarrasins*, vol. I, p. 72, 84, 87.

dispersées, les Goths se répandirent sur la vaste surface d'un pays fertile et cultivé, jusqu'aux confins de l'Italie et de la mer Adriatique (1).

Les Goths ravagent les provinces romaines.
A. D. 378, 379.

Les Romains, qui racontent avec tant de froideur et de concision les actes de justice exercés par les légions (2), réservent leur compassion et leur éloquence pour les maux dont ils furent affligés eux-mêmes, lorsque les Barbares victorieux envahirent et saccagèrent leurs provinces. Le récit simple et circonstancié (si toutefois il en existe un seul de ce genre) de la ruine d'une seule ville, ou des malheurs d'une seule famille (3), pourrait offrir un tableau intéressant et instructif des mœurs et du caractère

---

(1) On peut encore suivre le fil des événemens dans les dernières pages d'Ammien (XXXI, 15, 16). Zozime (l. IV, p. 227, 231), des secours duquel nous sommes maintenant réduits à nous féliciter, place mal à propos l'irruption des Arabes avant la mort de Valens. Eunape (*in Excerpt. leg.*, p. 20) parle de la Thrace et de la Macédoine comme de pays très-fertiles, etc.

(2) Observez avec quelle indifférence César raconte dans ses *Commentaires sur la guerre des Gaules*, qu'il fit périr tout le sénat des Vénètes, qui s'étaient rendus à discrétion (III, 16); qu'il fit son possible pour exterminer toute la nation des Éburons (VI, 31); que ses soldats exercèrent à Bourges une juste vengeance, et massacrèrent quarante mille personnes, sans distinction de sexe ni d'âge (VII, 27, etc.).

(3) Tel est le récit que les ecclésiastiques et les pêcheurs firent du sac de Magdebourg, et que M. Harte a inséré dans l'histoire de Gustave-Adolphe (v, 1, p. 313-320) avec quelque crainte de manquer à la dignité de l'histoire.

des hommes ; mais une répétition fastidieuse de complaintes vagues et déclamatoires fatiguerait l'attention du lecteur le plus patient. Les écrivains sacrés et les écrivains profanes de ce siècle malheureux méritent tous, bien qu'avec quelque différence, le reproche de s'être laissé entraîner aux mouvemens d'une imagination enflammée par l'animosité populaire ou religieuse, en sorte que leur éloquence fausse et exagérée ne laisse à aucun objet sa grandeur ou sa couleur naturelle. Le véhément saint Jérôme peut déplorer, avec raison, les horreurs commises par les Goths et par leurs barbares alliés dans la Pannonie, sa patrie, et dans toute l'étendue des provinces depuis les murs de Constantinople jusqu'au pied des Alpes Juliennes : les viols, les meurtres, les incendies, et par-dessus tout, la profanation des églises, que les Barbares convertirent en écuries, et leur mépris sacrilège pour les saintes reliques des martyrs. Mais saint Jérôme (1) a sûrement outre-passé les limites de l'histoire et de la raison, lorsqu'il affirme « que dans ces contrées désertes il ne resta rien que le ciel et la terre ; qu'après la destruction des villes et de la race humaine, le sol se couvrit de

---

(1) *Et vastatis urbibus, hominibusque interfectis, solitudinem et raritatem bestiarum quoque fieri, et volatilium, pisciumque : testis Illyricum est, testis Thracia, testis in quo ortus sum solum (Pannonia); ubi præter cœlum et terram, et crescentes vepres, et condensa sylvarum cuncta perierunt.* T. VII, p. 250, *ad* 1 c. Sophonias; et t. 1, p. 26.

ronces impénétrables et d'épaisses forêts, et que la rareté des animaux, des oiseaux, et même des poissons, accomplissait la désolation universelle, annoncée par le prophète Zéphanie. » Jérôme prononça ces complaintes environ vingt ans après la mort de Valens ; et les provinces de l'Illyrie, où les Barbares passaient et repassaient sans cesse, fournirent encore, pendant et après dix siècles de calamités, des alimens au pillage et à la dévastation. Quand on pourrait supposer qu'un pays très-vaste serait resté sans culture et sans habitans, les conséquences n'auraient pas été si funestes aux autres productions animées de la nature : les races utiles et faibles des animaux nourris par la main de l'homme auraient pu périr privées de sa protection ; mais les bêtes sauvages des forêts, ennemies ou victimes de l'homme, auraient multiplié en paix dans leur domaine solitaire. Les habitans de l'air ou des eaux ont encore moins de relation avec le sort de l'espèce humaine, et il est très-probable que l'approche d'un brochet vorace aurait causé plus de dommage et de terreur aux poissons du Danube que les incursions d'une armée de Barbares.

Massacre des jeunes Goths dans l'Asie.

Quelle qu'ait été la véritable mesure des calamités de l'Europe, on pouvait craindre avec raison qu'elles ne s'étendissent bientôt aux paisibles contrées de l'Asie. On avait judicieusement distribué les fils des Goths dans toutes les villes de l'Orient, et employé avec soin la culture de l'éducation à vaincre la férocité de leur caractère. Dans l'espace de douze ans, leur nombre s'était considérablement augmenté, et les enfans de la première émigration, placés au-delà de l'Hellespont, possédaient déjà la force et le courage de la virilité (1). Il était impossible de leur cacher les événemens de la guerre des Goths; et ces jeunes audacieux, peu faits encore au langage de la dissimulation, laissaient apercevoir leur désir, et peut-être leur dessein de partager la gloire de leurs pères. L'inquiétude et les soupçons des habitans de la province étaient justifiés par le danger de leur situation; et ces soupçons furent admis comme une preuve évidente que les Goths d'Asie avaient formé secrètement une conspiration contre la sûreté publique. La mort de Valens laissait l'Orient sans souverain; et Julius, maître général des troupes, officier qui jouissait d'une grande réputation de talent et d'activité, crut devoir consulter le sénat de Constantinople, qu'il regardait comme le représentant de la nation pendant la vacance du trône. Dès qu'il eut obtenu la liberté de prendre, selon sa prudence, les mesures qu'il croirait les plus avantageuses au bien public, il assembla les principaux officiers, et concerta avec eux les moyens les plus propres à faire réussir son sanglant projet. On publia immédiate-

---

(1) Eunape (*in Excerpt. legat.*, p. 20) suppose ridiculement que les jeunes Goths avaient grandi avec une rapidité surnaturelle, et cela, afin de pouvoir rappeler les hommes armés de Cadmus qui sortaient des dents du dragon. Telle était dans ce temps-là l'éloquence grecque.

ment un édit qui ordonnait à tous les jeunes Goths de s'assembler, à un jour fixé, dans les différentes capitales des provinces qu'ils habitaient ; et, par un avis débité adroitement, on leur persuada que l'intention était de leur faire une distribution de terres et d'argent. Cette insidieuse espérance calma la violence de leur ressentiment, et suspendit peut-être les progrès de la conspiration. Au jour marqué, et dans toutes les villes désignées, toute cette jeunesse, désarmée, fut rassemblée soigneusement dans la place ou le Forum; les troupes romaines occupaient les rues et les avenues, et les toits des maisons étaient couverts d'archers et de frondeurs. A la même heure, on donna, dans toutes les villes de l'Orient, le signal du massacre général; et la prudence barbare de Julius délivra les provinces de l'Asie d'un ennemi domestique, qui, quelques mois plus tard, aurait peut-être porté le fer et le feu des rives de l'Hellespont aux bords de l'Euphrate (1). Le danger pressant de la sûreté publique peut sans doute autoriser à violer les lois établies; mais j'espère ignorer toujours à quel point de semblables considérations, ou

---

(1) Ammien approuve évidemment cette exécution, *efficacia velox et salutaris*, dont le récit termine son ouvrage (XXXI, 16). La narration de Zozime (l. IV, p. 223-236) est étendue et détaillée; mais il se trompe sur la date, et se fatigue à chercher la raison qui a empêché Julius de consulter l'empereur Théodose, qui n'était point encore placé sur le trône de l'Orient.

toute autre du même genre, peuvent permettre d'oublier les droits naturels de la justice et de l'humanité.

L'empereur Gratien était fort avancé dans sa marche vers les plaines d'Adrianople, lorsqu'il apprit, d'abord par le bruit public, et ensuite par le récit circonstancié de Victor et de Richomer, que son collègue impatient avait perdu la bataille et la vie, et que les deux tiers de l'armée romaine avaient péri par le glaive des Goths victorieux. Quoique l'imprudente et jalouse vanité de son oncle méritât son ressentiment, l'âme généreuse de Gratien fut émue de douleur et de compassion ; mais ces mêmes sentimens furent bientôt obligés de faire place à de sérieuses et effrayantes réflexions sur le danger de la république. Gratien n'avait pu arriver à temps pour sauver son infortuné collègue, et il était trop faible pour le venger : ce jeune prince, vaillant et modeste, ne se crut point en état de soutenir seul un monde chancelant. Une irruption de Barbares de la Germanie semblait prête à fondre sur la Gaule, et l'empereur se trouvait, dans ces circonstances, accablé et tourmenté des soins que lui demandait le seul empire d'Occident. Dans cette crise funeste, le gouvernement de l'Orient et la conduite de la guerre des Goths exigeaient l'attention exclusive d'un prince également habile dans les sciences de la politique et de la guerre. Un sujet, revêtu d'un commandement si étendu, ne serait pas resté long-temps fidèle à son bienfaiteur éloigné, et le conseil impérial adopta la

Théodose est nommé empereur de l'Orient par Gratien, empereur de l'Occident. A. D. 379, 19 janvier.

noble résolution d'accorder un bienfait, plutôt que de s'exposer à un affront. Gratien voulait faire de la pourpre la récompense de la vertu; mais à l'âge de dix-neuf ans, il n'est pas facile à un prince né sur les marches du trône de connaître le véritable caractère de ses ministres et de ses généraux. Il essayait de peser, d'une main impartiale, leur mérite et leurs défauts, et, en même temps qu'il repoussait la confiance trop imprudente de l'ambitieux, il se méfiait de la prudence trop timide, toujours prête à désespérer du salut de la république. Cependant ce n'était pas le moment de la délibération; chaque instant de délai diminuait la puissance et les ressources du futur empereur de l'Orient. Le choix de Gratien se déclara bientôt en faveur d'un exilé, dont le père avait souffert, seulement trois ans auparavant, sous la sanction de son autorité, une mort injuste et ignominieuse. Théodose le Grand, nom célèbre dans l'histoire et cher à l'Église (1) catholique, reçut ordre de se rendre à la cour impériale, qui s'était insensiblement retirée des confins de la Thrace dans la ville plus sûre de Sirmium. Cinq mois après la mort de Valens, Gratien présenta aux troupes as-

(1) On a composé dans le dernier siècle (*Paris*, 1679) une vie de Théodose, *in-*4° (en 1680, *in-*12), pour animer le jeune dauphin du zèle de la foi catholique. Fléchier, l'auteur de cette histoire, et depuis évêque de Nîmes, était un prédicateur éloquent, et l'éloquence de la chaire orne ou défigure son ouvrage; mais il a pris ses faits chez Baronius, et ses principes dans saint Ambroise et saint Augustin.

semblées son collègue et leur maître, qui, après une résistance modeste, et peut-être sincère, fut forcé d'accepter, au milieu des acclamations unanimes, la pourpre, le diadême et le titre d'Auguste, qui le rendait l'égal de Gratien (1). Il eut en partage les provinces de Thrace, d'Asie et d'Égypte, gouvernées précédemment par Valens; mais comme il était spécialement chargé de la guerre des Goths, on démembra la préfecture d'Illyrie, et les deux vastes diocèses de la Dacie et de la Macédoine appartinrent à l'empire d'Orient (2).

La province, et peut-être la ville (3) qui avait fourni au trône les vertus de Trajan et les talens d'Adrien, fut aussi la patrie d'une autre famille d'Espagnols, qui, dans des temps moins heureux, posséda pendant près de quatre-vingts ans l'empire romain, déjà

Naissance et caractère de Théodose.

---

(1) On trouve les détails de la naissance, du caractère et de l'élévation de Théodose dans Pacatus, *in Panegyr. vet.*, XII, 10, 11, 12; Thémistius, *orat.* 14, p. 182; Zozime, l. IV, p. 231; saint Augustin, *de Civ. Dei*, V, 25; Orose, l. VII, c. 34; Sozomène, l. VII, c. 2; Socrate, l. V, c. 2; Théodoret, l. V, c. 5; Philostorg., l. IX, c. 17; avec les notes de Godefroy, p. 373; l'*Epitome* de Victor et les *Chroniques* de Prosper, Idatius et Marcellin, dans le *Thesaurus temporum* de Scaliger.

(2) Tillemont, *Hist. des Emp.*, t. V, p. 716, etc.

(3) *Italica*, que Scipion fonda pour les vétérans infirmes de l'*Italie*. On en voit encore les ruines à une lieue de Séville, mais sur la rive opposée de la rivière. *Voyez* l'*Hispania illustrata* de Nonius, ouvrage utile, quoique court (c. 17, p. 64, 67).

près de sa décadence (1). Le génie actif de Théodose, père de l'empereur, les fit sortir de l'obscurité des honneurs municipaux. Les exploits de ce général en Afrique et dans la Grande-Bretagne forment une des plus brillantes parties des annales de Valentinien. Le fils du général, portant le même nom, avait reçu, pendant sa jeunesse, une excellente éducation, sous la direction de maîtres habiles; mais ce fut par les tendres soins et la sévère discipline de son père, qu'il s'instruisit dans l'art de la guerre (2). Sous les étendards d'un semblable guide, le jeune Théodose chercha la gloire et l'expérience dans toutes les provinces où la guerre lui en donna l'occasion. Il endurcit sa constitution aux différentes saisons et aux différens climats; rendit sa valeur célèbre dans les combats de terre et de mer, et examina soigneusement les usages militaires des Écossais, des Maures et des Saxons. Son mérite personnel et la recommandation du conquérant de l'Afrique lui obtinrent bientôt un

---

(1) Je suis de l'avis de Tillemont, qui (*Hist. des Emp.*, t. v, p. 726) regarde comme suspecte l'origine royale qui fut un secret jusqu'au moment où Théodose monta sur le trône; et, même après cet événement, le silence de Pacatus l'emporte sur le témoignage vénal de Themistius, Victor et Claudien, qui allient la famille de Théodose à celles de Trajan et d'Adrien.

(2) Pacatus compare, et par conséquent préfère les instructions que reçut la jeunesse de Théodose, à l'éducation militaire d'Alexandre, d'Annibal et du second Africain, qui avaient servi comme lui sous leurs pères (xii, 8.).

commandement supérieur ; et, nommé duc de Mœsie, il défit une armée de Sarmates, sauva la province, mérita la confiance des soldats, et s'attira l'envie de la cour (1). La disgrâce et l'exécution de son illustre père détruisirent ses espérances, et Théodose obtint, à titre de faveur, la permission de se retirer comme simple particulier dans sa patrie. La facilité avec laquelle il se conforma en Espagne à sa nouvelle situation, fit l'éloge de la modération et de la fermeté de son caractère. Moitié de l'année à la ville, et le reste à la campagne, il déployait, dans l'accomplissement de ses devoirs sociaux, ce caractère de zèle et d'activité qui avait marqué sa carrière publique, et il faisait tourner la vigilante exactitude d'un soldat au profit et à l'amélioration de son ample patrimoine (2), situé entre Valladolid et Ségovie, au milieu d'un canton fertile, et encore renommé aujourd'hui par la beauté de la laine de ses moutons (3).

---

(1) Ammien (XXIX, 6) raconte cette victoire : *Theodosius junior, dux Mœsiæ, primâ etiam tùm lanugine juvenis, princeps posteà perfectissimus.* Themistius et Zozime attestent le fait; mais Théodoret (l. v, c. 5), qui y ajoute quelques circonstances intéressantes, le place, par une singulière méprise, dans le temps de l'interrègne.

(2) Pacatus (*in Panegyr. vet.*, XII, 9) préfère la vie rustique de Théodose à celle de Cincinnatus. L'une était l'effet de l'inclination, et l'autre de la pauvreté.

(3) M. d'Anville (*Géogr. anc.*, t. 1, p. 25) a fixé la position de Caucha ou Coca, dans la province de la Vieille-Galice, où Zozime et Idatius ont placé la naissance ou le patrimoine de Théodose.

Des humbles et innocens travaux de la campagne, Théodose fut transporté en moins de quatre mois sur le trône de l'empire d'Orient; et l'histoire du monde entier n'offrira peut-être pas un second exemple d'une élévation si pure et si honorable. Les princes qui héritent paisiblement du sceptre de leur père, s'appuient sur un droit légal, d'autant moins exposé à être contesté, qu'il est absolument indépendant de leur mérite personnel. Les sujets qui, soit dans une monarchie, soit dans une république, parviennent au pouvoir suprême, peuvent avoir acquis, par leur mérite ou leur vertu, le rang qui les élève au-dessus de leurs égaux; mais ils sont rarement exempts d'ambition; et leur succès est souvent souillé par le crime d'une conspiration ou par les horreurs d'une guerre civile. Dans les gouvernemens même qui autorisent le monarque régnant à se nommer un collègue ou un successeur, son choix, rarement impartial et exposé à l'influence des plus aveugles passions, doit tomber bien souvent sur le moins digne objet; mais l'envie la plus soupçonneuse ne put supposer à Théodose, au fond de sa retraite de Caucha, ni les artifices, ni les désirs, ni même les espérances d'un politique ambitieux. Le nom d'un exilé eût été oublié depuis long-temps, si l'éclat de ses vertus naturelles n'avait pas laissé une impression profonde dans la cour impériale. On l'avait négligé dans les temps de prospérité; mais dans la crise du danger, son mérite fut universellement senti et avoué. Quelle confiance ne devait pas avoir Gratien dans la probité de Théodose, lorsqu'il comptait que ce fils sensible oublierait, pour l'amour de la patrie, le meurtre de son père! Quelle opinion on manifestait de ses talens lorsqu'en le nommant, on plaçait en un seul homme l'espoir du salut et du rétablissement de l'empire d'Orient! Théodose monta sur le trône dans la trente-troisième année de son âge. Le peuple admirait sa figure noble et sa taille majestueuse et pleine de grâce, qu'il se plaisait à comparer aux portraits et aux médailles de Trajan, tandis que les observateurs attentifs découvraient dans son cœur et dans son esprit une ressemblance plus précieuse avec le plus grand et le meilleur des empereurs romains.

C'est avec le regret le plus sincère que je me vois privé d'un guide exact et impartial qui a écrit l'histoire de son siècle, sans se livrer aux passions et aux préjugés dont un contemporain se garantit difficilement. Ammien-Marcellin, qui a terminé son utile ouvrage par la défaite et la mort de Valens, recommande l'histoire glorieuse du règne suivant à l'éloquence vigoureuse de la génération naissante (1); mais cette génération négligea son avis,

<small>Prudence de Théodose, et ses succès dans la guerre contre les Goths. A. D. 379-382.</small>

(1.) Écoutons Ammien lui-même: *Hæc ut miles quondam et Græcus, à principatu Cæsaris Nervæ exorsus, adusque Valentis interitum, pro virium explicavi mensurâ: nunquàm, ut arbitror, sciens, silentio ausus corrumpere vel mendacio. Scribant reliqua potiora ætate, doctrinisque florentes. Quos id, si libuerit, agressuros, procudere linguas ad majores moneo stylos.* Ammien, XXXI, 16. Les treize premiers li-

et n'imita point son exemple (1); et dans la recherche des faits du règne de Théodose, nous sommes réduits à démêler la vérité des récits peu impartiaux de Zozime, au moyen de quelques passages obscurs tirés de divers fragmens et de quelques chroniques; du langage outré ou figuré des panégyriques et des poésies, et du secours suspect des écrivains ecclésiastiques, qui, dans la chaleur des factions religieuses, sont souvent disposés à négliger des vertus profanes, telles que la modération et la sincérité. Pénétré de ces désavantages, auxquels je vais me trouver exposé pendant une portion considérable de ce qui me reste à tracer du déclin et de la chute de l'empire romain, je n'avancerai désormais qu'armé du doute et de la précaution. Je puis cependant assurer hardiment que Théodose ne se vengea de la bataille d'Adrianople par aucune victoire signalée ou décisive sur les Barbares, et le silence non équivoque de ses panégyristes à cet égard est confirmé par l'examen des temps et des circonstances. La consti-

---

vres, qui contenaient une vue abrégée de deux cent cinquante-sept ans, sont perdus; il ne reste que les dix-huit derniers, qui comprennent le court espace de vingt-cinq années, et offrent l'histoire complète et authentique du temps où vivait l'auteur.

(1) Ammien fut le dernier sujet de Rome qui composa une histoire profane en langue latine. L'Orient produisit dans le siècle suivant quelques historiens déclamateurs; Zozime, Olympiodore, Malchus, Candidus, etc. *Voyez* Vossius, *de Hist. græc.*, l. II, c. 18, etc.; *de Hist. latin.*, l. II, c. 10, etc.

tution d'un vaste empire, élevé par les travaux et la prospérité d'une longue suite de siècles, n'aurait pas été détruite par l'infortune d'un seul jour, si les terreurs de l'imagination n'avaient pas exagéré l'étendue de cette calamité. La perte de quarante mille Romains, qui périrent dans les plaines d'Adrianople, pouvait être facilement réparée par les provinces peuplées de l'Orient, qui contenaient tant de millions d'habitans. Le courage des soldats est de toutes les qualités de l'espèce humaine la plus commune et la moins chère ; et les centurions qui avaient survécu à la défaite auraient bientôt formé des recrues suffisamment habiles pour combattre des Barbares indisciplinés. Si les Goths s'étaient emparés des chevaux et des armes de leurs ennemis vaincus, les haras d'Espagne et de Cappadoce pouvaient remonter de nombreux escadrons ; les trente-quatre arsenaux de l'empire étaient encore abondamment pourvus d'armes offensives et défensives, et les richesses de l'Asie pouvaient fournir des fonds suffisans pour les dépenses de la guerre : mais l'effet qu'avait produit la bataille d'Adrianople sur l'esprit des Romains et sur celui des Barbares étendit à bien plus d'un jour les conséquences que devaient avoir des deux côtés et la défaite et la victoire. On avait entendu un chef des Goths dire, avec une insultante modération, que pour lui, il était las de carnage, mais qu'il ne pouvait pas concevoir comment des hommes qui fuyaient devant lui comme un troupeau de moutons, prétendaient encore disputer la possession de leurs trésors et de leurs provinces (1). Les Romains tremblaient au nom des Goths, comme les Goths avaient tremblé au nom des Huns (2). Si Théodose, rassemblant précipitamment ses forces dispersées, les eût conduites contre un ennemi victorieux, les frayeurs de son armée auraient suffi pour la dissiper, et son imprudence n'aurait pas été justifiée par une seule chance de succès : mais, dans une circonstance si dangereuse, Théodose *le Grand* mérita cette honorable épithète, et se montra le gardien soigneux et fidèle de ses États chancelans. Il prit ses quartiers à Thessalonique, capitale du diocèse de la Macédoine (3), d'où il veillait sur les mouvemens des Barbares, et dirigeait les opérations de ses lieutenans depuis les murs de Constantinople jusqu'aux rives de la mer Adriatique. Les fortifications et les garnisons des villes furent augmentées; on ranima insensiblement parmi les troupes l'esprit de la discipline; et en les accoutumant à se croire en sûreté, on leur rendit le sentiment de la confiance. On les faisait sortir fréquemment de leurs forteresses pour attaquer des partis de Barbares qui infestaient

---

(1) Saint Chrysostôme, t. 1, p. 344, éd. Montfaucon. J'ai examiné et vérifié ce passage; mais, sans le secours de Tillemont, je n'aurais jamais découvert une anecdote historique dans le bizarre amas d'exhortations morales et mystiques adressées à une jeune veuve par le prédicateur d'Antioche.

(2) Eunape, *in Excerpt. legat.*, p. 21.

(3) *Voyez* la *Chronologie des Lois*, par Godefroy; *Codex Theod.*; t. 1; *Prolegomen.*, p. 99-104.

les environs. L'attention qu'on avait de leur ménager toujours l'avantage du nombre ou du terrain, faisait le plus souvent réussir leurs expéditions, et les soldats se convainquirent bientôt, par l'expérience, de la possibilité de vaincre des ennemis qu'ils croyaient invincibles. Les détachemens des différentes garnisons se rassemblèrent peu à peu, et formèrent de petits corps d'armée. Les mêmes précautions s'observèrent dans un plan étendu d'opérations bien concertées. Les événemens augmentèrent chaque jour les forces et le courage des Romains, et l'adresse avec laquelle l'empereur faisait répandre le bruit de ses succès militaires contribuait à diminuer l'orgueil des Barbares, et à ranimer l'espoir de ses sujets. Si, au lieu de cette esquisse faible et imparfaite, nous pouvions présenter au lecteur le récit circonstancié des dispositions et des actions de Théodose dans le cours de quatre campagnes, tous les militaires applaudiraient sans doute à ses talens consommés. Le sage Fabius avait sauvé précédemment la république en temporisant; et tandis que les yeux de la postérité se fixent avec surprise sur les lauriers brillans que Scipion cueillit dans la plaine de Zama, les campemens et les marches savantes du dictateur, à travers les montagnes de la Campanie, réclament à plus juste titre la renommée d'une gloire solide et indépendante, qu'il ne partagea ni avec la fortune ni avec ses soldats. Tel fut aussi le mérite de Théodose; et les infirmités d'une maladie longue et dangereuse dont il fut alors attaqué ne purent ni diminuer la vigueur de son génie, ni distraire son attention du service public (1).

<small>Dissensions, défaite et soumission des Goths. A. D. 379-382.</small>

La délivrance et la tranquillité des provinces romaines (2) furent moins l'ouvrage de la valeur que celui de la prudence de Théodose. La fortune la seconda, et l'empereur ne manqua jamais de saisir l'occasion favorable, et d'en tirer tout l'avantage. Tant que le génie supérieur de Fritigern conserva l'union parmi les Barbares et dirigea leurs opérations, leur puissance ne fut point au-dessous de la conquête d'un grand empire. La mort de ce héros, le prédécesseur et le maître du célèbre Alaric, délivra la multitude indocile du joug intolérable de la prudence et de la discipline. Ces Barbares, longtemps contenus par son autorité, se livrèrent alors à tous les excès de leurs passions, et leurs passions étaient rarement constantes. Une armée de conquérans se morcela et se divisa en bandes de voleurs féroces et sans ordre, dont la fureur aveugle et ca-

---

(1) La plupart des écrivains insistent sur la maladie et le long séjour de Théodose à Thessalonique : Zozime, pour diminuer sa gloire ; Jornandès, pour favoriser les Goths, et les ecclésiastiques pour introduire son baptême.

(2) Comparez Themistius (*orat.* XIV, p. 181) avec Zozime (l. IV, p. 232), Jornandès (c. XXVII, p. 649) et le prolixe Comment. de M. du Buat (*Hist. des Peuples*, etc., t. VI, p. 477-552). Les Chroniques d'Idatius et de Marcellin font allusion, en termes généraux, à *magna certamina, magna multaque prælia.* Ces deux épithètes ne se concilient pas aisément.

pricieuse devint aussi funeste à eux-mêmes qu'elle l'était à leurs ennemis. Naturellement portés à nuire, ils brisaient ou détruisaient tout ce qu'ils ne pouvaient pas emporter ou dont ils ne savaient pas jouir, et brûlaient souvent, dans leur rage imprévoyante, les moissons ou provisions de grains dont ils manquaient bientôt pour leur subsistance. Un esprit de discorde divisa les tribus indépendantes et les nations qui ne s'étaient réunies que par une alliance volontaire. Les Huns et les Alains insultaient à la fuite des Goths, qui n'étaient pas disposés à user avec modération de la prospérité. L'ancienne jalousie des Ostrogoths et des Visigoths se réveilla, et les chefs orgueilleux se rappelèrent les injures qu'ils avaient réciproquement souffertes ou fait souffrir lorsqu'ils habitaient tous au-delà du Danube. Le progrès de leur haine particulière affaiblit leur aversion pour le nom romain, et les officiers de Théodose achetèrent, par des dons et des promesses, la retraite ou le service des partis mécontens. L'acquisition de Modar, prince du sang royal des Amalis, procura aux Romains un partisan hardi et fidèle; il obtint bientôt le rang de maître général, et un commandement de confiance. L'illustre déserteur des Goths surprit une armée de ses compatriotes plongés dans le sommeil à la suite de la débauche et de l'ivresse. Après en avoir massacré la plus grande partie, il revint au camp impérial (1), chargé d'immen-

---

(1) Zozime (l. IV, p. 232) le traite de Scythe. Les Grecs

ses dépouilles, et suivi de quatre mille chariots enlevés aux Barbares. Dans les mains d'un politique habile, des moyens différens s'appliquent avec succès à la même fin, et la délivrance de l'empire, commencée par la division des Goths, fut achevée par leur réunion. Athanaric, qui avait tranquillement contemplé de loin ces étranges événemens sans y prendre part, se trouva forcé, par le sort des armes, d'abandonner l'obscure retraite des bois de Caucaland. Il n'hésita plus à traverser le Danube; et une grande partie des sujets de Fritigern, qui commençaient à sentir les inconvéniens de l'anarchie, reconnurent volontiers pour roi un juge de leur nation, dont ils respectaient la naissance, et dont ils avaient souvent éprouvé l'habileté; mais l'âge avait refroidi l'audace d'Athanaric, et, au lieu de conduire ses soldats aux combats et à la victoire, il écouta prudemment la proposition d'un traité honorable et avantageux. Théodose, qui connaissait le mérite et la puissance de son nouvel allié, ne dédaigna point d'aller au devant de lui à plusieurs milles de Constantinople, et le traita dans la ville impériale avec la confiance d'un ami et la magnificence d'un empereur. Le prince barbare examinait avec attention tous les objets qui frappaient ses regards, et rompant enfin le silence par une vive et sincère expression de son étonnement : « Je vois aujourd'hui, dit-il, ce que je

*Mort et obsèques d'Athanaric.
A. D. 381, 25 janvier.*

---

plus modernes semblent avoir donné ce nom aux Goths.

n'avais jamais pu croire de l'éclat de cette étonnante capitale. » Il admirait successivement la position de la ville, la force de ses murs, la beauté des édifices publics, la vaste étendue de son port rempli de vaisseaux innombrables, le concours de toutes les nations, les armes et la discipline des troupes. « Un empereur romain, ajouta Athanaric, est un dieu sur terre, et le mortel présomptueux qui ose l'attaquer, devient homicide de lui-même (1). » Le roi des Goths ne jouit pas long-temps de cette brillante et honorable réception; et comme la sobriété n'était point une des vertus de sa nation, on peut soupçonner que la maladie dont il mourut fut la suite des excès auxquels il se livra dans les repas somptueux de l'empereur. Mais la politique de Théodose tira de sa mort plus d'avantages qu'il n'en aurait pu obtenir des plus fidèles services de ce nouvel allié. On fit de magnifiques obsèques à Athanaric dans la capitale

---

(1) Le lecteur ne sera pas fâché de trouver les expressions de Jornandès ou de l'auteur qu'il a copié. *Regiam urbem ingressus est; miransque : En, inquit, cerno quod sæpe, incredulus audiebam, famam videlicet tantæ urbis. Et huc illuc oculos volvens, nunc situm urbis commeatumque navium, nunc mœnia clara prospectans, miratur; populosque diversarum gentium, quasi fonte in uno è diversis partibus scaturiente undá, sic quoque militem ordinatum aspiciens : Deus, inquit, est, sine dubio, terrenus imperator, et quisquis adversùs cum manum moverit, ipse sui sanguinis reus existit.* Jornandès (c. 28, p. 650) continue à raconter sa mort et les cérémonies de ses funérailles.

de l'Orient; on éleva un superbe monument à sa mémoire, et son armée, gagnée par les libéralités et par les honorables démonstrations de douleur de Théodose, passa tout entière sous les drapeaux de l'empereur des Romains (1). La soumission d'un corps de Visigoths si considérable produisit les effets les plus salutaires; et l'influence de la raison, de la force et de la séduction, acquit chaque jour plus de puissance et plus d'étendue. Chaque chef indépendant se hâtait de faire séparément son traité, dans la crainte qu'un plus long délai ne l'exposât seul et sans secours à la vengeance ou à la justice de l'empereur. La capitulation générale, ou plutôt finale des Goths, peut être datée à quatre ans un mois et vingt-cinq jours après la défaite et la mort de Valens (2).

Invasion et défaite des Grunthungiens ou Ostrogoths. A. D. 386, octobre.

La retraite volontaire de Saphrax et d'Alathæus avait déjà délivré les provinces du Danube de l'oppression des Grunthungiens ou Ostrogoths. L'esprit inquiet et turbulent de ces deux chefs leur fit chercher dans d'autres climats une nouvelle scène de

---

(1) Jornandès, c. 28, p. 650. Zozime lui-même (l. IV, p. 246) est forcé d'applaudir à la générosité de Théodose, si honorable pour le prince et si avantageuse pour les sujets.

(2) Les passages courts, mais authentiques, des *Fasti* d'Idatius (*Chron.* Scaliger, p. 52) sont défigurés par l'esprit de parti. Le quatorzième discours de Themistius est un discours de félicitation sur la paix, et un compliment adressé au consul Saturninus (A. D. 383).

gloire et de brigandage. Leur course destructive se dirigea vers l'occident; mais nous n'avons qu'une connaissance très-obscure et très-imparfaite de leurs expéditions. Les Ostrogoths repoussèrent plusieurs tribus des Germains jusque dans les provinces de la Gaule; ils conclurent un traité avec l'empereur Gratien, et ne tardèrent pas à le violer; ils s'avancèrent dans les régions inconnues du Nord, et revinrent, après un intervalle de plus de quatre ans, avec des forces plus nombreuses, sur les rives du Bas-Danube. Ils avaient recruté leur armée des plus terribles guerriers de la Scythie et de la Germanie; et les soldats, ou du moins les historiens de l'empire, ne reconnurent plus le nom ni la contenance de leurs anciens ennemis (1). Le général qui commandait les forces navales et militaires de la frontière de Thrace, présuma que la supériorité de ses forces pourrait être désavantageuse au bien du service, et que les Barbares, effrayés du spectacle imposant de la flotte et des légions, différeraient le passage du fleuve jusqu'à l'hiver. L'adresse des espions qu'il envoya dans leur camp, attira les Ostrogoths dans un piége. Ils leur persuadèrent que par une irruption soudaine ils pourraient surprendre, dans l'obscurité de la nuit, l'armée romaine endormie, et cette multitude crédule s'embarqua précipitamment dans trois mille canots (2). Les plus

---

(1) Εθνος το Σκυθικον πασιν αγνωστον. Zozime, l. IV, p. 252.

(2) La raison et l'exemple m'autorisent à appliquer ce

braves des Ostrogoths formaient l'avant-garde. Le corps de la flotte portait le reste des hommes et des soldats, et les femmes avec les enfans suivaient sans crainte à l'arrière-garde. Ils avaient choisi pour l'exécution de leur dessein une nuit très-obscure, et ils étaient au moment d'arriver à la rive méridionale du Danube, dans la ferme confiance qu'ils débarqueraient sans peine et surprendraient facilement un camp mal gardé; mais un obstacle inattendu leur coupa le passage; un triple rang de vaisseaux solidement liés l'un avec l'autre, formait une chaîne impénétrable de deux milles et demi le long de la rivière. Tandis que par un combat très-inégal ils tâchaient de se faire un chemin, leur aile droite fut écrasée par l'attaque irrésistible d'une flotte de galères qui descendait le fleuve par la double impulsion des rames et du courant. Le poids et la rapidité de ces bâtimens de guerre brisèrent, coulèrent à fond et dispersèrent les faibles canots des Barbares, et leur valeur ne leur fut d'aucun secours. Alathæus, roi ou général des Ostrogoths, périt avec les plus braves de ses soldats, ou dans les eaux du fleuve,

---

nom indien aux μονοξυλα des Barbares, des bateaux creusés dans un seul arbre, πληθει μονοξυλων εμβιβασαντες. Zozime, l. IV, p. 253.

Ausi Danubium quondam tranare Gruthungi,
In lintres fregere nemus: ter mille ruebant
Per fluvium plenæ cuneis immanibus alni.

Claud., in IV consul. Honor., 623.

ou par l'épée des Romains. La dernière division de cette malheureuse flotte aurait pu regagner le rivage d'où elle était partie; mais la terreur et le désordre ne laissaient aux vaincus ni la faculté d'agir ni la liberté de penser; ils se rendirent à discrétion, en implorant la clémence des vainqueurs. Dans cette occasion, comme dans beaucoup d'autres, il n'est pas facile de concilier les passions et les préjugés des écrivains du siècle de Théodose. Ceux qui se plaisent à blâmer ou à défigurer toutes les actions de son règne, affirment que le lieutenant Promotus avait assuré la déroute des Barbares par sa valeur et son intelligence, avant que l'empereur hasardât de paraître sur le champ de bataille (1). Le poëte complaisant qui célébrait à la cour d'Honorius la gloire du père et celle du fils, attribue tout l'honneur de la victoire à l'intrépidité de Théodose, et fait presque entendre qu'il tua dans le combat le roi des Ostrogoths (2). La vérité de l'histoire se trouverait peut-être en adoptant un juste milieu entre ces deux récits opposés.

---

(1) Zozime, l. IV, p. 252, 255. Il montre souvent son peu de jugement en défigurant une histoire sérieuse par des circonstances frivoles et incroyables.

(2) . . . . . *Odothæi regis opima*
Retulit . . . . Vers. 632.

Les *opima* étaient les dépouilles qu'un général ne pouvait acquérir qu'après avoir tué de sa propre main le roi ou le général de l'ennemi; et les siècles brillans de Rome n'en offrent que trois exemples.

Établissement des Goths dans la Thrace et dans l'Asie.

L'original du traité qui fixa l'établissement des Goths, assura leurs priviléges et stipula leurs obligations, éclaircirait l'histoire de Théodose et celle de ses successeurs, où l'on ne trouve que très-imparfaitement l'esprit ou la substance de cette singulière convention (1). Les ravages de la guerre et de la tyrannie avaient laissé beaucoup de terres fertiles, mais incultes, à la disposition de ceux des Barbares qui ne dédaignaient pas les travaux de l'agriculture. On plaça dans la Thrace une nombreuse colonie de Visigoths, et l'on transporta les restes des Ostrogoths dans la Phrygie et dans la Lydie. Ils reçurent tous, pour subvenir aux besoins présens, une distribution de bétail et de grains, et l'on encouragea leur industrie par l'exemption de tout tribut durant un certain nombre d'années. Les Barbares auraient mérité d'être les victimes de la politique perfide de la cour impériale, s'ils avaient souffert qu'on les dispersât dans différentes provinces; mais ils demandèrent et obtinrent la possession entière des villages et des districts choisis pour le lieu de leur résidence; ils conservèrent et propagèrent leurs mœurs et leur langage, assurèrent dans le sein du despotisme l'indépendance

---

(1) *Voyez* Themistius, *orat.* XVI, p. 211. Claudien (dans Eutrope, l. II, 152) parle d'une colonie phrygienne :

.... *Ostrogothis colitur mistisque Gruthungis*
Phryx ager. ....

et nomme ensuite les rivières de Lydie, le Pactole et l'Hermus.

de leur gouvernement particulier, et reconnurent la souveraineté de l'empereur sans se soumettre à la juridiction inférieure des lois et des magistrats romains. Les tribus et les familles continuèrent d'être commandées, soit en temps de paix, soit en temps de guerre, par leurs chefs héréditaires; mais la dignité royale fut abolie, et l'empereur pouvait à son gré nommer et destituer les généraux de la nation. Il entretenait un corps de quarante mille Goths pour la défense de l'empire d'Orient, et ces troupes audacieuses, qui prenaient le nom de *fœderati* ou alliés, étaient distinguées par leurs colliers d'or, une paye considérable, et des priviléges dont l'étendue allait jusqu'à la licence. Ils ajoutèrent à leur courage national l'usage des armes et l'esprit de la discipline; et, tandis que les forces suspectes des Barbares gardaient ou menaçaient l'empire, les dernières étincelles du génie militaire s'éteignaient dans l'âme des Romains (1). Théodose eut l'adresse de persuader à ses alliés, que les conditions de paix arrachées à sa prudence par la nécessité, étaient l'expression sincère de son amitié pour la nation des Goths (2); mais il faisait une réponse bien opposée aux plaintes du

---

(1) Comparez Jornandès (xx, 27) qui rend compte de l'état et du nombre des Goths, *fœderati*, avec Zozime (l. IV, p. 258); qui cite leurs colliers d'or, et Pacatus (*in Panegyr. vet.*, XII, 37), qui applaudit avec une joie fausse ou insensée à leur bravoure et à leur discipline.

(2) *Amator pacis generisqué Gothorum.* Tel est le langage de l'historien des Goths (c. 29) : il représente sa nation

peuple, qui blâmait hautement ces concessions humiliantes et dangereuses (1). Ses ministres peignaient de la manière la plus pathétique les calamités de la guerre, et ils exagéraient les premiers symptômes du retour de l'ordre, de l'abondance et de la sûreté publique. Les défenseurs de Théodose pouvaient affirmer, avec une apparence de vérité et de raison, qu'il était impossible d'extirper un si grand nombre de tribus guerrières réduites au désespoir par la perte de leur pays natal, et que les provinces épuisées se trouveraient recrutées de soldats et de laboureurs. Les Barbares conservaient toujours leur air féroce et menaçant; mais l'expérience du passé pouvait faire espérer qu'ils prendraient l'habitude de l'obéissance et de l'industrie, que leurs mœurs s'adouciraient par l'influence de l'éducation et de la religion chrétienne, et que leur postérité se confondrait insensiblement avec le peuple romain (2).

---

comme douce, paisible, patiente à souffrir, et lente à se livrer à la colère. A en croire Tite-Live, les Romains n'ont conquis l'univers que pour se défendre.

(1) Outre les invectives partiales de Zozime, toujours mécontent des princes chrétiens, *voyez* les représentations que Synèse adresse à l'empereur Arcadius (*de Regno*, p. 25, 26, édit. Petau). L'évêque de Cyrène était assez près pour bien juger, et assez loin pour ne point craindre de ne point flatter.

(2) Themistius (*orat.* xvi, p. 211, 212) compose une apologie sensée, mais qui n'est cependant pas exempte des puérilités ordinaires de l'éloquence grecque. Orphée ne put

Malgré ces argumens spécieux et ces brillantes espérances, il était bien facile de prévoir que les Goths seraient encore long-temps les ennemis des Romains, et qu'ils deviendraient peut-être bientôt les conquérans de leur empire. Ils montraient, dans toutes les occasions, le plus insolent mépris pour les citoyens et les habitans des provinces, qu'ils insultaient impunément (1). Théodose était redevable à la valeur des Barbares du succès de ses armes; mais on ne pouvait pas compter sur les secours d'une nation perfide, qui abandonnait ses drapeaux dans le moment où l'on avait le plus grand besoin de ses services, et l'empereur en fit plusieurs fois la fâcheuse expérience. Durant la rebellion de Maxime, un grand nombre de déserteurs goths se retirèrent dans les marais de la Macédoine, dévastèrent les environs, et obligèrent l'intrépide monarque à hasarder sa personne pour étouffer le feu de cette révolte naissante (2). L'alarme publique était d'autant plus vive, qu'on soupçonnait fortement ces différentes révoltes

Leur disposition à la révolte.

---

enchanter que les animaux sauvages de la Thrace; mais Théodose enchantait les hommes et les femmes dans un pays où Orphée avait été mis en pièces, etc.

(1) On priva Constantinople de la moitié d'une des distributions journalières de pain accordées au peuple, pour expier la mort d'un soldat goth. Κινουντες το Σκυθικον, était le crime du peuple. Libanius, orat. XII, p. 394, édit. Morel.

(2) Zozime, l. IV, p. 267-271. Il raconte une histoire longue et ridicule de ce prince, qui courait, dit-il, le pays avec cinq ou six cavaliers pour toute suite, et d'un espion

d'être l'effet, non pas d'un mouvement passager de fureur ou de caprice, mais plutôt d'un dessein profond et prémédité. On croyait que les Goths avaient apporté à la signature du traité de paix des dispositions hostiles et perfides ; que leurs chefs s'étaient engagés d'avance, par un serment secret, à regarder toujours comme nuls tous ceux qu'ils feraient aux Romains, et, sous les plus belles apparences d'amitié et de fidélité, à saisir toutes les occasions de pillage, de conquête et de vengeance : mais les Barbares n'étaient pas tous inaccessibles au sentiment de la reconnaissance, et plusieurs de leurs chefs se dévouèrent loyalement au service de l'empire, ou du moins de l'empereur. Toute la nation se divisa insensiblement en deux factions opposées, qui débattaient avec beaucoup de subtilité, dans leurs entretiens, la préférence due à leurs premiers ou à leurs seconds engagemens. Ceux des Goths qui se regardaient comme les défenseurs de la paix, de la justice et de Rome, avaient pour chef le jeune et vaillant Fravitta, distingué de ses compatriotes par l'urbanité de ses mœurs, par la générosité de ses sentimens, et par les douces vertus de la vie sociale. Mais le farouche et perfide Priulf était à la tête du parti le plus nombreux ; il animait les passions de ses compagnons d'armes et soutenait leur indépendance. Invités, dans un jour de fête, à la table de Théodose, les deux

---

qu'il découvrit, fit fouetter et tuer dans la chaumière d'une vieille femme, etc., etc.

chefs, échauffés par le vin, oublièrent le respect qu'ils devaient à l'empereur, et la discrétion qu'ils avaient coutume de s'imposer, au point de trahir, devant Théodose, le fatal secret de leurs débats particuliers. Théodose, désagréablement frappé d'une dispute si extraordinaire, dissimula sa surprise, ses craintes et son ressentiment, et rompit, quelques instans après, cette assemblée tumultueuse. Fravitta, alarmé et irrité de l'insolence de son rival, dont le départ pouvait devenir le signal de la guerre civile, suivit audacieusement Priulf, et, lui plongeant son épée dans le sein, l'étendit mort à ses pieds. Les compagnons des deux chefs coururent aux armes, et le fidèle Fravitta aurait succombé sans le secours des gardes impériales (1). Telles étaient les sauvages fureurs qui déshonoraient le palais et la table de l'empereur romain ; et comme il fallait toute la fermeté et toute la modération de Théodose pour contenir l'indocilité des Goths (2), la sûreté publique

---

(1) Comparez Eunape (*in Excerpt. legat.*, p. 21, 22) avec Zozime (l. IV, p. 279). Malgré la différence des noms et des circonstances, on ne peut douter que ce ne soit la même histoire. Fravitta ou Travitta fut depuis consul (A. D. 401), et continua à servir fidèlement le fils aîné de Théodose. Tillemont, *Hist. des Emper.*, t. V, p. 467.

(2) « Les Goths ravagèrent tout, depuis le Danube jusqu'au Bosphore, exterminèrent Valens et son armée, et ne repassèrent le Danube que pour abandonner l'affreuse solitude qu'ils avaient faite. » (OEuvres de Montesquieu, t. III, p. 479, *Considérations sur les causes de la grandeur et de la*

semblait dépendre de la vie et des talens d'un seul homme.

---

décadence des Romains, c. 17.) Le président de Montesquieu semble ignorer que, depuis la défaite de Valens, les Goths ne sortirent plus du territoire de l'empire romain. Il y a à présent trente ans, dit Claudien (*de Bell. getic.*, 166, etc., A. D. 404),

> *Ex quo jam patrios gens hæc oblita Triones,*
> *Atque Istrum transvecta semel vestigia fixit*
> *Threicio funesta solo........*

L'erreur est inexcusable, puisqu'elle déguise la cause immédiate et principale de la chute de l'empire des Romains dans l'Occident.

CHAPITRE XXVII.

Mort de Gratien. Destruction de l'arianisme. Saint Ambroise. Première guerre civile contre Maxime. Caractère, administration et pénitence de Théodose. Mort de Valentinien II. Seconde guerre civile contre Eugène. Mort de Théodose.

Avant d'avoir accompli sa vingtième année, Gratien jouissait d'une réputation égale à celle des princes les plus célèbres. Sa douceur et sa bonté le rendaient cher à ses amis; une affabilité remplie de grâce lui avait gagné l'affection du peuple; les gens de lettres qui jouissaient de ses libéralités célébraient son goût et son éloquence; les soldats applaudissaient à sa valeur et à son adresse dans tous les exercices militaires, et le clergé regardait l'humble piété de Gratien comme la première et la plus utile de ses vertus. La victoire de Colmar avait délivré l'Occident d'une invasion formidable, et les provinces reconnaissantes de l'Orient rapportaient tout le mérite de Théodose à celui qui, en l'élevant sur le trône, avait été le premier auteur du salut de l'empire. Gratien ne survécut que quatre ou cinq ans à ces événemens mémorables, mais il survécut à sa gloire; et quand il tomba victime de la rebellion, il avait déjà perdu en grande partie le respect et la confiance du monde romain.

Caractère et conduite de l'empereur Gratien. A. D. 379-383.

Défauts de Gratien.

On ne peut attribuer le changement remarquable qui s'opéra dans sa conduite et son caractère, ni aux artifices des flatteurs dont il avait toujours été également environné depuis son enfance, ni à l'impétuosité des passions dont la douce modération de ce prince paraît l'avoir garanti. Un examen plus approfondi de la vie de Gratien nous fera peut-être découvrir la cause qui anéantit les espérances du peuple. Ses vertus apparentes n'étaient point de ces jets vigoureux que produisent l'expérience et l'adversité, c'étaient les fruits précoces d'une éducation de prince. La tendre sollicitude de son père s'était occupée sans relâche à lui procurer des talens qu'il estimait peut-être d'autant plus, qu'il en sentait la privation; et les plus habiles maîtres dans les sciences et dans les arts avaient contribué à former et à embellir l'esprit et le corps du jeune Gratien (1) : on répandait avec ostentation, on célébrait par des louanges immodérées, les connaissances qu'ils lui avaient péniblement communiquées : son caractère doux et docile recevait facilement l'impression de leurs sages préceptes, et l'absence des passions passait en lui pour l'effort d'une raison prématurée. Ses précep-

---

(1) Valentinien était plus indifférent sur la religion de son fils, puisqu'il confia l'éducation de Gratien à Ausone, qui faisait publiquement profession du paganisme. (*Mém. de l'Acad. des Inscript.*, tome xv, p. 125-138.) La réputation qu'Ausone obtint comme poëte donne mauvaise idée du goût de son siècle.

teurs, élevés insensiblement au rang de ministres d'État (1), dissimulèrent sagement aux yeux du public l'autorité qu'ils conservaient sur leur pupille ; et par leur secours secret, le jeune souverain parut agir, dans les circonstances les plus importantes de sa vie et de son règne, avec autant de prudence que de fermeté ; mais l'influence de leurs instructions ne fit qu'une impression peu profonde, et les habiles instituteurs qui dirigeaient si judicieusement la conduite de Gratien, ne purent introduire dans son âme indolente et faible le principe d'activité, germe vigoureux et indépendant des grandes actions, qui rend la poursuite de la gloire nécessaire au bonheur et même à l'existence d'un héros. Dès que le temps ou les événemens eurent éloigné de son trône ces fidèles conseillers, l'empereur d'Occident redescendit insensiblement au niveau de son génie naturel. Il abandonna les rênes du gouvernement aux mains ambitieuses toujours prêtes à s'en saisir, et consuma ses loisirs dans les occupations les plus frivoles. Les indignes agens de son pouvoir, sur le mérite desquels on ne pouvait élever un doute sans devenir coupable de *sacrilége* (2), vendaient publiquement à la cour

---

(1) Ausone fut successivement préfet du prétoire de l'Italie (A. D. 377), de la Gaule (A. D. 378); et obtint enfin le consulat (A. D. 379). Il publia sa reconnaissance dans un morceau rempli d'une adulation basse et insipide (*Actio gratiarum*, p. 699-736), qui a survécu à des productions beaucoup plus estimables.

(2) *Disputare de principali judicio non oportet. Sacrilegii*

et dans les provinces leur faveur et leurs injustices. Des saints et des évêques (1) dirigeaient la conscience du crédule Gratien; et ils en obtinrent un édit qui condamnait à une peine capitale la violation, la négligence et même l'ignorance de la doctrine divine (2). Parmi les exercices dont le monarque s'était occupé pendant sa jeunesse, ceux du cheval, de l'arc et du javelot, avaient particulièrement attiré son attention; mais il appliqua ces talens, utiles à un soldat, aux moins nobles plaisirs de la chasse. De vastes parcs furent enclos de murs et abondamment peuplés de toutes sortes d'animaux sauvages. Gratien, négligeant les devoirs et la dignité de son rang, passait des journées entières à déployer sa vigueur et ses talens pour ce jeu frivole. L'orgueil que mettait l'empereur à exceller dans un art où le plus vil de ses esclaves aurait pu l'emporter sur lui, rappelait aux spectateurs le souvenir de Néron et de Commode;

---

enim instar est dubitare, an is dignus sit, quem imperator elegerit. (Codex Justin., l. IX, tit. 29, leg. 3.) Après la mort de Gratien, la faible cour de Milan rappela et promulgua de nouveau cette loi commode.

(1) Saint Ambroise composa pour son instruction un Traité théologique sur la foi relative à la sainte Trinité; et Tillemont (*Hist. des Empereurs*, t. v, p. 158-169) donne à l'archevêque tout le mérite des lois intolérantes de Gratien.

(2) *Qui divinæ legis sanctitatem, nesciendo omittunt, aut negligendo violant, et offendunt, sacrilegium committunt.* (Cod. Justin., l. IX., tit. 29, leg. 1.) Théodose peut, à la vérité, réclamer en partie le mérite de cette loi si claire.

mais le chaste et doux Gratien était exempt de leurs vices monstrueux, et sa main ne se teignit jamais que du sang des animaux (1).

La conduite qui dégradait Gratien aux yeux de ses sujets n'aurait pas troublé la tranquillité de son règne, s'il n'eût point excité le ressentiment de son armée par des injures particulières. Tant qu'il fut guidé par les instructions de ses sages instituteurs, le jeune monarque se déclara l'ami et l'élève de ses soldats. Il causait dans le camp familièrement avec eux des heures entières, et semblait s'occuper avec soin de leur santé, de leurs besoins, de leurs récompenses et de tous leurs intérêts; mais dès que Gratien fut livré à son ardente passion pour la chasse et les jeux de l'arc, il n'eut plus de relation qu'avec ceux dont l'adresse pouvait contribuer à ses plaisirs favoris. Il admit un corps d'Alains au service militaire et domestique du palais, et ils exercèrent dans les parcs et les enclos de la Gaule la dextérité surprenante qu'ils étaient accoutumés à déployer dans les plaines immenses de la Scythie. Gratien admirait les talens et les usages de ses gardes favoris, et leur confiait exclusivement la sûreté de sa personne; et, comme s'il

Mécontentement des troupes romaines.

---

(1) Ammien (XXXI, 10) et Victor le jeune conviennent des vertus de Gratien, et lui reprochent seulement, ou plutôt déplorent des goûts qui l'abaissent. Le parallèle odieux de Commode est adouci par *licet incruentus;* et peut-être Philostorgius (l. X, c. 10) et Godefroy (p. 412) avaient-ils mis quelque réserve pareille à la comparaison avec Néron.

eût voulu insulter à l'opinion publique, il se montrait souvent vêtu de l'habit fourré, armé de l'arc long et du bruyant carquois, qui composaient le costume d'un guerrier scythe. Ce révoltant spectacle d'un prince romain qui renonçait à l'habillement et aux usages de son pays, enflammait les légions de douleur et d'indignation (1). Les Germains eux-mêmes, qui composaient une si redoutable partie des armées de l'empire, affectaient de mépriser l'étrange et horrible figure des sauvages du Nord, qui, dans le cours de peu d'années, avaient poussé leurs courses vagabondes depuis le Volga jusqu'aux bords de la Seine. De bruyans et licencieux murmures s'élevèrent et se répandirent de tous les camps et de toutes les garnisons de l'Occident ; et comme la paisible indolence de Gratien négligea d'arrêter ces rumeurs dans leur commencement, l'influence de la crainte ne suppléa point au manque de respect et d'affection. Mais un gouvernement établi ne se renverse pas sans quelques difficultés, plus considérables encore en apparence qu'elles ne le sont en réalité. L'empire de l'habitude, la sanction des lois, la religion et la balance adroite des autorités civiles et militaires introduites par Constantin, protégeaient le

---

(1) Zozime (l. IV, p. 247) et Victor le jeune attribuent la révolution à la faveur qu'il accordait aux Alains et au ressentiment des troupes romaines. *Dum exercitum negligeret, et paucos ex Alanis, quos ingenti auro ad se transtulerat, anteferret veteri ac romano militi.*

trône de Gratien. Il n'est pas fort important de savoir quelles causes amenèrent la rebellion de la Grande-Bretagne; le hasard est souvent la source du désordre, et les semences de la révolte tombèrent sur un sol qu'on regardait comme plus fertile qu'aucun autre en tyrans et en usurpateurs (1). Les légions de cette île se distinguaient depuis long-temps par leur arrogante présomption (2), et le nom de Maxime fut proclamé par les voix tumultueuses mais unanimes des soldats et des habitans de la province. L'empereur ou le rebelle (car la fortune n'avait point encore justifié son titre) était Espagnol, compatriote, compagnon d'armes et rival de Théodose, dont il n'avait pas vu l'élévation sans quelques mouvemens d'envie et de ressentiment. Les événemens de sa vie le fixaient depuis plusieurs années en Brétagne, et j'aurais désiré trouver quelque preuve du mariage qu'il avait contracté, dit-on, avec la fille d'un seigneur opulent du Caernarvonshire (3); mais son rang

Révolte de Maxime dans la Grande-Bretagne.

---

(1) *Britannia, fertilis provincia tyrannorum*, est une expression remarquable, dont saint Jérôme se servit dans la controverse de Pélage, et que nos antiquaires ont expliquée, dans leurs disputes, fort différemment l'un de l'autre. Les révolutions du dernier siècle semblent justifier l'image du sublime Bossuet : « Cette île plus orageuse que les mers qui l'environnent. »

(2) Zozime dit des soldats bretons : Των αλλων απαντων πλεον αυθαδεια και θυμω νικομενους.

(3) Hélène, fille d'Eudda. On peut encore voir sa chapelle à Caer-Segont, aujourd'hui Caer-Narvon. (*Hist. d'Angleterre*

dans cette île peut être raisonnablement considéré comme un état d'exil et d'obscurité ; et si Maxime y occupait un poste civil et militaire, ce n'était ni celui de gouverneur ni celui de général (1). La partialité des écrivains n'a pu refuser de rendre justice à son habileté et même à son intégrité ; et il fallait sans doute que son mérite fût incontestable pour arracher cet aveu en faveur de l'ennemi vaincu de Théodose. Le sentiment de l'envie pouvait engager Maxime à blâmer la conduite de son souverain et à encourager, peut-être sans aucune vue d'ambition, les murmures des troupes ; mais au moment du tumulte, il refusa modestement ou artificieusement de monter sur le trône ; et il paraît qu'on ajouta quelque foi à la déclaration positive du nouveau César, qui protestait avoir accepté malgré lui le dangereux présent de la pourpre impériale (2).

---

par Carte, vol. 1, p. 168, d'après la *Mona antiqua* de Rowland.) Le lecteur judicieux n'aura peut-être pas grande confiance à cette autorité galloise.

(1) Cambden (vol. 1, *Introd.*, p. cj) en fait un gouverneur de la Bretagne, et ses dociles successeurs ont suivi aveuglément le père de nos antiquités. Pacatus et Zozime ont fait quelques efforts pour détruire cette erreur ou cette fable, et je m'appuierai de leur autorité. *Regali habitu exulem suum; illi exules orbis induerunt* (In Panegyr. vet., xii, 23); et l'historien grec d'une manière encore moins équivoque : Αυτος (Maximus) δε ουδε εις αρχην εντιμον ετυχη προελθων (l. iv, p. 248).

(2) Sulpice-Sévère, *Dialogue* 2, 7; Orose, l. vii, c. 34,

Mais il n'était pas moins dangereux de refuser l'empire ; et dès que Maxime eut violé la fidélité qu'il devait à son souverain, il ne put se flatter ni de régner, ni même de conserver la vie ; s'il bornait son ambition à la possession de la Bretagne. Il prit donc la résolution hardie et prudente de prévenir Gratien. Toute la jeunesse de l'île accourut en foule sous ses étendards, et il conduisit dans la Gaule une armée et une flotte dont on parla long-temps comme de l'émigration d'une partie considérable de la nation (1). L'empereur, dans sa paisible résidence de Paris, fut alarmé à l'approche des rebelles. Les dards qu'il lançait contre les ours et contre les lions auraient été employés plus utilement contre ses ennemis ; mais la faiblesse de ses efforts, faisant connaître l'abaissement dans lequel il était tombé et le peu d'es-

Fuite et mort de Gratien.

---

p. 556. Ils conviennent l'un et l'autre (Sulpice avait été son sujet) de son mérite et de son innocence. Il est assez singulier que Maxime ait été traité moins favorablement par Zozime, l'ennemi juré de son rival.

(1) L'archevêque Usher (*Antiq. Brit. Eccles.*, p. 107, 108) a rassemblé avec soin toutes les légendes de l'île et du continent. L'émigration totale consistait en trente mille soldats et cent mille plébéiens, qui s'établirent dans la Bretagne. Leurs épouses futures, sainte Ursule accompagnée de onze mille vierges nobles et de soixante mille plébéiennes, prirent une fausse route et abordèrent à Cologne, où les Huns les massacrèrent impitoyablement. Mais les plébéiennes n'ont point participé aux honneurs du martyre ; et ce qu'il y a de plus sûr, c'est que Jean Trithème a eu la hardiesse de citer la postérité de ces vierges bretonnes.

poir qui lui restait, le priva des ressources qu'il aurait encore pu trouver dans les secours de ses sujets et de ses alliés. Les armées de la Gaule, loin de fermer le passage à Maxime, le reçurent avec des acclamations de joie et des protestations de fidélité, et ce fut le prince qu'on accusa d'avoir abandonné son peuple. Les troupes qui étaient plus immédiatement employées au service du palais, abandonnèrent l'étendard de Gratien la première fois qu'on le déploya dans les environs de Paris. L'empereur s'enfuit vers Lyon avec un petit corps de trois cents chevaux; et les villes situées sur sa route, où il espérait trouver un refuge ou au moins un passage, lui apprirent, en fermant leurs portes, qu'il ne s'en trouve jamais d'ouvertes pour les malheureux. Il aurait encore pu parvenir sans danger aux États de son frère et revenir avec toutes les forces de l'Italie et de l'Orient, s'il ne se fût pas laissé tromper par le perfide gouverneur du Lyonnais. Le crédule Gratien accorda sa confiance à des protestations de fidélité suspectes et aux promesses d'un secours qui ne pouvait être qu'insuffisant. L'arrivée d'Andragathius, général de la cavalerie de Maxime, le tira de son erreur. Cet audacieux officier exécuta sans remords les ordres ou les intentions de l'usurpateur. On livra Gratien, au sortir de son souper, entre les mains de l'assassin, et son corps même fut refusé aux pieuses et pressantes instances de son frère Valentinien (1). La mort de l'empereur

A. D. 383,
25 août.

---

(1) Zozime (l. IV, p. 248, 249) a transporté la mort de

fut bientôt suivie de celle de son puissant général Mellobaudes, roi des Francs, qui conserva jusqu'à la fin de sa vie une réputation équivoque, juste récompense de sa politique intrigante et ténébreuse (1). Ces exécutions pouvaient être nécessaires à la tranquillité publique; mais l'heureux usurpateur, dont l'autorité était reconnue par toutes les provinces de l'Occident, eut le mérite et la satisfaction de se vanter qu'excepté ceux qui périrent par le hasard des combats, son triomphe n'avait coûté la vie à aucun de ses sujets (2).

Cette révolution avait été terminée avec tant de

<small>Traité de paix entre Théodose et Maxime.
A. D. 383-387.</small>

Gratien de *Lugdunum* en Gaule, à *Singidunum* en Mœsie. On peut tirer quelques faibles lumières des Chroniques, et découvrir plus d'un mensonge dans Sozomène (l. VII, c. 13) et dans Socrate (l. V, c. 2). L'autorité de saint Ambroise est la plus authentique (t. 1, *Enarrat. in Psalm.* LXI, p. 961; t. II, épît. 24, p. 888, etc.; et *de Obitu Valentin. consolat.*, n° 28; p. 1182).

(1) Pacatus (XII, 28) fait l'éloge de sa fidélité, tandis que la Chronique de Prosper atteste sa perfidie, et l'accuse de la perte de Gratien. Saint Ambroise, qui sentait le besoin de se disculper lui-même, se borne à blâmer la mort de Vallion, fidèle domestique de Gratien (t. II, *epist.* 24, p. 291, édit. Benedict.).

(2) Il protesta *nullum ex adversariis nisi in acie occubuisse.* (Sulpice-Sévère, *in Vit. B. Martin.*, c. 23.) L'orateur de Théodose donne à la clémence de Maxime des louanges d'autant moins suspectes, qu'elles sont accordées à contrecœur. *Si cui ille, pro cæteris sceleribus suis, minus crudelis fuisse videtur.* Panegyr. vet.; 12, 28.

rapidité, que Théodose apprit la défaite et la mort de son bienfaiteur avant qu'il lui fût possible de marcher à son secours. Le temps destiné aux regrets sincères, à la douleur ou à l'étiquette du deuil, n'était point encore expiré lorsqu'on vit arriver le premier chambellan de Maxime; et le choix d'un vieillard vénérable pour un poste ordinairement occupé par un eunuque, annonça à Constantinople les mœurs graves et sévères de l'usurpateur. L'ambassadeur daigna justifier ou excuser la conduite de son maître, et protester, dans un langage spécieux, que le meurtre de Gratien avait été commis à son insu et contre son intention, par le zèle indiscret des soldats; mais il ajouta, d'un ton ferme et tranquille, que Maxime offrait à Théodose le choix de la paix ou de la guerre; et il acheva son discours en déclarant que quoique son maître préférât, comme Romain et comme père de ses sujets, d'employer ses forces militaires à la défense commune, il était cependant prêt à disputer l'empire dans une bataille décisive, si Théodose rejetait ses propositions de paix et d'amitié. Maxime exigeait une réponse prompte et claire; mais dans cette circonstance, il était difficile à Théodose de satisfaire les sentimens de son âme ou l'attente du public. La voix de la reconnaissance et de l'honneur criait vengeance. Il devait le diadème à la libéralité de Gratien; la patience de Théodose pouvait faire présumer qu'il serait plus sensible aux anciennes injures qu'aux services récens; mais accepter l'amitié d'un assassin était en quelque sorte partager son crime. Laisser Maxime impuni était d'ailleurs donner une atteinte funeste aux lois de la justice et à l'intérêt de la société; et le succès d'un usurpateur tendait à détruire l'édifice artificiel du gouvernement, et à replonger l'empire dans les calamités du siècle précédent : mais les sentimens d'honneur et de reconnaissance qui doivent régler invariablement la conduite des citoyens sont quelquefois contraints de céder dans l'âme d'un monarque à des devoirs supérieurs ; les lois de la justice et de l'humanité tolèrent l'impunité du crime, même le plus atroce, lorsque sa punition entraînerait inévitablement la perte d'un grand nombre d'innocens. L'assassin de Gratien avait sans doute usurpé le gouvernement des provinces les plus belliqueuses de l'empire, mais ces provinces se trouvaient réellement en sa possession. L'Orient était épuisé par les revers et même par le succès de la guerre des Goths; il y avait lieu de craindre qu'après avoir consumé le reste des forces de la république dans une guerre destructive et douteuse, le vainqueur affaibli ne devînt bientôt la proie des Barbares du Nord. Ces puissantes considérations forcèrent Théodose à dissimuler son ressentiment et à accepter l'alliance de Maxime; mais il stipula que le nouvel empereur se contenterait des provinces au-delà des Alpes, et que le frère de Gratien conserverait la souveraineté de l'Italie, de l'Afrique et de l'Illyrie occidentale. On inséra dans le traité quelques conditions honorables en faveur de la mémoire et des lois du dernier empereur (1). Les portraits des trois augustes collègues furent exposés, selon la coutume, à la vénération des peuples, et on ne doit pas supposer légèrement qu'au moment de cette réconciliation solennelle, Théodose méditât secrètement des projets de vengeance et de perfidie (2).

Baptême et édits orthodoxes de Théodose.
A. D. 380,
28 février.

Le mépris de Gratien pour les troupes romaines l'avait exposé aux funestes effets de leur ressentiment; mais sa profonde vénération pour le clergé chrétien reçut sa récompense dans les louanges d'un ordre puissant, qui a réclamé dans tous les siècles le privilége de distribuer les honneurs sur la terre et dans le ciel (3). Les évêques orthodoxes déplorèrent sa mort et leur perte irréparable; ils s'en consolèrent bientôt en découvrant que Gratien avait confié le sceptre de l'Orient à un prince dont la foi docile et le zèle ardent étaient soutenus par un génie plus vaste et un caractère plus vigoureux. Parmi les bienfaiteurs de l'Église, la gloire de Théodose a rivalisé avec celle de Constantin. Si Constantin eut l'avantage

---

(1) Saint Ambroise cite les lois de Gratien : *Quas non abrogavit hostis*, t. II, epist. 17, p. 827.

(2) Zozime ; l. IV, p. 252. Nous pouvons rejeter ses odieux soupçons, mais non pas le traité de paix que les amis de Théodose ont tout-à-fait oublié, ou sur lequel ils passent du moins fort légèrement.

(3) Leur oracle, l'archevêque de Milan, assigne à Gratien, son pupille, une place distinguée dans le paradis (t. II, *de Obit. Val. consol.*, p. 1193).

d'élever l'étendard de la croix, son successeur et son émule subjugua l'hérésie arienne et détruisit le culte des idoles dans tout le monde romain. Théodose fut le premier des empereurs baptisés dans la foi orthodoxe de la Trinité. Quoique né dans une famille chrétienne, il retarda, selon les maximes ou l'usage du siècle, la cérémonie de son initiation jusqu'au moment où une maladie, qui menaça ses jours sur la fin de la première année de son règne, lui fit sentir le danger du retard. Avant de rentrer en campagne contre les Goths, il reçut le sacrement du baptême (1) d'Acholius, évêque orthodoxe de Thessalonique (2); et en sortant des fonts sacrés, tout brûlant encore du pieux sentiment de sa régénération, l'empereur dicta un édit qui publiait les règles de sa foi et fixait la religion de ses sujets. « C'est notre bon plaisir (tel est le style impérial) que tous les peuples gouvernés par notre clémence et notre modération, adhèrent strictement à la religion enseignée par saint Pierre aux Romains, fidèlement conservée par la tradition, et professée aujourd'hui par le pontife Damase, et par

---

(1) Pour le baptême de Théodose, *voyez* Sozomène (l. vii, c. 4); Socrate (l. v, c. 6), et Tillemont (*Hist. des Emper.*, t. v, p. 728).

(2) Saint Ambroise honora Ascolius ou Acholius de ses louanges et de son amitié; il le nomme *murus fidei atque sanctitatis* (t. ii, *epist.* 15, p. 820), et fait ensuite un grand éloge de la rapidité avec laquelle il courut à Constantinople, en Italie, etc. (*epist.* 16, p. 822). Cette rapidité ne convient ni à un *mur* ni à un *évêque*.

Pierre, évêque d'Alexandrie, homme d'une sainteté apostolique. Conformément à la discipline des apôtres et à la doctrine de l'Évangile, nous devons croire à la seule divinité du Père, du Fils et du Saint-Esprit, sous une majesté égale et une pieuse Trinité. Nous autorisons les disciples de cette doctrine à prendre le titre de chrétiens catholiques; et comme nous jugeons que tous les autres sont des aveugles et des insensés, nous les flétrissons du nom odieux d'hérétiques, et nous défendons à leurs assemblées d'usurper désormais le respectable nom d'églises. Indépendamment de la condamnation divine, ils doivent s'attendre à souffrir les châtimens sévères que notre autorité, guidée par la sagesse céleste, jugera à propos de leur infliger (1). » La croyance d'un soldat est plus communément le fruit de l'instruction qu'il a reçue, que celui de son propre examen; mais comme l'empereur se renfermait dans les bornes de l'orthodoxie qu'il avait prudemment fixées, ses opinions religieuses ne furent jamais ébranlées par les textes spécieux, les argumens subtils ou les symboles équivoques des docteurs ariens. Il montra une seule fois un faible désir de s'entretenir avec le savant et éloquent Eunomius, qui habitait une retraite dans les environs de Constantinople; mais les instances de

---

(1) *Cod. Theod.*, l. xvi, tit. 1, leg. 2; et les *Commentaires* de Godefroy, t. vi, p. 5-9. Cet édit a mérité les louanges de Baronius. *Auream sanctionem, edictum pium et salutare. Sic itur ad astra.*

l'impératrice Flacilla, qui tremblait pour le salut de son époux, prévinrent cette dangereuse entrevue, et l'empereur fut irrévocablement confirmé dans son opinion par un argument à la portée de l'intelligence la plus grossière. Il avait récemment revêtu Arcadius, son fils aîné, de la pourpre et du titre d'Auguste; les deux princes, placés sur un trône magnifique, recevaient l'hommage de leurs sujets. Amphilochius, évêque d'Iconium, s'approcha des empereurs, et après avoir salué Théodose avec le respect dû à un souverain, il aborda Arcadius avec les caresses familières qu'il aurait pu employer envers l'enfant d'un plébéien. Irrité de cette insolence, le monarque ordonna que ce prêtre campagnard fût à l'instant chassé de sa présence; mais tandis que les gardes l'entraînaient à la porte, l'adroit théologien eut le temps d'exécuter son projet, en s'écriant d'une voix forte: « Tel est le traitement, ô empereur! que le roi du ciel réserve aux hommes impies qui feignent d'adorer le Père en refusant de reconnaître la majesté divine et égale de son Fils. » L'empereur embrassa tendrement l'évêque d'Iconium, et n'oublia jamais l'importante leçon qu'il lui avait donnée par cette parabole dramatique (1).

Constantinople était le siége principal de l'arianisme, et les écoles orthodoxes de Rome et d'Alexan-

Arianisme de Constantinople.
A. D. 340-386.

---

(1) Sozomène, l. VII, c. 6; Théodoret, l. v, c. 16. Tillemont (*Mém. ecclés.*; t. VI, p. 627, 628) est scandalisé des termes d'*évêque campagnard, cité obscure*. Je réclame

drie avaient constamment rejeté, durant l'espace de quarante ans (1), la foi des princes et des évêques qui gouvernaient la capitale de l'Orient. Le siége archiépiscopal de Macédonius, souillé d'une si grande quantité de sang chrétien, avait été successivement occupé par Eudoxe et par Damophile. Les vices et les erreurs de toutes les provinces de l'empire affluaient librement dans leur diocèse ; l'ardeur des controverses religieuses offrait une occupation de plus à l'oisiveté turbulente de la métropole, et nous pouvons en croire l'observateur intelligent qui décrit, sur le ton de la plaisanterie, les effets de leur zèle verbeux. « Cette ville, dit-il, est pleine d'esclaves et de gens de métier qui sont tous de profonds théologiens, et qui prêchent dans les boutiques et dans les rues. Priez un homme de vous changer une pièce d'argent, il vous apprendra en quoi le Fils diffère du Père. Demandez à un autre le prix d'un pain, il vous répondra que le Fils est inférieur au Père. Informez-vous si le bain est prêt, on vous dira que le Fils a été créé de rien (2). » Les hérétiques de toutes les déno-

---

la liberté de croire qu'Iconium et Amphilochius n'étaient pas dans l'empire romain des objets d'une grande importance.

(1) Sozomène, l. VII, c. 5; Socrate, l. V, c. 7; Marcellin, *in Chron*. L'histoire des quarante années doit dater de l'élection ou de l'intrusion d'Eusèbe, qui troqua fort adroitement l'évêché de Nicomédie contre la chaire archiépiscopale de Constantinople.

(2) *Voyez* les *Remarques* de Jortin sur l'Histoire ecclé-

minations vivaient en paix sous la protection des ariens de Constantinople, qui tâchaient de s'affectionner ces sectes obscures, tandis qu'ils abusaient avec la plus violente sévérité de leur victoire sur les partisans du concile de Nicée. Durant les règnes de Constance et de Valens, les faibles restes des homoousiens furent privés de l'exercice public et particulier de leur religion; et l'on a observé, en style pathétique, que ce troupeau, dispersé sans berger dans les montagnes, était abandonné à la voracité des loups (1); mais comme leur zèle, loin de se laisser vaincre par la tyrannie, semblait en recevoir une nouvelle vigueur, ils saisirent le premier instant de liberté imparfaite que leur procura la mort de Valens, pour former une congrégation régulière sous la conduite d'un évêque. Saint Basile et saint Grégoire de Nazianze, tous deux nés en Cappadoce (2),

Saint Grégoire de Nazianze.

---

siastique, vol. IV, p. 71. Le trente-troisième discours de saint Grégoire de Nazianze contient, à la vérité, des idées semblables ou même encore plus ridicules; mais je n'ai jamais pu découvrir les expressions de ce passage remarquable, que j'admets sur le témoignage d'un érudit exact et sans préjugés.

(1) *Voyez* le trente-deuxième discours de saint Grégoire de Nazianze, et l'histoire de sa propre vie, qu'il composa en vers iambiques, au nombre de dix-huit cents; mais on peut dire que tout médecin est disposé à exagérer la maladie qu'il a guérie.

(2) J'ai trouvé de très-grands secours dans les deux Vies de saint Grégoire de Nazianze, composées dans des vues bien différentes l'une de l'autre, par Tillemont (*Mém. eccl.*, t. IX,

se distinguaient de tous leurs contemporains (1) par l'union, rare alors, de l'éloquence profane et de la piété orthodoxe. Ces orateurs, qui ont été comparés, quelquefois par eux-mêmes, et quelquefois par le public, aux plus célèbres des anciens Grecs, étaient liés par les nœuds de la plus étroite amitié; ils avaient suivi avec la même ardeur les mêmes études dans les écoles d'Athènes; ils s'étaient retirés ensemble, avec une dévotion égale, dans les déserts du Pont; et les âmes pures de saint Basile et de saint Grégoire paraissaient également incapables de tout mouvement d'envie ou de jalousie; mais l'exaltation de saint Basile sur le siége archiépiscopal de Césarée découvrit au public, et peut-être au prélat lui-même, l'orgueil de son caractère; et saint Grégoire, dans la première faveur qu'il reçut de son ami, crut voir, non peut-être sans quelque raison, l'intention d'une cruelle insulte (2). Au lieu d'employer les talens supérieurs

---

p. 305-560; 692-731.) et par Le Clerc (*Bibl. univers.*, t. XVIII, p. 1-128).

(1) A moins que saint Grégoire de Nazianze ne se soit trompé lui-même de trente ans sur son âge, il doit être né, ainsi que son ami saint Basile, vers l'année 329. On a adopté la chronologie absurde de Suidas, pour dissimuler le scandale qu'avait donné le père de saint Grégoire, qui, quoique saint lui-même, n'en a pas moins fait des enfans depuis son élévation au pontificat. Tillemont, *Mémoires ecclés.*, t. IX, p. 693-697.

(2) On trouve dans le poëme de saint Grégoire, sur sa propre vie, quelques vers d'une grande beauté, qui semblent

de Grégoire dans un poste utile et brillant, l'orgueilleux Basile choisit dans le nombre de cinquante évêchés, dépendans de son vaste diocèse, le misérable village de Sasima (1), sans eaux, sans verdure, sans société, et placé à la jonction de trois grands chemins, qui n'y amenaient d'autres voyageurs que des rouliers grossiers et bruyans. Saint Grégoire se soumit, quoique avec répugnance, à cet humiliant exil, et fut ordonné évêque de Sasima ; mais il proteste solennellement qu'il ne consomma jamais son ma-

---

partir du cœur, et expriment fortement la douleur de l'amitié trahie :

> . . . . . . Πονοι κοινοι λογων,
> Ομοστεγος τε και συνεστιος βιος,
> Νους εις εν αμφοιν. . . . . . .
> Διεσχεδασται παντα, ερριπται χαμαι,
> Αυραι φερουσι τας παλαιας ελπιδας.

On peut leur comparer la plainte qu'Hélénia adresse à Hermia, son amie, dans le *Midsummer-night's Dream* (le Songe d'une nuit d'été) :

> *Is all the counsel that we two have shared*
> *The sister's vows*, etc.

Shakspeare n'avait point lu les poëmes de saint Grégoire. Il ne savait point le grec ; mais sa langue maternelle, celle de la nature, est la même en Angleterre et en Cappadoce.

(1) Cette peinture si peu séduisante de Sasima nous a été tracée par saint Grégoire de Nazianze (t. II, *de Vitâ suâ*, p. 718). On trouve dans l'Itinéraire d'Antonin (p. 144, éd. Wesseling.) la position exacte de cette ville, à quarante-neuf milles d'Archelais, et à trente-deux de Tyane.

riage spirituel avec cette désagréable épouse. Il consentit ensuite à gouverner l'église de Nazianze, sa ville natale (1), dont son père avait été évêque durant plus de quarante-cinq ans; mais il se sentait digne d'un autre théâtre et d'un autre auditoire; une ambition légitime le porta à accepter l'honorable invitation du parti orthodoxe de Constantinople. A son arrivée dans la capitale, un parent pieux et charitable le reçut dans sa maison; on consacra la chambre la plus vaste aux cérémonies de la religion; et on choisit le nom d'*Anastasie* pour exprimer la résurrection de la foi de Nicée. Cette assemblée particulière se convertit dans la suite en une église magnifique; et la crédulité du siècle suivant adopta sans peine les miracles et les visions qui attestaient la présence de la mère de Dieu, ou au moins sa protection (2). La chaire de l'Anastasie fut le théâtre des travaux et des triomphes de saint Grégoire, et, dans l'espace de deux ans, il éprouva toutes les révolutions spirituelles qui constituent les succès et les revers d'un mis-

---

(1) Saint Grégoire a immortalisé le nom de Nazianze. Cependant Pline (VI, 3), Ptolémée et Hiéroclès (*Itinerar.*, Wesseling, p. 709) citent la ville natale de saint Grégoire sous le nom grec ou romain de *Diocæsarea*. (Tillemont, *Mém. ecclés.*, tome IX, p. 692.) Il paraît qu'elle était située sur les frontières de l'Isaurie.

(2) *Voyez* Ducange, *Constant. christiana*, l. IV, p. 141-142. Le θεια δυναμις de Sozomène (l. VII, c. 5) est interprété comme signifiant la Vierge Marie.

sionnaire (1). Les ariens, irrités de la hardiesse de son entreprise, l'accusèrent de prêcher trois divinités égales et distinctes, et excitèrent le zèle de la populace à s'opposer, par des attroupemens et des violences, à l'assemblée irrégulière des hérétiques athanasiens. « Une troupe de mendians qui avaient perdu tous leurs droits à la commisération, des moines qui ressemblaient à des boucs ou à des satyres, et des femmes plus violentes que des Jézabels, » sortirent pêle-mêle de la cathédrale de Sainte-Sophie. Ils enfoncèrent les portes de l'Anastasie, et, armés de pierres, de bâtons et de tisons ardens, y firent beaucoup de dégâts qu'ils essayèrent même de porter encore plus loin. Un homme ayant perdu la vie dans cette bagarre, saint Grégoire, appelé le lendemain devant le juge, eut la satisfaction de se regarder comme un confesseur du nom de Jésus-Christ. Débarrassé, dans la suite, de la crainte des ennemis extérieurs, saint Grégoire de Nazianze eut le chagrin de voir son Église naissante déshonorée par des dissensions. Un étranger, qui portait le nom de Maxime (2) et le manteau d'un philosophe cynique, s'in-

---

(1) Tillemont (*Mém. ecclésiast.*, t. IX, p. 432, etc.) rassemble, commente et explique tous les passages oratoires et poétiques de saint Grégoire, qui peuvent avoir quelque rapport à ce sujet.

(2) Il prononça un discours (t. I, *orat.* 23, p. 409) à sa louange; mais après leur querelle il substitua au nom de Maxime celui de Héron. (*Voyez* saint Jérôme, t. I, dans

sinua dans la confiance de saint Grégoire, abusa de l'opinion favorable qu'il lui avait inspirée, et par de sourdes pratiques avec quelques évêques d'Égypte, il tâcha, au moyen d'une ordination clandestine, de supplanter son protecteur, et d'obtenir le siége épiscopal de Constantinople. Ces mortifications pouvaient bien faire regretter quelquefois au missionnaire de Cappadoce sa solitude obscure et paisible; mais il oubliait ses peines en voyant augmenter tous les jours l'éclat de sa gloire et le nombre de sa congrégation; il observait avec satisfaction que la plus grande partie de ceux qui composaient son nombreux auditoire, frappés de son éloquence (1), se retiraient convaincus de l'irrégularité de leurs pratiques et de leurs principes religieux (2).

<small>Ruine de l'arianisme à Constantinople.
A. D. 380, 26 novemb.</small>

Le baptême et l'édit de Théodose remplirent d'une heureuse confiance les catholiques de Constantinople, et ils attendirent avec impatience l'effet de ses favorables promesses. Leur espoir ne tarda point à se

---

le *Catal. Script. eccles.*, p. 301.) Je passe légèrement sur ces débats personnels et obscurs.

(1) Sous l'emblème modeste d'un songe, saint Grégoire (t. II, chant 9, p. 78) décrit, avec une complaisance un peu mondaine, les succès qu'il avait obtenus; cependant ses conversations familières avec saint Jérôme, un de ses auditeurs (t. I, épît. à Népotien, p. 14), donnent lieu de penser que le prédicateur savait apprécier les applaudissemens du peuple à leur juste valeur.

(2) *Lacrymæ auditorum laudes tuæ sint.* C'est le conseil sage et expressif de saint Jérôme.

réaliser : dès que l'empereur eut terminé les opérations de la campagne, il fit son entrée publique dans la capitale, à la tête de son armée victorieuse. Le lendemain de son arrivée, il manda Damophile, et offrit à cet évêque arien la dure alternative de souscrire à la foi de Nicée, ou de céder sur-le-champ à des ecclésiastiques orthodoxes son palais épiscopal, la cathédrale de Sainte-Sophie et toutes les églises de Constantinople. Le zèle de Damophile, qui, dans un pieux catholique, eût été justement applaudi, choisit sans hésiter l'exil et la pauvreté (1), et aussitôt après son départ on fit la cérémonie de la purification de la ville. Les ariens se plaignirent, avec quelque apparence de raison, de ce qu'une congrégation peu nombreuse s'emparait de cent églises qu'elle ne pouvait pas remplir, tandis que tout le reste des citoyens se trouvait privé de l'exercice public de son culte religieux. Théodose fut inexorable ; mais comme les anges qui protégeaient le parti des catholiques n'étaient visibles qu'aux yeux de la foi, il appuya prudemment ces légions célestes des secours efficaces du glaive temporel, et un corps nombreux de ses gardes occupa l'église de Sainte-Sophie. Si saint

---

(1). Socrate (l. v, c. 7) et Sozomène (l. vii, c. 5) rapportent la conduite et les réponses évangéliques de Damophile sans daigner y ajouter un seul mot d'approbation. Il considérait, dit Socrate, qu'il est difficile de résister à la puissance ; mais il était facile et, il lui aurait été profitable de s'y soumettre.

Grégoire était susceptible d'orgueil, il doit avoir éprouvé une satisfaction bien vive, lorsque l'empereur le conduisit en triomphe dans les rues, et le plaça respectueusement lui-même sur le trône archiépiscopal de la cathédrale de Constantinople. Mais ce saint, qui n'était point encore dépouillé de toutes les faiblesses de l'humanité, vit avec douleur que son entrée dans le sacré bercail ressemblait plus à celle d'un loup qu'à celle d'un pasteur; qu'il ne devait la sûreté de sa vie qu'à l'éclat des armes qui l'environnaient, et qu'il était personnellement l'objet des imprécations d'un parti nombreux de sectaires, qui, comme hommes et comme citoyens, ne pouvaient lui paraître méprisables. Les rues, les fenêtres, et jusqu'aux toits des maisons, étaient couverts d'une multitude des deux sexes et de tous les âges. On n'entendait de tous côtés que des cris d'étonnement, de fureur et de désespoir; enfin, saint Grégoire avoue de bonne foi qu'au jour mémorable de son installation, la capitale de l'Orient offrait le spectacle affreux d'une ville prise d'assaut par une armée de Barbares (1). Environ six semaines après, Théodose annonça la résolution d'expulser de toutes les églises

---

(1) *Voyez* saint Grégoire de Nazianze, t. II, *de Vitâ suâ*, p. 21, 22. Pour l'édification de la postérité, le prélat raconte un étonnant prodige : au mois de novembre, le ciel était nébuleux dans la matinée; mais le soleil perça les nuages, et le ciel s'éclaircit lorsque la procession entra dans l'église.

de son royaume les évêques et les ecclésiastiques qui refuseraient de croire, ou du moins de professer la doctrine du concile de Nicée. Il chargea de cette commission Sapor, son lieutenant, qui, armé de tous les pouvoirs que pouvaient lui donner une loi générale et une commission spéciale, et suivi d'un corps de troupes nombreux (1), conduisit cette révolution ecclésiastique avec tant de sagesse et de modération, que la religion de l'empereur, sans tumulte et sans effusion de sang, se trouva établie dans toutes les provinces de l'Orient. Si on eût laissé subsister les écrits des ariens (2), nous y trouverions sans doute la relation lamentable de la persécution de l'Église sous le règne de l'impie Théodose, et les souffrances de leurs saints confesseurs exciteraient peut-être la compassion de quelque lecteur impartial. Il y a cependant lieu de présumer que le défaut de résistance offrit peu d'exercice au zèle et à la vengeance, et que dans leur adversité les ariens déployèrent beaucoup moins de fermeté que le parti orthodoxe n'en avait montré sous les règnes de Cons-

---

(1) Théodoret est le seul des trois historiens ecclésiastiques qui cite (l. v, c. 2) cette importante commission de Sapor, que Tillemont (*Hist. des Emp.*, t. v, p. 728) déplace judicieusement du règne de Gratien pour le replacer sous celui de Théodose.

(2) Je ne compte point Philostorgius, quoiqu'il cite l'expulsion de Damophile. Les ouvrages de cet historien eunomien ont été avec soin épurés par des éditeurs orthodoxes.

tance et de Valens. C'est dans les mêmes passions sans doute, c'est de même dans les effets de l'esprit religieux qu'il faut chercher le principe de la conduite et du caractère moral des sectaires des deux partis; mais on peut découvrir, dans leurs opinions théologiques, une différence importante qui pouvait apporter quelque inégalité dans les degrés de leur foi. Dans l'école et dans l'église, l'un et l'autre reconnaissaient et adoraient la majesté du Christ; mais comme les hommes sont toujours disposés à supposer à la Divinité leurs sentimens et leurs passions, il devait paraître plus prudent et plus respectueux d'exagérer que de restreindre les perfections adorables du Fils de Dieu. Le disciple de saint Athanase fondait son orgueil sur une parfaite confiance d'avoir mérité la faveur divine, et celui d'Arius était peut-être tourmenté par la crainte secrète de commettre une offense impardonnable, en retranchant ainsi sur les louanges et les honneurs dus au juge et au Sauveur du monde. Les préceptes de l'arianisme pouvaient satisfaire une imagination froide et contemplative; mais la doctrine du symbole de Nicée, empreinte d'une foi et d'une dévotion plus vives, devait obtenir la préférence dans un siècle de ferveur religieuse.

Concile de Constantinople. A. D. 381.

L'empereur, persuadé que l'assemblée du clergé orthodoxe serait animée de l'esprit de sagesse et de vérité, convoqua dans sa capitale un synode, composé de cent cinquante prélats, qui complétèrent, sans beaucoup de difficulté et sans délai, le système théologique précédemment établi par le concile de

Nicée. Les disputes violentes du quatrième siècle avaient eu principalement pour objet la nature du Fils de Dieu ; et les différentes opinions adoptées relativement à la seconde personne de la Trinité, s'étaient naturellement étendues par analogie à la troisième (1). Cependant les adversaires victorieux de l'arianisme jugèrent à propos d'expliquer le langage équivoque de quelques docteurs, de confirmer la foi des catholiques, et de condamner la doctrine peu goûtée d'une secte de macédoniens, qui, en admettant que le Fils était consubstantiel avec le Père, craignaient, s'ils poussaient plus loin la complaisance, qu'on ne les accusât d'avouer l'existence de trois Dieux. Une sentence finale et unanime établit la divinité du Saint-Esprit comme égale à celle des deux autres personnes. Cette doctrine mystérieuse a été reçue de toutes les nations chrétiennes et de toutes leurs Églises, et leur respectueuse reconnaissance a placé les évêques assemblés par Théodose au second rang des conciles généraux (2). Leur

---

(1) Le Clerc a donné (*Bibl. univers.*, t. XVIII, p. 91-105) un extrait fort curieux des sermons que saint Grégoire de Nazianze prêcha à Constantinople contre les ariens, les eunomiens, les macédoniens, etc. Il dit aux macédoniens qui reconnaissaient la divinité du Père et du Fils, et rejetaient celle du Saint-Esprit, qu'on pouvait aussi bien les appeler trithéistes que dithéistes. Saint Grégoire était lui-même un peu trithéiste, et sa monarchie du ciel ressemble fort à une aristocratie bien ordonnée.

(2) Le premier concile général de Constantinople triom-

connaissance de la vérité religieuse peut s'être conservée par tradition, ou leur avoir été inspirée; mais la circonspection de l'histoire ne peut pas accorder un grand degré de confiance à l'autorité personnelle des évêques de Constantinople. Dans un siècle où les ecclésiastiques avaient renoncé scandaleusement à la pureté apostolique, les plus indignes, les plus corrompus étaient les plus assidus à suivre et à troubler les assemblées épiscopales. La fermentation et le conflit de tant d'intérêts opposés, de tant de caractères différens, enflammaient les passions des prélats, et leurs passions principales étaient l'amour de l'or et de la controverse. Parmi les évêques qui applaudissaient alors à la piété orthodoxe de Théodose, il en était un grand nombre dont la prudence flexible avait changé plusieurs fois de symbole et d'opinion; et dans les différentes révolutions de l'État et de l'Église, la religion du souverain servait toujours de règle à leur obséquieuse conscience. Dès que l'empereur cessait de faire agir son influence, le turbulent synode se livrait aux impulsions de la haine, du ressentiment et de la vengeance. Durant la tenue du concile de Constantinople, la mort de Mélèce offrit un moyen facile de terminer le schisme d'Antioche, en permettant à Paulin, son rival, fort âgé,

---

phe aujourd'hui dans le Vatican; mais les papes ont hésité long-temps, et leurs doutes embarrassent et font presque chanceler l'humble Tillemont. *Mém. ecclés.*, tome IX, p. 499, 500.

d'occuper paisiblement jusqu'à sa mort le siége épiscopal. La foi et les vertus de Paulin étaient irréprochables; mais les Églises de l'Occident avaient pris sa défense, et les évêques du synode résolurent de perpétuer la discorde par l'ordination précipitée d'un candidat parjure (1), plutôt que de déroger à la dignité qu'ils croyaient devoir attribuer à l'Orient, illustré par la naissance et par la mort de Jésus-Christ. Des procédés si irréguliers et si injustes furent désapprouvés par les plus sages du concile; ils se retirèrent, et la bruyante majorité qui resta maîtresse du champ de bataille, n'a pu être comparée par les contemporains qu'à un assemblage de guêpes ou de pies; à une volée de grues ou à une troupe d'oies (2).

On serait peut-être tenté de regarder cette peinture des synodes ecclésiastiques comme l'ouvrage partial de quelque païen rempli de malice, ou d'un

Retraite de saint Grégoire de Nazianze. A. D. 381.

---

(1) Avant la mort de Mélèce, sept ou huit de ses ecclésiastiques les plus aimés du peuple, parmi lesquels était Flavien, avaient renoncé *avec serment,* pour l'amour de la paix, à l'évêché d'Antioche. (Sozomène, l. VII, c. 3, 11.; Socrate, l. v, c. 5.) Tillemont croit devoir rejeter cette histoire; mais il avoue que plusieurs circonstances de la vie de Flavien paraissent peu dignes des louanges de saint Chrysostôme et du caractère d'un saint.

(2) Consultez saint Grégoire de Nazianze (*de Vitâ suâ,* t. II, p. 25-28). On peut connaître, par ses vers et par sa prose, son opinion générale et particulière du clergé et de ses assemblées (t. I, *orat.* I, p. 33, épît. 55, p. 814; t. II, chant 10, p. 81). Tillemont ne parle qu'obscurément de ces passages que Le Clerc cite ouvertement.

hérétique endurci; mais le nom de l'historien véridique qui a transmis à la postérité cette leçon instructive, imposera silence aux murmures impuissans du fanatisme et de la superstition. Il était à la fois l'évêque le plus pieux et le plus éloquent de son siècle, le fléau de l'arianisme et le pilier de la foi orthodoxe. L'Église le révère comme un saint, et comme un de ses docteurs. Il tint une place distinguée dans le concile de Constantinople, où il fit les fonctions de président après la mort de Mélèce; en un mot, c'est saint Grégoire de Nazianze. Le traitement injurieux qu'il éprouva lui-même (1), loin de nuire à l'authenticité de son témoignage, atteste l'esprit qui dirigeait les délibérations du concile. Tous les suffrages réunis avaient confirmé les droits que l'évêque de Constantinople tirait du choix du peuple et de l'approbation de l'empereur; mais saint Grégoire devint bientôt la victime de l'envie et de la malveillance. Les évêques de l'Orient, ses adhérens les plus zélés, furent irrités de sa modération relativement aux affaires d'Antioche, et l'abandonnèrent à la faction des Égyptiens, qui disputaient la validité

---

(1) *Voyez* saint Grégoire, t. II, *de Vitâ suâ*, p. 28-31. Les quatorzième, vingt-septième et trente-deuxième discours, furent prononcés à différentes époques de ces divisions. La péroraison du dernier (t. I, p. 528), dans laquelle il prend congé des hommes et des anges, de la ville et de l'empereur, de l'Orient et de l'Occident, etc., est pathétique et presque sublime.

de son élection; ils se fondaient sur une loi canonique tombée en désuétude, qui défendait à un prélat de passer d'un siége épiscopal dans un autre. Soit orgueil, soit humilité, saint Grégoire ne voulut point soutenir une contestation dans laquelle sa fermeté aurait pu être imputée à l'ambition ou à l'amour des richesses; il offrit publiquement, non sans quelque sentiment d'indignation, de quitter le gouvernement d'une Église restaurée et presque créée par ses travaux. Le concile accepta sa résignation, et l'empereur lui-même y consentit avec plus de facilité que le prélat ne semblait le prévoir. Au moment où il pouvait espérer de jouir des fruits de sa victoire, le sénateur Nectarius prit possession de son archevêché; choisi presque par hasard, le nouvel archevêque n'avait guère d'autre recommandation qu'une grande facilité de caractère unie à une figure vénérable. On fut obligé de retarder la cérémonie de sa consécration pour lui administrer d'abord, en grande hâte, le sacrement de baptême (1). Après cette triste expérience de l'ingratitude des princes et des prélats, saint Grégoire de Nazianze rentra paisiblement dans sa retraite de Cappadoce, où il employa le reste de

---

(1) Sozomène (l. VII, c. 8) atteste la bizarre ordination de Nectarius; mais Tillemont observe (*Mém. ecclés.*, t. 9, p. 719) « qu'après tout, ce narré de Sozomène est si honteux pour tous ceux qu'il y mêle, et surtout pour Théodose, qu'il vaut mieux travailler à le détruire qu'à le soutenir. » Admirable règle de critique !

sa vie, environ huit ans, à des œuvres de poésie et de dévotion. On a décoré son nom du titre de saint : la sensibilité de son âme et l'élégance de son génie (1) le couronnent d'un plus doux éclat.

<small>Édits de Théodose contre les hérétiques. A. D. 380-394.</small>

Théodose ne se contenta point d'anéantir la puissance insolente des ariens, et de venger les injures que le zèle de Constance et de Valens avait fait souffrir aux catholiques. Cet empereur orthodoxe regardait les hérétiques comme également rebelles aux puissances du ciel et à celles de la terre, et supposait ainsi ces deux puissances autorisées à exercer leur juridiction respective sur l'âme et sur le corps des coupables. Les décrets du concile de Constantinople avaient fixé les préceptes de la foi, et les ecclésiastiques qui dirigeaient la conscience de Théodose, lui suggérèrent des moyens de persécution efficace. Dans l'espace de quinze années, il publia au moins quinze édits rigoureux contre les hérétiques (2), et principalement contre ceux qui rejetaient la doctrine de la Trinité. Pour leur ôter toute ressource et tout espoir, l'empereur déclara que si on alléguait en

---

(1) On supposera bien, sans que j'en avertisse, qu'en faisant l'éloge de son cœur et de sa sensibilité, je veux parler de son caractère naturel, lorsqu'il n'était ni endurci ni enflammé par le zèle religieux. Il exhorte, du fond de sa retraite, Nectarius à persécuter les hérétiques de Constantinople.

(2) *Voyez* le *Code de Théodose*, l. XVI, tit. 5, leg. 6-23; les *Commentaires* de Godefroy sur chaque loi, et son Sommaire général ou *Paratitlon*, t. VI, p. 104, 110.

leur faveur quelque édit ou quelque mandat, il voulait que les juges les regardassent comme illégaux, obtenus par fraude ou contrefaits. Il détailla les différentes punitions destinées aux ministres, aux assemblées et aux personnes des hérétiques, et le législateur annonça sa colère par la violence de ses expressions. 1° Les prédicateurs hérétiques qui usurpaient audacieusement le titre d'évêques ou de prêtres, étaient non-seulement privés des priviléges et des émolumens accordés avec tant de libéralité au clergé orthodoxe, mais ils encouraient les peines d'exil et de confiscation, s'ils se hasardaient à prêcher la doctrine ou à pratiquer les cérémonies de leurs sectes *maudites*. Celui qui recevait, conférait ou même facilitait une ordination hérétique, devait payer une amende de dix livres d'or, environ quatre cents livres sterling. On pouvait raisonnablement espérer que quand il n'y aurait plus de pasteurs, les troupeaux, sans défense, sans instruction et sans culte, rentreraient d'eux-mêmes dans le bercail de l'Église. 2° On étendit avec soin la prohibition des conventicules à toutes les occasions possibles dans lesquelles les hérétiques pourraient tenter de se réunir avec l'intention de célébrer le culte de Dieu ou du Christ selon les principes de leur foi et de leur conscience. Leurs assemblées religieuses publiques ou secrètes, de jour ou de nuit, dans les villes ou dans les campagnes, furent également proscrites par les édits de Théodose; et le bâtiment ou le terrain qui avait servi à cet usage criminel, était confisqué au profit du domaine impérial : 3° On supposait que l'erreur des hérétiques ne pouvait venir que d'une obstination qui méritait la punition la plus sévère. On fortifia l'anathême de l'Église d'une espèce d'excommunication civile qui les séparait de leurs concitoyens par une tache d'infamie particulière; et cette marque imprimée sur eux par le suprême magistrat de l'empire, tendait à encourager ou au moins à excuser les insultes d'une populace fanatique. Les sectaires furent successivement exclus de tout emploi honorable ou lucratif; et Théodose crut faire un acte de justice, quand il ordonna que les eunomiens, par la raison qu'ils distinguaient la nature du Père de celle du Fils, seraient privés du droit de tester et de recevoir aucun don testamentaire. L'hérésie des manichéens parut si criminelle, que la mort du coupable pouvait seule l'expier; on condamna aussi à une peine capitale les audiens ou *quartodecimans* (1), dont l'horrible impiété allait jusqu'à déplacer la fête de Pâques, pour la célébrer à une époque différente. Tout Romain avait le droit de se porter publiquement pour accusateur; mais l'office d'inquisiteur de la foi, dont le nom est si justement

---

(1) Ils célébraient la fête de Pâques comme les Juifs, le quatorzième jour de la première lune après l'équinoxe du printemps, et s'opposaient ainsi obstinément à l'Église romaine, qui fixait, ainsi que le synode de Nicée, la fête de Pâques sur un dimanche. *Antiq. de Bingham*, l. xx, c. 5, vol. ii, p. 309, édit. *in-fol.*

abhorré, prit naissance sous le règne de Théodose. Cependant nous croyons pouvoir assurer que ces lois pénales furent rarement exécutées à la rigueur, et que le pieux monarque avait moins le dessein de punir que de corriger ou d'effrayer des sujets opiniâtres (1).

La théorie de la persécution fut établie par Théodose, dont les saints de l'Église ont loué la justice et la pitié; mais il était réservé à Maxime, son collègue et son rival, d'en exercer la pratique dans toute son étendue, et d'être le premier des empereurs chrétiens qui versèrent, pour des opinions religieuses, le sang de leurs sujets chrétiens. On transféra, par appel du synode de Bordeaux au consistoire impérial de Trèves, la cause des priscillianistes (2), nouvelle secte d'hérétiques qui troublaient la tranquillité des provinces de l'Espagne. La sentence du préfet du prétoire condamna sept personnes à la torture et à la mort. On exécuta d'abord Priscillien (3), évêque d'Avila, en Espa-

Exécution de Priscillien et de ses associés.
A. D. 385.

---

(1) Sozomène, l. VII, c. 12.

(2) *Voyez* l'*Hist. sacrée* de Sulpice-Sévère (l. II, p. 437-452, ed. Lugd. Bat., 1647), auteur exact et original; *Crédibilité de la religion chrétienne*, par le docteur Lardner (part. II, vol. IX, p. 256-350). Il a traité cet article avec érudition, jugement et modération. Tillemont (*Mém. ecclés.*, t. VIII, p. 491-527) a rassemblé en un monceau tout le fumier des pères; excellent balayeur!

(3) Sulpice parle de l'archi-hérétique avec estime et compassion : *Felix profectò, si non pravo studio corrupisset op-*

gne (1), également distingué par sa naissance et par sa fortune ; par son éloquence et par son érudition. Deux prêtres et deux diacres accompagnèrent leur maître chéri au supplice, qu'ils regardaient comme un martyre glorieux. Cette scène sanglante finit par le supplice de Latronien, poëte célèbre, dont la réputation rivalisait avec celle des anciens, et par celui d'Euchrocia, noble matrone de Bordeaux, et veuve de l'orateur Delphidius (2). Deux évêques qui avaient adopté les opinions de Priscillien, furent condamnés au plus triste exil, dans des terres éloignées (3). On montra quelque indulgence pour des coupables moins illustres, et qui l'avaient méritée par un prompt repentir. Si l'on pouvait ajouter foi aux aveux arrachés par la terreur et par les tourmens, aux accusations vagues de la calomnie, adoptées par la crédu-

---

timum ingenium ! *Prorsus multa in eo animi et corporis bona cerneres.* (Hist. Sacra, l. II, p. 439.) Saint Jérôme lui-même (t. 1, *in Script. eccles.*, p. 382) parle avec modération de Priscillien et de Latronien.

(1) Cet évêché de la Vieille-Castille vaut annuellement au prélat vingt mille ducats. (*Géographie de Busching*, v, 2, p. 308.) Il n'est pas vraisemblable, d'après cela, qu'il produise un nouvel hérésiarque.

(2) *Exprobabatur mulieri viduæ nimia religio, et diligentiùs culta Divinitas.* (Pacatus, *in Panegyr. vet.*, 12, 29.) Telle était l'idée d'un polythéiste humain, quoique ignorant.

(3) L'un d'eux fut envoyé *in Syllinam insulam quæ ultra Britanniam est.* Quel doit avoir été autrefois l'état des rochers de Scilly ! *Brétagne* de Cambden, vol. II, p. 1519.

lité, on demeurerait convaincu que l'hérésie des priscillianistes réunissait toutes les abominations de la magie, de la débauche et de l'impiété (1). Priscillien, qui avait couru le monde, accompagné de ses sœurs spirituelles, fut accusé de prêcher entièrement nu au milieu de sa congrégation; et d'autres ajoutaient qu'il avait détruit, par des moyens odieux et punissables, les fruits de son commerce criminel avec la fille d'Euchrocia. Mais un examen approfondi, ou plutôt impartial, prouvera que, si les priscillianistes violèrent les lois de la nature, ce ne fut pas par la licence, mais par l'austérité de leur vie. Ils condamnaient absolument l'intimité du lit nuptial, et il en résultait des séparations indiscrètes, qui troublaient la paix des familles. Ils ordonnaient ou recommandaient l'abstinence totale de la chair des animaux, et leurs prières continuelles, leurs jeûnes et leurs vigiles composaient une règle de dévotion pure et sévère. Ils avaient puisé dans le système des gnostiques et des manichéens leurs opinions relativement à la personne du fils de Dieu et à la nature de l'âme. Cette vaine philosophie, transportée d'Égypte en Espagne, ne convenait guère aux esprits des Occidentaux, moins subtils que ceux de l'Orient. Les disciples obscurs de Priscillien souffrirent, languirent et disparurent

---

(1) Les scandaleuses calomnies de saint Augustin, du pape Léon, etc., que Tillemont adopte docilement, et que Lardner réfute avec force, font naître des soupçons en faveur des anciens gnostiques.

insensiblement. Le peuple et le clergé rejetèrent ses préceptes ; mais sa mort entraîna une longue et violente controverse. Les uns applaudissaient à l'équité de sa sentence, et les autres la regardaient comme une injustice tyrannique. C'est avec plaisir que nous remarquerons l'humanité, peut-être peu conséquente, de saint Ambroise, évêque de Milan (1), et de saint Martin, évêque de Tours (2), deux saints des plus illustres de l'Église, qui en cette occasion défendirent la cause de la tolérance. Ils eurent pitié des malheureux exécutés à Trèves, et refusèrent toute relation avec les évêques qui les avaient condamnés. Si saint Martin s'écarta ensuite de cette résolution généreuse, ses motifs étaient louables, et sa pénitence fut exemplaire. Les évêques de Tours et de Milan prononçaient sans hésiter la damnation éternelle des hérétiques ; mais le spectacle sanglant de leur mort temporelle faisait horreur a ces respectables prélats ; les préceptes de la théologie n'effaçaient pas de leur âme les sentimens de la nature, et l'irrégularité scandaleuse des procédures faites contre Priscillien et ses adhérens échauffa encore leur humanité. Les ministres civils et ecclésiastiques avaient exercé leur autorité hors des limites de leur juridiction. Le juge séculier reçut un appel, et prononça une sentence définitive, qui, en matière de

---

(1) Saint Ambroise, t. II, épît. 24, p. 891.
(2) Dans l'*Histoire Sacrée* et la *Vie de saint Martin*, Sulpice-Sévère est fort circonspect ; mais il s'exprime avec plus

foi, appartient à la justice ecclésiastique (1), et les évêques se déshonorèrent en se portant pour accusateurs dans une poursuite criminelle. La cruauté d'Ithacius, qui sollicita la mort des hérétiques et fut témoin de leurs tortures, enflamma le public d'indignation, et les vices de cet évêque corrompu servirent de preuve à la bassesse de ses motifs. Depuis la mort de Priscillien, l'exercice de la persécution a pris une forme plus régulière dans le *Saint-Office*, qui distribue aux justices ecclésiastique et séculière leurs différentes fonctions. Le prêtre livre sa victime au magistrat, le magistrat la remet à l'exécuteur, et la sentence inexorable de l'Église, qui atteste le crime spirituel du coupable, est énoncée en termes qui semblent n'exprimer que la pitié et l'intercession.

Parmi les ecclésiastiques qui ont illustré le règne de Théodose, saint Grégoire de Nazianze se distingua par ses talens pour la chaire : le don des miracles ajouta, dans l'opinion des hommes, un grand éclat aux vertus monastiques de saint Martin de Tours (2);

^{Saint Ambroise, évêque de Milan A.D. 374-397.}

---

de liberté dans les *Dialogues* (III, 15). Cependant saint Martin fut vigoureusement tancé par un ange et par le cri de sa propre conscience, et trouva depuis beaucoup moins de facilité à faire des miracles.

(1) Sulpice-Sévère, prêtre catholique (l. II, p. 448) et Pacatus, orateur païen (*Paneg. vet.*, XII, 29), condamnent avec une égale indignation le caractère et la conduite d'Ithacius.

(2) La *Vie de saint Martin* et les Dialogues relatifs à ses

mais la vigueur et l'habileté de l'intrépide saint Ambroise lui obtinrent, à juste titre, le premier rang parmi les évêques (1). Il descendait d'une noble famille romaine : son père avait occupé le poste distingué de préfet du prétoire de la Gaule; le fils, après avoir reçu une éducation brillante, parvint, par les gradations ordinaires des honneurs civils, au rang de consulaire de la Ligurie, dans laquelle se trouvait enclavée la résidence de Milan. Saint Ambroise, âgé de trente-quatre ans, n'avait point encore reçu le sacrement du baptême, lorsqu'à sa grande surprise et à celle du public, de gouverneur d'une province, il se trouva transformé en archevêque. Sans cabale et sans intrigue, à ce que l'histoire rapporte, le public le nomma d'une voix unanime à l'épiscopat. L'accord et la persévérance des acclamations passa pour une impulsion surnaturelle, et le magistrat fut contraint, malgré sa répugnance, d'accepter des fonctions spirituelles auxquelles les habitudes et les occupations de sa vie passée le rendaient tout-à-

---

miracles contiennent des faits qui respirent la plus grossière ignorance, dans un style qui n'est point indigne du siècle d'Auguste. L'alliance du bon sens et du bon goût est si naturelle, que ce contraste me surprend toujours.

(1) La vie abrégée et superficielle de saint Ambroise, par son diacre Paulin (*Appendix* à l'édit. des Bénédictins, p. 1-15), a le mérite d'être une autorité originale. Tillemont (*Mém. ecclés.*, t. x, p. 78-306, et les édit. bénédict. (p. 31-63) ont apporté leurs soins ordinaires dans les recherches qu'ils ont faites à cet égard.

fait étranger; mais la vigoureuse activité de son génie le rendit bientôt propre à exercer, avec zèle et prudence, les devoirs de la juridiction ecclésiastique; en même temps qu'il renonçait avec joie aux brillantes et vaines décorations de la grandeur temporelle, il daignait, pour l'avantage de l'Église, diriger la conscience des empereurs, et surveiller l'administration de l'empire. Gratien l'aimait et le révérait comme son père, et ce fut pour l'instruction de ce jeune prince que saint Ambroise composa avec tant de soin son Traité sur la foi de la Trinité. Après sa mort tragique, et au moment où l'impératrice Justine tremblait pour sa propre sûreté et pour celle de son fils Valentinien, elle chargea l'archevêque de Milan de deux ambassades successives à la cour de Trèves. Il déploya une intelligence et une fermeté égales dans ses fonctions politiques et ecclésiastiques, et contribua peut-être, par son éloquence et par son autorité, à suspendre les desseins ambitieux de Maxime, et à conserver la paix de l'Italie (1). Saint Ambroise avait dévoué sa vie et ses talens au service de l'Église. Plein de mépris pour les richesses, il avait abandonné son patrimoine particulier, et il vendit sans hésiter l'argenterie sacrée pour le rachat des captifs. Le peuple et le clergé de Milan chérissaient leur archevêque, qui jouissait de l'estime de ses faibles sou-

---

(1) Saint Ambroise lui-même (t. II, *epist.* 24, p. 888-891) fait à l'empereur un récit très-animé de son ambassade.

verains sans solliciter leur faveur et sans redouter leur disgrâce.

**Succès de sa résistance contre l'impératrice Justine.
A. D. 385, 3 avril, 10 avril.**

Le gouvernement de l'Italie et la tutelle du jeune prince échurent naturellement à la princesse Justine, sa mère, également distinguée par son courage et par sa beauté, mais qui, au milieu d'un peuple orthodoxe, suivait malheureusement la doctrine hérétique d'Arius qu'elle tâchait d'inculquer à son fils. Justine, persuadée qu'un empereur romain avait le droit d'obtenir dans ses propres États l'exercice public de sa religion, crut faire à saint Ambroise une proposition raisonnable et modérée en lui demandant la jouissance d'une seule église, soit dans la ville, soit dans les faubourgs de Milan; mais le pieux archevêque se conduisait par des principes différens (1). Il reconnaissait que les palais de la terre appartiennent au souverain; mais il considérait les églises comme le sanctuaire de Dieu, dont il prétendait, comme le successeur des apôtres, être le seul ministre dans toute l'étendue de son diocèse. Les vrais croyans devaient jouir exclusivement des priviléges temporels aussi bien que spirituels du christianisme, et le prélat regardait ses opinions théologiques comme la

---

(1) Le tableau qu'il fait lui-même de ses principes et de sa conduite (t. II, *epist.* 20, 21, 22, p. 850-880) est un des plus curieux monumens de l'antiquité ecclésiastique: on y trouve deux lettres adressées à sa sœur Marcellina, une requête à Valentinien, et le sermon *de Basilicis non tradendis*.

règle essentielle et invariable de l'orthodoxie et de la vérité. Il refusa toute conférence ou négociation avec les disciples de Satan, et déclara, avec une fermeté modeste, qu'il souffrirait plutôt le martyre que de consentir à un sacrilége. Justine, offensée d'un refus qu'elle regardait comme un acte d'insolence et de rebellion, résolut imprudemment d'avoir recours à l'autorité impériale. Elle manda l'archevêque dans son conseil quelques jours avant la fête de Pâques, pendant laquelle elle désirait faire publiquement ses dévotions. Saint Ambroise obéit avec tout le respect d'un sujet fidèle; mais le peuple l'avait suivi sans son aveu, et se pressait impétueusement autour des portes du palais. La frayeur saisit les ministres de Valentinien; au lieu d'une sentence d'exil contre l'archevêque, ils le supplièrent d'interposer son autorité pour protéger le souverain et rendre la tranquillité à la capitale. Mais les promesses que l'on fit à saint Ambroise, et qu'il communiqua aux citoyens, furent bientôt violées par une cour perfide, et tous les désordres du fanatisme régnèrent dans la capitale durant les six jours solennels que la piété chrétienne a destinés aux cérémonies de la dévotion. Les officiers du palais préparèrent d'abord la *basilique* Porcienne, et ensuite la nouvelle *basilique*, pour la réception de l'empereur et de la princesse sa mère, et y arrangèrent, à la manière accoutumée, le dais brillant et tous les ornemens du trône impérial; mais il fallut les faire accompagner d'une forte garde militaire, pour éviter les insultes de la populace. Les ecclésiastiques ariens qui hasardaient de paraître dans les rues couraient risque de la vie, et saint Ambroise eut le mérite et la gloire de sauver ses ennemis personnels des mains d'une multitude en fureur.

Mais tandis qu'il tâchait de s'opposer à ces effets du zèle religieux, la véhémence pathétique de ses sermons continuait à enflammer les dispositions violentes et séditieuses du peuple de Milan. Il appliquait indécemment à la cause de l'empereur des comparaisons tirées du caractère d'Ève, de la femme de Job, de Jézabel et d'Hérodias; et il assimilait la demande d'une église pour les ariens aux plus cruelles persécutions que les chrétiens eussent endurées sous le règne du paganisme. Les mesures de la cour ne servirent qu'à faire connaître toute l'étendue du mal. On imposa une amende de deux cents livres d'or sur les communautés des marchands et des manufacturiers; on ordonna, au nom de l'empereur, à tous les officiers et aux suppôts inférieurs de la justice, de rester renfermés dans leurs maisons jusqu'à la fin des troubles de la capitale; et les ministres de Valentinien eurent l'imprudence d'avouer publiquement que les citoyens les plus respectables de Milan étaient attachés au parti de l'archevêque. On le sollicita une seconde fois de rendre la paix à son pays, en se soumettant, tandis qu'il le pouvait encore, aux volontés de son souverain : saint Ambroise fit sa réponse en termes humbles et respectueux, mais qu'on pouvait regarder comme une déclaration de guerre civile. Elle portait : « Que l'empereur pouvait disposer de son sort et de sa vie ; mais qu'il ne trahirait jamais l'Église de Jésus-Christ ; qu'il ne dégraderait point la dignité du caractère épiscopal ; que, pour cette cause, il était prêt à souffrir tous les supplices que la malice du démon pourrait accumuler sur lui, et qu'il ne désirait que de mourir en présence de son fidèle troupeau et sur les marches des autels ; qu'il n'avait pas contribué à exciter la fureur du peuple, mais que Dieu seul pouvait l'apaiser. Il priait l'Être suprême de détourner les scènes de sang et de confusion qui paraissaient près de commencer, et de ne pas le laisser survivre à la destruction d'une ville florissante, qui entraînerait peut-être la désolation de toute l'Italie (1). » L'opiniâtre bigoterie de Justine aurait hasardé l'empire de son fils, si, dans cette contestation avec l'Église et le peuple de Milan, elle avait pu compter sur l'obéissance active des troupes du palais. Un corps considérable de Goths s'était mis en marche pour s'emparer de la *basilique* qui faisait l'objet de la dispute, et on pouvait présumer que des étrangers mercenaires, qui réunissaient des

---

(1) Le cardinal de Retz reçut de la reine un message semblable. Elle le priait d'apaiser les troubles de Paris ; il répondit qu'il n'en était plus le maître ; « à quoi j'ajoutai tout ce que vous pouvez imaginer de respect, de douleur, de regret et de soumission. » (*Mém.*, t. 1, p. 140.) Je ne prétends sûrement pas comparer ni les temps ni les hommes; cependant le coadjuteur (p. 84) semble avoir eu en quelque sorte l'idée d'imiter saint Ambroise.

mœurs barbares et des principes ariens, exécuteraient sans scrupule les ordres les plus sanguinaires. L'archevêque les attendait à la porte de l'église, et, fulminant contre eux une sentence d'excommunication, il leur demanda, du ton d'un père et d'un maître, si c'était pour envahir la maison de Dieu qu'ils avaient imploré des Romains asile et protection. Les Barbares s'arrêtèrent incertains ; un délai de quelques heures fut employé à des négociations plus efficaces ; et, dans cet intervalle, les plus sages conseillers de l'impératrice la déterminèrent à laisser aux catholiques de Milan la paisible possession de toutes leurs églises, et à dissimuler ses projets de vengeance en attendant des circonstances plus favorables. La mère de Valentinien ne pardonna jamais ce triomphe à saint Ambroise, et le jeune empereur se plaignit, en termes violens, de la lâcheté de ses serviteurs, qui lui faisait subir le joug honteux d'un prêtre insolent.

Les lois de l'empire, dont quelques-unes étaient souscrites par Valentinien, condamnaient l'hérésie arienne, et semblaient excuser la résistance des catholiques : à la sollicitation de Justine, on publia un édit de tolérance dans toutes les provinces qui dépendaient de la cour de Milan ; ceux qui suivaient la foi du concile de Rimini obtinrent l'exercice public de leur religion (1), et l'empereur déclara que

---

(1) Sozomène (l. VII, c. 13) a jeté ce fait lumineux au milieu d'un récit obscur et embarrassé.

tous ceux qui enfreindraient ce réglement salutaire seraient punis de mort, comme perturbateurs du repos public. D'après le caractère de l'archevêque de Milan et la liberté de ses expressions, on peut soupçonner que sa conduite ne tarda pas à fournir aux ministres ariens, qui l'épiaient, un motif réel ou un prétexte spécieux de l'accuser de désobéissance à une loi qu'il a étrangement représentée comme une loi de sang et une tyrannie. Le conseil de Valentinien prononça contre saint Ambroise une sentence d'exil également honorable et modérée, qui, en lui enjoignant de quitter sans délai la ville de Milan, lui permettait de choisir le lieu de sa retraite, et de régler le nombre de ses compagnons; mais le danger de l'Église fit oublier au prélat les maximes des saints qui ont prêché et pratiqué l'obéissance passive au souverain; il refusa hardiment d'obéir, et son peuple fidèle applaudit unanimement à son refus (1). Les citoyens gardèrent tour à tour leur archevêque; ils barricadèrent fortement les portes de la cathédrale et du palais épiscopal; et les troupes impériales, qui bloquaient cette forteresse imprenable, n'osèrent en risquer l'attaque. La multitude de pauvres que faisait subsister la libéralité de saint Ambroise, saisit avec ardeur une si belle occasion de

---

(1) *Excubabat pia plebs in ecclesiâ mori parata cum episcopo suo... Nos adhuc frigidi excitabamur tamen civitate attonitâ atque turbatâ.* Saint Augustin, *Confessions*, l. ix, chap. 7.

signaler son zèle et sa reconnaissance; et pour que la patience de ses partisans ne s'épuisât pas par la longueur et la monotonie des vigiles, il introduisit dans l'église de Milan l'usage de psalmodier régulièrement et à haute voix. Tandis que l'archevêque soutenait ce dangereux combat, un songe l'avertit de faire creuser la terre dans l'endroit où l'on avait enterré depuis plus de trois siècles les restes des deux martyrs saint Gervais et saint Protais (1). Immédiatement sous le pavé de l'église, on trouva deux corps entiers, dont les têtes étaient séparées, et qui versèrent beaucoup de sang (2). Ces saintes reliques furent présentées en grande pompe à la vénération du peuple, et toutes les circonstances de cette heureuse découverte vinrent à l'appui du projet de saint Ambroise. On supposa que les os des martyrs, leur sang, et même leurs vêtemens, étaient doués d'une vertu salutaire, et qu'ils communiquaient leur influence surnaturelle aux objets les plus éloignés, sans rien per-

---

(1) Tillemont, *Mém. ecclés.*, t. II, p. 78-498. Un grand nombre des églises de l'Italie, de la Gaule, etc., furent dédiées à ces martyrs inconnus; mais saint Gervais semble avoir été plus favorisé que son compagnon.

(2) *Invenimus miræ magnitudinis viros duos, ut prisca ætas ferebat* (t. II, *epist.* 22, p. 875). La grandeur de ces corps était heureusement ou adroitement adaptée sur la dégradation physique et graduelle de l'espèce humaine, préjugé que tous les siècles, depuis Homère, ont généralement adopté.

Grandiaque effossis mirabitur ossa sepulchris.

dre de leur efficacité. La cure extraordinaire d'un aveugle (1) et les aveux forcés de plusieurs possédés parurent autant de preuves en faveur de la doctrine et de la sainteté de l'archevêque; ces miracles sont attestés par saint Ambroise lui-même, par Paulin, son secrétaire, et par son disciple le célèbre saint Augustin, qui professait alors la rhétorique à Milan. La philosophie de notre siècle approuvera peut-être l'incrédulité de Justine et de la cour arienne, qui tournaient en dérision ces comédies, représentées par les intrigues et aux dépens de l'archevêque (2). Quoi qu'il en soit, leur effet sur l'imagination du peuple n'en fut pas moins rapide et irrésistible; et le faible souverain de l'Italie ne se trouva pas en état de soutenir sa querelle contre le favori du ciel. Les puissances de la terre se réunirent en sa faveur. Le conseil désintéressé de Théodose fut dicté par la dévotion et par l'amitié, et l'usurpateur de la Gaule

---

(1) Saint Augustin, t. II, *epist*. 22, p. 875; saint Aug., *Confess.*, l. IX, c. 8; *de Civ. Dei*, l. XXII, c. 7; Paulin, *in Vit. sanct. Ambr.*, c. 14; *in Appendice Benedict.*, p. 4. L'aveugle se nommait Sévère : en touchant la sainte robe il fut guéri, et dévoua le reste de sa vie (environ vingt-cinq ans) au service de l'Église. Je recommanderais ce miracle à nos théologiens protestans, s'il ne prouvait pas la sainteté des reliques aussi bien que l'orthodoxie du symbole de Nicée.

(2) Paulin, *in Vit. sanct. Ambros.*, c. 5; *in Append. Benedict.*, p. 5.

cacha, sous le masque du zèle religieux, les projets hostiles que lui inspirait son ambition (1).

<small>Maxime fait une invasion en Italie.
A. D. 387, août.</small>

Maxime aurait pu régner en paix jusqu'à la fin de sa vie, s'il se fût contenté de la possession des trois vastes contrées qui composent aujourd'hui les trois plus florissans royaumes de l'Europe. Mais cet avide usurpateur, dévoré d'une basse ambition que n'ennoblissaient ni l'amour de la gloire ni l'amour de la guerre, ne regardait sa puissance actuelle que comme l'instrument de sa grandeur future; et ses premiers succès entraînèrent rapidement sa destruction. Les trésors qu'il arrachait à la Gaule, à l'Espagne et à la Grande-Bretagne opprimées (2), lui servirent à lever et à entretenir une nombreuse armée de Barbares, tirés des plus belliqueuses nations de l'Allemagne, et avec laquelle il se préparait à envahir l'Italie et à dépouiller un prince encore enfant, dont le gouvernement était détesté et méprisé par ses sujets catholiques : mais Maxime, ayant à cœur de s'emparer sans résistance du passage des Alpes, reçut avec la plus perfide bienveillance Domninus de Syrie, ambassadeur de Valentinien, et pressa ce-

---

(1) Tillemont, *Mém. ecclés.*, t. x, p. 190-750. Il admet avec partialité la médiation de Théodose, et rejette, on ne sait par quel caprice, celle de Maxime, quoiqu'elle soit attestée par Prosper, Sozomène et Théodoret.

(2) La censure modeste de Sulpice-Sévère (*Dialog.* III, 15) frappe plus sévèrement que les faibles déclamations de Pacatus (XII, 25, 26).

lui-ci d'accepter le secours d'un corps considérable de troupes pour le servir dans la guerre de Pannonie. La pénétration de saint Ambroise avait découvert le piége à travers les protestations d'amitié (1); mais le Syrien Domninus se laissa tromper ou corrompre par les libéralités de la cour de Trèves; et le conseil de Milan rejeta obstinément le soupçon du danger avec une confiance aveugle, qui était moins l'effet du courage que celui de la peur. L'ambassadeur dirigea la marche des auxiliaires, et on les admit sans méfiance dans les forteresses des Alpes; mais le perfide Maxime les suivit précipitamment, et sans bruit, avec le reste de son armée. Comme il avait soigneusement intercepté tous les avis qu'on aurait pu avoir sur ses mouvemens, la réverbération du soleil réfléchie par les armes, et la poussière qu'élevait la cavalerie, furent la première annonce que l'on reçut de l'arrivée d'un ennemi aux portes de Milan. Dans cette extrémité, Justine et son fils ne pouvaient que regretter leur imprudence et accuser la perfidie de Maxime; mais ils n'avaient ni le temps, ni la force, ni le courage nécessaires pour résister à une armée de Germains, soit en rase campagne, soit dans les murs d'une grande ville remplie de sujets mécontens; la fuite était leur seule ressource, et Aquilée leur seul refuge. Maxime ne daignait plus dissimuler la per-

---

(1) *Esto tutior adversus hominem, pacis involucro tegentem.* Tel fut l'avis prudent de saint Ambroise (t. 11, p. 891) au retour de sa seconde ambassade.

versité de son caractère, et le frère de Gratien pouvait attendre de son assassin le même sort que lui. Maxime entra dans Milan en triomphe; et quoique le sage archevêque de Milan évitât le crime et le danger de communiquer avec l'usurpateur, en refusant toute relation avec lui, il contribua peut-être indirectement au succès de ses armes, en prêchant aux citoyens le devoir de la résignation plutôt que celui de la résistance (1). L'infortunée Justine arriva sans accident à Aquilée; mais les fortifications ne lui parurent pas capables de la rassurer. Elle craignit un siège, et résolut d'aller implorer la protection du grand Théodose, dont on célébrait la puissance et les vertus dans toutes les provinces de l'Occident. Elle fit approvisionner en secret un vaisseau pour transporter la famille impériale, s'embarqua précipitamment dans un petit port de la province des Vénètes ou de l'Istrie, traversa toute l'étendue de la mer Adriatique et de la mer d'Ionie, doubla le promontoire du Péloponèse, et, après une longue mais heureuse navigation, se trouva enfin en sûreté dans le port de Thessalonique. Tous les sujets de Valentinien abandonnèrent le parti d'un prince dont l'abdication les dispensait de la fidélité; et sans la résistance d'Émone, petite ville sur les confins de l'Italie qui essaya d'arrêter le cours de ces victoires

Fuite de Valentinien.

---

(1) Baronius (A. D. 387, n° 63) applique à ces temps de calamités publiques quelques-uns des sermons pénitentiaux de l'archevêque.

si peu glorieuses, Maxime aurait conquis tout l'empire d'Occident sans tirer l'épée.

Au lieu d'inviter ses augustes hôtes à venir le joindre à Constantinople, Théodose fixa, par quelques motifs secrets, leur résidence à Thessalonique. Ce ne fut ni par mépris ni par indifférence, puisqu'il se hâta de les y aller trouver, suivi de la plus grande partie de sa cour et du sénat. Après les avoir tendrement assurés de son intérêt et de son attachement, le pieux Théodose avertit, avec douceur, l'impératrice que le crime d'hérésie était quelquefois puni dans ce monde aussi bien que dans l'autre, et qu'en consentant à adopter publiquement la foi de Nicée, elle faciliterait la restauration de son fils, en se ménageant ainsi l'approbation de la terre et du ciel. L'empereur remit à son conseil le choix important de la paix ou de la guerre. La justice et l'honneur criaient maintenant bien plus haut encore que dans le temps de la mort de Gratien. Le persécuteur de cette famille impériale, à laquelle Théodose devait son élévation, venait d'ajouter de nouvelles injures à celles qui avaient déjà été souffertes. On ne pouvait plus compter sur des sermens ni sur des traités pour contenir l'ambition sans frein de l'usurpateur, et en tardant à employer des moyens vigoureux et décisifs, loin de conserver la paix, on pouvait exposer l'Orient au danger d'une invasion. Les Barbares qui avaient passé le Danube, convertis depuis peu en soldats et en citoyens, conservaient encore une partie de leur férocité nationale ; la guerre, en exer-

Théodose arme pour secourir Valentinien.
A. D. 387.

çant leur valeur, avait encore l'avantage d'en diminuer le nombre, et de soulager les provinces qu'ils accablaient. Malgré tous ces raisonnemens, approuvés par la majorité du conseil, Théodose hésitait encore à prendre les armes pour une cause qui ne pouvait plus admettre de réconciliation ; et sa grande âme pouvait sans honte éprouver de l'inquiétude pour des peuples épuisés et pour la sûreté de ses propres enfans. Tandis que le doute d'un seul homme suspendait le destin de l'empire, les charmes de la princesse Galla plaidaient en faveur de son frère Valentinien (1). Théodose se sentit ému des larmes de la beauté, et son cœur ne put se défendre des charmes de la jeunesse et de l'innocence. L'impératrice Justine sut profiter habilement de sa passion, et la célébration de son mariage fut le gage et le signal de la guerre civile. Les critiques insensibles, qui regardent la faiblesse de l'amour comme une tache indélébile pour la mémoire d'un grand homme, et surtout d'un empereur orthodoxe, rejettent en cette occasion l'autorité suspecte de Zozime. Pour moi, j'avoue naïvement que je me plais à trouver et même à chercher dans les sanglantes révolutions de ce monde quelques traces des sentimens moins funestes

---

(1) Zozime (l. iv, p. 263, 264) raconte la fuite de Valentinien et l'amour de Théodose pour sa sœur. Tillemont, à l'appui de quelques autorités faibles et équivoques, antidate le second mariage de Théodose (*Hist. des Empereurs*, t. v, p. 740) et tâche de réfuter *ces contes de Zozime, qui seraient trop contraires à la piété de Théodose*.

et plus doux de la vie domestique. Dans la foule des conquérans ambitieux et sanguinaires, je distingue avec satisfaction le héros sensible qui reçoit ses armes des mains de l'amour. On s'assura par un traité, de l'alliance du roi de Perse. Les Barbares belliqueux qui environnaient l'empire consentirent à respecter les frontières ou à suivre les drapeaux d'un monarque actif et généreux; et les préparatifs de guerre se firent avec ardeur, tant sur mer que sur terre, dans les États de Théodose, depuis l'Euphrate jusqu'à la mer Adriatique. L'habileté des dispositions semblait multiplier les forces de l'Orient, et partageait l'attention de Maxime. Il avait lieu de craindre qu'un corps de troupes choisies et commandées par l'intrépide Arbogaste, ne dirigeât sa marche le long du Danube, et ne pénétrât à travers la Rhétie dans le cœur de la Gaule. On équipa une flotte puissante dans les ports de la Grèce et de l'Épire; le dessein apparent était de conduire Valentinien et sa mère en Italie, dès qu'une victoire navale aurait ouvert le passage, de les mener sans délai à Rome, et de les mettre en possession du siége principal de l'empire et de la religion. Dans le même temps, Théodose lui-même, à la tête d'une armée courageuse et bien disciplinée, s'avançait à la rencontre de son indigne rival, qui, après le siége d'Émone, avait assis son camp dans les environs de Siscie, ville de Pannonie, fortement défendue par le cours large et rapide de la Save.

Les vétérans, qui se rappelaient encore la longue

Défaite et mort de Maxime. A. D. 388, juin, août.

résistance et les ressources successives du tyran Magnence, se préparaient sans doute aux travaux de deux ou trois campagnes sanglantes ; mais l'expédition entreprise contre celui qui avait usurpé comme lui le trône de l'Occident, ne dura que deux mois (1), et ne leur fit pas parcourir plus de deux cents milles. Le génie de l'empereur d'Orient devait naturellement prévaloir contre le faible Maxime, qui ne montra, dans cette crise fatale, ni courage personnel ni talens militaires. L'avantage d'une cavalerie nombreuse et agile seconda puissamment l'habileté de Théodose. Les Huns, les Alains, et les Goths à leur exemple, formèrent des escadrons d'archers qui combattaient à cheval, et étonnaient la fermeté des Gaulois et des Germains par la rapidité des évolutions d'une guerre de Tartares. Après une longue marche, et dans la plus forte chaleur de l'été, ils s'élancèrent, sur leurs chevaux couverts d'écume, dans les eaux de la Save, passèrent la rivière à la nage en présence de l'ennemi, chargèrent les troupes qui défendaient la rive opposée, et les mirent en fuite. Marcellinus, frère de l'usurpateur, accourut à leur secours avec des cohortes choisies, qu'on regardait comme l'espoir et la ressource de l'armée. Le combat, interrompu par l'approche de la nuit, recommença le lendemain matin ; et après une défense opiniâtre, le reste des plus braves soldats de Maxime posa les

---

(1) *Voyez* la *Chronologie des Lois*, par Godefroy, *Code Théodos.*, t. 1, p. 119.

armes aux pieds de l'empereur. Sans perdre le temps à
écouter les acclamations des fidèles habitans d'Émone,
Théodose continua sa marche pour terminer la guerre
par la mort ou la prise de l'usurpateur, qui fuyait
devant lui avec toute l'agilité de la crainte. Du sommet des Alpes Juliennes, il descendit si rapidement
dans les plaines d'Italie, qu'il arriva le même jour à
Aquilée ; et Maxime, environné de toutes parts, eut
à peine le temps d'en fermer les portes : mais elles
ne pouvaient résister long-temps aux efforts d'un
ennemi victorieux ; l'indifférence, le mécontentement et le désespoir du peuple et des soldats, hâtèrent la chute du misérable Maxime. Arraché violemment de son trône, et dépouillé des ornemens
impériaux, de la robe, du diadême et des sandales
de pourpre, il fut traîné dans le camp de Théodose,
environ à trois milles d'Aquilée. Loin d'insulter à
son infortune, l'empereur parut touché de compassion ; et disposé à quelque indulgence, pour un
homme qui n'avait jamais été son ennemi personnel,
et qui ne lui inspirait que du mépris. Les malheurs
auxquels nous sommes exposés excitent plus aisément notre sensibilité, et ce n'était pas sans de profondes et sérieuses réflexions que le vainqueur pouvait voir son orgueilleux compétiteur maintenant
prosterné devant lui. Mais la mort de Gratien, et le
respect pour la justice, bannirent bientôt la faible
impression d'une pitié involontaire. Théodose abandonna Maxime au pieux ressentiment des soldats,
qui l'emmenèrent de sa présence et lui tranchèrent

la tête. La nouvelle de sa victoire fut reçue partout avec une joie sincère ou habilement feinte. Victor, fils de l'usurpateur, que son père avait décoré du titre d'Auguste, périt par l'ordre, et peut-être par la main de l'audacieux Arbogaste; et toutes les dispositions militaires de Théodose furent couronnées du succès. Dès qu'il eut ainsi terminé une guerre civile moins sanglante et moins difficile qu'il n'avait dû s'y attendre, l'empereur de l'Orient s'occupa, durant plusieurs mois de résidence à Milan, de rétablir l'ordre dans les provinces; et au commencement du printemps, il fit, à l'exemple de Constantin et de Constance (1), son entrée triomphale dans l'ancienne capitale de l'empire.

Vertus de Théodose.

L'orateur qui peut sans danger garder le silence, peut aussi louer sans peine et sans répugnance (2). La postérité avouera sans doute que le caractère de Théo-

---

(1) En outre des passages que l'on peut recueillir dans les *Chroniques* et dans l'*Hist. ecclés.*, Zozime (l. IV, p. 259-267), Orose (l. VII, c. 35) et Pacatus (*in Panegyr. vet.*, XII, 30-47) suppléent à la disette des matériaux sur la guerre civile. Saint Ambroise (t. II, épît. XL, p. 952, 953) fait allusion, d'une manière assez obscure, aux événemens connus d'un magasin enlevé, d'une action à Petovio, et d'une victoire en Sicile, peut-être une victoire navale, etc. Ausone (p. 256, édit. Toll.) félicite Aquilée de sa bonne fortune, et fait l'éloge de la conduite de ses habitans.

(2) *Quàm promptum laudare principem, tam tutum siluisse de principe.* (Pacatus, *in Panegyr. vet.*, XII, 2.) Latinus-Pacatus-Drepanius, né dans la Gaule, prononça ce

dose (1) offrait le sujet abondant d'un juste panégyrique. La sagesse de ses lois et le succès de ses armes faisaient respecter son administration de ses sujets et de ses ennemis. Il aimait et pratiquait les vertus de la vie domestique, qui habitent rarement dans les palais des rois. Théodose était sobre et chaste; à table, il jouissait sans excès des plaisirs du repas et de la conversation, et sa passion pour les femmes ne l'emporta jamais à des affections illégitimes. Décoré des titres fastueux de la grandeur impériale, il aimait encore à mériter les tendres noms d'époux fidèle et de père indulgent. Sa tendre estime donna près de lui à son oncle le rang d'un second père. Théodose reçut comme ses propres enfans ceux de son frère et de sa sœur, et ses soins s'étendirent à ses parens les plus éloignés. C'était dans le nombre de ceux qu'il avait vus sans masque avant son élévation, qu'il choisissait ses amis particuliers; le sentiment d'un mérite supérieur le rendait capable de mépriser les distinctions accidentelles de la pourpre et du diadême, et sa conduite, lorsqu'il fut monté sur le

---

discours à Rome (A. D. 388). Il fut nommé depuis consul d'Afrique, et son ami Ausone compare ses poésies à celles de Virgile. *Voyez* Tillemont, *Hist. des Empereurs*, tome v, p. 303.

(1) *Voyez* le portrait que Victor le jeune fait de Théodose. Les traits sont bien frappés, mais les couleurs sont mêlées. L'éloge de Pacatus est trop vague, et Claudien semble craindre toujours d'élever la gloire de Théodose au-dessus de celle de son fils.

trône, prouva qu'il savait oublier les injures, pour ne se souvenir que des bienfaits. Il avait l'attention obligeante de conformer le ton léger ou sérieux de sa conversation à l'âge, au rang ou au caractère de ceux de ses sujets qu'il admettait dans sa société, et l'affabilité de ses manières était la peinture naïve de son âme. Théodose respectait la simplicité des hommes bons et vertueux; et l'habileté dans tous les genres : tous les talens, pourvu qu'ils fussent utiles ou seulement innocens, étaient sûrs d'éprouver sa judicieuse libéralité. En exceptant les hérétiques, qu'il persécuta avec une haine implacable, on peut dire que sa bienveillance n'avait de bornes que celles du genre humain. Le gouvernement d'un grand empire suffit sans doute pour occuper le temps et tous les talens d'un mortel : cependant ce prince actif, sans aspirer à la réputation d'un savant, réservait toujours quelques momens de son loisir à une lecture instructive ; l'histoire, où il allait puiser de quoi augmenter son expérience, était son étude favorite. Les annales de Rome lui présentaient, dans la longue révolution de onze siècles, des tableaux variés et frappans de la fortune et de la vie des hommes ; et on avait particulièrement remarqué que les cruautés de Cinna, de Marius ou de Sylla, lui arrachaient une exclamation d'horreur pour ces fléaux des hommes et de la liberté. Son opinion impartiale sur les événemens passés servait de règle à sa conduite, et il eut le rare mérite d'étendre ses vertus en proportion de sa fortune. Le moment de la prospérité était pour lui celui de la modération. Il fit admirer plus que jamais sa clémence après le danger et le succès de la guerre civile. Dans la première chaleur de la victoire, on avait massacré les Maures qui composaient la garde de l'usurpateur, et livré au glaive de la justice quelques-uns des criminels les plus marquans de son parti ; mais l'empereur se montra plus empressé de sauver les innocens que de punir les coupables. Les infortunés citoyens de l'Occident, qui se seraient crus trop heureux d'obtenir la restitution de leurs terres, reçurent avec étonnement une somme d'argent équivalente à leurs pertes, et le vainqueur pourvut libéralement à l'entretien de la mère et à l'éducation des filles de Maxime (1). Un caractère si accompli excuserait presque l'extravagante supposition de l'orateur Pacatus, qui affirme avec enthousiasme que si Brutus l'ancien revenait sur la terre, ce sévère républicain abjurerait aux pieds de Théodose la haine de la royauté, et avouerait ingénument qu'un tel prince est le plus fidèle soutien du bonheur et de la dignité du peuple romain (2).

Cependant l'œil perçant du fondateur de la république aurait aperçu sans doute deux défauts essentiels et capables de détruire son goût récent pour le

Défauts de Théodose.

---

(1) Saint Ambroise, t. II, *epist.* 40, p. 955. Pacatus, faute de courage ou d'intelligence, néglige cette circonstance glorieuse.

(2) Pacatus, *in Panegyr. vet.*, XII, 20.

despotisme. L'indolence de Théodose affaiblissait souvent l'activité (1) de ses vertus, et il se livrait quelquefois à l'impétuosité de sa colère (2). Dans la poursuite d'un objet important, son courage devenait capable des plus grands efforts; mais après la réussite d'une entreprise, après la crise d'un danger, le héros retombait dans un repos sans gloire; et, oubliant que le temps d'un prince appartient à ses sujets, il se livrait aux plaisirs innocens mais frivoles d'une cour fastueuse. Théodose était naturellement impatient et colère; et dans un rang où personne ne pouvait lui résister, où peu d'hommes osaient lui faire des représentations, le monarque sensible craignait également le danger de ses faiblesses et celui de sa puissance. Il travaillait sans cesse à vaincre ou du moins à modérer l'impétuosité de ses passions; et le succès de ses efforts augmentait le mérite de sa clémence. Mais la vertu pénible qu'exige toujours un

---

(1) Zozime, l. IV, p. 271, 272. Son témoignage porte, dans cette occasion, l'empreinte de la candeur et de la vérité. Il observe cette alternative d'indolence et d'activité, non pas comme un vice, mais comme une singularité du caractère de Théodose.

(2) Victor avoue et excuse cette disposition à la colère. *Sed habes*, dit saint Ambroise à son souverain, en termes fermes et respectueux, *naturæ impetum, quem si quis lenire velit, citò vertes ad misericordiam: si quis stimulet, in magis exsuscitas, ut eum revocare vix possis* (t. II, epist., l. I, p. 998). Théodose (Claud., *in* IV cons. Honor., 266, etc.) exhorte son fils à modérer son penchant à la colère.

combat n'est pas toujours sûre de la victoire; le règne d'un prince sage et clément fut souillé par un acte de cruauté qu'on attendrait à peine d'un Néron ou d'un Domitien; et par un étrange contraste, l'historien de Théodose, dans le cours seulement de trois années, rapporte et le pardon généreux que ce prince accorda aux citoyens d'Antioche, et le massacre inhumain des habitans de Thessalonique.

L'esprit inquiet du peuple d'Antioche ne lui permettait jamais de se trouver content de sa propre situation, ni du caractère et du gouvernement de ses souverains. Les sujets ariens de Théodose déploraient la perte de leurs églises; trois évêques rivaux se disputèrent le siége d'Antioche, et la sentence qui décida de leurs prétentions excita les murmures des deux congrégations qui succombaient. Les besoins de la guerre contre les Goths, et la dépense inévitable qu'entraîna le traité de paix, avaient obligé l'empereur à augmenter les impôts; et les provinces d'Asie qui n'avaient point souffert des malheurs de l'Europe, contribuaient avec répugnance à les soulager. La dixième année de son règne approchait, et la fête d'usage à cette époque était plus agréable aux soldats qui recevaient une gratification considérable, qu'aux citoyens dont les dons volontaires avaient été convertis depuis long-temps en taxes extraordinaires. Les édits bursaux troublèrent le repos et les plaisirs de la ville d'Antioche; le tribunal du magistrat fut assiégé par une foule suppliante qui sollicitait en termes pathétiques, et d'abord respectueux, la

Sédition d'Antioche.
A. D. 387.

réformation des abus. L'arrogance des commissa[ires]
qui traitaient les plaintes de résistance crimin[elle]
enflamma peu à peu la colère du peuple; sa di[spo]-
sition satirique se tourna bientôt en violentes et [pi]-
quantes invectives, qui, d'abord lancées contre [les]
ministres subordonnés du gouvernement, s'élevè[rent]
6 février. insensiblement jusqu'à l'empereur lui-même; l[a fu]-
reur de la multitude, animée par une faible résista[nce,]
se déchargea sur les images de la famille impé[riale]
qu'on avait exposées à la vénération publique [sur]
les plus belles places de la ville. Les statues de T[héo]-
dose, celles de son père, de Flaccilla son épous[e, et]
de ses deux fils Arcadius et Honorius, furent a[bat]-
tues, mises en pièces, ou traînées ignominieuse[ment]
dans les rues, et les outrages que la multitude [pro]-
digua aux images de la majesté impériale, man[i]-
tèrent assez quels étaient ses vœux coupables e[t sa]-
criléges. L'arrivée d'un corps d'archers fit c[esser]
presque sur-le-champ le tumulte, et les habi[tants]
d'Antioche eurent le temps de réfléchir sur l'é[nor]-
mité de leur faute et sur le danger du châtiment[.]
Le gouverneur de la province rendit à la c[our,]
comme il y était obligé par les devoirs de sa pl[ace,]

---

(1) Les chrétiens et les païens crurent unanimement q[ue la]
sédition avait été excitée par les démons. Une femme [de]
taille gigantesque, dit Sozomène, se promenait dans le[s rues,]
un fouet à la main; un vieillard, dit Libanius (*orat.*
p. 396), se transforma d'abord en jeune homme, et e[nsuite]
en petit enfant, etc.

un compte exact de toutes les circonstances de l'émeute; et de leur côté, pour porter à la cour l'aveu de leur crime et l'assurance de leur repentir, les citoyens tremblans se confièrent au zèle de Flavien, leur évêque, et à l'éloquence d'Hilaire, l'ami et probablement le disciple de Libanius, dont le génie, dans cette triste circonstance, ne fut pas inutile à sa patrie (1). Une distance de huit cents milles séparait Antioche de Constantinople; et, malgré la diligence des postes impériales, ce fut déjà pour la ville coupable une punition sévère que le long effroi qui précéda les réponses. La moindre rumeur excitait la crainte ou l'espérance des citoyens d'Antioche. Ils entendaient avec frayeur annoncer que l'empereur, violemment irrité des insultes faites à ses statues, et plus encore des indignités commises sur celles de son épouse bien-aimée, avait résolu de raser la ville et de massacrer, sans distinction d'âge ou de sexe, tous les habitans (2), dont une partie chercha un refuge dans les montagnes de Syrie et dans le désert voisin. Enfin, après vingt-quatre jours d'attente et d'in-

22 mars.

---

(1) Zozime se trompe sûrement dans son récit court et dénué de bonne foi (t. IV, p. 258, 259), lorsqu'il envoie Libanius en personne à Constantinople; ses propres discours prouvent qu'il resta à Antioche.

(2) Libanius (*orat.* 1, p. 6, *edit. Venet.*) déclare que sous un semblable règne la crainte du massacre était absurde, surtout pendant l'absence de l'empereur; car sa présence, selon cet éloquent esclave, aurait pu légitimer les actions les plus sanguinaires.

quiétude, le général Hellebicus et Cesarius, maître des offices, prononcèrent les ordres de l'empereur et la sentence d'Antioche. Cette orgueilleuse capitale fut dégradée de son rang et perdit le nom et les droits de cité. On dépouilla la métropole de l'Orient de ses terres, de ses priviléges et de ses revenus, et on l'assujettit, sous la dénomination humiliante de village, à la juridiction de Laodicée (1); on ferma les bains, le cirque et les théâtres; et pour la priver en même temps des plaisirs et de l'abondance, Théodose enjoignit sévèrement de supprimer à l'avenir toute distribution de grains. Ses délégués procédèrent ensuite aux informations contre les particuliers qui avaient détruit les statues, et contre ceux qui ne s'y étaient point opposés. Hellebicus et Cesarius siégeaient au milieu du Forum, sur leur tribunal, environné de soldats; les citoyens d'Antioche les plus distingués par leur naissance et leurs richesses, y comparurent chargés de chaînes; on leur fit souffrir la torture, et les deux magistrats prononcèrent ou suspendirent, de leur seule autorité, la sentence des criminels. On mit leurs maisons en vente; leurs femmes et leurs enfans tombèrent de l'opulence dans l'excès de la misère; et l'on s'attendait à voir termi-

---

(1) Laodicée, sur le bord de la mer, à soixante-cinq milles d'Antioche. (*Voyez* Noris *Epoch. Syro-Maced.*, Dissert. III, p. 230.) Les habitans d'Antioche trouvèrent mauvais que la ville de Séleucie, qui dépendait de leur capitale, eût la présomption d'intercéder en leur faveur.

ner par les plus sanglantes exécutions (1) un jour de calamités que le prédicateur d'Antioche, l'éloquent saint Chrysostôme, a représenté comme un tableau frappant du jugement dernier de l'univers. Mais les ministres de Théodose exécutaient avec répugnance sa cruelle commission. La désolation du peuple leur arracha des larmes, et ils écoutèrent avec respect les sollicitations pressantes des moines et des ermites qui descendaient en foule des montagnes (2). Hellebicus et Cesarius consentirent à suspendre l'exécution de leur sentence; il fut convenu que le premier resterait à Antioche, tandis que l'autre, retournant en diligence à Constantinople, se hasarderait à consulter une seconde fois la volonté de son souverain. La colère de Théodose était déjà calmée; les députés du peuple, l'évêque et l'orateur, avaient obtenu une audience favorable; et les reproches de l'empereur furent plutôt les plaintes de la tendresse offensée que les menaces sévères et hautaines de l'orgueil et de la puissance. Un pardon général et absolu fut accordé à la ville et aux citoyens d'Antioche; on ouvrit les portes des prisons;

Clémence de Théodose.

---

(1) Comme la date des jours où le tumulte eut lieu se rapporte à la fête mobile de Pâques, on ne peut la déterminer sans avoir auparavant fixé l'année. Tillemont (*Hist. des Empereurs*, t. v, p. 741-744) et Montfaucon (*Saint Chrysostôme*, t. XIII, p. 105-110) ont préféré l'année 387.

(2) Saint Chrysostôme compare leur courage, qui ne les exposait pas à un grand danger, à la fuite honteuse des cyniques.

les sénateurs, qui n'attendaient plus qu'une mort ignominieuse, recouvrèrent leurs maisons et leurs fortunes, et la capitale de l'Orient reprit son éclat et la jouissance de tous ses priviléges. Théodose honora de ses éloges la générosité avec laquelle le sénat de Constantinople avait intercédé en faveur des malheureux sénateurs d'Antioche; il récompensa l'éloquence d'Hilaire en le nommant gouverneur de la Palestine, et l'évêque d'Antioche, à son départ, reçut de lui les plus vifs témoignages de respect et de reconnaissance. Théodose vit élever à sa clémence mille nouvelles statues; son cœur ratifiait les applaudissemens de ses sujets, et l'empereur avoua que si rendre la justice est le devoir le plus sacré des souverains, pardonner est leur plus délicieuse jouissance (1).

25 avril.

Sédition et massacre de Thessalonique.
A. D. 390.

On attribue la sédition de Thessalonique à une cause plus honteuse, et les suites en furent plus funestes. Cette grande ville, la métropole de toutes les provinces de l'Illyrie, avait été préservée du ravage

---

(1) Deux orateurs également distingués par leur mérite, quoique d'opinions différentes, ont écrit la sédition d'Antioche dans un style presque dramatique. (*Voyez* Libanius, orat. 14, 15, p. 389-420; édit. Morel, orat. 1, p. 1-14. *Venet.*, 1754; et les vingt Discours de saint Jean Chrysostôme, *de Statuis*, t. II, p. 1-225, édit. Montfaucon.) Je connais peu les ouvrages de saint Chrysostôme; mais Tillemont (*Hist. des Empereurs*, t. v, p. 263-283) et Hermant (*Vie de saint Chrysostôme*, t. I, p. 137-244) avaient lu ses œuvres avec soin, et avec une pieuse exactitude.

des Goths par des fortifications redoutables et une garnison nombreuse. Botheric, général de ces troupes, et probablement, d'après son nom, Barbare lui-même, avait dans le nombre de ses esclaves un jeune garçon dont la beauté excita les désirs impurs d'un des cochers du cirque. Botheric punit par la prison son insolente brutalité, et se refusa sévèrement aux importunes clameurs de la multitude, qui, dans une représentation des jeux publics, se plaignit de l'emprisonnement de son cocher favori, à l'habileté duquel elle attachait infiniment plus d'importance qu'à sa vertu. Quelques anciens sujets de mécontentement avaient déjà excité le ressentiment du peuple, et la garnison, affaiblie par le nombreux détachement employé à la guerre d'Italie et par la désertion, ne put sauver son général de la fureur d'une multitude sans frein; Botheric et plusieurs de ses principaux officiers furent inhumainement massacrés. Leurs corps mutilés furent traînés à travers les rues. L'empereur, qui résidait alors à Milan, apprit avec étonnement l'insolence et la cruauté effrénée du peuple de Thessalonique. Le juge le plus modéré aurait puni sévèrement les auteurs de ce crime, et le mérite de Botheric pouvait contribuer à augmenter l'indignation de Théodose. Le monarque fougueux, trouvant les formalités de la justice trop lentes au gré de son impatience, résolut de venger la mort de son lieutenant par le massacre d'un peuple coupable. Cependant son âme flottait encore entre la clémence et la vengeance. Le zèle des évêques lui avait presque arra-

ché malgré lui la promesse d'un pardon général;
mais Ruffin, son ministre, armé des artifices de la
flatterie, parvint à ranimer sa colère; et l'empereur,
après avoir expédié le fatal message, essaya, mais
trop tard, de prévenir l'exécution de ses ordres. On
confia avec une funeste imprudence le châtiment
d'une ville romaine à la fureur aveugle des Barbares,
et l'exécution fut tramée avec tous les artifices perfides d'une conjuration. On se servit du nom du souverain pour inviter les habitans de Thessalonique
aux jeux du cirque; et telle était leur avidité pour
ces amusemens, qu'ils oublièrent, pour y courir en
foule, tout sujet de crainte et de soupçon. Dès que
l'assemblée fut complète, au lieu du signal des jeux,
celui d'un massacre général fut donné aux soldats
qui environnaient secrètement le cirque. Le carnage
continua pendant trois heures, sans distinction de
citoyen ou d'étranger, d'âge ou de sexe, de crime
ou d'innocence. Les relations les plus modérées portent le nombre des morts à sept mille, et quelques
écrivains affirment que l'on sacrifia quinze mille victimes aux mânes de Botheric. Un marchand étranger,
qui probablement n'avait pris aucune part à la mort
du général, offrit sa propre vie et toute sa fortune
pour sauver un de ses fils; mais tandis que ce père
infortuné balançait, incapable de choisir et plus incapable de condamner l'un des deux, les Barbares
terminèrent son anxiété en immolant au même instant ces deux jeunes gens sans défense. Les assassins
donnaient pour excuse de leur inhumanité, un motif

qui augmenterait encore, par l'idée d'un froid calcul, l'horreur de ce massacre exécuté par les ordres de Théodose : ils assuraient qu'on avait fixé le nombre de têtes que chacun d'eux devait présenter. Ce qui aggravait le crime de l'empereur, c'est qu'il avait fait souvent de longs séjours à Thessalonique. La situation de cette ville infortunée, ses rues, ses maisons, et jusqu'à l'habillement et aux traits de ses habitans, étaient familiers à Théodose, et l'existence du peuple qu'il faisait massacrer devait frapper vivement son imagination (1).

L'attachement respectueux de l'empereur pour le clergé orthodoxe le disposait à aimer et à admirer le caractère de saint Ambroise, qui réunissait au plus haut degré toutes les vertus épiscopales. Les ministres et les amis de Théodose imitaient l'exemple de leur souverain, et il apercevait, avec plus de surprise que de mécontentement, que l'archevêque était immédiatement instruit de tout ce qui se passait dans son conseil. Le prélat jugeait que toutes les opérations du gouvernement civil pouvaient intéresser la

Influence et conduite de saint Ambroise.
A. D. 388.

---

(1) Saint Ambroise (t. II, *epist.* 51, p. 998), saint Augustin (*de Civitate Dei*, V, 26), et Paulin (*in Vit. sancti Ambrosii*, c. 24), expriment en termes vagues leur horreur et leur compassion. On peut y ajouter l'autorité de Sozomène (l. VII, c. 25), Théodoret (l. V, c. 17), Théophane (*Chronogr.*, p. 62), Cedrenus (p. 317), et Zonare (t. II, l. XIII, p. 34); témoignages dont le poids n'est pas égal. Le seul Zozime, l'ennemi juré de Théodose, passe sous silence la plus condamnable de toutes ses actions.

gloire de Dieu ou la vraie religion. Les moines et la populace de Callinicum, petite ville sur les frontières de la Perse, animés par leur fanatisme et par celui de leur évêque, avaient incendié, à la suite d'une émeute, un conventicule de valentiniens et une synagogue de juifs. Le magistrat condamna le séditieux prélat à rétablir la synagogue ou à payer le dommage, et l'empereur confirma cette sentence modérée; mais l'archevêque de Milan n'y donna pas son approbation (1). Il dicta une lettre de censure et pleine de reproches amers, tels que l'empereur aurait pu les mériter s'il eût reçu la circoncision et renoncé au baptême. Saint Ambroise y considère la tolérance du judaïsme comme une persécution contre la religion chrétienne; il déclare hardiment que, comme fidèle croyant, il envie à l'évêque de Callinicum le mérite de l'action et la palme du martyre, et il déplore, en termes pathétiques, le tort que cette sentence doit faire à la gloire et au salut de Théodose. Cet avertissement particulier n'ayant pas produit l'effet qu'il en attendait, l'archevêque s'adressa, du haut de sa chaire (2), à l'empereur sur son

---

(1) *Voyez* toute l'affaire dans saint Ambroise (t. II, épît. 40, 41, p. 946-956) et son biographe Paulin (c. 23). Bayle et Barbeyrac (*Morale des Pères*, c. 17, p. 325, etc.) ont justement condamné l'archevêque.

(2) Son sermon est une étrange allégorie tirée de la verge de Jérémie et de l'amandier, de la femme qui lava et oignit les pieds du Christ; mais la péroraison est directe et personnelle.

trône (1), et refusa obstinément de faire l'oblation de l'autel jusqu'au moment où Théodose assura, par une promesse solennelle, l'impunité de l'évêque et des moines de Callinicum. La rétractation (2) de Théodose fut sincère, et, durant sa résidence à Milan, son commerce familier, ses pieux entretiens avec l'archevêque, augmentèrent tous les jours l'attachement qu'il lui portait.

Lorsque saint Ambroise apprit le massacre de Thessalonique, son âme se remplit d'horreur et d'effroi. Il se retira à la campagne pour s'y livrer à sa douleur et éviter la présence de Théodose; mais, songeant qu'un silence timide le rendrait comme complice du crime, il écrivit une lettre particulière à l'empereur, dans laquelle il lui en peignait l'énormité, en l'avertissant qu'il ne pourrait l'effacer que par les larmes de la pénitence. Saint Ambroise, joignant la prudence à la fermeté épiscopale, au lieu d'excommunier directement l'empereur (3), se con-

Pénitence de Théodose. A. D. 390.

---

(1) *Hodiè, episcope, de me proposuisti.* Saint Ambroise l'avoue modestement; mais il réprimande sévèrement Timasius, général de la cavalerie et de l'infanterie, qui avait osé dire que les moines de Callinicum méritaient punition.

(2) Cependant cinq ans après, éloigné de son guide spirituel, Théodose toléra les juifs, et défendit la destruction de leurs synagogues. *Cod. Theod.*, l. xvi, tit. 8, lég. 9, avec les *Commentaires* de Godefroy, t. vi, p. 225.

(3) Saint Ambroise, t. ii, *epist.* 51, p. 997-1001. Son épître est une mauvaise rapsodie sur un sujet qui méritait d'être traité plus dignement. Saint Ambroise savait mieux

tenta de lui mander qu'il avait été averti, dans une vision, de ne plus présenter l'oblation de l'Église au nom et même en présence de Théodose ; il lui conseillait de s'en tenir aux exercices de la prière, et de ne point penser à s'approcher des autels pour recevoir la sainte eucharistie avec des mains impures, encore teintes du sang d'un peuple innocent. L'empereur, profondément affecté des reproches de l'archevêque et déchiré de ses propres remords, après avoir pleuré quelque temps les suites funestes de son aveugle fureur, se disposa, comme de coutume, à faire ses dévotions dans la cathédrale de Milan. L'intrépide archevêque arrêta son souverain sous le portique, et, prenant le ton et le langage d'un envoyé du ciel, il lui déclara qu'un repentir secret ne suffisait pas pour expier un crime public et apaiser la justice d'un Dieu irrité. Théodose lui représenta avec humilité que s'il s'était rendu coupable d'homicide, David, l'homme selon le cœur de Dieu, avait non-seulement commis le meurtre, mais encore l'adultère. « Vous avez imité David dans son crime, lui répondit le courageux archevêque ; imitez-le dans son repentir. » Théodose accepta respectueusement les conditions qui lui furent imposées ; et sa pénitence publique est regardée comme

---

agir qu'écrire ; ses compositions manquent de goût et de génie. Il n'a ni le feu de Tertullien, ni l'élégante abondance de Lactance, ni la vivacité spirituelle de saint Jérôme, ni la grave énergie de saint Augustin.

un des événemens les plus honorables pour l'Église. Selon les règles les plus modérées de la discipline ecclésiastique établie dans le quatrième siècle, le crime d'homicide exigeait une pénitence de vingt ans (1); et, comme le cours de la plus longue vie humaine ne suffisait pas pour expier la multiplicité des meurtres commis à Thessalonique, l'assassin devait être exclu durant toute sa vie de la sainte communion; mais l'archevêque, suivant les maximes de la politique religieuse, accorda un peu d'indulgence à un pénitent illustre qui humiliait à ses pieds l'orgueil du diadême, et l'édification publique qui résultait d'un tel abaissement était un motif puissant pour abréger la durée de la pénitence. Il suffisait que l'empereur des Romains, dépouillé de toutes les marques de la royauté, se présentât dans l'attitude affligée d'un suppliant, et qu'au milieu de la cathédrale de Milan, ses humbles prières, accompagnées de soupirs et de larmes, sollicitassent la rémission de ses péchés (2). Saint Ambroise employa sage-

---

(1) Selon la discipline de saint Basile (canon 56), l'homicide volontaire devait porter quatre ans le deuil, passer les cinq autres années dans le silence, rester prosterné jusqu'à la fin des sept années suivantes, et se tenir debout durant les quatre dernières. J'ai entre les mains l'original (Beveridge, *Pandectes*, t. II, p. 47-151), et une traduction (Chard., *Hist. des Sacremens*, t. IV, p. 219-277) des Épîtres canoniques de saint Basile.

(2) La pénitence de Théodose est attestée par saint Ambroise (t. VI, *de Obitu Theodos.*, c. 34, p. 1207), saint Au-

ment, dans cette cure spirituelle, un mélange de douceur et de sévérité. Après un délai d'environ huit mois, Théodose fut admis à la communion des fidèles; et l'édit qui ordonne de différer de trente jours l'exécution des sentences doit être regardé comme le fruit salutaire de son repentir (1). La postérité a applaudi à la pieuse fermeté de l'archevêque, et l'exemple de Théodose démontre l'utilité des principes qui forcèrent un monarque absolu, que ne pouvait atteindre la justice humaine, à respecter les lois et les ministres d'un juge invisible. « Le prince, dit Montesquieu, qui aime la religion et qui la craint, est un lion qui cède à la main qui le flatte ou à la voix qui l'apaise (2). » Les forces de ce puissant animal sont conséquemment à la disposition de celui qui a acquis sur lui cette dangereuse autorité; et le prêtre qui dirige la conscience d'un souverain peut enflammer ou contenir ses passions sanguinaires au gré de son inclination ou de son intérêt. Saint Ambroise a défendu alternative-

---

gustin (*de Civit. Dei*, v, 26), et Paulin (*in Vit. sanct. Ambros.*, c. 24). Socrate n'en est point instruit. Sozomène (l. VII, c. 25) est fort concis, et il faut user avec précaution du récit prolixe de Théodoret (l. v, c. 18).

(1) *Cod. Theodos.*, l. IX, t. XL, leg. 13. La date et les circonstances de cette loi présentent beaucoup de difficultés; mais je me sens porté à favoriser les honnêtes efforts de Tillemont, *Hist. des Empereurs*, t. v, p. 271; et de Pagi, *Critica*, t. 1, p. 578.

(2) *Esprit des Lois*, l. XXIV, c. 2.

ment la cause de l'humanité et celle de la persécution avec la même véhémence et le même succès.

Après la défaite et la mort de l'usurpateur de la Gaule, Théodose fut maître absolu dans toute l'étendue du monde romain : il régnait sur les provinces de l'Orient par le choix honorable de Gratien, et sur celles de l'Occident par le droit de conquête. Le vainqueur employa utilement trois années de séjour en Italie à rétablir l'autorité des lois et à réformer les abus qui s'étaient introduits sous l'administration de Maxime et sous la minorité de Valentinien. Les actes publics portaient toujours le nom de Valentinien ; mais l'âge et la foi suspecte du fils de Justine exigeaient toute la prudence d'un tuteur orthodoxe. Théodose aurait pu lui ôter l'administration de ses États ou le renverser du trône sans s'exposer à des combats ou même à des murmures. S'il avait écouté la voix de la politique ou de l'intérêt personnel, ses amis auraient trouvé moyen de le justifier ; mais la générosité de sa conduite, dans cette occasion mémorable, a arraché les applaudissemens de ses plus implacables ennemis. Il replaça Valentinien sur le trône de Milan, rendit au prince détrôné toutes les provinces enlevées par Maxime, sans rien stipuler à son avantage, soit pour le présent ou pour l'avenir, et y ajouta le don magnifique de tout le pays au-delà des Alpes, que son heureuse valeur avait reconquis sur le meurtrier de Gratien (1). Satisfait de la

Générosité de Théodose. A. D. 388-391.

---

(1) Τουτο περι τους ευεργετας καθηκον εδοξεν ειναι. Telle est la

gloire qu'il avait acquise en vengeant son bienfaiteur et en délivrant l'Occident du joug de la tyrannie, l'empereur quitta Milan pour retourner à Constantinople, et, dans la paisible possession de son empire, retrouva bientôt ses habitudes de luxe et d'indolence. Il remplit également ses devoirs envers le frère de Valentinien, et ce que lui prescrivait sa tendresse conjugale pour la sœur de ce jeune empereur ; la postérité, qui admire la pure et singulière gloire dont le couvrit son élévation, applaudira de même à l'incomparable générosité avec laquelle il usa de la victoire.

Caractère de Valentinien. A. D. 391. L'impératrice Justine ne survécut pas long-temps à son retour en Italie, et quoiqu'elle ait encore été témoin du triomphe de Théodose, elle n'eut pas le temps de reprendre aucune influence sur le gouvernement de son fils (1). Une éducation orthodoxe effaça bientôt les principes d'hérésie arienne qu'elle lui avait donnés par son exemple et par ses instructions. Le zèle naissant de Valentinien pour la foi de Nicée, son respect pour le caractère et pour l'autorité de saint Ambroise, faisaient concevoir aux catholiques la plus favorable opinion du jeune empereur de l'Occident (2) : ils applaudissaient à sa chasteté,

---

misérable louange de Zozime (l. IV, p. 267). Saint Augustin se sert d'une expression plus heureuse : *Valentinianum.... misericordissimâ veneratione restituit.*

(1) Sozomène, l. VII, c. 14. Sa chronologie est fort incertaine.

(2) *Voyez* saint Ambroise, t. II, *de Obit. Valentinian.*,

à sa sobriété, à son mépris pour les plaisirs, à son application aux affaires et à sa tendresse pour ses deux sœurs, en faveur desquelles il ne se permettait cependant pas la plus faible injustice contre le moindre de ses sujets. Mais cet aimable prince, avant d'avoir accompli la vingtième année de son âge, tomba victime d'une trahison domestique, et l'empire se trouva de nouveau accablé des horreurs de la guerre civile. Arbogaste (1), vaillant soldat de la nation des Francs, avait tenu le second rang dans l'armée de Gratien. A la mort de son maître, il avait passé sous les drapeaux de Théodose, et avait contribué, par sa valeur et par ses talens militaires, à la défaite de Maxime. Après la victoire, l'empereur le nomma maître général des armées de la Gaule. Son mérite réel et sa fidélité apparente avaient gagné la confiance du prince et de ses sujets. Il séduisit les troupes par ses largesses; et, tandis qu'on le regardait comme la colonne de l'État, le rusé Barbare formait secrètement le projet de monter sur le trône de l'Occident ou

---

c. 15; p. 1178; c. 36, p. 1,184. Tandis que le jeune empereur donnait un festin, il jeûnait lui-même. Il refusa de voir une actrice dont on vantait la beauté, etc. D'après l'ordre qu'il donna de tuer les animaux sauvages qu'il réservait pour les plaisirs de la chasse, il est peu généreux à Philostorgius (l. xi, c. 1) de lui reprocher son penchant pour cet amusement.

(1) Zozime (l. iv, p. 275) fait l'éloge de l'ennemi de Théodose; mais il est abhorré de Socrate (l. v, c. 25) et d'Orose (l. vii, c. 35).

de le renverser. Les Francs, ses compatriotes, occupaient tous les postes importans dans l'armée ; les créatures d'Arbogaste obtenaient tous les honneurs et tous les emplois du gouvernement civil. Le progrès de la conspiration éloignait tous les sujets fidèles de la présence du jeune empereur ; et Valentinien, sans pouvoir et sans moyen de communication avec qui que ce fût, se trouva insensiblement resserré dans une étroite et dangereuse captivité (1). L'indignation qu'il en fit paraître n'était peut-être que le résultat de l'imprudente vivacité de la jeunesse ; il est permis cependant de l'attribuer au noble courage d'un prince qui se sentait digne de régner. Il engagea secrètement l'archevêque de Milan à entreprendre le rôle de médiateur, et le prit pour garant de sa sincérité en même temps que de sa sûreté. Il parvint à faire instruire l'empereur de l'Orient de sa situation humiliante. Valentinien déclarait à Théodose, que s'il ne pouvait pas marcher promptement à son secours, il serait forcé d'essayer de fuir de son palais, ou plutôt de sa prison de Vienne dans la Gaule, où il avait imprudemment fixé sa résidence au milieu d'une faction ennemie ; mais, dans l'attente de secours éloignés et douteux, l'empereur recevait chaque jour d'Arbogaste quelque provocation nouvelle. Le

---

(1) Saint Grégoire de Tours (l. II, c. 9, p. 165, dans le second volume des historiens de France) a conservé un fragment curieux de Sulpice-Alexandre, historien fort supérieur à saint Grégoire.

monarque irrité, mais dépourvu de conseil et d'appui, résolut trop précipitamment de rompre avec un puissant rival. Il reçut Arbogaste assis sur son trône; et au moment où le général s'en approchait avec quelque apparence de respect, Valentinien lui remit un papier par lequel il lui annonçait la perte de tous ses emplois. « Mon autorité, répondit l'audacieux Arbogaste, avec un sang-froid insultant, ne dépend ni de la faveur ni de la disgrâce d'un monarque. » Et il jeta dédaigneusement le papier à terre. Valentinien, indigné, saisit l'épée d'un de ses gardes, qu'il s'efforça de tirer du fourreau, et ce ne fut pas sans quelque violence qu'on parvint à l'empêcher de s'en servir contre un ennemi ou contre lui-même. Peu de jours après cette querelle extraordinaire, qui attestait sa faiblesse autant que sa colère, on trouva l'infortuné Valentinien étranglé dans son appartement. Arbogaste prit quelques précautions pour se laver d'un crime qui était si manifestement le sien, et persuader que la mort du prince était l'effet de son propre désespoir (1). On conduisit le corps de l'empereur avec la pompe ordinaire dans le sépulcre de Milan, et l'archevêque prononça une oraison funèbre, dans laquelle il déplora ses malheurs, et fit l'éloge de ses vertus (2). Dans cette occasion, saint Ambroise

<small>Mort de Valentinien, le 15 mai. A. D. 392.</small>

---

(1) Godefroy (*Dissert. ad Philostorg.*, p. 429-434) a rassemblé avec soin toutes les circonstances de la mort de Valentinien II. Les sentimens opposés et l'ignorance des contemporains prouvent qu'elle fut secrète.

(2) *De Obitu Valentinian.*, t. II, p. 1173-1196. Il est con-

dérogea singulièrement, sans doute par humanité, à son système de théologie, et tâcha de calmer la douleur des deux sœurs de Valentinien, en leur affirmant que le pieux empereur serait admis sans difficulté dans le séjour de la béatitude éternelle, quoiqu'il n'eût pas reçu le sacrement de baptême (1).

Usurpation d'Eugène.
A. D. 392-394.

Arbogaste avait préparé avec prudence le succès de ses desseins ambitieux ; et les habitans des provinces, en qui se trouvait éteint tout sentiment de patriotisme et de fidélité, attendaient avec résignation le maître inconnu qu'il plairait à un Franc de placer sur le trône impérial. Quelques préjugés d'orgueil semblaient encore s'opposer à l'élévation d'Arbogaste, et le judicieux Barbare consentit à régner sous le nom d'un Romain obscur. Il revêtit de la pourpre Eugène, professeur de rhétorique (2), qui,

---

traint de s'envelopper dans un langage obscur ; cependant il s'exprime avec plus de liberté qu'aucun laïque ou aucun autre ecclésiastique n'aurait osé le faire.

(1) *Voyez* c. 51, p. 1188; c. 75, p. 1193. Dom Chardon (*Hist des Sacremens*, t. 1, p. 86), en avouant que saint Ambroise affirme la nécessité indispensable du baptême, tâche de concilier cette contradiction.

(2) *Quem sibi Germanus famulum delegerat exul.*

Telle est l'expression dédaigneuse de Claudien (iv *consul. Honor.* 74). Eugène professait le christianisme ; mais il paraît assez probable (Sozomène, l. vii, c. 22; Philostorg., l. xi, c. 2), d'après son état de grammairien, qu'il était secrètement attaché au paganisme, et c'en était assez pour lui assurer l'amitié de Zozime (l. iv, p. 276, 277).

de la place de son secrétaire, était passé à celle de maître des offices. Le comte avait toujours été satisfait de l'attachement et de l'habileté d'Eugène dans le cours de ses services publics et particuliers. Le peuple estimait son érudition, son éloquence et la pureté de ses mœurs ; la répugnance avec laquelle il consentit à monter sur le trône, peut donner une opinion avantageuse de sa vertu et de sa modération. Les ambassadeurs du nouveau souverain partirent immédiatement pour la cour de Théodose, et lui communiquèrent, avec l'apparence de la douleur, la mort funeste de l'empereur Valentinien. Sans prononcer le nom d'Arbogaste, ils sollicitèrent le monarque de l'Orient de recevoir pour collègue légitime un citoyen respectable, appelé au trône par les suffrages unanimes des peuples et des armées de l'Occident (1). Théodose fut justement irrité de voir détruire en un instant, par la perfidie d'un Barbare, le fruit de ses travaux et de sa victoire. Les larmes d'une épouse chérie l'excitaient à venger la mort de son malheureux frère, et à rétablir une seconde fois la majesté du trône (2). Mais comme

---

(1) Zozime (l. IV, p. 278) parle de cette ambassade, mais sans en dire le résultat; il passe sur-le-champ à une autre histoire.

(2) Συνεταραξεν η τουτου γαμετη Γαλλα τα βασιλεια τον αδελφον ολοφυρομενη. (Zozime, l. IV, p. 277.) Il dit ensuite (p. 280) que Galla mourut en couches, et insinue que l'affliction de son mari fut excessive, mais de peu de durée.

cette seconde conquête de l'Occident paraissait difficile et dangereuse, il renvoya les ambassadeurs d'Eugène avec des présens magnifiques et une réponse obscure, et employa près de deux années aux préparatifs de la guerre civile. Avant de prendre une résolution décisive, le pieux empereur désirait de connaître les volontés du ciel; et comme les progrès du christianisme avaient imposé silence aux oracles de Delphes et de Dodone, il consulta un moine égyptien, qui, dans l'opinion du siècle, possédait le don des miracles et la connaissance de l'avenir. Eutrope, eunuque favori de l'empereur, s'embarqua pour Alexandrie, d'où il remonta le Nil jusqu'à la ville de Lycopolis ou des Loups, dans la province écartée de la Thébaïde (1). Aux environs de cette ville, saint Jean (2) avait construit de ses mains, sur le sommet d'une montagne, une cellule dans laquelle il avait demeuré plus de cinquante ans sans

Théodose se prépare à la guerre.

---

(1) Lycopolis est la même que la moderne Siut ou Osiot, une ville de Saïde, à peu près de la grandeur de Saint-Denis, qui fait un commerce lucratif avec le royaume de Sennaar, et possède une fontaine très-commode, *cujus potu, signa virginitatis eripiuntur.* Voyez d'Anville, *Descript. de l'Égypte*, p. 181; Abulféda, *Descript. Ægypt.*, p. 14; et les notes curieuses de son éditeur Michaëlis, p. 25-92.

(2) Deux amis de saint Jean de Lycopolis ont donné l'histoire de sa vie: Rufin (l. II, c. 1, p. 449) et Palladius (*Hist. Lausiac.*, c. 43, p. 738). Voyez la grande Collection *Vitæ Patrum*, par Rosweide. Tillemont (*Mém. ecclés.*, t. x, p. 718-720) a mis de l'ordre dans cette chronologie.

ouvrir sa porte, sans voir la figure d'une femme, et sans goûter aucun aliment cuit au feu ou préparé par la main des hommes. Il passait cinq jours de la semaine dans la prière et la méditation; mais les samedis et les dimanches il ouvrait régulièrement une petite fenêtre, et donnait audience à une foule de supplians qui s'y rendaient de toutes les parties du monde chrétien. L'eunuque de Théodose approcha respectueusement, lui proposa ses questions relatives à l'événement de la guerre civile, et rapporta un oracle favorable qui anima le courage de l'empereur par la promesse d'une victoire sanglante, mais infaillible (1). A l'appui de la prédiction, on prit toutes les mesures que pouvait suggérer la prudence humaine. Les deux maîtres généraux Stilicon et Timasius reçurent l'ordre de recruter les légions romaines et de ranimer leur discipline. Les troupes formidables des Barbares marchaient sous les ordres de leurs chefs nationaux. On voyait rassemblés sous les drapeaux du même prince, l'Ibère, l'Arabe et le Goth, occupés à se considérer avec une mutuelle surprise; et le célèbre Alaric acquit à l'école de Théodose les talens militaires qu'il employa depuis, d'une manière si funeste, à la destruction de Rome et de l'empire (2).

---

(1) Sozomène, l. vii, c. 22. Claudien (*in Eutrop.*, l. 1, 312) parle d'un voyage de l'eunuque; mais il montre le plus grand mépris pour les songes des Égyptiens et pour les oracles du Nil.

(2) Zozime, l. iv, p. 280; Socrate, l. vii, 10. Alaric

<small>Victoire de Théodose sur Eugène. A. D. 394, 6 septemb.</small>

L'empereur d'Occident, ou plutôt son général Arbogaste, avait appris, par les fautes et la défaite de Maxime, combien il était dangereux d'étendre la ligne de défense contre un ennemi habile qui pouvait à son gré presser ou suspendre, restreindre ou multiplier ses attaques (1). Arbogaste posta son armée sur les confins de l'Italie. Les troupes de Théodose s'emparèrent, sans résistance, des provinces de la Pannonie jusqu'au pied des Alpes Juliennes; il trouva même les passages des montagnes gardés négligemment, ou peut-être abandonnés à dessein aux entreprises de l'ennemi. Théodose descendit des montagnes, et découvrit, non sans un peu de surprise, le camp des Gaulois et des Germains, qui couvrait la plaine depuis les murs d'Aquilée jusqu'aux bords du Frigidus (2) ou rivière

---

lui-même (*de Bell. getic.*, 524) s'étend avec plus de complaisance sur ses premiers exploits contre les Romains.

……… *Tot Augustus Hebro qui teste fugavi.*

Cependant sa vanité aurait difficilement cité *plusieurs* empereurs fugitifs.

(1) Claudien (*in* IV *consul. Honor.* 77) etc., compare les plans militaires des deux usurpateurs.

> …………… *Novitas audere priorem*
> *Suadebat, cautumque dabant exempla sequentem.*
> *Hic nova moliri præceps : hic quærere tutus*
> *Providus. Hic fusis ; collectis viribus ille.*
> *Hic vagus excurrens ; hic intra claustra reductus :*
> *Dissimiles ; sed morte pares.*………

(2) Le Frigidus, rivière peu considérable dans le pays de

froide(1). Un théâtre étroit, borné par les Alpes et par la mer Adriatique, offrait peu d'exercice aux talens militaires. Le fier Arbogaste dédaignait de demander grâce; son crime lui ôtait tout espoir de réconciliation, et Théodose était impatient d'assurer sa gloire et de venger le meurtre de Valentinien. Sans peser les obstacles de la nature et de l'art, qui s'opposaient à ses efforts, l'empereur fit attaquer le camp des ennemis; et, en donnant aux Goths le poste honorable du danger, il désirait secrètement que cette sanglante journée diminuât le nombre et l'orgueil de ces conquérans. Dix mille de ces auxiliaires, et Bacurius, général des Ibères, périrent courageusement sur le champ de bataille; mais la victoire ne fut pas le prix de leur sang. Les Gaulois tinrent ferme, et l'approche de la nuit favorisa la fuite ou la retraite tumultueuse des Romains. Théodose, retiré sur les montagnes, passa une nuit douloureuse dans l'inquiétude, sans provisions, et sans autre espoir (2)

Goretz, aujourd'hui connue sous le nom de Vipao : elle se jette dans le Sontius ou Lizonzo, au-dessus d'Aquilée, à quelques milles de la mer Adriatique. *Voyez* les *Cartes anciennes et modernes* de d'Anville, et l'*Italia antiqua* de Cluvier, t. 1, p. 188.

(1) L'affectation de Claudien est intolérable. La neige était teinte en rouge, la rivière froide fumait, et les cadavres auraient encombré le canal, si la grande quantité de sang n'avait pas augmenté le courant.

(2) Théodoret affirme que saint Jean et saint Philippe apparurent à l'empereur éveillé ou endormi, montés sur des

que celui qui, au milieu des situations les plus désespérées, se soutient toujours dans une âme forte, capable de mépriser la fortune et la vie. Tandis que les troupes d'Eugène célébraient leur triomphe dans son camp par les orgies d'une joie insolente, le vigilant Arbogaste fit occuper les passages des montagnes par un corps nombreux, pour couper l'arrière-garde des ennemis, et Théodose aperçut au point du jour tout l'excès du danger de sa situation. Mais les chefs de ce corps firent bientôt cesser les craintes de l'empereur, en lui envoyant offrir de passer sous ses drapeaux. Théodose accorda sans hésiter toutes les récompenses honorables et lucratives qu'ils exigeaient pour prix de leur perfidie; et, au défaut d'encre et de papier, qu'il n'était pas facile de se procurer, il écrivit sur ses propres tablettes la ratification du traité. Un renfort si nécessaire ranima le courage de ses soldats; ils retournèrent avec confiance, pour surprendre dans son camp un usurpateur dont les principaux officiers semblaient révoquer en doute les droits ou les succès. Au fort de la mêlée, il s'éleva, du côté de l'orient, une de ces tempêtes dont les Alpes sont fréquemment tourmentées (1). L'armée de Théodose était garantie, par sa

---

chevaux, etc. C'est la première apparition de la cavalerie apostolique, qui se renouvela souvent en Espagne et dans les croisades.

(1) *Te propter, gelidis Aquilo de monte procellis*
Obruit adversas acies; revolutaque tela

position, de l'impétuosité du vent, qui soufflait un nuage de poussière dans le visage de l'ennemi, rompait ses rangs, arrachait les épées des mains des soldats, et repoussait contre eux leurs inutiles javelots. L'empereur sut profiter habilement de l'avantage que lui offrait la fortune. La superstition augmenta la terreur des Gaulois, et ils cédèrent sans honte aux puissances invisibles qui semblaient combattre pour leurs pieux ennemis. La victoire de l'empereur fut décisive, et la mort de ses deux rivaux fut conforme à leurs différens caractères; le rhétoricien Eugène, qui s'était presque vu maître du monde, fut réduit à implorer la clémence du vainqueur, et, tandis qu'il était prosterné aux pieds de Théodose, les impitoyables soldats lui abattirent la tête. Arbogaste, après la perte de la bataille, où il s'était acquitté des devoirs d'un général et d'un soldat, erra quelques jours dans les montagnes. Convaincu qu'il n'avait plus de ressources, et que sa fuite était impossible, l'intrépide Barbare imita l'exemple des anciens Romains, et se perça de sa

---

Vertit in auctores, et turbine reppulit hastas.
O nimium dilecte Deo, cui fundit ab antris
Æolus armatas hyemes, cui militat Æther,
Et conjurati veniunt ad classica venti !

Ces fameux vers de Claudien (*in* III *consul. Honor.*, 93, etc., A. D. 396) sont cités par ses contemporains, saint Augustin et Orose, qui suppriment la divinité païenne d'Éole, et, d'après des témoins oculaires, ajoutent quelques circonstances. Quatre mois après cette victoire, saint Ambroise la compara aux victoires miraculeuses de Moïse et de Josué.

propre épée. Le sort du monde romain se décida dans un coin de l'Italie. Le successeur légitime de la maison de Valentinien embrassa l'archevêque de Milan, et reçut la soumission des provinces de l'Occident : elles étaient toutes complices de la rebellion. L'intrépide Ambroise avait seul résisté aux sollicitations et aux succès de l'usurpateur, et rejeté la correspondance et les dons d'Eugène avec une mâle liberté qui aurait été fatale à tout autre qu'à lui. Il s'était retiré de Milan pour éviter l'odieuse présence du tyran, et il osa même prédire sa chute en termes équivoques. Le vainqueur applaudit au mérite d'Ambroise, qui lui assurait l'attachement du peuple par l'influence de la religion ; et on attribue la clémence de Théodose à l'intercession de l'archevêque (1).

<small>Mort de Théodose.
A. D. 395,
17 janvier.</small>

Après la défaite et la mort d'Eugène, tous les habitans du monde romain reconnurent avec joie le mérite et l'autorité de Théodose. Sa conduite jusqu'à cette époque donnait les espérances les plus flatteuses pour la suite de son règne ; son âge, qui n'excédait pas cinquante ans, laissait encore la perspective d'une longue félicité, et sa mort, arrivée quatre mois après cette victoire, fut reçue comme un malheur inat-

---

(1) Le récit des événemens de la guerre civile a été tiré des écrits de saint Ambroise, t. II, épît. 62, p. 1022; Paulin, *in Vit. Ambros.*, c. 26-34; saint Augustin, *de Civit. Dei*, v, 26; Orose, l. VII, c. 35; Sozomène, l. VII, c. 24; Théodoret, l. v, c. 24; Zozime, l. IV, p. 281, 282; Claudien, *in* III *consul. Honor.* 63-105; *in* IV *consul. Honor.* 70-117; et des Chroniques publiées par Scaliger.

tendu, qui détruisait toutes les espérances de la génération naissante. Les jouissances du luxe et l'inaction avaient affaibli la constitution de Théodose (1); il ne put supporter ce passage subit du repos d'un palais aux fatigues de la guerre, et des symptômes effrayans d'hydropisie annoncèrent qu'on allait bientôt perdre l'empereur. L'intérêt du public avait peut-être confirmé l'opinion de la nécessité du partage de l'empire. Les princes Arcadius et Honorius, que la tendresse de leur père avait déjà revêtus du titre d'Auguste, étaient destinés à occuper les trônes de Rome et de Constantinople. Théodose ne leur avait pas permis de partager la gloire et les dangers de la guerre civile (2); mais dès que l'empereur eut triomphé de ses rivaux, Honorius, son second fils, vint jouir du fruit de la victoire et recevoir le sceptre de l'Occident des mains de son père expirant. On célébra l'arrivée d'Honorius à Milan par une magnifique représentation des jeux du cirque, où Théodose, quoi

---

(1) Socrate (l. v, c. 26) impute cette maladie aux fatigues de la guerre; mais Philostorgius (l. xi, c. 2) la considère comme la suite de la mollesse et de l'intempérance; ce qui lui vaut de la part de Photius le titre d'impudent menteur. *Dissert.* de Godefroy, p. 438.

(2) Zozime suppose qu'Honorius, encore enfant, accompagna son père (l. iv, p. 280). Cependant le *Quanto flagrabant pectora voto* est tout ce que la flatterie a pu permettre à un poëte contemporain. Il rapporte clairement le refus de l'empereur, et le voyage d'Honorius *après* la victoire. Claudien, *in* iii *cons.* 78-125.

que accablé par la maladie, voulut contribuer, par sa présence, à la joie publique; mais l'effort pénible qu'il fit pour assister aux jeux du matin épuisa le reste de ses forces. Honorius tint sa place pendant le reste de la journée, et l'empereur expira dans la nuit suivante. Les animosités d'une guerre civile récente n'empêchèrent point qu'il ne fût unanimement regretté. Les Barbares qu'il avait vaincus et le clergé dont il subissait respectueusement la loi, lui prodiguèrent à l'envi des louanges, et célébrèrent chacun les vertus auxquelles ils donnaient la préférence. Les dangers d'une administration faible et divisée épouvantaient les Romains, et chaque événement fâcheux des règnes malheureux d'Arcadius et d'Honorius leur rappela la perte irréparable du grand Théodose.

Corruption du siècle. Dans le tableau fidèle des vertus de cet empereur, nous n'avons point dissimulé ses imperfections, son indolence habituelle, et le trait de cruauté qui a imprimé une tache ineffaçable sur la gloire d'un des plus grands d'entre les princes romains. Un historien acharné à déchirer sa mémoire, a exagéré ses vices et leurs suites pernicieuses. Il assure que les sujets de toutes les classes imitèrent les manières efféminées de leur souverain; qu'ils se livraient à toutes sortes de débauches, et que les lois affaiblies de l'ordre et de la décence ne suffisaient point pour arrêter les progrès de cette corruption de mœurs, qui sacrifiait sans rougir toute considération de dévoir ou d'intérêt à une basse complaisance pour des goûts énervés ou déréglés (1). Les complaintes des auteurs contemporains qui déplorent les progrès du luxe et la dépravation des mœurs, ne peignent communément que leur situation personnelle et leur caractère. Peu d'observateurs se sont fait une idée juste et claire des révolutions de la société ; peu d'entre eux sont capables de découvrir les ressorts secrets et délicats qui donnent une direction uniforme aux passions aveugles et capricieuses d'une multitude d'individus. S'il est vrai qu'on puisse affirmer avec une apparence de raison que le luxe des Romains ait été plus impudent et plus effréné sous le règne de Théodose que du temps de Constantin ou d'Auguste, ce changement ne put provenir d'une augmentation d'opulence nationale. Une longue suite de pertes et de calamités avait arrêté l'industrie et diminué l'aisance des peuples. Leurs profusions étaient sans doute le résultat de ce désespoir indolent qui jouit du moment et craint de penser à l'avenir. L'incertitude de la propriété décourageait les sujets de Théodose et les détournait des entreprises utiles qui exigeaient de la dépense et des travaux pénibles, et qui n'offraient qu'une perspective d'avantages éloignés. Les exemples fréquens de ruine et de désolation les engageaient à ne pas ménager les restes d'un patrimoine qui pouvait à tout instant devenir la proie des Barbares ; et la prodigalité ex-

---

(1) Zozime, l. IV, p. 244.

travagante à laquelle les hommes se livrent dans la confusion d'un naufrage ou dans une ville assiégée, peut expliquer les progrès du luxe au milieu des alarmes d'un peuple qui prévoyait sa prochaine destruction.

L'infanterie quitte son armure. Les villes adoptèrent le luxe efféminé de la cour; il s'introduisit jusque dans le camp des légions. Un écrivain militaire qui a soigneusement étudié les premiers principes de l'ancienne discipline des Romains, marque les progrès de leur corruption. Végèce observe que, depuis la fondation de Rome jusqu'au règne de Gratien, l'infanterie romaine avait toujours été couverte d'une armure. Dès qu'on eut laissé perdre aux soldats l'esprit de discipline et l'habitude des exercices, ils furent moins propres et moins disposés à supporter les fatigues du service. Les légions se plaignaient du poids insupportable d'une armure qu'elles portaient rarement, et elles obtinrent successivement la permission de quitter leurs casques et leurs cuirasses. Les armes pesantes de leurs ancêtres, la courte épée et le formidable *pilum* qui avait subjugué l'univers, échappèrent insensiblement de leurs mains impuissantes; et comme l'usage de l'arc est incompatible avec celui du bouclier, ils s'exposaient avec répugnance dans la plaine à être criblés de blessures ou à les éviter par la fuite, et ils étaient toujours disposés à préférer l'alternative la plus ignominieuse. Les Huns, les Goths et les Alains sentirent l'avantage, pour leur cavalerie, d'une armure défensive, et en adoptèrent l'usage. Comme leurs soldats excellaient dans l'art de lancer les javelots, ils mettaient aisément en déroute des soldats tremblans et presque nus, dont la tête et la poitrine étaient exposées sans défense aux traits des Barbares. La perte des armées, la destruction des villes et le déshonneur du nom romain, sollicitèrent inutilement les successeurs de Gratien de rendre le casque et la cuirasse à l'infanterie. Les soldats énervés négligèrent leur propre défense et celle de la patrie, et leur indolence pusillanime peut être considérée comme la cause immédiate de la destruction de l'empire (1).

---

(1) Végèce, *de Re militari*, l. 1, c. 10. La suite de calamités dont il parle, nous donne lieu de penser que le *héros* à qui il dédie son livre est le dernier et le plus méprisable des Valentiniens.

CHAPITRE XXVIII.

Destruction totale du paganisme. Introduction du culte des saints et des reliques parmi les chrétiens.

<small>Destruction totale du paganisme. A D. 378-395.</small> La ruine du paganisme dans le siècle de Théodose est peut-être l'exemple unique de l'extinction totale d'une superstition ancienne et généralement adoptée, et on peut la considérer comme un événement remarquable dans l'histoire de l'esprit humain. Les chrétiens, et principalement le clergé, avaient souffert avec impatience les sages délais de Constantin, et la tolérance universelle du premier des Valentiniens. Ils regardaient leur victoire comme imparfaite et peu sûre, tant qu'on laisserait subsister leurs adversaires. Saint Ambroise et ses confrères employèrent leur influence sur la jeunesse de Gratien et sur la piété de Théodose, à inspirer des maximes de persécution à leurs augustes prosélytes. On établit deux principes spécieux de jurisprudence religieuse, d'où les prélats tirèrent une conclusion sévère et rigoureuse contre tous les sujets de l'empire qui persévéraient encore dans les cérémonies du culte de leurs ancêtres : 1° que les magistrats sont en quelque façon coupables des crimes qu'ils négligent de prévenir ou de punir; 2° que l'idolâtrie des divinités fabuleuses

et des démons est le crime le plus offensant pour la majesté du Créateur. Le clergé s'autorisait des lois de Moïse et de l'histoire des Juifs (1), et les appliquait d'une manière irréfléchie et peut-être erronée au règne plein de douceur et à l'empire du christianisme (2). Il excita le zèle des empereurs à soutenir leur propre honneur en même temps que celui de la Divinité, et tous les temples du monde romain furent détruits soixante ans après la conversion de Constantin.

Depuis le règne de Numa jusqu'à celui de Gratien, la succession régulière des différens colléges de l'ordre sacerdotal n'avait éprouvé aucune interruption (3). Quinze pontifes exerçaient leur juridiction suprême sur toutes les personnes et toutes les choses consa-

État du paganisme à Rome.

---

(1) Saint Ambroise (t. 11, *de Obit. Theod.*, p. 1208) fait l'éloge du zèle de Josué pour la destruction de l'idolâtrie. Julius-Firmicus-Maternus s'explique sur le même sujet avec une pieuse inhumanité (*de Errore profan. religionum*, p. 467, édit. Gronov.). *Nec filio jubet* (la loi Mosaïque) *parci, nec fratri, et per amatam conjugem gladium vindicem ducit*, etc.

(2) Bayle (t. 11, p. 406) justifie, dans son commentaire philosophique, ces lois intolérantes, et restreint leur influence par la considération du règne temporel de Jehovah sur les Juifs. L'entreprise est louable.

(3) *Voyez* l'esquisse de la hiérarchie romaine dans Cicéron, *de Leg.*, 11, 7, 8; Tite-Live, 1, 20; Denys d'Halic., l. 11, p. 119-129, édit. Hudson; Beaufort, *République romaine*; tome 1, p. 1-90; et Moyle, vol. 1, p. 10-55. Ce dernier ouvrage annonce autant le *whig* anglais que l'antiquaire romain.

crées au service des dieux; et leur tribunal sacré décidait toutes les questions auxquelles devait donner lieu perpétuellement ce vague d'opinions religieuses transmises seulement par la tradition. Quinze graves et savans augures examinaient le cours des astres, et dirigeaient par le vol des oiseaux la marche des héros de Rome. Quinze conservateurs des livres sibyllins (nommés d'après leur nombre *quindecemvirs*), y cherchaient l'histoire de l'avenir, et les consultaient, à ce qu'il paraît, sur tous les événemens dont la décision dépendait du hasard. Six *vestales* dévouaient leur virginité à la garde du feu sacré et des gages inconnus de la durée de Rome, qu'il n'était pas permis à un mortel de contempler (1). Sept *épules* préparaient la table des dieux, conduisaient la procession et réglaient les cérémonies de la fête annuelle. On regardait les trois *flamens* de Jupiter, de Mars et de Quirinus, comme les ministres particuliers des trois plus puissantes divinités d'entre celles qui veillaient sur le destin de Rome et de l'univers.

---

(1) Ces symboles mystiques et peut-être imaginaires ont été l'origine de plusieurs fables et de différentes conjectures. Il paraît que le palladium était une petite statue d'environ trois coudées et demie de hauteur, qui représentait Minerve portant une lance et une quenouille; qu'elle était ordinairement enfermée dans un *seria* ou baril, et qu'il y avait à côté un second baril tout-à-fait semblable, pour dérouter le curieux ou le sacrilége. *Voyez* Mezeriac, *Commentaires sur les épîtres d'Ovide*, t. 1, p. 60-66; et Lipse, t. III, p. 610, *de Vestâ*, etc., 19.

Le roi des sacrifices représentait la personne de Numa et de ses successeurs dans les fonctions religieuses qui ne pouvaient être exercées que par le souverain. Les cérémonies ridicules que pratiquaient les confréries des *saliens*, des *lupercales*, etc., dans la ferme confiance qu'elles leur obtiendraient la protection des dieux immortels, auraient arraché à tout homme de sens un sourire de mépris. L'établissement de la monarchie et le déplacement du siége de l'empire anéantirent peu à peu l'autorité qu'avaient prise les prêtres romains dans les conseils; mais les lois et les mœurs protégeaient la dignité de leur caractère, et leur personne était toujours sacrée. Dans la capitale, et quelquefois dans les provinces, ils exerçaient encore, et principalement le collége des pontifes, leur juridiction civile et ecclésiastique. Leurs robes de pourpre, leurs chars brillans et leurs festins somptueux, excitaient l'admiration du peuple. Les terres consacrées et les fonds publics fournissaient abondamment au faste de la prêtrise et à tous les frais du culte religieux. Comme le service des autels n'était point incompatible avec le commandement des armées, les Romains, après leur consulat et leurs triomphes, aspiraient à la place de pontife ou d'augure. Les plus illustres des sénateurs occupaient, dans le quatrième siècle, les siéges de Pompée et de Cicéron; et l'éclat de leur naissance ajoutait à celui du sacerdoce (1). Les quinze prêtres qui composaient

---

(1) Cicéron avoue franchement (*ad Attic.*, l. II, *epist.* 5),

le collége des pontifes jouissaient d'un rang d'autant plus distingué, qu'ils étaient censés les compagnons du souverain; et les empereurs chrétiens daignaient encore accepter la robe de pontife suprême et les ornemens attachés à cette dignité; mais lorsque Gratien monta sur le trône, ce prince, plus scrupuleux ou plus éclairé, rejeta sévèrement ces profanes symboles (1), appliqua les revenus des prêtres et des vestales au service de l'État ou de l'Église, abolit leurs honneurs et leurs priviléges, et détruisit tout l'édifice de la superstition romaine, consacrée par l'opinion et les habitudes de onze siècles. Le paganisme était encore la religion constitutionnelle du sénat : la statue et l'autel de la Victoire ornaient encore le temple dans lequel il s'assemblait (2). On y voyait cette déesse sous la forme d'une femme majestueuse, placée debout sur un globe, vêtue d'une robe flottante, les ailes déployées, le bras tendu, et tenant à la main une couronne de lauriers (3). Les sénateurs faisaient serment sur son autel d'obéir aux

---

ou indirectement (*ad Familiar.*, l. xv, *epist.* 4), que la place d'augure est l'objet de son ambition. Pline fait gloire de suivre les traces de Cicéron (l. iv, *epist.* 8); et l'histoire et les marbres pourraient continuer la chaîne de la tradition.

(1) Zozime, l. iv, p. 249, 250. J'ai supprimé le jeu de mots ridicule sur *pontifex* et *maximus*.

(2) Cette statue fut transportée de Tarente à Rome, placée par César dans la *curia Julia*, et décorée par Auguste des dépouilles de l'Égypte.

(3) Prudence (l. ii, *in initio*) a fait un étrange portrait

lois de l'empereur et de l'empire; et, dans toutes les délibérations publiques, ils commençaient par présenter une offrande de vin et d'encens à la déesse de la Victoire (1). La suppression de cet ancien monument était le seul outrage que Constance eût fait éprouver à la superstition des Romains. Julien rétablit l'autel de la Victoire, Valentinien le toléra, et le zèle de Gratien (2) le fit disparaître pour la seconde fois; mais l'empereur laissa subsister les statues des dieux offerts à la vénération publique : quatre cent vingt-quatre temples ou chapelles ouvertes dans les différens quartiers de Rome à la dévotion du peuple, offensaient la délicatesse des chrétiens par l'odeur des sacrifices de l'idolâtrie (3).

Mais les chrétiens ne composaient à Rome qu'une faible partie du sénat (4), et ils ne pouvaient déclarer

Le sénat demande le rétablissement de l'autel de la Victoire A. D. 384.

---

de la Victoire; mais le lecteur curieux sera plus satisfait des *Antiquités* de Montfaucon, t. 1, p. 341.

(1) *Voyez* Suétone (*in August.*, c. 35), et l'exorde du Panégyrique de Pline.

(2) Ces faits sont avoués unanimement par les avocats des deux partis, Symmaque et saint Ambroise.

(3) La *Notitia urbis*, plus récente que Constantin, ne trouve pas une seule des églises chrétiennes digne d'être nommée au nombre des édifices de la ville. Saint Ambroise (t. II, épît. 17, p. 825) déplore les scandales publics de Rome, qui incommodaient continuellement les yeux, les oreilles et l'odorat des fidèles.

(4) Saint Ambroise affirme à plusieurs reprises, au mépris du bon sens, que les chrétiens avaient la majorité dans le sénat. *OEuvres de Moyle*, vol. II, p. 147.

que par leur absence leur opposition aux actes profanes mais légaux de la majorité païenne. Le fanatisme ranima pour un instant, dans cette compagnie, les dernières étincelles de la liberté mourante. Elle vota et fit successivement partir pour la cour impériale (1) quatre députations respectables, chargées de représenter les griefs des prêtres et du sénat, et de solliciter la restauration de l'autel de la Victoire. Symmaque, sénateur riche et éloquent, fut chargé de cette commission importante (2). Il réunissait aux caractères sacrés de pontife et d'augure les dignités civiles de proconsul d'Afrique et de préfet de Rome. Symmaque était enflammé du zèle le plus ardent pour la cause du paganisme expirant, et ses pieux adversaires déploraient l'usage qu'il faisait de son génie et l'inutilité de ses vertus morales (3). L'ora-

---

(1) La première (A. D. 382) à Gratien, qui refusa l'audience; la seconde (A. D. 384) à Valentinien, au moment de la dispute entre Symmaque et saint Ambroise; la troisième (A. D. 388) à Théodose; et la quatrième (A. D. 392) à Valentinien. Lardner (*Témoignages des païens*, vol. IV, p. 372-379) rapporte clairement toute cette affaire.

(2) Symmaque, qui était revêtu de tous les honneurs civils et sacerdotaux, représentait l'empereur comme *pontifex max.* et comme *princeps senatûs*. Voyez ses titres orgueilleusement étalés à la tête de ses ouvrages.

(3) Comme si, dit Prudence (*in Symmach.*; 1, 639), on devait fouiller dans la boue avec un instrument d'or et d'ivoire. Les saints, et même les saints qui entrèrent dans cette querelle, traitent cet adversaire avec politesse et avec respect.

teur, dont la requête à Valentinien existe encore, sentait la difficulté et le danger de son entreprise. Il évite avec soin toutes les réflexions qui auraient pu offenser la religion de son souverain ; il déclare humblement que les prières et les instances sont ses seules armes, et argumente avec adresse moins en philosophe qu'en rhéteur. Symmaque tâche de séduire l'imagination du jeune monarque par l'étalage pompeux des attributs de la victoire. Il insinue que la confiscation des revenus consacrés au service des autels est indigne de son caractère noble et généreux, et soutient que les sacrifices des Romains perdraient leur force et leur influence s'ils ne se célébraient plus aux dépens et au nom de la république. L'orateur se sert même du scepticisme pour excuser la superstition. Le mystère incompréhensible de l'univers élude, dit-il, la curiosité des faibles humains, et on peut déférer à l'empire de l'habitude dans les occasions où la raison n'est d'aucun secours. L'attachement de toutes les nations pour les opinions consacrées par une longue suite de siècles, paraît dicté par les règles de la prudence. Si ces siècles ont été couronnés de gloire et de prospérité, si la dévotion des peuples a obtenu des dieux les faveurs qu'ils sollicitaient sur leurs autels, tout engage à persister dans des pratiques salutaires, et à éviter les dangers inconnus que pourraient attirer d'imprudentes innovations. Les preuves tirées de l'ancienneté et du succès étaient singulièrement en faveur de la religion de Numa ; en introduisant sur la scène Rome elle-même où le génie céleste qui présidait à sa conservation, Symmaque le fait parler ainsi devant le tribunal des empereurs : « Très-excellens princes, dit la matrone vénérable, pères de la patrie, ayez de la compassion et du respect pour cet âge où je suis parvenue sans que ma piété ait souffert aucun refroidissement. Puisque je n'ai pas lieu de m'en repentir, laissez-moi continuer des pratiques que je révère ; puisque je suis née libre, laissez-moi jouir de mes institutions domestiques. Ma religion a soumis l'univers à mon empire. Mes pieuses cérémonies ont chassé Annibal de mes portes et les Gaulois du Capitole. Ferez-vous à ma vieillesse cette cruelle injure ? Je ne connais point le système que vous me proposez ; mais je sais qu'en voulant corriger la vieillesse, on entreprend une tâche ingrate et peu glorieuse (1). » Les terreurs du peuple suppléèrent à ce que l'orateur avait discrètement supprimé, et les païens imputèrent unanimement à l'établissement de la religion de Constantin tous les maux qui affligeaient ou menaçaient l'empire.

Conversion de Rome, A. D. 388, etc.

La résistance ferme et adroite de l'archevêque de Milan détruisit les espérances de Symmaque, et pré-

---

(1) *Voyez* la cinquante-quatrième épître du dixième livre de Symmaque. Dans la forme et la disposition de ses dix livres d'épîtres, il imite Pline le jeune, que ses amis lui persuadaient qu'il égalait ou surpassait pour l'élégance et la richesse du style. (Macrob., *Saturnal.*, l. v, c. 1.) Mais le luxe de Symmaque consiste en feuilles stériles sans fruits, et même sans fleurs. On trouve aussi peu de faits que de sentimens à extraire de sa verbeuse correspondance.

munit les empereurs contre la trompeuse éloquence de l'avocat de Rome. Dans cette controverse, saint Ambroise daigne emprunter le langage de la philosophie, et demander avec mépris pourquoi il serait nécessaire d'attribuer à un être invisible et imaginaire des victoires suffisamment expliquées par le courage et la discipline des légions. Il relève avec raison le ridicule d'un respect aveugle pour les institutions de l'antiquité, qui tend à décourager le progrès des arts, et à replonger la race humaine dans son ancienne barbarie. S'élevant ensuite peu à peu à un style plus haut et plus théologique, il prononce que le christianisme est la doctrine unique du salut et de la vérité, et que tous les autres cultes conduisent leurs prosélytes, à travers les sentiers de l'erreur, dans l'abîme de la perdition éternelle (1). Ces argumens, prononcés par un prélat favori, furent suffisans pour empêcher la restauration des autels de la Victoire; mais ils eurent encore bien plus d'énergie

---

(1) *Voyez* saint Ambroise, t. II, épît. 17-18, p. 825-833. La première est un avertissement concis, et la dernière une réponse en forme à la requête ou au libelle de Symmaque. Les mêmes idées se trouvent exprimées plus en détail dans les poésies de Prudence, en supposant qu'elles méritent ce nom. Il composa deux livres contre Symmaque (A. D. 404), durant la vie de ce sénateur. Il est assez extraordinaire que Montesquieu (*Considérations*, etc., c. 19, t. III, p. 487) néglige les deux principaux antagonistes de Symmaque, et s'amuse à rassembler les réfutations indirectes d'Orose, saint Augustin et Salvien.

et d'influence dans la bouche d'un conquérant, et Théodose traîna les dieux de l'antiquité en triomphe après son char (1). Dans une assemblée complète du sénat, l'empereur proposa, selon les anciennes formes de la république, cette importante question : de la religion du Christ ou de celle de Jupiter, laquelle devait être désormais la religion des Romains? La crainte et l'espoir inspirés par la présence du monarque détruisirent la liberté des suffrages qu'il affectait d'accorder ; et l'exil récent de Symmaque avertissait ses confrères qu'il serait dangereux de contrarier la volonté du souverain. Jupiter fut condamné par une majorité considérable, et il est étonnant que quelques-uns des membres du sénat aient eu l'audace de déclarer dans leurs discours ou dans leurs suffrages l'attachement qu'ils conservaient pour une divinité proscrite par l'empereur (2). On ne

---

(1) *Voyez* Prudence, *in Symmach.*, l. 1, 545, etc. Le chrétien, d'accord avec le païen Zozime (l. IV, page 283), place la visite de Théodose après la seconde guerre civile. *Gemini bis victor cæde tyranni*, l. 1, 410. Mais le temps et les circonstances semblent mieux convenir à son premier triomphe.

(2) Prudence, après avoir prouvé que les sentimens du sénat se sont manifestés par une majorité légale, ajoute, p. 609, etc. :

 Adspice quàm pleno subsellia nostra senatu
 Decernant infame Jovis pulvinar, et omne
 Idolium longè purgatâ ab urbe fugandum.
  Quâ vocat egregii sententia principis, illuc
 Libera ; cum pedibus, tum corde, frequentia transit.

Zozime attribue aux pères conscrits une vigueur païenne

peut attribuer la conversion précipitée du sénat qu'à une impulsion surnaturelle ou à des motifs d'intérêt personnel; et une partie de ces prosélytes forcés laissa voir dans toutes les circonstances favorables une disposition secrète à dépouiller le masque odieux de la dissimulation : mais ils se confirmèrent dans la nouvelle religion à mesure que la destruction de l'ancienne parut plus inévitable. Ils cédèrent à l'autorité de l'empereur, à l'usage des temps et aux sollicitations de leurs femmes et de leurs enfans, dont le clergé de Rome et les moines de l'Orient gouvernaient la conscience (1). Presque toute la noblesse imita l'exemple édifiant de la famille Anicienne; les Bassi, les Paulini et les Gracques, embrassèrent la religion chrétienne. « Les flambeaux de l'univers, la vénérable assemblée des Catons, telles sont les magnifiques expressions de Prudence, se hâtaient de quitter leurs habits pontificaux, de se dépouiller de la peau du vieux serpent, pour se revêtir de la robe blanche de l'innocence baptismale, et humilier l'orgueil des faisceaux consulaires sur la tombe des martyrs (2). » Les citoyens qui subsistaient du fruit

---

qui n'a été le partage que d'un bien petit nombre d'entre eux.

(1) Saint Jérôme cite le pontife Albinus, dont la famille chrétienne, les enfans et les petits-enfans étaient en si grand nombre, qu'ils auraient suffi pour convertir Jupiter lui-même : étrange prosélyte ! T. 1, *ad Lætam*, p. 54.

(2) *Exsultare patres videas, pulcherrima mundi*
Lumina, conciliumque senum gestire Catonum,

de leur industrie, la populace qui vivait de la libéralité publique, remplirent les églises de Latran et du Vatican d'une foule inépuisable de zélés convertis. Le consentement général des Romains (1) ratifia les décrets du sénat, qui proscrivaient le culte des idoles ; la magnificence du Capitole s'obscurcit, et les temples déserts furent abandonnés à la ruine et au mépris (2). Rome se soumit au joug de l'Évangile, et son exemple entraîna les provinces conquises qui n'avaient pas encore perdu tout respect pour son nom et pour son autorité.

<small>Destruction des temples dans les provinces. A. D. 381, etc.</small>

La piété filiale des empereurs les engageait à procéder avec douceur et prudence à la conversion de la ville éternelle ; mais ils n'eurent pas la même indulgence pour les préjugés des villes des provinces. Le zélé Théodose reprit avec ardeur et exécuta complétement les pieux travaux suspendus plus de vingt ans après la mort de Constance (3). Tandis que

---

Candidiore togâ niveum pietatis amictum
Sumere, et exuvias deponere pontificales.

L'imagination de Prudence est échauffée et élevée par le sentiment de la victoire.

(1) Prudence, après avoir décrit la conversion du peuple et du sénat, demande avec confiance et assez de raison :

Et dubitamus adhuc Romam, tibi, Christe, dicatam,
In leges transîsse tuas?

(2) Saint Jérôme triomphe de la désolation du Capitole et des autres temples de Rome, t. 1, p. 54 ; t. 11, p. 95.

(3) Libanius (*orat. pro Templis*, p. 10, Genev. 1634, publiée par Jacques Godefroy, et très-rare aujourd'hui)

ce prince guerrier combattait encore contre les Goths, moins pour la gloire que pour la sûreté de l'empire, il hasarda d'offenser une grande partie de ses sujets par quelques entreprises qui pouvaient mériter la protection du ciel, mais que ne saurait approuver la prudence humaine. Les succès de ses premiers efforts contre les païens, encouragèrent le pieux empereur à réitérer ses édits de proscription, et à les faire exécuter à la rigueur. Les lois originairement publiées pour les villes de l'Orient, s'étendirent, après la défaite de Maxime, dans toutes les provinces de l'empire d'Occident, et chaque victoire de ce prince orthodoxe fut un nouveau triomphe pour l'Église catholique (1). Il attaqua la superstition jusque dans ses fondemens, en proscrivant l'usage des sacrifices, qu'il déclara criminels et infâmes ; et quoique ses édits condamnassent plus particulièrement la curiosité impie qui examine les entrailles des victimes (2), toutes les interprétations postérieures

---

accuse Valens et Valentinien d'avoir défendu les sacrifices. L'empereur d'Orient peut avoir donné quelques ordres particuliers ; mais le silence du code et le témoignage de l'histoire ecclésiastique attestent qu'il ne publia point de loi générale.

(1) *Voyez* ses lois dans le Code de Théodose, l. XVI, tit. 10, leg. 7-11.

(2) Les sacrifices d'Homère ne sont accompagnés d'aucunes recherches dans les entrailles des victimes. *Voyez* Feithius, *Antiquitat.*; Homère, l. 1, c. 10, 16. Les Toscans, qui fournirent les premiers aruspices, introduisirent leurs

tendirent à envelopper généralement dans le crime l'acte d'*immolation*, qui constituait essentiellement la religion des païens. Les temples étaient principalement destinés à célébrer les sacrifices, et le devoir d'un bon prince était d'ôter à ses sujets la dangereuse tentation de transgresser les lois qu'il avait établies. Théodose chargea par une commission spéciale, d'abord Cynegius, préfet du prétoire de l'Orient, et ensuite les comtes Jovius et Gaudentius, deux officiers d'un rang distingué dans l'empire d'Occident, de fermer les temples, d'enlever ou de détruire tous les instrumens de l'idolâtrie, d'abolir les priviléges des prêtres, et de confisquer les terres consacrées, au profit de l'empereur, de l'Église catholique ou de l'armée (1). On pouvait s'en tenir là et sauver des mains destructrices du fanatisme des édifices magnifiques qui, dépouillés de tout, ne pouvaient plus servir au culte de l'idolâtrie. Une grande partie de ces temples étaient des chefs-d'œuvre de l'architecture grecque, et l'intérêt personnel de l'empereur lui défendait de détruire l'ornement de ses villes, et de diminuer la valeur de ses pro-

---

pratiques chez les Grecs et les Romains. Cicero, *de Divin.*, II, 23.

(1) Zozime, l. iv, p. 245-249; Théodoret, l. v, c. 21; Idacius, *in Chron. Prosper. Aquit.*, l. III, c. 38; *ap.* Baron., *Ann. eccles.* (A. D. 389), n° 52. Libanius (*pro Templis*, p. 10) tâche de prouver que les ordres de Théodose n'étaient ni pressans ni positifs.

priétés. On pouvait laisser subsister ces superbes monumens comme autant de trophées de la victoire du christianisme. Dans le déclin des arts on les aurait convertis utilement en magasins, en manufactures ou en places d'assemblées publiques. Peut-être lorsque les murs des temples se seraient trouvés suffisamment purifiés par des cérémonies pieuses, le culte du vrai Dieu aurait daigné effacer le souvenir de l'idolâtrie ; mais tant qu'ils subsistaient, les païens se flattaient secrètement que quelque heureuse révolution, qu'un second Julien rétablirait peut-être les autels de leurs dieux ; et les pressantes sollicitations dont ils importunaient le souverain (1), animaient le zèle des réformateurs chrétiens à extirper sans miséricorde les racines de la superstition. Il paraît, par quelques édits des empereurs, qu'ils adoptèrent des sentimens moins violens (2); mais ce fut avec une froideur et une indifférence qui les rendirent inutiles, et n'opposèrent qu'une barrière impuissante contre ce torrent d'enthousiasme et d'avidité dont les chefs spirituels de l'Église dirigeaient ou plutôt excitaient

---

(1) *Code de Théodose*, l. XVI, tit. 10, leg. 8, 18. Il y a lieu de croire que ce temple d'Édesse, que Théodose voulait conserver pour servir à quelque autre usage, ne fut bientôt qu'un monceau de ruines. Libanius, *pro Templis*, p. 26, 27 ; et les notes de Godefroy, p. 59.

(2) *Voyez* la curieuse harangue de Libanius (*pro Templis*), prononcée ou plutôt composée vers l'année 390. J'ai consulté avec fruit la traduction et les remarques du docteur Lardner (*Témoignages des païens*, vol. IV, p. 135-163).

la furie. Saint Martin, évêque de Tours (1), parcourait la Gaule à la tête de ses moines, et détruisait les idoles, les temples et les arbres consacrés, dans toute l'étendue de son vaste diocèse. En Syrie, l'excellent, le divin évêque Marcellus (2), ainsi que l'appelle Théodoret, animé d'un zèle apostolique, résolut de raser tous les temples du diocèse d'Apamée. La solidité de celui de Jupiter, et l'art avec lequel il était construit, résistèrent d'abord aux attaques de Marcellus. Ce temple, situé sur une éminence, avait quatre façades, soutenues chacune par quinze colonnes massives, de seize pieds de circonférence, et toutes les pierres qui les composaient étaient fortement agrafées ensemble avec du fer et du plomb. Inutilement essaya-t-on contre cette construction les outils les plus forts et les plus tranchans ; il fallut miner les fondemens des colonnes, qui s'écroulèrent enfin lorsque le feu eut consumé les étançons qui avaient servi à soutenir le travail de la mine. Les difficultés de cette entreprise sont décrites sous l'allégorie d'un malin démon, qui, ne pouvant en empêcher le succès, tâchait du moins de le retarder. Fier de cette

---

(1) *Voyez* la *Vie de saint Martin*, par Sulpice-Sévère, c. 9-14. Le saint se trompa une fois comme l'aurait pu faire don Quichotte, et, prenant un enterrement pour une procession païenne, il se permit imprudemment un miracle.

(2) Comparez Sozomène (l. VII, c. 15) avec Théodoret (l. V, 21). Ils racontent entre eux deux la croisade et la mort de Marcellus.

victoire, Marcellus se mit lui-même en campagne contre les puissances des ténèbres, suivi d'une bande nombreuse de soldats et de gladiateurs réunis sous la bannière épiscopale ; il attaqua successivement les temples répandus dans les villages et dans les campagnes du diocèse d'Apamée. Dans les occasions où la résistance annonçait du danger, le champion de la foi, qu'une jambe défectueuse empêchait également de fuir et de combattre, se plaçait hors de la portée des traits ; mais cette précaution fut la cause de sa perte : des paysans en fureur le surprirent et le massacrèrent, et le synode de la province prononça, sans hésiter, que le pieux Marcellus avait sacrifié sa vie au service de la foi. Les moines se précipitaient impétueusement et en tumulte hors du désert pour signaler leur zèle en faveur d'une semblable cause. Ils méritèrent la haine des païens, et tous ne furent point exempts du reproche d'avarice et d'intempérance. Ces pieux destructeurs satisfaisaient l'une en pillant les ennemis de leur religion, et l'autre aux dépens des insensés qui admiraient leurs vêtemens en lambeaux, leurs chants lugubres et leur pâleur artificielle (1). Le goût, la prudence, la crainte où la vénalité de quelques gouverneurs de provinces, sauvèrent un petit nombre de temples.

---

(1) Libanius, *pro Templis*, p. 10-13. Il se déchaîne contre ces hommes vêtus de robes noires, les moines chrétiens, qui mangent plus que des éléphans... Pauvres éléphans ! ce sont des animaux tempérans.

Celui de la Vénus céleste, à Carthage, formait une enceinte d'environ deux milles de circonférence; on eut le bon esprit d'en faire une église (1), et une consécration semblable a conservé le dôme majestueux du Panthéon de Rome (2). Mais dans presque toutes les provinces du monde romain, une armée de fanatiques, sans discipline comme sans autorité, assaillaient les paisibles habitans, et les ruines des plus beaux monumens de l'antiquité attestent encore les ravages de ces *barbares*, qui avaient seuls le loisir et la volonté d'exécuter des destructions si pénibles.

Le temple de Sérapis à Alexandrie.

Dans cette scène de dévastation générale, le spectateur peut distinguer les ruines du fameux temple de Sérapis à Alexandrie (3). Sérapis ne paraît pas être du nombre des dieux ou des monstres en-

---

(1) Prosper, *Aquitan.*, l. III, c. 38; *ap.* Baron., *Annal. eccles.*, A. D. 389, n° 58, etc. Le temple avait été fermé pendant quelque temps, et le sentier qui y conduisait était rempli de ronces et de branches nouvellement poussées.

(2) Donat, *Roma antiq. et nov.*, l. IV, c. 4, p. 468. Ce fut le pape Boniface IV qui célébra cette consécration. J'ignore quel concours de circonstances heureuses avait pu conserver le Panthéon plus de deux siècles après le règne de Théodose.

(3) Sophronius composa peu de temps après une histoire séparée (Saint Jérôme, *in Script. eccles.*, t. I, p. 303), qui a fourni des matériaux à Socrate (l. V, c. 16), Théodoret (l. V, c. 22) et Rufin (l. II, c. 22). Cependant ce dernier, qui avait été à Alexandrie avant et après l'événement, peut en quelque façon passer pour témoin oculaire.

fantés par la fertile superstition des Égyptiens (1). Le premier des Ptolémées avait reçu en songe l'ordre d'apporter ce mystérieux étranger de la côte du Pont, où les habitans de Sinope l'adoraient depuis long-temps; mais son règne et ses attributs étaient si obscurs, que l'on disputa long-temps pour savoir s'il représenterait la brillante lumière du jour ou le monarque ténébreux des régions souterraines (2). Les Égyptiens, inviolablement attachés à la religion de leurs ancêtres, refusèrent d'admettre dans l'enceinte de leur ville cette divinité étrangère (3); mais les prêtres dociles, séduits par la libéralité de Ptolémée, se soumirent sans résistance au pouvoir de la divinité du Pont. On lui fit une généalogie honorable et nationale, et cet heureux usurpateur prit sa place sur le trône et dans le lit d'Osiris (4),

---

(1) Gérard Vossius (*oper.*, t. v, p. 80, et *de Idololatr.*, l. 1, c. 29) tâche de défendre l'étrange opinion des pères, qu'on adorait en Égypte le patriarche Joseph comme le bœuf Apis et le dieu Sérapis.

(2) *Origo Dei nondùm nostris celebrata, Ægyptiorum antistites sic memorant*, etc. Tacit., *Hist.*, IV, 83. Les Grecs, qui avaient voyagé en Égypte, ignoraient aussi l'existence de cette nouvelle divinité.

(3) Macrob., *Saturnal.*, l. 1, c. 7. Ce fait atteste évidemment son extraction étrangère.

(4) On avait réuni à Rome Isis et Sérapis dans le même temple. La préséance que conservait la reine pourrait indiquer son alliance obscure avec l'étranger venu du Pont. Mais la supériorité du sexe féminin était, en Égypte, une

le mari d'Isis et le monarque céleste de l'Égypte. Alexandrie, qui était particulièrement sous sa protection, se fit gloire du nom de la ville de Sérapis. Son temple (1), qui, pour l'orgueil et la magnificence, le disputait au Capitole, s'élevait sur le vaste sommet d'une montagne artificielle qui dominait toute la ville. On montait cent marches pour y arriver, et la cavité intérieure, soutenue fortement par un grand nombre d'arches, formait différentes voûtes et des appartemens souterrains. Un portique quadrangulaire environnait les bâtimens consacrés; la magnificence des salles et des statues déployait le triomphe des arts, et la fameuse bibliothèque d'Alexandrie, sortie de ses cendres avec une nouvelle splendeur, recélait les trésors de l'érudition ancienne (2). Quoique les édits de Théodose eussent déjà défendu sévèrement toute espèce de sacrifices,

---

institution civile et religieuse. (Diodore de Sicile, tome 1, l. 1, p. 31, édit. Wesseling.) Plutarque a observé le même ordre dans son Traité d'Isis et d'Osiris, qu'il identifie avec Sérapis.

(1) Ammien, XXII, 16. L'*Expositio totius mundi* (p. 8, *Geograph. min.* d'Hudson, tome III) et Rufin (l. XXII) célèbrent le *Serapeum* comme une des merveilles du monde.

(2) *Voyez* les *Mémoires de l'Académie des Inscriptions*, tome IX, p. 397-416. L'ancienne bibliothèque des Ptolémées fut totalement consumée dans l'expédition de César contre Alexandrie. Marc-Antoine donna la collection entière de Pergame à Cléopâtre, deux cent mille volumes, comme les fondemens d'une nouvelle bibliothèque d'Alexandrie.

on les tolérait encore dans le temple de Sérapis, et on donnait imprudemment pour motif de cette singulière indulgence les terreurs superstitieuses des chrétiens. Ils semblaient craindre eux-mêmes d'abolir des cérémonies anciennes qui pouvaient seules assurer les inondations régulières du Nil, les moissons de l'Égypte, et la subsistance de Constantinople (1).

Un homme audacieux et pervers (2), l'ennemi perpétuel de la paix et de la vertu, dont les mains se souillaient alternativement d'or et de sang, Théophile occupait alors le siége archiépiscopal d'Alexandrie (3). Les honneurs du dieu Sérapis excitèrent sa pieuse indignation; et les insultes qu'il fit à l'ancienne chapelle de Bacchus, avertirent les païens de l'entreprise plus importante qu'il méditait. Dans la tumultueuse cité d'Alexandrie, le sujet le plus léger suffisait pour donner lieu à une guerre civile.

Sa destruction totale. A. D. 389.

---

(1) Libanius (*pro Templis*) irrite indiscrètement ses maîtres chrétiens par cette remarque insultante.

(2) Nous pouvons choisir entre la date de Marcellin (A. D. 389) et celle de Prosper (A. D. 391). Tillemont (*Hist. des Empereurs*, t. v; p. 310-756) préfère la première, et Pagi choisit la dernière.

(3) Tillemont, *Mém. ecclés.*, t. xi, p. 441-500. La situation équivoque de Théophile, que saint Jérôme, son ami, a peint comme un saint, et saint Chrysostôme, son ennemi, comme un diable, produit une sorte d'impartialité; cependant, à tout résumer, le résultat semble lui être défavorable.

Les adorateurs de Sérapis, fort inférieurs en nombre et en force à leurs adversaires, prirent les armes à l'instigation du philosophe Olympius (1), qui les exhortait à mourir pour la défense des autels de leurs dieux. Ces païens fanatiques se retranchèrent dans le temple ou plutôt dans la forteresse de Sérapis, repoussèrent les assiégeans par d'audacieuses sorties, par une défense vigoureuse, et jouirent au moins dans leur désespoir de la consolation d'exercer sur leurs prisonniers chrétiens les plus horribles cruautés. Les efforts prudens des magistrats obtinrent enfin une trêve jusqu'au moment où les ordres de Théodose auraient décidé du destin de Sérapis. Les deux partis s'assemblèrent sans armes dans la place principale de la ville, où l'on lut à haute voix le mandat de l'empereur. Dès que la sentence de destruction fut prononcée contre les idoles d'Alexandrie, les chrétiens firent entendre un cri de joie et de triomphe, tandis que, gardant un profond silence, les malheureux païens, dont la fureur s'était changée en consternation, se retirèrent précipitamment pour échapper, par la fuite ou par leur obscurité, aux effets du ressentiment de leurs ennemis. Théophile exécuta la démolition du temple, sans autre difficulté que celles que lui opposèrent le

---

(1) Lardner (*Témoignages des Païens*, vol. IV, p. 411) a allégué un fort beau passage tiré de Suidas, ou plutôt de Damascius, qui représente le vertueux Olympius, non sous les traits d'un guerrier, mais sous ceux d'un prophète.

poids et la solidité des matériaux ; mais cet obstacle insurmontable obligea l'archevêque à laisser subsister les fondemens, et à se contenter d'avoir fait du bâtiment un vaste amas de ruines. On en déblaya dans la suite une partie, pour construire sur le terrain une église en l'honneur des saints martyrs. La précieuse bibliothèque d'Alexandrie fut pillée et détruite, et près de vingt ans après, les cases vides excitaient le regret et l'indignation de ceux chez qui les préjugés religieux n'avaient pas tout-à-fait obscurci le bon sens (1). Les œuvres du génie des anciens, dont un si grand nombre sont irrévocablement perdues, auraient pu être exceptées de la ruine de l'idolâtrie, pour l'amusement et pour l'instruction de la postérité. Le zèle ou l'avarice du prélat (2) auraient dû se trouver satisfaits des riches dépouilles qui furent le prix de sa victoire. Tandis que l'on fondait avec soin les vases et les effigies d'or et d'argent, et que l'on voyait les objets moins précieux brisés avec mépris et dispersés dans les rues, Théophile travaillait à faire connaître les fraudes et les

---

(1) *Nos vidimus armaria librorum, quibus direptis, exinanita ea à nostris hominibus, nostris temporibus memorant.* (Orose, l. vi, c. 15, p. 421, édit. Havercamp.) Quoique bigot et controversiste, Orose rougit de cette dévastation.

(2) Eunape, dans les Vies d'Antonin et d'Ædesius, parle avec horreur du brigandage sacrilége de Théophile. Tillemont (*Mém. ecclés.*, t. xiii, p. 453) cite une épître d'Isidore de Peluse, qui reproche au primat le culte *idolâtre* de l'or, *auri sacra fames.*

vices des ministres des idoles, leur adresse à se servir de la pierre d'aimant, leurs méthodes secrètes d'introduire une créature humaine dans une statue creusée en dedans, et l'abus criminel qu'ils faisaient de la confiance des époux pieux et des femmes crédules (1). Ces accusations sont trop conformes à l'esprit astucieux et intéressé de la superstition pour ne pas mériter quelque degré de croyance; mais il faut se méfier de ce même esprit quand il s'efforce d'insulter et de calomnier son ennemi vaincu; et on doit réfléchir qu'il est bien plus facile d'inventer une histoire scandaleuse que de pratiquer long-temps une fraude avec succès. La statue colossale de Sérapis (2) fut enveloppée dans la ruine de son temple et de sa religion. Un grand nombre de plaques, de différens métaux joints ensemble, composaient la figure majestueuse de la divinité, qui touchait des deux côtés aux murs du sanctuaire. Sérapis, assis et un sceptre

---

(1) Rufin nomme le prêtre de Saturne, qui, en jouant le rôle du dieu, conversait familièrement avec un grand nombre de dévotes de la première qualité, mais qui se trahit dans un moment de transport, où il oublia de contrefaire sa voix. Le récit authentique et impartial d'Æschine (*voy.* Bayle, *Diction. crit.*, Scamandre) et l'aventure de Mundus (Josèphe, *Antiq. jud.*, l. xviii, c. 3, p. 877, éd. Havercamp) prouvent que ces fraudes amoureuses se pratiquaient souvent avec succès.

(2) *Voyez* les images de Sérapis dans Montfaucon, t. ii, p. 297. Mais la description de Macrobe (*Saturn.*, l. i, c. 20) est plus pittoresque et plus satisfaisante.

à la main, ressemblait beaucoup aux représentations ordinaires de Jupiter, dont il n'était distingué que par le panier ou boisseau placé sur sa tête, et par la figure emblématique du monstre qu'il portait dans sa main droite; ce monstre offrait le corps et la tête d'un serpent qui se partageait en trois queues, terminées chacune par une tête, l'une de chien, l'autre de lion, et la troisième de loup. On affirmait avec confiance que, si la main d'un mortel impie osait insulter à la majesté du dieu, le ciel et la terre rentreraient à l'instant dans le chaos. Un soldat intrépide, animé par le zèle, et muni de sa hache d'armes, monta à l'échelle, et les chrétiens eux-mêmes n'étaient pas sans inquiétude sur l'événement du combat (1). Le soldat frappa un coup violent sur la joue de Sérapis, elle tomba à terre; le tonnerre ne gronda point, les cieux et la terre conservèrent leur ordre et leur tranquillité. Le soldat, victorieux, continua de frapper; l'énorme idole fut renversée et mise en pièces, et ses membres furent ignominieuse-

---

(1)   *Sed fortes tremuére manus, motique verendâ*
   Majestate loci, si robora sacra ferirent,
   In sua credebant reditura membra secures.

(Lucain., III, 429.) « Est-il vrai, dit Auguste à un vétéran chez lequel il soupait, que celui qui frappa le premier la statue d'or d'Anaïtis, fut à l'instant privé de la vue, et mourut presqu'au même moment? — C'est moi, répondit le vétéran, jouissant de ses deux yeux, qui suis celui dont vous parlez, et c'est d'une des jambes de la déesse que vous soupez aujourd'hui. » Pline, *Hist. natur.*, XXXIII, 24.

ment traînés dans les rues d'Alexandrie. Sa carcasse, mutilée, fut brûlée dans l'amphithéâtre, aux acclamations de la populace; et un grand nombre de citoyens donnèrent l'impuissance reconnue de leur dieu tutélaire pour le motif de leur conversion. Les religions qui offrent au peuple un objet de culte matériel et visible, ont l'avantage de s'adapter à la nature des sens et de les familiariser avec les idées religieuses; mais cet avantage est contre-balancé par les accidens divers et inévitables auxquels est exposée la foi de l'idolâtre. Il est presque impossible qu'il puisse conserver, dans toutes les situations d'esprit, un respect implicite pour les idoles ou les reliques que le tact et la vue ne sauraient distinguer des productions les plus ordinaires de l'art ou de la nature; et si, au moment du danger, leur vertu secrète et miraculeuse est impuissante pour leur propre conservation, l'adorateur détrompé méprise les vaines excuses des prêtres, et l'objet de son ancienne superstition, ainsi que la folie qui l'y attachait, deviennent avec raison le sujet de ses railleries (1). Après la destruction de Sérapis, les païens espérèrent quelque temps que le Nil refuserait son influence bienfaisante aux impies dominateurs de l'Égypte : un retard extraordinaire de l'inondation semblait annoncer la colère de la divinité du fleuve; mais ce délai fut compensé par la crue rapide des

---

(1) L'histoire de la réformation offre de fréquens exemples du passage soudain de la superstition au mépris.

eaux; elles s'élevèrent même tout à coup à une si grande hauteur, que le parti mécontent se flatta d'être vengé par un déluge, jusqu'au moment où la rivière se réduisit paisiblement au degré ordinaire des seize coudées nécessaires à la fertilité (1).

Les temples de l'empire romain étaient déserts ou abattus; mais l'ingénieuse superstition des païens tâchait d'éluder les lois sévères par lesquelles Théodose avait défendu toutes sortes de sacrifices. Les habitans de la campagne, dont la conduite était moins exposée aux regards de la curiosité malveillante, déguisaient leurs assemblées religieuses sous l'apparence d'assemblées de plaisirs. Aux jours de fêtes solennelles, ils se réunissaient en grand nombre sous le feuillage épais des arbres consacrés; ils tuaient et rôtissaient des bœufs et des brebis; des hymnes chantés en l'honneur de leurs divinités sanctifiaient cette champêtre réjouissance; mais comme on ne faisait d'offrande d'aucune partie des animaux, comme il n'y avait ni autel pour recevoir le sang des victimes, ni oblations préliminaires de gâteaux salés, et que la cérémonie finale des libations était soigneuse-

La religion païenne est défendue.
A. D. 390.

---

(1) Sozomène, l. VII, c. 20. J'ai ajouté à la mesure. La même évaluation de l'inondation, et conséquemment la même coudée, a subsisté invariablement depuis le temps d'Hérodote. Voyez Freret, Mém. de l'Acad. des Inscript., t. XVI, p. 344-353; les Mélanges de Greave, vol. 1, p. 233. La coudée d'Égypte contient environ vingt-deux pouces, mesure anglaise.

ment supprimée, ils se prétendaient à l'abri de tout reproche et des peines portées contre ceux qui participeraient aux sacrifices défendus par la loi : mais quoi qu'on pût penser de la vérité des faits ou de la solidité des distinctions alléguées en leur faveur (1), le dernier édit de Théodose anéantit la ressource de ces vains subterfuges, et porta un coup mortel aux superstitions du paganisme. Cette loi prohibitive s'exprime dans les termes les plus clairs et les plus absolus (2). « C'est notre plaisir et notre volonté, dit l'empereur (3), de défendre à tous nos sujets, soit magistrats ou citoyens, depuis la première classe jusqu'à la dernière inclusivement, d'immoler désormais, soit dans une ville, soit dans tout autre endroit, aucune victime innocente en l'honneur d'une idole inanimée. » L'acte du sacrifice et la pratique de la divination par les entrailles des victimes sont

---

(1) Libanius (*pro Templis*, p. 15, 16, 17) plaide leur cause avec douceur et d'une manière séduisante. De temps immémorial, des fêtes de ce genre avaient égayé les campagnes, et celles de Bacchus avaient produit le théâtre d'Athènes. (*Géorgiq.* II, 380.) *Voyez* Godefroy, *ad loc.* Liban., et le *Cod. de Théod.*, t. VI, p. 284.

(2) Honorius toléra ces fêtes rustiques (A. D. 199). *Absque ullo sacrificio, atque ullâ superstitione damnabili.* Mais neuf ans après, il crut devoir réitérer et mettre en vigueur cette même défense. *Cod. Theod.*, l. XVI, tit. 10, leg. 17, 19.

(3) *Cod. Theod.*, l. XVI, tit. 10, leg. 12. Jortin (*Remarq. sur l'Hist. ecclés.*, vol. IV, p. 134) blâme avec une juste sévérité la teneur et le style de cette loi tyrannique.

déclarés, quel qu'en soit le motif, des crimes de haute trahison contre l'État, qui ne peuvent s'expier que par la mort du coupable. On abolit celles des cérémonies païennes qui pouvaient paraître moins cruelles et moins odieuses, comme injurieuses à l'honneur de la seule et véritable religion. L'édit défend nommément les luminaires, les guirlandes, les encensemens, les libations de vin, et comprend dans l'arrêt de proscription jusqu'au culte des génies domestiques et des dieux pénates. Celui qui se rendait coupable de quelqu'une de ces cérémonies profanes, perdait la propriété de la maison ou du terrain où elle avait été exécutée; et si, pour éluder la confiscation, il faisait de la propriété d'un autre le théâtre de son impiété, l'édit le condamnait à payer sur-le-champ une amende de vingt-cinq livres d'or, environ mille livres sterling. Il punissait par la même amende la connivence des ennemis secrets de la religion, qui se rendaient coupables de négligence dans le devoir qui leur était imposé, selon la différence de leur situation, de révéler ou de punir le crime de l'idolâtrie. Tel était l'esprit persécuteur des lois de Théodose, que ses fils et ses petits-fils exercèrent souvent avec rigueur et avec les applaudissemens unanimes du monde chrétien (1).

---

(1) On ne doit pas hasarder légèrement une pareille accusation; mais elle paraît suffisamment fondée sur l'autorité de saint Augustin, qui s'adresse ainsi aux donatistes : *Quis nostrûm, quis vestrûm non laudat leges ab imperatoribus*

Le paganisme persécuté.

Sous les règnes sanguinaires de Dèce et de Dioclétien, le christianisme avait été proscrit comme une révolte contre l'ancienne religion et le culte héréditaire de l'empire. L'union inséparable de l'Église catholique et la rapidité de ses conquêtes appuyaient en quelque sorte les injustes soupçons qui la représentaient comme une faction dangereuse et criminelle : mais les empereurs chrétiens qui violèrent les lois de l'Évangile et de l'humanité, ne pouvaient alléguer ni l'excuse de la crainte ni celle de l'ignorance. La faiblesse et la folie du paganisme étaient prouvées par l'expérience de plusieurs siècles; les lumières de la raison et de la foi avaient déjà démontré à la plus grande partie du genre humain l'impuissance et le ridicule des idoles; et on pouvait accorder sans inquiétude aux restes de cette secte expirante la permission de suivre en paix et dans l'obscurité les coutumes religieuses de leurs ancêtres. Si les païens eussent été animés par le zèle indomptable qui exaltait les premiers fidèles, leur sang aurait inévitablement souillé le triomphe de l'Église, et les martyrs de Jupiter et d'Apollon auraient embrassé avec ardeur l'honorable occasion de

---

datas adversus sacrificia paganorum ? Et certè longè ibi pœna severior constituta est; illius quippe impietatis capitale supplicium est. Epist. 93, n° 10, citée par Le Clerc (*Bibliothèque choisie*, t. VIII, p. 277), qui ajoute quelques remarques judicieuses sur l'intolérance des chrétiens dans leur triomphe.

sacrifier au pied de leurs autels leur fortune et leur vie. L'apathie indolente du polythéisme n'admettait pas un zèle si obstiné; le défaut de résistance amortit la violence des coups dont les empereurs orthodoxes frappèrent, à plusieurs reprises, le paganisme; et, par la docilité de leur obéissance, les païens évitèrent les rigueurs du Code de Théodose (1). Au lieu de prétendre que l'autorité des dieux dût l'emporter sur celle de l'empereur, ils firent à peine entendre quelques murmures en renonçant aux cérémonies que le souverain condamnait. Si quelquefois un moment d'impatience ou l'espérance de n'être point découverts les entraînaient à satisfaire leur superstition favorite, l'humilité du repentir désarmait la sévérité des magistrats chrétiens; et les païens refusaient rarement d'expier leur imprudence par une soumission apparente aux préceptes de l'Évangile. Les églises se remplissaient d'une multitude de faux prosélytes, qui s'étaient conformés par des motifs d'intérêt personnel à la religion dominante, et qui, tandis qu'on les voyait imiter les fidèles dans leur maintien et en apparence dans leurs prières, obéissaient secrètement à leur conscience, en invoquant dans le fond de leur cœur les dieux de leurs ancêtres (2). Si la patience

---

(1) Orose, l. VII, c. 28, p. 537. Saint Augustin (*Enarrat. in psalm.* 140, *apud* Lardner, *Témoignages des Païens*, vol. IV, p. 458) insulte à leur lâcheté: *Quis eorum comprehensus est in sacrificio, cùm his legibus ista prohiberentur, et non negavit?*

(2) Libanius (*pro Templis*, p. 17, 18) rapporte, sans la

manquait aux païens pour souffrir, le courage leur manquait pour résister; et les milliers d'idolâtres qui, répandus de tous côtés, déploraient la ruine de leurs temples, subirent sans effort la loi de leurs adversaires. Le nom et l'autorité de l'empereur suffirent pour désarmer les paysans de Syrie (1) et la populace d'Alexandrie, qui s'étaient opposés tumultueusement à la rage d'un fanatisme sans autorité. Les païens de l'Occident ne contribuèrent point à l'élévation d'Eugène, mais leur attachement pour cet usurpateur rendit sa cause et sa personne odieuses. Le clergé fit entendre ses clameurs, et lui reprocha d'ajouter le crime d'apostasie à celui de la rebellion, d'avoir laissé rétablir l'autel de la Victoire, et de déployer dans ses armées contre l'invincible étendard de la croix les symboles idolâtres de Jupiter et d'Hercule; mais la défaite d'Eugène anéantit bientôt l'espoir des païens, et ils restèrent exposés à la vengeance d'un conquérant qui tâchait de mériter la faveur du ciel par la destruction de l'idolâtrie (2).

---

blâmer, cette hypocrite soumission, comme une scène de comédie.

(1) Libanius conclut son Apologie (p. 32) en déclarant à l'empereur, qu'à moins qu'il n'ordonne expressément la destruction des temples, les propriétaires défendront leurs lois et leurs priviléges. Ισθι τους των αγρων δεσποτας, και αυτοις, και τω νομω βοηθησοντας.

(2) Paulin, *in Vit. Ambros.*, c. 26; saint Augustin, *de Civitate Dei*, l. v, c. 26; Théodoret, l. v, c. 24.

Une nation esclave est toujours empressée d'applaudir à la clémence de son maître, quand dans l'abus du pouvoir absolu il ne pousse pas l'injustice et l'oppression jusqu'à la dernière extrémité. Théodose pouvait sans doute proposer à ses sujets païens l'alternative du baptême ou de la mort; et l'éloquent Libanius donne des louanges à la modération d'un prince absolu qui ne contraignit jamais ses sujets par une loi positive à embrasser la religion de leur souverain (1). Il n'était pas indispensablement nécessaire de professer le christianisme pour jouir des droits de la société civile; il n'y avait point de punition particulière prononcée contre ceux dont la crédulité adoptait les fables d'Ovide, et rejetait obstinément les miracles de l'Évangile. Un grand nombre de païens zélés et déclarés occupaient des places dans le palais, dans les écoles, dans les armées et dans le sénat; ils obtenaient sans distinction tous les honneurs civils et militaires de l'empire. Théodose témoigna sa généreuse estime pour le génie et pour la vertu, en décorant Symmaque (2) de la dignité

<small>Le paganisme tout-à-fait aboli. A. D. 390-420, etc.</small>

---

(1) Libanius suggère la forme d'un édit de persécution que Théodose aurait pu publier (*pro Templis*, p. 32). La plaisanterie était imprudente et l'essai dangereux: quelques princes auraient été capables de profiter de l'avis.

(2) *Denique pro meritis terrestribus æquè rependens*
Munera, sacricolis summos impertit honores.

Ipse magistratum tibi consulis, ipse tribunal
Contulit.
    Prudence, dans *Symmaque*, 1, 617, etc.

consulaire, et par son attachement particulier pour Libanius (1). L'empereur n'exigea jamais de ces deux apologistes éloquens du paganisme qu'ils changeassent ou dissimulassent leurs opinions religieuses. Les païens jouissaient du droit de dire et d'écrire leurs sentimens avec la plus excessive liberté. Les fragmens historiques et philosophiques d'Eunape (2), de Zozime et des prédicateurs fanatiques de l'école de Platon, sont remplis des plus violentes invectives contre les principes et contre la conduite de leurs adversaires. Si ces audacieux libelles étaient publics, nous devons applaudir à la sagesse des princes chrétiens, qui voyaient d'un œil de mépris ces derniers efforts de la superstition et du désespoir (3); mais ils faisaient exécuter à la rigueur des lois qui pros-

___

(1) Libanius (*pro Templis*, p. 32) se félicite de ce que l'empereur Théodose a revêtu de cette dignité un homme qui ne craignait pas de jurer par Jupiter en présence de son pieux souverain. Cependant sa *présence* n'est probablement qu'une figure de rhétorique.

(2) Zozime, qui se qualifie du titre de comte et d'ancien avocat du trésor, diffame indécemment les princes chrétiens, et même le père de son souverain. Il est probable que cet ouvrage se distribuait avec précaution, puisqu'il a échappé aux invectives des historiens ecclésiastiques antérieurs à Évagre (l. III, c. 40-42), qui vivait à la fin du sixième siècle.

(3) Cependant les païens d'Afrique se plaignaient de ce que le malheur des temps ne leur permettait pas de répondre avec liberté à *la Cité de Dieu*. Saint Augustin (v, 26) ne nie point le fait.

crivaient les sacrifices et les cérémonies du paganisme, et chaque jour contribuait à détruire une religion soutenue par l'habitude plutôt que par le raisonnement. La dévotion d'un poëte ou d'un philosophe peut se nourrir en secret par la prière, l'étude et la méditation ; mais les sentimens religieux du peuple, dont toute la force vient de l'habitude et de l'imitation, ne peuvent guère avoir de fondemens solides que l'exercice du culte public. L'interruption de ce culte est capable d'opérer dans un petit nombre d'années l'ouvrage important d'une révolution nationale. Le souvenir des opinions théologiques ne se conserve pas long-temps privé du secours artificiel des prêtres, des temples et des livres (1). Un vulgaire ignorant, dont l'imagination est en proie aux terreurs et aux espérances d'une aveugle superstition, se laissera facilement persuader par ses supérieurs de diriger ses vœux vers les dieux du siècle ; et son zèle s'enflammera insensiblement pour la défense et la propagation de la nouvelle doctrine que le seul besoin d'une religion l'avait forcé d'abord à recevoir. La génération qui vint au monde après la promulgation des lois impériales, se laissa sans peine attirer

---

(1) Les Maures d'Espagne, qui professèrent secrètement, pendant plus d'un siècle, la religion mahométane sous la verge de l'inquisition, possédaient le Koran, et avaient entre eux l'usage exclusif de la langue arabe. *Voyez* l'histoire curieuse et fidèle de leur expulsion dans les *Mélanges de Geddes*, vol. I, p. 1-198.

dans le sein de l'Église catholique, et la chute du paganisme fut en même temps si douce et si rapide, que, vingt-huit ans après la mort de Théodose, ses faibles restes n'étaient plus sensibles aux yeux du législateur (1).

Culte des martyrs chrétiens. La ruine de la religion païenne est rapportée par les sophistes comme un prodige effrayant qui couvrit la terre de ténèbres et rétablit l'ancien règne du chaos et de la nuit. Ils racontent en style pompeux et pathétique que les temples se convertirent en sépulcres, et que les domiciles sacrés, ornés naguère des statues des dieux, furent déshonorés par les reliques des martyrs chrétiens. « Les moines (race d'animaux immondes, auxquels Eunape est tenté de refuser le nom d'hommes) sont, dit-il, les auteurs de la nouvelle doctrine qui, à des divinités conçues par l'esprit, a substitué les plus méprisables esclaves. Les têtes salées et marinées de ces infâmes malfaiteurs que la multitude de leurs crimes a justement conduits à une mort ignominieuse, leurs corps, où l'on voit encore les traces des fouets et des tortures ordonnées par les magistrats; tels sont, ajoute Eunape, les dieux que la terre produit de nos jours; tels sont les martyrs, les juges suprêmes des prières et des vœux adressés à la Divinité, et dont on res-

---

(1) *Paganos qui supersunt, quanquam jam nullos esse credamus*, etc. (*Cod. Theod.*, l. XVI, tit. 10, leg. 22. A. D. 423.) Théodose le jeune convient dans la suite que cette opinion avait été un peu prématurée.

pecte aujourd'hui les tombes comme des objets consacrés à la vénération des peuples (1). » Sans approuver l'animosité du sophiste, il est assez naturel de partager sa surprise d'une révolution dont il fut le témoin, et qui éleva les victimes obscures des lois romaines au rang de protecteurs célestes et invisibles de l'empire romain. Le temps et les succès convertirent en adoration religieuse la respectueuse reconnaissance des chrétiens pour les martyrs de la foi, et on accorda les mêmes honneurs aux plus illustres des saints et des prophètes. Cent cinquante ans après les morts glorieuses de saint Pierre et de saint Paul, les tombes ou plutôt les trophées de ces héros spirituels (2) décorèrent le Vatican et la voie d'Ostie. Dans le siècle qui suivit la conversion de Constantin, les empereurs, les consuls et les généraux des armées, visitaient dévotement les sépulcres d'un faiseur de tentes et d'un pêcheur (3); et l'on déposa respectueusement leurs os sous les autels du Christ, où les évêques de la ville impériale faisaient tous les

---

(1) *Voyez* Eunape, dans la Vie du sophiste Ædesius. Dans celle d'Eustathe, il prédit la ruine du paganisme, και τι μυθωδες, και αειδες σκοτος τυραννησει τα επι γης καλλιστα.

(2) Caïus (*ap. Euseb., Hist. eccles.*, l. II, c. 25), prêtre romain qui vivait du temps de Zephirinus (A. D. 202-219), rend témoignage de cette pratique superstitieuse.

(3) Saint Chrysostôme, *quòd Christus sit Deus*, t. 1, nov. edit., n°. 9. La lettre pastorale de Benoît XIV, sur le jubilé de l'année 1750, m'a fourni cette citation. *Voyez* les *Lettres curieuses et intéressantes* de M. Chais, t. III.

jours à Dieu l'offrande de leur sacrifice (1). La nouvelle capitale de l'Orient, ne pouvant fournir par elle-même de ces glorieux monumens, s'appropria les dépouilles des provinces : les corps de saint André, de saint Luc et de saint Timothée, avaient reposé près de trois cents ans dans des tombeaux obscurs, d'où on les transporta en pompe à l'église des Saints-Apôtres, fondée par Constantin sur les bords du Bosphore de Thrace (2). Environ cinquante ans après, ces mêmes rivages furent honorés de la présence de Samuel, juge et prophète d'Israël. Les évêques se passèrent de mains en mains ses cendres déposées dans un vase d'or et couvertes d'un voile de soie. Le peuple reçut les reliques de Samuel avec autant de joie et de respect qu'il aurait pu en montrer au prophète vivant : la foule des spectateurs formait une procession continuelle depuis la Palestine jusqu'aux

---

(1) *Malè facit ergo romanus episcopus? qui super mortuorum hominum, Petri et Pauli, secundùm nos, ossa veneranda..... offert Domino sacrificia, et tumulos eorum, Christi arbitratur altaria.* Saint Jérôme, t. II, *advers. Vigilant.*, p. 153.

(2) Saint Jérôme (t. II, p. 122) atteste ces translations négligées par les écrivains ecclésiastiques. On trouve la passion de saint André à Patræ, détaillée dans une épître du clergé de l'Achaïe, que Baronius voudrait admettre (*Annal. eccles.*, A. D. 60, n° 34), et que Tillemont se trouve forcé de rejeter. Saint André fut adopté comme le fondateur spirituel de Constantinople. *Mém. ecclés.*, t. I, p. 317-323, 588-594.

portes de Constantinople ; l'empereur Arcadius, suivi des plus illustres membres du clergé et du sénat, vint à la rencontre de cet hôte extraordinaire, qui toujours avait mérité et exigé l'hommage des souverains (1). L'exemple de Rome et de Constantinople affermit la foi et la discipline du monde catholique. Les honneurs des saints et des martyrs, après quelques faibles et inutiles murmures d'une raison profane (2), s'établirent universellement ; et dans le siècle de saint Ambroise et de saint Jérôme, il semblait manquer quelque chose à la sainteté d'une église, jusqu'à ce qu'elle eût été consacrée par une parcelle de saintes reliques qui pussent fixer et enflammer la dévotion des fidèles.

Dans la longue période de douze cents ans qui s'écoula entre le règne de Constantin et la réformation de Luther, le culte des saints et des reliques corrompit la simplicité pure et parfaite de la religion

Réflexions générales.

---

(1) Saint Jérôme (t. II., p. 122) décrit pompeusement la translation de Samuel, qui se trouve citée dans toutes les chroniques de ce temps.

(2) Le prêtre Vigilantius, le protestant de son siècle, rejeta toujours avec fermeté, mais inutilement, les superstitions des moines, les reliques, les saints, les jeûnes, etc. ; en raison de quoi saint Jérôme le compare à l'hydre, à Cerbère, aux centaures, etc., et ne voit en lui que l'organe des démons (t. II, p. 120-126). Quiconque lira la controverse de saint Jérôme et de Vigilantius, et le récit que fait saint Augustin des miracles de saint Étienne, se formera une idée juste de l'esprit des pères.

chrétienne, et on peut observer déjà quelques symptômes de dépravation chez les premières générations qui adoptèrent et consacrèrent cette pernicieuse innovation.

Reliques et martyrs fabuleux.

I. Le clergé, instruit par l'expérience que les reliques des saints avaient plus de valeur que l'or et les pierres précieuses (1), s'efforça d'augmenter les trésors de l'Église. Sans beaucoup d'égard pour la vérité ou même pour la probabilité, on donna des noms à des squelettes, et on inventa des actions pour les noms. Des fictions religieuses obscurcirent la gloire des apôtres et des saints imitateurs de leurs vertus ; on ajouta à l'invincible armée des martyrs véritables et primitifs une multitude de héros imaginaires qui n'avaient jamais existé que dans l'imagination de quelques légendaires artificieux ou crédules. Il y a même lieu de soupçonner que le diocèse de Tours n'est pas le seul où l'on ait adoré sous le nom d'un saint les os d'un malfaiteur (2). Une pratique superstitieuse, qui tendait à multiplier les occasions de fraude et les objets de crédulité, éteignit insensible-

---

(1) M. de Beausobre (*Hist. du Manichéisme*, t. II, p. 648) a attribué un sens profane à la pieuse observation du clergé de Smyrne, qui conservait précieusement les reliques du martyr saint Polycarpe.

(2) Saint Martin de Tours (*voyez* sa *Vie*, par Sulpice-Sévère, c. 8) arracha cet aveu de la bouche d'un mort. On convient que l'erreur fut occasionée par des causes naturelles, et la découverte est attribuée à un miracle. Laquelle des deux doit avoir lieu le plus fréquemment ?

ment dans le monde chrétien la lumière de l'histoire et celle de la raison.

II. Les progrès de la superstition auraient été beaucoup moins rapides et moins étendus si, pour aider la foi du peuple, on ne se fût pas servi à propos du secours des miracles et des visions propres à constater l'authenticité et la vertu des reliques les plus suspectes. Sous le règne de Théodose le jeune, Lucien, prêtre de Jérusalem, et ministre ecclésiastique du village de Caphargamala (1), environ à vingt milles de la ville, raconta un songe singulier, qui, pour écarter tous ses doutes, s'était offert à lui pendant trois samedis consécutifs. Une figure vénérable s'était présentée devant lui, dans le silence de la nuit, portant une longue barbe, vêtue d'une robe blanche et tenant une verge d'or dans sa main. Ce fantôme s'annonça sous le nom de Gamaliel, et apprit au prêtre étonné que son corps, celui de son fils Abibas, de son ami Nicodème, et enfin celui de l'illustre Étienne, le premier martyr du christianisme, avaient été enterrés secrètement dans le champ voisin. Il ajouta avec quelque impatience qu'il était temps de

---

(1) Lucien composa en grec son récit; Avitus le traduisit, et Baronius le publia (*Annal. ecclés.*, A. D. 415, n°s 7-16). Les éditeurs bénédictins de saint Augustin ont donné, à la fin de l'ouvrage *de Civitate Dei*, deux différens textes, accompagnés de nombreuses variantes. C'est le caractère du mensonge que d'être vague et inconséquent. Tillemont (*Mém. ecclés.*, t. II, p. 9, etc.) a adouci les parties de la légende qui choquent le bon sens.

les délivrer, lui et ses compagnons, de leur obscure prison; que leur apparition dans le monde serait un remède salutaire à ses maux, et qu'ils choisissaient Lucien pour avertir l'évêque de Jérusalem de leur situation et de leurs désirs. De nouvelles visions vinrent à mesure éclaircir les doutes et lever les difficultés qui retardaient l'exécution de cette importante entreprise; le prélat fit creuser la terre devant le peuple qui s'était rassemblé pour en être témoin. On trouva les tombes de Gamaliel, de son fils et de son ami à côté l'une de l'autre; mais dès que l'on eut retiré la quatrième, qui contenait les précieux restes de saint Étienne, la terre trembla; et il se répandit une exhalaison semblable à celle qui doit remplir le paradis, et dont l'influence guérit en un instant les maux divers dont étaient affligés soixante-treize spectateurs. On laissa les compagnons de saint Étienne dans leur paisible demeure de Caphargamala; mais les reliques du premier des martyrs furent transportées processionnellement dans l'église construite en son honneur sur la montagne de Sion; et les effets de la vertu divine et miraculeuse que possédaient les plus petites parcelles de ces reliques, une goutte de sang ou les râclures d'un os, se firent sentir dans presque toutes les provinces de l'empire romain (1). Le grave et sa-

---

(1) Une fiole du sang de saint Étienne se liquéfia tous les ans à Naples, jusqu'au moment où il fut remplacé par saint Janvier. Ruinart, *Hist. persecut. Vandal.*, p. 529.

vant saint Augustin (1), à qui la supériorité de son esprit ne laisse guère l'excuse de la crédulité, atteste les prodiges nombreux opérés en Afrique par les reliques de saint Étienne, et ce récit merveilleux a été inséré dans l'ouvrage de *la Cité de Dieu*, composé avec tant de soin par l'évêque d'Hippone, et destiné à servir de preuve immortelle et irrécusable à la vérité du christianisme. Saint Augustin déclare solennellement qu'il ne parle que des miracles certifiés publiquement par ceux qui en ont éprouvé l'influence ou qui en ont été les spectateurs ou les objets : on omit ou l'on oublia beaucoup de prodiges ; Hippone fut traitée moins libéralement que les autres villes de la province, et son évêque détaille cependant plus de soixante-dix miracles, au nombre desquels se trouvent trois résurrections, opérés en moins de deux ans dans les limites de son diocèse (2). Si l'on voulait parcourir tous les diocèses et compter

---

(1) Saint Augustin composa les vingt-deux livres *de Civitate Dei*, en treize ans de travail, A. D. 413-426. (Tillemont, *Mém. ecclés.*, t. xiv, p. 608, etc.) Il emprunte trop souvent son érudition, et raisonne trop souvent d'après lui-même ; mais la totalité de l'ouvrage a le mérite d'un magnifique dessin, exécuté avec vigueur, et non sans talent.

(2) *Voyez* saint Augustin, *de Civitate Dei*, l. xxii, c. 22 ; et l'*Appendix*, qui contient deux livres de miracles de saint Étienne, par Evodius, évêque d'Uzalis. Freculphus (*apud* Basnage, *Histoire des Juifs*, t. viii, p. 249) a conservé un proverbe gaulois ou espagnol : « Quiconque prétendra avoir lu tous les miracles de saint Étienne, mentira. »

tous les saints du monde chrétien, ce serait un calcul difficile peut-être à terminer que celui des fables et des erreurs qu'a dû produire cette inépuisable source; mais il sera permis d'observer, au moins, que dans ce temps de superstition et de crédulité, les miracles devaient perdre en quelque sorte le nom de miracle et le droit d'attirer l'attention, lorsque, par leur fréquence, ils semblaient presque rentrer dans le cours des lois ordinaires de la nature.

<small>Renaissance du polythéisme.</small>

III. La multiplicité de miracles dont les tombes des martyrs étaient continuellement le théâtre, révélaient aux pieux croyans la constitution et l'état actuel du monde invisible, et leurs spéculations religieuses paraissaient fondées sur la base solide des faits et de l'expérience. Quel que pût être le sort des âmes communes depuis l'instant de la dissolution de leurs corps jusqu'à celui de leur résurrection, il était évident que les esprits supérieurs des saints et des martyrs ne passaient pas ce long intervalle dans un sommeil honteux et inutile (1). Il était évident encore, quoiqu'on n'osât pas déterminer le lieu de leur habitation ni la nature de leur félicité, qu'ils jouissaient vivement et activement du sentiment de leur bonheur, de leur vertu et de leur puissance, et

---

(1) Burnet (*de Statu mortuorum*; p. 56-84) recueille les opinions des pères, qui affirment le sommeil ou le repos des âmes jusqu'au jour du jugement. Il expose ensuite les inconvéniens qui pourraient arriver, si elles conservaient une existence sensible et active.

qu'ils étaient déjà assurés d'une récompense éternelle. L'étendue de leurs facultés intellectuelles surpassait évidemment ce que peut concevoir l'imagination humaine, puisque l'*expérience* démontrait qu'ils pouvaient entendre et comprendre dans le même instant les vœux que leur adressaient, de toutes les parties du monde, les nombreux supplians qui invoquaient le nom et l'assistance de saint Étienne ou de saint Martin (1). Les fidèles fondaient leur confiance sur la persuasion que les saints qui régnaient avec le Christ s'intéressaient vivement à la prospérité de l'Église catholique, qu'ils jetaient sur la terre des regards de compassion, et qu'ils honoraient principalement de leurs faveurs ceux qui les imitaient dans leur foi et dans leur piété. La bienveillance des martyrs daignait quelquefois admettre des motifs d'un genre moins relevé : ils avaient une affection particulière pour le lieu de leur naissance et pour celui qu'ils avaient habité, pour celui de leur mort et de leur enterrement, et enfin pour l'endroit qui possé-

---

(1) Vigilantius plaçait les âmes des prophètes et des martyrs dans le sein d'Abraham, *in loco refrigerii*, ou sous l'autel de Dieu. *Nec posse suis tumulis, et ubi voluerunt, adesse præsentes.* Mais saint Jérôme (t. II, p. 122) réfute sévèrement ce blasphème. *Tu Deo leges pones ? Tu apostolis vincula injicies, ut usque ad diem judicii teneantur custodiâ, nec sint cum Domino suo; de quibus scriptum est : Sequuntur agnum quocumque vadit. Si agnus ubique, ergo, et hi, qui cum agno sunt, ubique esse credendi sunt. Et cum diabolus et demones toto vagentur in orbe*, etc.

dait leurs saintes reliques. Les passions plus basses, telles que l'orgueil, l'avarice ou la vengeance, devraient paraître au-dessous d'un esprit céleste; cependant les saints daignaient aussi témoigner leur approbation à ceux qui leur offraient des dons avec libéralité, et menaçaient des châtimens les plus sévères les impies qui dérobaient quelque ornement à la magnificence de leur châsse, ou qui révoquaient en doute leur puissance surnaturelle (1). C'eût été, à la vérité, un crime bien punissable ou un étrange scepticisme que de rejeter les preuves d'une influence divine à laquelle les élémens, la nature entière et même les opérations invisibles de l'âme humaine, étaient forcés d'obéir (2). L'effet salutaire ou pernicieux qui devait suivre immédiatement et presque au même instant les prières ou les offenses, ne laissait aucun doute aux chrétiens sur la haute faveur et le crédit dont les saints jouissaient auprès de l'Être suprême; et il paraissait inutile d'examiner si ces puissans protecteurs étaient forcés d'intercéder continuellement au pied du trône de grâce, ou s'ils

---

(1) Fleury, *Discours sur l'Hist. ecclés.*, III, p. 80.

(2) A Minorque, les reliques de saint Étienne convertirent en huit jours cinq cent quarante juifs, avec le secours cependant de quelques sévérités salutaires, comme de brûler les synagogues et de chasser les opiniâtres dans les rochers, où ils mouraient de faim, etc. *Voyez* la lettre de Sévère, évêque de Minorque (*ad calcem* sancti Augustini, *de Civitate Dei*), et les *Remarques judicieuses* de Basnage (t. VIII, p. 245-251).

avaient la liberté d'exercer au gré de leur justice et de leur bienfaisance le pouvoir subordonné dont ils avaient reçu la délégation. L'imagination, qui ne s'était élevée qu'avec peine à la contemplation et au culte d'une cause universelle, saisissait avec avidité des objets inférieurs de son adoration, plus proportionnés à ses conceptions grossières et à l'imperfection de ses facultés. La théologie simple et sublime des premiers chrétiens se corrompit insensiblement, et la monarchie du ciel, déjà surchargée de subtilités métaphysiques, fut totalement défigurée par l'introduction d'une mythologie populaire qui tendait à rétablir le règne du polythéisme (1).

IV. Comme les objets de la dévotion se rapprochaient insensiblement de la faiblesse de l'imagination, on introduisit des rites et des cérémonies capables de frapper les sens du vulgaire. Si, au commencement du cinquième siècle (2), Tertullien ou Lactance (3) fussent sortis du sein des morts pour assis-

Introduction des cérémonies païennes.

---

(1) M. Hume (*Essais*, vol. II, p. 434) observe en philosophe le flux et le reflux du théisme et du polythéisme.

(2) D'Aubigné (*voyez ses Mémoires*, p. 156-160) offrit de bonne foi, avec le consentement des ministres protestans, de prendre pour règle de foi celle des quatre premiers siècles du christianisme. Le cardinal Duperron marchanda pour qu'on y ajoutât quarante ans, qui lui furent imprudemment accordés; cependant aucun des deux partis n'aurait trouvé son compte dans ce marché extravagant.

(3) Le culte pratiqué et prêché par Tertullien, Lactance,

ter à la fête d'un saint ou d'un martyr (1), ils auraient contemplé, avec autant de surprise que d'indignation, le spectacle profane qui avait succédé au culte pur et spirituel d'une congrégation chrétienne. Dès que les portes de l'église se seraient ouvertes, leur odorat aurait été offensé par le parfum de l'encens et des fleurs, et ils auraient sans doute regardé comme sacrilége la clarté inutile et ridicule que répandaient, en plein midi, les lampes et les cierges. Ils n'auraient pu arriver à la balustrade de l'autel qu'à travers une foule prosternée, et composée, pour la plus grande partie, d'étrangers et de pèlerins accourus à la ville la veille des fêtes, et déjà, dans l'ivresse du fanatisme et peut-être de l'intempérance, imprimant dévotement des baisers sur les murs et sur le pavé de l'église, et adressant leurs ferventes prières, quelles que fussent les paroles que prononçait alors l'Église, aux os, au sang ou aux cendres du saint qu'un linge ou un voile de soie dérobait ordinairement aux regards du vulgaire. Les chrétiens visitaient les tombes des martyrs dans l'espérance d'obtenir, par leur puis-

---

Arnobe, etc., est si exclusivement pur et spirituel, que leurs déclamations contre les païens rejaillissent quelquefois jusque sur les cérémonies judaïques.

(1) Faustus le manichéen accuse les catholiques d'idolâtrie : *Vertitis idola in martyres.... quos votis similibus colitis.* M. de Beausobre (*Hist. crit. du Manich.*, t. II, p. 629-700), protestant, mais philosophe, a représenté, avec autant de candeur que d'érudition, l'introduction de l'*idolâtrie chrétienne* dans les quatrième et cinquième siècles.

sante intercession, toutes sortes de faveurs spirituelles, mais principalement des avantages temporels. Ils priaient pour la conservation ou pour le rétablissement de leur santé, pour la fécondité de leurs femmes, pour la vie et le bonheur de leurs enfans. Lorsque les dévots entreprenaient un voyage long ou dangereux, ils suppliaient les saints martyrs d'être leurs guides et leurs protecteurs dans la route; et s'ils revenaient sans avoir essuyé d'accident, ils se hâtaient encore d'aller aux tombes des martyrs, célébrer, avec toutes les expressions de la reconnaissance, leurs obligations envers le nom et les reliques de ces protecteurs célestes. Tous les murs étaient garnis de symboles des faveurs qu'ils avaient reçues. Des yeux, des mains et des pieds d'or et d'argent, représentaient les services rendus aux fidèles; et des tableaux édifians, qui ne pouvaient manquer de donner lieu bientôt aux abus d'une dévotion indiscrète et idolâtre, offraient aux yeux l'image, les attributs et les miracles du saint. Un même esprit de superstition devait suggérer, dans les temps et les pays les plus éloignés, des moyens semblables de tromper la crédulité et de frapper les sens de la multitude (1). On ne peut disconvenir que les ministres de la religion

---

(1). On peut trouver dans les diverses superstitions, depuis le Japon jusqu'à Mexico, des ressemblances qui n'ont pu être le fruit de l'imitation. Warburton a saisi cette idée, qu'il a dénaturée en la rendant trop générale et trop absolue. *Div. legat.*, t. IV, p. 126, etc.

catholique n'aient imité le modèle profane qu'ils étaient impatiens de détruire. Les plus respectables prélats s'étaient persuadé que des paysans grossiers renonceraient plus facilement au paganisme, s'ils trouvaient quelque ressemblance, quelque compensation dans les cérémonies du christianisme. La religion de Constantin acheva en moins d'un siècle la conquête de tout l'empire romain ; mais les vainqueurs se laissèrent bientôt subjuguer par les artifices de ceux qu'ils avaient assujettis (1).

---

(1) M. Middleton traite de l'imitation du paganisme dans son agréable lettre écrite à Rome. Les objections de Warburton l'obligèrent de lier ensemble (vol. III, p. 120-132) l'histoire des deux religions, et de prouver l'antiquité de la copie chrétienne.

CHAPITRE XXIX.

Partage définitif de l'empire romain entre les fils de Théodose. Règne d'Arcadius et d'Honorius. Administration de Rufin et de Stilichon. Révolte et défaite de Gildon en Afrique.

Le génie de Rome expira avec Théodose, le dernier des successeurs d'Auguste et de Constantin qui parut à la tête des armées, et dont l'autorité fut universellement reconnue dans toute l'étendue de l'empire. Cependant la jeunesse et l'inexpérience de ses deux fils furent protégées quelque temps par le souvenir de sa gloire et de ses vertus. Après la mort de leur père, Arcadius et Honorius furent reconnus, du consentement de l'univers, légitimes empereurs de l'Orient et de l'Occident. Tous les ordres de l'État, toutes les classes de citoyens, les sénats de l'ancienne et de la nouvelle Rome, le clergé, les magistrats, les soldats et le peuple, prononcèrent avec zèle le serment de fidélité. Arcadius, alors âgé d'environ dix-huit ans, était né en Espagne, dans l'humble habitation d'un simple citoyen ; mais il avait reçu dans le palais de Constantinople une éducation convenable à sa nouvelle fortune : ce fut dans la paix et la magnificence de cette royale demeure qu'il passa entièrement une vie sans gloire ; ce fut de là qu'il sembla régner sur les provinces de la Thrace, de

Division de l'empire entre Arcadius et Honorius. A. D. 395, 17 janvier.

l'Asie-Mineure, de la Syrie et de l'Égypte, depuis le Bas-Danube jusqu'aux confins de la Perse et de l'Éthiopie. Le jeune Honorius, son frère, fut décoré, dans la onzième année de son âge, du titre d'empereur de l'Italie, de l'Afrique, de la Gaule, de l'Espagne et de la Grande-Bretagne ; les troupes qui gardaient les frontières de son empire servaient de barrière, d'un côté contre les Maures, et de l'autre contre les Calédoniens. Les deux princes partagèrent entre eux la vaste et belliqueuse préfecture de l'Illyrie ; les provinces de Norique, de Pannonie et de Dalmatie, appartinrent à l'empire d'Occident ; mais les deux grands diocèses de Dacie et de Macédoine, confiés autrefois par Gratien à la valeur de Théodose, furent irrévocablement réunis à l'empire de l'Orient. Les bornes en Europe étaient à peu près celles qui séparent aujourd'hui les Turcs des Allemands. Dans cette division définitive et durable de l'empire romain, on pesa de bonne foi et l'on compensa les différens avantages de territoire, de richesses, de population et de forces militaires. Le sceptre héréditaire des enfans de Théodose semblait leur appartenir par le droit de la nature et le don de leur père. Les généraux et les ministres s'étaient accoutumés à révérer dans les jeunes princes la dignité impériale ; l'exemple dangereux d'une nouvelle élection ne vint point avertir le peuple et les soldats de leurs droits et de leur puissance. Les preuves qu'Arcadius et Honorius donnèrent successivement de leur faiblesse et de leur incapacité, les malheurs multipliés de leur règne, ne suffirent point pour détruire les sentimens de fidélité dont leurs sujets avaient de bonne heure reçu la profonde empreinte. Plein de respect pour la personne, ou plutôt pour le nom de ses souverains, le peuple chargea également de sa haine les rebelles qui attaquaient l'autorité de son monarque et les ministres qui en abusaient.

Théodose a terni la gloire de son règne par l'élévation de Rufin, odieux favori à qui, dans un siècle de factions civiles et religieuses, tous les partis ont imputé tous les crimes. Poussé par l'avarice et par l'ambition (1), Rufin, né dans un coin obscur de la Gaule (2), quitta son pays natal pour chercher fortune dans la capitale de l'Orient. Le talent naturel d'une élocution facile et hardie (3) lui obtint des succès au barreau, et ces succès le conduisirent naturellement aux premiers emplois de l'État. Il parvint

<small>Caractère de Rufin, et son administration.
A. D. 386-395.</small>

---

(1) Alecton, envieuse de la félicité publique, convoque un synode infernal; Mégère lui recommande Rufin son pupille, qu'elle excite à exercer toute sa noirceur, etc.; mais il y a autant de différence entre la verve de Claudien et celle de Virgile, qu'entre les caractères de Turnus et de Rufin.

(2) Tillemont, *Hist des Emper.*, t. v, p. 770. Il est évident, quoique de Marca paraisse honteux de son compatriote, que Rufin est né à Éluse, capitale de la Novempopulanie, et à présent petit village de Gascogne. D'Anville, *Notice de l'ancienne Gaule*, p. 289.

(3) Philostorg., l. xi, c. 3; et les *Dissertations* de Godefroy, p. 440.

graduellement, par des promotions régulières, à la charge de maître des offices, et dans l'exercice de ses nombreuses fonctions, liées si essentiellement avec tout le système du gouvernement civil, il acquit la confiance d'un souverain qui découvrit en peu de temps sa diligence et sa capacité dans les affaires, et ignora long-temps la fausseté, l'orgueil et l'avidité de son favori. Il déguisait soigneusement ses vices sous le masque de la plus profonde dissimulation (1), et ses passions étaient toujours au service de celles de son maître. Cependant, dans le massacre odieux de Thessalonique, le barbare Rufin enflamma la colère de Théodose, et n'imita point son repentir. Cet homme, qui regardait le reste des humains avec une indifférence dédaigneuse, ne pardonnait jamais la plus faible apparence d'une injure, et en devenant son ennemi, on perdait à ses yeux tous les droits que pouvaient avoir acquis des services rendus à l'État. Promotus, maître général de l'infanterie, avait sauvé l'empire en repoussant l'invasion des Ostrogoths; mais il souffrait avec indignation la prééminence d'un rival dont il méprisait le caractère et la profession. Le fougueux soldat, irrité de l'arrogance du favori, s'emporta jusqu'à le frapper au milieu du conseil. On représenta cet acte de violence à l'empereur comme une insulte personnelle, que sa dignité ne lui permettait pas de laisser impunie. Promotus fut

---

(1). Un passage de Suidas peint sa profonde dissimulation : βαθυγνωμων ανθρωπος και κρυψινος.

instruit de sa disgrâce et de son exil par l'ordre péremptoire qu'il reçut de se retirer sans délai dans un poste militaire sur le Danube. La mort de ce général, quoique tué dans une escarmouche contre les Barbares, a été imputée à la perfidie de Rufin (1). Le sacrifice d'un héros satisfit sa vengeance, et les honneurs du consulat augmentèrent encore sa vanité; mais sa puissance lui paraissait imparfaite et précaire, tant que Tatien (2) et son fils Proculus occupaient les préfectures importantes de l'Orient et de Constantinople, et balançaient par leur autorité réunie les prétentions et la faveur du maître des offices. Les deux préfets furent accusés de fraude et de concussion dans l'administration des lois et des finances; l'empereur pensa que des coupables si importans devaient être jugés par une commission particulière. On nomma plusieurs juges, afin de partager entre eux le crime et le reproche de l'injustice; mais le droit de prononcer la sentence fut réservé au président, et ce président était Rufin lui-même. Le

---

(1) Zozime, l. IV, p. 272, 273.

(2) Zozime, qui raconte la chute de Tatien et de son fils (l. IV, p. 273, 274), assure leur innocence, et même son témoignage suffit pour l'emporter sur les accusations de leurs ennemis (*Cod. Theodos.*, t. IV, p. 489), qui prétendent que ces deux préfets avaient opprimé les *curies*. La liaison de Tatien avec les ariens dans sa préfecture d'Égypte (A. D. 373) dispose Tillemont à le croire coupable de tous les crimes. *Hist. des Empereurs*, t. V, p. 360; *Mém. eccles.*, t. VI; p. 589.

père, dépouillé de sa préfecture, fut jeté dans un cachot; le fils prit la fuite, convaincu que peu de ministres peuvent compter sur le triomphe de leur innocence, quand ils ont pour juge un ennemi personnel; mais plutôt que de se voir obligé à borner sa vengeance à celle de ses deux victimes qui lui était la moins odieuse, Rufin abaissa l'insolence de son despotisme jusqu'aux artifices les plus vils. On conserva dans la poursuite du procès une apparence de modération et d'équité, qui donna à Tatien les espérances les plus favorables sur l'événement. Le président augmenta sa confiance par des protestations solennelles et des sermens perfides. Il alla même jusqu'à abuser du nom de l'empereur; et le père infortuné se laissa enfin persuader de rappeler son fils par une lettre particulière. A son arrivée, Proculus fut arrêté, examiné, condamné et décapité dans un des faubourgs de Constantinople, avec une précipitation qui trompa la clémence de l'empereur. Sans aucun respect pour la douleur d'un sénateur consulaire, les barbares juges de Tatien l'obligèrent d'assister au supplice de son fils : il avait lui-même au cou le cordon fatal; mais au moment où il attendait, où il souhaitait peut-être une prompte mort qui eût terminé tous ses malheurs, on lui permit de traîner les restes de sa vieillesse dans l'exil et dans la pauvreté (1). La punition des deux préfets peut trouver

---

(1) . . . . *Juvenum rorantia colla*
Ante patrum vultus strictâ cecidêre securi.

une excuse peut-être dans les fautes ou les torts de leur conduite; l'esprit jaloux de l'ambition peut pallier la haine de leur persécuteur; mais Rufin poussa la vengeance à un excès aussi contraire à la prudence qu'à l'équité, en dégradant la Lycie, leur patrie, du rang de province romaine, en imprimant une tache d'ignominie sur un peuple innocent, et en déclarant les compatriotes de Tatien et de Proculus incapables à jamais d'occuper un emploi avantageux ou honorable dans le gouvernement de l'empire (1). Le nouveau préfet de l'Orient, car Rufin succéda immédiatement aux honneurs de son rival abattu, ne fut jamais détourné par ses plus criminelles entreprises des pratiques de dévotion qui passaient alors pour indispensables au salut. Il avait bâti dans un faubourg

---

Ibat grandævus nato moriente superstes
Post trabeas exsul. In Rufin., 1, 248.

Les *Faits* de Zozime expliquent les allusions de Claudien; mais ses traducteurs classiques n'avaient aucune connaissance du quatrième siècle. J'ai trouvé le *fatal cordon* avec le secours de Tillemont, dans un sermon de saint Asterius d'Amasée.

(1) Cette loi odieuse est rapportée et révoquée par Arcadius (A. D. 396) dans le *Code de Théodose* (L. IX, tit. 38, leg. 9). Le sens, tel que Claudien l'explique (*in Rufin.*, 1, 234); et Godefroy, (t. III, p. 279), est parfaitement clair.

. . . . *Exscindere cives*
Funditùs, et nomen gentis delere laborat.

Les doutes de Pagi et de Tillemont ne peuvent naître que de leur zèle pour la gloire de Théodose.

de Chalcédoine, surnommé le Chêne, une magnifique maison de campagne, à laquelle il joignit pieusement une superbe église, consacrée aux apôtres saint Pierre et saint Paul, et sanctifiée par les prières et la pénitence continuelle d'une communauté de moines. On convoqua un synode nombreux et presque général des évêques de l'Orient, pour célébrer en même temps la dédicace de l'église et le baptême du fondateur. La plus grande pompe régna dans cette double cérémonie ; et lorsque les eaux saintes eurent purifié Rufin de tous les péchés qu'il avait pu commettre jusqu'alors, un vénérable ermite d'Égypte se présenta imprudemment pour la caution d'un ministre plein d'orgueil et d'ambition (1).

Il opprime l'Orient.
A. D. 395.

Le caractère du vertueux Théodose imposait à son ministre la nécessité de l'hypocrisie, qui déguisait souvent et retenait quelquefois l'abus de la puissance. Rufin se gardait de troubler le sommeil d'un prince indolent, mais encore capable d'exercer les talens et les vertus qui l'avaient élevé à l'empire (2).

---

(1) *Ammonius.... Rufinum propriis manibus suscepit sacro fonte mundatum.* Voyez Rosweyde, *Vitæ Patrum,* p. 947. Sozomène (l. VIII, c. 17) parle de l'église et du monastère; et Tillemont (*Mémoires ecclésiastiques,* t. IX, p. 593) cite ce synode dans lequel saint Grégoire de Nice joue un grand rôle.

(2) Montesquieu (*Esprit des Lois,* l. XII, c. 12) fait l'éloge d'une des lois de Théodose adressée au préfet Rufin (l. IX, tit. 4, *leg. unic.*), dont le but est de ralentir les poursuites

L'absence, et bientôt après la mort de ce grand prince, confirmèrent l'autorité absolue de Rufin sur la personne et sur les États d'Arcadius, prince faible et sans expérience, que l'orgueilleux préfet regardait plutôt comme son pupille que comme son souverain. Indifférent pour l'opinion publique, il se livra dès-lors à ses passions sans remords et sans résistance; son cœur avide et pervers était inaccessible aux passions qui auraient pu contribuer à sa propre gloire ou au bonheur des citoyens. L'avarice semble avoir été le besoin dominant de cette âme corrompue (1) : des taxes oppressives, une vénalité scandaleuse, des amendes immodérées, des confiscations injustes, de faux testamens, au moyen desquels il dépouillait de leur héritage les enfans de ses ennemis, ou même

―――

intentées pour cause de discours attentatoires à la religion ou à la majesté du prince. Une loi tyrannique prouve toujours l'existence de la tyrannie; mais un édit louable peut ne contenir que les protestations spécieuses et les vœux inutiles du prince ou de ses ministres. Cette triste réflexion pourrait être, je le crains bien, une sûre règle de critique.

(1) . . . . *Fluctibus auri*
Expleri ille calor nequit. . . . .
. . . .
Congestæ cumulantur opes, orbisque rapinas,
Accipit una domus. . . . .

Ce caractère (Claudien, *in Rufin.*, 1, 184-220) est confirmé par saint Jérôme, témoin désintéressé (*dedecus, insatiabilis avaritiæ*, t. 1, *ad* Heliodor., p. 26), par Zozime (l. v, p. 286) et par Suidas, qui a copié l'histoire d'Eunape.

de ceux qui n'avaient point mérité sa haine; enfin tous les moyens, soit généraux, soit particuliers, que peut inventer la rapacité d'un tyran, furent employés pour attirer dans ses mains les richesses de l'Orient; il vendait publiquement la justice et la faveur dans le palais de Constantinople. L'ambitieux candidat marchandait avec avidité, aux dépens de la meilleure partie de son patrimoine, les honneurs lucratifs d'un gouvernement de province; la vie et la fortune des malheureux habitans étaient abandonnées au dernier enchérisseur. Pour apaiser les cris du public, on sacrifiait de temps en temps quelque odieux coupable dont le châtiment n'était profitable qu'au préfet, qui devenait son juge après avoir été son complice. Si l'avarice n'était pas la plus aveugle des passions, les motifs de Rufin pourraient exciter notre curiosité; nous serions peut-être tentés d'examiner dans quelles vues il sacrifiait tous les principes de l'honneur et de l'humanité à l'acquisition d'immenses trésors, qu'il ne pouvait ni dépenser sans extravagance, ni conserver sans danger. Peut-être se flattait-il orgueilleusement de travailler pour sa fille unique; de la marier à son auguste pupille, et d'en faire l'impératrice de l'Orient. Il est possible que, trompé par de faux calculs, il ne vît dans son avarice que l'instrument de son ambition, et qu'il eût l'intention de placer sa fortune sur une base solide, indépendante du caprice d'un jeune empereur. Cependant il négligeait maladroitement de se concilier l'amour du peuple et des soldats, en leur distribuant une partie des richesses qu'il amassait à force de crimes et de travaux. L'extrême parcimonie de Rufin ne lui laissa que le reproche et l'envie d'une opulence mal acquise. Ceux qui dépendaient de lui le servaient sans attachement, et la terreur qu'inspirait sa puissance arrêtait seule les entreprises de la haine universelle dont il était l'objet. Le sort de Lucien apprit à tout l'Orient que si Rufin avait perdu une partie de son activité pour les affaires, il était encore infatigable quand il s'agissait de poursuivre sa vengeance. Lucien, fils du préfet Florentius, l'oppresseur de la Gaule et l'ennemi de Julien, avait employé une partie de sa succession, fruit de la rapine et de la corruption, à acheter l'amitié de Rufin et le poste important de comte de l'Orient; mais le nouveau magistrat eut l'imprudence de renoncer aux maximes de la cour et du temps, d'offenser son bienfaiteur par le contraste frappant d'une administration équitable et modeste, et de se refuser à un acte d'injustice qui aurait pu devenir profitable à l'oncle de l'empereur. Arcadius se laissa facilement persuader de punir cette insulte supposée, et le préfet de l'Orient résolut d'exécuter en personne l'affreuse vengeance qu'il méditait contre l'ingrat à qui il avait délégué une partie de sa puissance. Rufin partit pour Antioche, parcourut sans s'arrêter l'espace de sept à huit cents milles qui sépare cette ville de Constantinople, arriva au milieu de la nuit dans la capitale de la Syrie, et répandit une consternation universelle chez un peuple qui ignorait ses desseins, mais qui connaissait son caractère. On traîna le comte de quinze provinces de l'Orient, comme un vil malfaiteur, devant le tribunal arbitraire de Rufin; malgré les preuves les plus évidentes de son intégrité, et quoiqu'il ne se présentât pas un seul accusateur, Lucien fut condamné, presque sans procédure, à souffrir un supplice cruel et ignominieux. Les ministres du tyran, par l'ordre et en présence de leur maître, le frappèrent sur le cou, à coups redoublés, de longues courroies garnies de plomb à leur extrémité; et lorsque l'infortuné Lucien tomba sans connaissance sous la main de ses bourreaux, on l'emporta dans une litière bien fermée pour dérober ses derniers gémissemens à l'indignation des citoyens. Aussitôt après cette action barbare, seul objet de son voyage, Rufin partit d'Antioche pour retourner à Constantinople, chargé de la haine profonde et des secrètes malédictions d'un peuple tremblant; et sa diligence fut accélérée par l'espoir de célébrer en arrivant le mariage de sa fille avec l'empereur de l'Orient (1).

Mais Rufin éprouva bientôt qu'un ministre ambitieux et prudent, qui tient un monarque enchaîné

---

(1) . . . . *Cætera segnis;*
Ad facinus velox; penitus regione remotas
Impiger ire vias.

L'allusion de Claudien (*in Rufin.*, 1, 241) est encore expliquée par le récit circonstancié de Zozime, l. v, p. 288, 289.

par les liens invisibles de l'habitude, ne doit jamais s'en éloigner, et que dans son absence il doit peu compter sur le mérite de ses services, et moins encore sur la faveur d'un prince faible et capricieux. Tandis que le préfet rassasiait à Antioche son implacable vengeance, le grand chambellan Eutrope, à la tête des eunuques favoris, travaillait secrètement à détruire sa puissance dans le palais de Constantinople. Ils découvrirent qu'Arcadius n'avait point d'inclination pour la fille de Rufin, et que ce n'était point de son aveu qu'elle lui était destinée pour épouse. Ils travaillèrent à lui substituer la belle Eudoxie, fille de Bauto (1), général des Francs au service de Rome, et qui avait été élevée, depuis la mort de son père, dans la famille des fils de Promotus. Le jeune empereur, dont la chasteté était encore intacte, grâce aux soins pieux et vigilans d'Arsène (2), son gouverneur, écoutait avec l'émotion du désir les descriptions séduisantes des charmes d'Eudoxie. Son portrait acheva de l'enflammer, et le faible Arcadius sentit la nécessité de cacher ses desseins à un

(1) Zozime (l. IV, p. 243) loue la valeur, la prudence et l'intégrité de Bauto. *Voyez* Tillemont, *Histoire des Empereurs*, t. v, p. 771.

(2) Arsène s'échappa du palais de Constantinople, et vécut cinquante-cinq ans, de la manière la plus austère, dans les monastères de l'Égypte. (*Voyez* Tillemont, *Mém. ecclés.*, t. XIV, p. 676-702; et Fleury, *Hist. ecclés.*, t. v, p. 1, etc.) Mais le dernier, à défaut de matériaux plus authentiques, accorde trop de confiance à la légende de Métaphraste.

ministre intéressé à les combattre. Peu de jours après l'arrivée de Rufin, la cérémonie du mariage de l'empereur fut annoncée au peuple de Constantinople, qui se préparait à célébrer, par des acclamations mensongères, les noces de la fille du préfet. Une suite brillante d'eunuques et d'officiers sortit des portes du palais avec toute la pompe de l'hyménée, portant à découvert le diadême, les robes et les ornemens précieux destinés à l'impératrice. Les rues où devait passer ce cortége solennel étaient ornées de guirlandes et remplies de spectateurs; mais quand il fut vis-à-vis de la maison des fils de Promotus, le premier eunuque y entra respectueusement, revêtit la belle Eudoxie de la robe nuptiale, et la conduisit en triomphe au palais et dans le lit d'Arcadius (1). Une conspiration tramée contre Rufin avec tant de secret, et exécutée avec un si grand succès, imprima un ridicule indélébile sur le caractère d'un ministre qui s'était laissé tromper dans un poste où la ruse et la dissimulation constituent le mérite essentiel. Il vit avec un mélange de crainte et d'indignation la victoire de l'eunuque audacieux qui l'avait supplanté dans la faveur de son maître; et sa tendresse, ou

---

(1) Cette histoire (Zozime, l. v, p. 390) prouve que les cérémonies nuptiales de l'antiquité se pratiquaient encore sans idolâtrie chez les chrétiens d'Orient. On conduisait de force l'épousée de la maison de ses parens à celle de son mari. Nos usages exigent avec moins de délicatesse le consentement public de la jeune fille.

du moins son orgueil fut blessé de l'affront fait à sa fille, dont l'intérêt était inséparablement lié avec le sien. Au moment où il se flattait de devenir la tige d'une longue suite de monarques, une fille obscure et étrangère, élevée dans la maison de ses implacables ennemis, se trouvait introduite dans le palais et dans le lit de l'empereur. Eudoxie déploya bientôt une supériorité de courage et de génie qui assura son ascendant sur l'esprit d'un époux jeune et épris de ses charmes. Rufin sentit avec effroi que l'empereur serait conduit sans peine à haïr, à craindre et à détruire un sujet puissant qu'il avait outragé; le souvenir de ses crimes ne lui laissait point l'espoir de trouver la paix où la sûreté dans la retraite d'une vie privée; mais il était encore en état de défendre sa dignité, et d'exterminer peut-être tous ses ennemis. Le gouvernement civil et militaire de l'Orient était encore soumis à son autorité absolue; et ses trésors, s'il se déterminait à s'en servir, pouvaient faciliter l'exécution des desseins les plus hardis que l'orgueil, l'ambition et la vengeance, pussent suggérer à la puissance au désespoir. Le caractère de Rufin semblait justifier les imputations de ses ennemis. On l'accusait d'avoir conspiré contre la personne de son souverain pour s'emparer du trône après sa mort, et d'avoir invité, pour augmenter la confusion publique, les Huns et les Goths à envahir les provinces de l'empire. Le rusé préfet, qui avait passé sa vie dans les intrigues du palais, combattit à armes égales les artifices d'Eutrope son rival; mais son âme timide fut épouvantée à l'approche menaçante d'un ennemi plus formidable, du grand Stilichon, le général ou plutôt le maître de l'empire d'Occident (1).

Stilichon a joui, à un plus haut degré que ne semblait le promettre le déclin des arts et du génie, du don divin qu'Achille a obtenu et qu'enviait Alexandre, d'un poëte digne de célébrer les actions des héros. La muse de Claudien (2), dévouée à son service, était toujours prête à couvrir de ridicule et d'infamie Eutrope et Rufin, ses rivaux, ou à peindre sous les couleurs les plus brillantes les victoires et les vertus de son puissant bienfaiteur. Dans l'examen d'une période assez mal fournie de matériaux authentiques, nous sommes forcés d'éclaircir les annales d'Honorius par les satires ou par les panégyriques d'un auteur contemporain; mais, comme Claudien paraît avoir usé amplement des priviléges de poëte et de courtisan, nous aurons besoin des lumières de la critique pour réduire le langage de la fiction ou de l'exagération à la simple vérité qu'exige un récit historique. Son silence sur la famille de Stilichon peut être re-

Caractère de Stilichon, ministre et général de l'empire d'Occident.

---

(1) Zozime, l. v, p. 290; Orose, l. vii, c. 37; et la *Chronique* de Marcellin. Claudien (*in Rufin.*, ii, 7-100) peint très-énergiquement la détresse et les crimes du préfet.

(2) Stilichon sert toujours ou directement ou indirectement de texte à Claudien. On trouve dans le poëme de son premier consulat l'histoire de sa jeunesse et de sa vie privée, assez vaguement racontée, 35-140.

gardé comme une preuve que son protecteur ne pouvait ni ne désirait s'honorer d'une longue suite d'illustres aïeux; et la légère mention qu'il fait de son père, officier de cavalerie barbare au service de Valens, semble confirmer l'opinion que Stilichon, qui commanda si long-temps les armées romaines, descendait de la race sauvage et perfide des Vandales (1). Si ce général n'eût pas possédé les avantages de la taille et de la force, toute l'adulation de la poésie n'aurait pas donné au chantre de Stilichon le courage d'affirmer sans crainte, devant des milliers de témoins, qu'il surpassait la taille des demi-dieux de l'antiquité, et que quand il traversait à pas lents les rues de la capitale, le peuple étonné faisait place à un étranger qui, dans la condition d'un simple particulier, présentait la majesté imposante d'un héros. Dès sa plus tendre jeunesse il avait embrassé la profession des armes. Sa valeur et son habileté se firent bientôt remarquer sur le champ de bataille. Les cavaliers et les archers de l'Orient admiraient la supériorité de son adresse; et, à chaque grade militaire où il fut élevé, le jugement du public prévint et approuva le choix du souverain. Théodose le chargea de la ratification d'un traité avec le roi de Perse. Dans cette ambassade importante il soutint la dignité du nom romain, et, après son retour à Constanti-

---

(1) *Vandalorum, imbellis, avarœ, perfidœ et dolosœ gentis, genere editus*. Orose, l. VII, c. 38. Saint Jérôme (t. I, *ad Gerontiam*, p. 93) l'appelle un demi-barbare.

nople, il obtint pour récompense l'honneur d'une étroite alliance avec la famille impériale. Le sentiment respectable de l'amitié fraternelle avait engagé Théodose à adopter la fille de son frère Honorius. Une cour adoratrice admirait à l'envi les talens et la beauté de Sérène (1), et Stilichon obtint la préférence sur une foule de rivaux qui se disputaient ambitieusement la main de la princesse et la faveur de son père adoptif (2). Convaincu que le mari de Sérène demeurerait fidèle aux souverains qui l'avaient rapproché d'eux, Théodose se plut à élever la fortune et à exercer les talens du sage et intrépide Stilichon. Il passa successivement du grade de maître de la cavalerie et de comte des domestiques, au rang distingué de maître général de toute la cavalerie et infanterie de l'empire romain, ou du moins de l'empire d'Occident (3), et ses ennemis avouaient qu'il ne s'était ja-

Commandement militaire de Stilichon.
A. D. 385-408.

---

(1) Claudien a fait, dans un poëme incomplet, un portrait brillant, et peut-être flatté, de la princesse Sérène. Cette nièce favorite de Théodose était née, ainsi que sa sœur Thermantia, en Espagne, d'où elles furent conduites honorablement, dès leur tendre jeunesse, dans le palais de Constantinople.

(2) On ne peut pas bien décider si cette adoption fut faite légalement, ou si elle n'est que métaphorique. *Voyez* Ducange, *Fam. byzant.*, p. 75. Une ancienne inscription donne à Stilichon le titre singulier de *progener divi Theodosii*.

(3) Claudien (*Laus Serenæ*, 190-193) exprime en langage poétique le *dilectus equorum* et le *gemino mox idem culmine duxit agmina*. L'inscription ajoute : *Comte des do-*

mais abaissé à vendre à la richesse les récompenses dues au mérite, et à frustrer les soldats de la paye ou des gratifications qu'ils méritaient ou prétendaient pouvoir réclamer de la libéralité du gouvernement (1). La valeur et l'habileté dont il donna depuis des preuves dans la défense de l'Italie contre les armées d'Alaric et de Radagaise peuvent paraître confirmer ce que la renommée avait déjà publié de son mérite; et dans un siècle moins scrupuleux que le nôtre sur les lois de l'honneur ou celles de l'orgueil, les généraux romains purent céder la prééminence du rang à la supériorité reconnue du génie (2). Stilichon déplora et vengea la mort de Promotus, son rival et son ami; le massacre de plusieurs milliers de Bastarnes est représenté par le poëte comme un sacrifice sanglant que l'Achille romain offrait aux mânes d'un second Patrocle. Les vertus et les victoires

---

mestiques, poste important, qu'au faîte de la grandeur la prudence aurait dû peut-être engager Stilichon à conserver.

(1) Les beaux vers de Claudien (*in* 1 *cons. Stilich.*, II, 113) sont une preuve du génie de l'auteur; mais l'intégrité invariable de Stilichon dans l'administration militaire, est bien mieux constatée par le témoignage que Zozime semble donner malgré lui. *Voyez* l. v, p. 345.

(2) . . . . *Si bellica moles*
Ingrueret, quamvis annis et jure minori,
Cedere grandævos equitum peditumque magistros
Adspiceres. . . . . . .
CLAUDIEN, Laus Seren., p. 196, etc.

Un général moderne regarderait leur soumission, ou comme un héroïsme patriotique, ou comme une bassesse méprisable.

de Stilichon éveillèrent la jalousie et la haine de Rufin; les artifices de la calomnie auraient peut-être prévalu, si la tendre et vigilante Sérène n'avait protégé son mari contre ses ennemis personnels, tandis qu'il repoussait ceux de l'empire (1). Théodose ne voulut point abandonner un indigne ministre à l'activité duquel il confiait le gouvernement de son palais et de tout l'Orient; mais quand il marcha contre Eugène, le sage empereur associa son fidèle général aux travaux glorieux de la guerre civile; et dans les derniers instans de sa vie, le monarque expirant lui recommanda le soin de ses deux fils et la défense de l'empire (2). Cette fonction importante n'était point au-dessus des talens ni de l'ambition de Stilichon, et il réclama la régence des deux empires durant la minorité d'Arcadius et d'Honorius (3). La première dé-

---

(1) Comparez le poëme sur le premier consulat (1, 95-115) avec la *Laus Serenæ* (227-237), où ce morceau est malheureusement interrompu): on y aperçoit aisément la haine invétérée de Rufin.

(2) . . . . *Quem* fratribus *ipse*
Discedens, clypeum defensoremque dedisti.

Cependant la nomination (iv *cons. Honor.*, 432) ne fut point publique, et peut en conséquence paraître douteuse (iii *cons. Honor.*, 142), *cunctos discedere.... jubet.* Zozime et Suidas donnent également à Stilichon et à Rufin le titre de ἐπίτροποι, tuteurs ou procurateurs.

(3) La loi romaine distingue deux minorités : l'une cesse à l'âge de quatorze ans, et l'autre à vingt-cinq. La première était sujette à obéir personnellement à un *tuteur* ou gardien

marché de son administration, ou plutôt de son règne, annonça la vigueur et l'activité d'un génie fait pour commander. Il passa les Alpes au cœur de l'hiver, descendit le Rhin depuis le fort de Bâle jusqu'aux frontières de la Batavie, examina l'état des garnisons, arrêta les entreprises des Germains ; et, après avoir établi sur les bords du fleuve une paix honorable et solide, il retourna au palais de Milan (1) avec une rapidité incroyable. Honorius et sa cour obéissaient au maître général de l'Occident, et les armées et les provinces de l'Europe reconnaissaient, sans hésiter, une autorité légale exercée au nom de leur jeune souverain. Deux rivaux seulement disputaient les droits de Stilichon et provoquaient sa vengeance. En Afrique, le Maure Gildon soutenait une insolente et dangereuse indépendance ; et le ministre de Constantinople prétendait exercer sur l'empire et l'empereur d'Orient un pouvoir égal à celui de Stilichon dans l'Occident.

L'impartialité que Stilichon voulait montrer dans sa qualité de tuteur des deux monarques, l'engagea à régler un partage égal des armes, des bijoux, des

Mort de Rufin.
A. D. 395, novemb. 27.

---

de la personne ; l'autre n'avait qu'un *curateur* ou sauvegarde de la fortune (Heinec., *Antiq. rom. ad jurisp. pertin.*, l. I, tit. 22, 23, p. 218-232), mais ces idées légales ne furent jamais adoptées exactement dans la constitution d'une monarchie élective.

(1) *Voyez* Claudien (1 *cons. Stilich.*, 1, 188-242); mais il faut qu'il se décide à accorder plus de quinze jours pour aller et revenir de Milan à Leyde, et de Leyde à Milan.

meubles et de la magnifique garde-robe de l'empereur défunt (1); mais l'objet le plus important de la succession consistait dans les légions, les cohortes et les escadrons nombreux de Romains et de Barbares que les succès de la guerre civile avaient réunis sous les étendards de Théodose. Les animosités récentes qui enflammaient les uns contre les autres les nombreux soldats tirés de l'Europe et de l'Asie, se turent devant l'autorité d'un seul homme, et la sévère discipline de Stilichon mit les citoyens et leurs possessions à l'abri de la licence et de l'avidité des soldats (2). Impatient toutefois de débarrasser l'Italie de cette armée formidable qui ne pouvait être utile que sur les frontières de l'empire, il parut se rendre à la juste demande du ministre d'Arcadius; déclara son intention de reconduire en personne les troupes de l'Orient, et profita habilement des rumeurs d'une incursion des Goths, pour couvrir ses desseins et faciliter sa vengeance personnelle (3). Le coupable

---

(1) *Premier cons. Stilich.*, 2, 88-94. Non-seulement les habillemens et les diadèmes du défunt empereur, mais ses casques, cuirasses, épées, baudriers, etc., étaient tous enrichis de perles, de diamans et d'émeraudes.

(2) . . . . *Tantoque remoto.*
Principe, mutatas orbis non sensit habenas.

Ce bel éloge (1 *cons. Stilich.*, 1, 149) peut être justifié par les craintes de l'empereur mourant (*de Bell. Gildon.*, 292-301), et par la paix et le bon ordre qui régnèrent après sa mort (1 *cons. Stilich.*, 1, 150-168).

(3) La marche de Stilichon et la mort de Rufin sont dé-

Rufin apprit avec frayeur l'approche d'un guerrier, son rival, dont il avait mérité la haine ; il voyait, avec une terreur toujours croissante, s'écouler le peu de temps qui lui restait à jouir de la vie et de la grandeur. Il essaya, comme dernier moyen de salut, d'interposer l'autorité d'Arcadius. Stilichon, qui paraît avoir dirigé sa marche le long des bords de la mer Adriatique, n'était pas éloigné de la ville de Thessalonique quand il reçut les ordres absolus de l'empereur qui rappelait les troupes de l'Orient, et lui signifiait, à lui en particulier, que s'il avançait plus loin, la cour de Byzance regarderait sa démarche comme un acte d'hostilité. L'obéissance prompte et inattendue du général de l'Occident, fut, dans l'opinion du peuple, un garant de sa fidélité et de sa modération ; mais comme il avait déjà réussi à s'affectionner les troupes de l'Orient, il remit à leur zèle l'exécution du sanglant projet qui pouvait s'accomplir en son absence avec moins de danger peut-être et d'une manière moins odieuse. Stilichon céda le commandement des troupes de l'Orient à Gaïnas le Goth, dont la fidélité ne lui était point suspecte : il était sûr du moins que l'audacieux Barbare ne serait arrêté dans son entreprise ni par la crainte ni par les remords. Les soldats consentirent facilement à

---

crites par Claudien (*in Rufin.*, l. II, 101-453), Zozime (l. v, p. 296, 297), Sozomène (l. VIII, c. 1), Philostorgius, (l. XI, c. 3, et Godefroy p. 441), et la *Chronique* de Marcellin.

immoler l'ennemi de Stilichon et de Rome ; et l'odieux Rufin était tellement l'objet de la haine générale, que le secret funeste, confié à des milliers de soldats, fut fidèlement gardé durant une longue marche, depuis Thessalonique jusqu'aux portes de Constantinople. Dès qu'ils eurent résolu sa mort, ils ne refusèrent plus de flatter son orgueil. Le préfet ambitieux se laissa persuader que ces puissans auxiliaires se détermineraient peut-être à le décorer du diadême ; et leur multitude indignée reçut, moins comme un don que comme une insulte, les trésors qu'il répandit à regret et trop tard. Les troupes firent halte environ à un mille de la capitale, dans le Champ-de-Mars, et en face du palais d'Hebdomon. L'empereur et son ministre s'avancèrent pour saluer respectueusement, selon l'ancienne coutume, la puissance qui soutenait le trône. Tandis que Rufin passait le long des rangs, et déguisait avec soin son arrogance naturelle sous un air d'affabilité, les ailes se serrèrent insensiblement de droite et de gauche, et la victime dévouée se trouva environnée d'un cercle d'ennemis armés. Sans lui laisser le temps de réfléchir sur le danger de sa position, Gaïnas donna le signal du meurtre : un soldat plus audacieux et plus ardent que les autres plongea son épée dans le cœur du coupable préfet ; Rufin tomba en gémissant, et expira aux pieds du monarque effrayé. Si la douleur d'un moment pouvait expier les crimes de toute une vie, si les horreurs commises sur un corps inanimé pouvaient être un objet de compassion, notre humanité souffrirait peut-être des affreuses circonstances qui suivirent le meurtre de Rufin. Son corps déchiré fut abandonné à la fureur de la populace des deux sexes, qui sortait par bandes de tous les quartiers de Constantinople pour fouler aux pieds le ministre impérieux, dont, quelques heures auparavant, un signe la faisait trembler. Sa main droite abattue fut portée dans les rues de la capitale, pour demander, par une dérision barbare, des contributions au nom du tyran avaricieux, dont la tête, fichée sur le fer d'une lance, servit de spectacle au public (1). Dans les maximes sauvages des républiques grecques, sa famille innocente aurait partagé le châtiment de ses crimes ; la femme et la fille de Rufin y échappèrent par l'influence de la religion ; son sanctuaire leur servit d'asile, et les défendit des outrages d'une populace en fureur. Elles obtinrent la liberté de passer le reste de leur vie dans les exercices de la dévotion chrétienne, et dans la retraite paisible de Jérusalem (2).

---

(1) La *dissection* de Rufin, dont Claudien s'acquitte avec le sang-froid barbare d'un anatomiste (*in Rufin.*, II, 405-415), est aussi rapportée par Zozime et saint Jérôme (t. 1, p. 26).

(2) Le païen Zozime fait mention du sanctuaire et du pèlerinage. La sœur de Rufin, Sylvania, qui passa sa vie à Jérusalem, est célèbre dans l'histoire monastique. 1° La studieuse vierge avait lu avec attention et plusieurs fois les Commentaires de la Bible, Origène, saint Grégoire, saint Basile, etc., jusqu'au nombre de cinq millions de lignes ; 2° à l'âge de soixante ans, elle pouvait se vanter de n'avoir

Discorde des deux empires.
A. D. 396, etc.

Le panégyriste servile de Stilichon applaudit avec une joie féroce à cet acte de barbarie, qui, bien qu'il satisfît peut-être à la justice, n'en violait pas moins les lois de la nature et de la société, profanait la majesté du prince, et renouvelait les exemples dangereux de la licence militaire. En contemplant l'ordre et l'harmonie de l'univers, Claudien s'était convaincu de l'existence d'un Dieu créateur; mais le triomphe du vice lui paraissait en contradiction avec la Divinité, et le sort de Rufin fut le seul événement qui pût faire cesser les doutes du poëte (1). La mort du préfet, si elle vengea l'honneur de la Providence, contribua peu au bonheur des peuples; ils apprirent, environ trois mois après, à connaître les maximes de la nouvelle administration, par la publication d'un édit qui confisquait la dépouille entière de Rufin au profit du trésor impérial, et imposait silence, sous peine de punition exemplaire, à toutes les réclamations des victimes de sa tyrannie (2) Stilichon

---

jamais lavé ses mains, son visage, ni aucune partie de son corps, excepté le bout de ses doigts pour recevoir la communion. Voyez *Vitæ Patrum*, p. 779-977.

(1) *Voyez* le superbe exorde de sa satire contre Rufin, que le sceptique Bayle a soigneusement discutée, *Dictionnaire critique*, Rufin, note e.

(2) Voyez *Cod. Theodos.*, l. ix, tit. 42, *leg.* 14, 15. Les nouveaux ministres voulaient, dans l'inconséquence de leur avarice, se saisir des dépouilles de leurs prédécesseurs, et pourvoir en même temps, pour l'avenir, à leur propre sûreté.

lui-même ne tira point du meurtre de son rival l'avantage qu'il s'en était proposé. Il satisfit sa vengeance, mais son ambition fut trompée. Sous le nom de favori, la faiblesse d'Arcadius avait besoin d'un maître ; mais il préféra naturellement la complaisante bassesse de l'eunuque Eutrope, à qui il donnait sa confiance par habitude, et le génie sévère du général étranger n'inspira au monarque que de la crainte et de l'aversion. Jusqu'au moment où la jalousie de la puissance les divisa, l'épée de Gainas et l'influence d'Eudoxie soutinrent la faveur du grand chambellan ; mais le perfide Goth, devenu maître général de l'Orient, trahit sans hésiter son bienfaiteur, et employa les troupes qui avaient massacré récemment l'ennemi de Stilichon, à maintenir contre lui l'indépendance du trône de Constantinople. Les favoris d'Arcadius fomentèrent une guerre secrète et irréconciliable contre un héros qui aspirait à gouverner et à défendre les deux empires et les deux fils de Théodose. Ils employèrent sans relâche les plus odieux artifices pour lui enlever l'estime du prince, le respect du peuple et l'amitié des Barbares. Des assassins, séduits par l'appât de l'or, attentèrent plusieurs fois à la vie de Stilichon : un décret du sénat de Constantinople le déclara l'ennemi de l'État, et confisqua ses vastes possessions dans les provinces de l'Orient. Dans un temps où l'union constante de tous les sujets de l'empire et des secours mutuels pouvaient seuls retarder la ruine du monde romain, Arcadius et Honorius apprirent à leurs sujets à regarder les deux États comme tout-à-fait étrangers l'un à l'autre, ou même comme ennemis ; à se réjouir mutuellement de leurs calamités réciproques, et à traiter comme des alliés fidèles les Barbares qu'ils excitaient à envahir le territoire de leurs compatriotes (1). Les Italiens affectaient de mépriser les Grecs efféminés de Byzance, qui prétendaient imiter l'habillement et usurper la dignité des sénateurs romains (2), et les Grecs conservaient encore une partie de la haine dédaigneuse que leurs ancêtres policés avaient nourrie si long-temps contre les habitans grossiers de l'Occident. La distinction de deux gouvernemens, qui sépara bientôt tout-à-fait les deux nations, m'autorise à suspendre un moment le cours de l'histoire de Byzance, pour suivre sans interruption le règne honteux, mais mémorable, de l'empereur Honorius.

Révolte de Gildon en Afrique.
A. D. 386-398.

Le prudent Stilichon, au lieu de persister à contraindre l'inclination du prince et des peuples qui rejetaient son gouvernement, abandonna sagement

---

(1) *Voyez* Claudien (1 *cons. Stilich.*, l. 1, 275-292-296; l. 11, 83); et Zozime (l. v, p. 302).

(2) Le consulat de l'eunuque Eutrope fait faire à Claudien une réflexion sur l'avilissement de la nation :

.... *Plaudentem cerne senatum,*
Et Byzantinos proceres, Graiosque Quirites.
O patribus plebes, ô digni consule patres !

Les premiers symptômes de jalousie et de schisme entre l'ancienne et la nouvelle Rome, entre les Grecs et les Latins, méritent l'attention d'un observateur.

Arcadius à ses indignes favoris; et sa répugnance à entraîner les deux empires dans une guerre civile prouva la modération d'un ministre qui avait signalé si souvent sa valeur et ses talens militaires. Mais si Stilichon eût souffert plus long-temps la révolte d'Afrique, il aurait exposé la capitale et la majesté de l'empereur d'Occident à tomber sous l'insolente et capricieuse domination d'un Maure rebelle. Gildon (1), frère du tyran Firmus, avait obtenu et conservé, pour récompense de sa fidélité apparente, l'immense patrimoine dont la rebellion de son frère avait privé sa famille. Ses longs et utiles services dans les armées de Rome l'élevèrent à la dignité de comte militaire. La politique bornée de la cour de Théodose avait adopté le dangereux principe de soutenir un gouvernement légal par l'influence d'une famille puissante, et le frère de Firmus obtint le commandement de l'Afrique. L'ambitieux Gildon usurpa bientôt l'administration arbitraire et absolue de la justice et des finances, et se maintint pendant douze ans dans la possession d'une autorité dont on ne pouvait le dépouiller sans courir les risques d'une guerre civile. Durant ces douze années, les provinces

---

(1) Claudien peut avoir exagéré les vices de Gildon; mais son extraction mauresque, ses actions connues et les plaintes de saint Augustin, justifient en quelque façon les invectives du poëte. Baronius (*Ann. eccl.*, A. D. 398, n°ˢ 35-56) a traité de la révolte de l'Afrique avec autant d'intelligence que d'érudition.

de l'Afrique gémirent sous la puissance d'un tyran qui semblait réunir l'indifférence d'un étranger au ressentiment particulier, suite des factions civiles. L'usage du poison remplaçait souvent les formes de la loi ; et lorsque les convives tremblans que Gildon invitait à sa table osaient annoncer leur crainte, ce soupçon insolent excitait sa fureur, et les ministres de la mort accouraient à sa voix. Gildon se livrait alternativement à son avarice et à sa lubricité (1) ; et si ses jours étaient l'effroi des riches, ses nuits n'étaient pas moins fatales au repos et à l'honneur des pères et des maris. Les plus belles de leurs femmes et de leurs filles, après avoir rassasié les désirs du tyran, étaient abandonnées à la brutalité d'une troupe féroce de Barbares et d'assassins pris parmi les races noires et basanées que nourrissait le désert, et regardés par Gildon comme les uniques soutiens de son trône. Durant la guerre civile entre Eugène et Théodose, le comte, ou plutôt le souverain de l'Afrique, conserva une neutralité hautaine et suspecte, refusa également aux deux partis tout secours

---

(1) *Instat terribilis vivis, morientibus hæres,*
Virginibus raptor, thalamis obscœnus adulter.
Nulla quies : oritur prædâ cessante libido,
Divitibusque dies, et nox metuenda maritis.
. . . . *Mauris clarissima quæque*
Fastidita datur. . . . .

Baronius condamne l'incontinence de Gildon avec d'autant plus de sévérité, que sa femme et sa fille étaient des exemples de chasteté. Les empereurs sévirent, par une de leurs lois, contre les adultères des soldats africains.

de troupes et de vaisseaux, attendit les décisions de la fortune, et réserva pour le vainqueur ses vaines protestations de fidélité. De telles protestations n'auraient pas suffi au possesseur de l'empire romain; mais Théodose mourut. La faiblesse et la discorde de ses fils confirmèrent la puissance du Maure, qui daigna prouver sa modération en s'abstenant de prendre le diadême, et en continuant de fournir à Rome le tribut ou plutôt le subside ordinaire de grains. Dans tous les partages de l'empire, les cinq provinces de l'Afrique avaient toujours appartenu à l'Occident, et Gildon avait consenti à gouverner ce vaste pays au nom d'Honorius; mais la connaissance qu'il avait du caractère et des desseins de Stilichon, l'engagea bientôt à adresser son hommage à un souverain plus faible et plus éloigné. Les ministres d'Arcadius embrassèrent la cause d'un rebelle perfide; et l'espérance illusoire d'ajouter les nombreuses villes de l'Afrique à l'empire de l'Orient, les engagea dans une entreprise injuste qu'ils n'étaient point en état de soutenir par les armes (1).

Stilichon, après avoir fait une réponse ferme et décisive aux prétentions de la cour de Byzance, accusa solennellement le tyran de l'Afrique devant le tribunal qui jugeait précédemment les rois et les

Il est condamné par le sénat de Rome.
A. D. 397.

---

(1) *Inque tuam sortem numerosas transtulit urbes.*
Claudien (*de Bell. Gildon.*, 232-324) a parlé avec une circonspection politique des intrigues de la cour de Byzance, rapportées aussi par Zozime (l. v; p. 302).

v. 27

nations du monde entier ; l'image de la république, oubliée depuis long-temps, reparut sous le règne d'Honorius. L'empereur présenta au sénat un détail long et circonstancié des plaintes des provinces et des crimes de Gildon, et requit les membres de cette vénérable assemblée de prononcer la sentence du rebelle. Leur suffrage unanime le déclara ennemi de la république, et le décret du sénat consacra, par une sanction légitime, les armes des Romains (1). Un peuple qui se souvenait encore que ses ancêtres avaient été les maîtres du monde, aurait sans doute applaudi avec un sentiment d'orgueil à cette représentation de ses anciens priviléges, s'il n'eût pas été accoutumé depuis long-temps à préférer une subsistance assurée à des visions passagères de grandeur et de liberté ; cette subsistance dépendait des moissons de l'Afrique, et il était évident que le signal de la guerre serait aussi celui de la famine. Le préfet Symmaque, qui présidait aux délibérations du sénat, fit observer au ministre qu'aussitôt que le Maure vindicatif aurait défendu l'exportation des grains, la tranquillité et peut-être la sûreté de la capitale seraient menacées des fureurs d'une multitude turbulente et affamée (2). La prudence de Stilichon conçut et exécuta sans délai le moyen le plus propre à

---

(1) Symmaque (l. IV, *epist.* 4) décrit les formes judiciaires du sénat ; et Claudien (1 *cons. Stilich.*, l. 1, 325, etc.) semble être animé de l'esprit d'un Romain.

(2) Claudien emploie éloquemment les plaintes de Sym—

tranquilliser le peuple de Rome. Il fit acheter dans les provinces intérieures de la Gaule une grande quantité de grains, auxquels on fit descendre le cours rapide du Rhône, et une navigation facile les conduisit du Rhône dans le Tibre. Durant toute la guerre d'Afrique, les greniers de Rome furent toujours pleins; sa dignité fut délivrée d'une dépendance humiliante (1), et le spectacle d'une heureuse abondance dissipa l'inquiétude de ses nombreux habitans.

Stilichon confia la cause de Rome et la guerre d'Afrique à un général actif et animé du désir de venger sur le tyran des injures personnelles. L'esprit de discorde qui régnait dans la maison de Nabal avait excité une querelle violente entre deux de ses fils, Gildon et Mascezel (2). L'usurpateur avait poursuivi avec une fureur implacable la vie de son frère puîné, dont il redoutait le courage et les talens; Mascezel, sans défense contre un pouvoir supérieur, avait cherché un refuge à la cour de Milan, d'où il

Guerre d'Afrique.
A. D. 398.

---

maque dans un discours de la divinité tutélaire de Rome, devant le trône de Jupiter. *De Bell. Gildon.*, 28-128.

(1) *Voyez* Claudien, *in Eutrop.*, l. 1, 401, etc.; 1 *consul. Stilich.*, l. 1, 306, etc. II *cons. Stilich.*, 91, etc.

(2) Il était d'un âge mûr, puisqu'il avait précédemment servi (A. D. 373) contre son frère Firmus (Amm., xxix, 5.). Claudien, qui connaissait l'esprit de la cour de Milan, appuie plus sur les torts de Mascezel que sur son mérite (*de Bell. Gildon.*, 389-414). Cette guerre mauresque n'était digne ni d'Honorius ni de Stilichon, etc.

apprit bientôt la mort de ses deux jeunes enfans, que leur oncle avait impitoyablement massacrés. L'affliction paternelle fut suspendue par la soif de la vengeance. Le vigilant Stilichon rassemblait déjà les forces maritimes et militaires de l'Occident, résolu, si Gildon se montrait en état de soutenir et de balancer la fortune, de marcher contre lui en personne. Mais, comme l'Italie exigeait sa présence, comme il était dangereux de dégarnir les frontières, il jugea plus à propos que Mascezel tentât d'abord cette entreprise hasardeuse, à la tête d'un corps choisi de vétérans gaulois qui avaient servi sous les étendards d'Eugène. Ces troupes, que l'on exhorta à prouver au monde qu'elles savaient aussi bien renverser le trône d'un usurpateur que le défendre, étaient composées des légions *Jovienne*, *Herculienne* et *Augustienne*, des auxiliaires *Nerviens*, des soldats qui portaient pour symbole un *lion* sur leurs drapeaux, et des troupes distinguées par les noms de *fortunée* et *d'invincible*. Mais telle était la formation de ces différens corps ou la difficulté de les recruter, que ces sept troupes, d'un rang et d'une réputation distinguée dans les armées romaines (1), ne montaient qu'à cinq mille hommes effectifs (2). Les galères et

---

(1) Claudien, *de Bell. Gildon.*, 415-423. La nouvelle discipline leur permettait de se servir indifféremment des noms de *legio*, *cohors*, *manipulus*. Voyez la *Notitia imperii*, s. 38-40.

(2) Orose (l. VII, c. 36, p. 565) met dans ce récit l'expres-

les bâtimens de transport sortirent par un temps orageux du port de Pise en Toscane, et gouvernèrent sur l'île de Capraria, qui avait pris ce nom des chèvres sauvages, ses premiers habitans, et était occupée alors par une nouvelle colonie d'un aspect sauvage et bizarre. « Toute l'île, dit un ingénieux voyageur de ce siècle, est remplie ou plutôt souillée par des hommes qui fuient la clarté du jour. Ils prennent le nom de moines ou de solitaires, parce qu'ils vivent seuls et ne veulent point de témoins de leurs actions. Ils rejettent les richesses dans la crainte de les perdre, et pour éviter de devenir malheureux, ils se livrent volontairement à la misère. Quel comble d'extravagance et d'absurdité, de craindre les maux de cette vie sans savoir en goûter les jouissances! Ou cette humeur mélancolique est l'effet d'une maladie, ou les remords de leurs crimes obligent ces malheureux à exercer sur eux-mêmes les châtimens que la main de la justice inflige aux esclaves fugitifs (1). »

---

sion du doute (*ut aiunt*), ce qui est peu conforme au δυναμεις ἀδρας de Zozime (l. v, p. 303). Cependant Claudien, après un peu de déclamation relative aux soldats de Cadmus, avoue naïvement que Stilichon n'envoya qu'une faible armée, de peur que le rebelle ne prît la fuite, *ne timere timeas* (1 cons. Stilich., l. 1, 314, etc.).

(1) Claudien, *Rutil. Numatian. Itiner.*, 1, 439-448. Ensuite (515-526) il fait mention d'un pieux insensé dans l'île de Gorgone. Choqué de ces remarques profanes, le commentateur Barthius appelle Rutilius et ses complices *rabiosi ca-*

Tel était le mépris d'un magistrat profane pour les moines de Capraria, révérés par le pieux Mascezel comme les serviteurs chéris du Tout-Puissant (1). Quelques-uns d'eux se laissèrent persuader par ses instances de monter sur ses vaisseaux ; et l'on observe, à la louange du général romain, qu'il passait les jours et les nuits à prier, à jeûner et à chanter des psaumes. Le dévot général, qui, avec un pareil renfort, semblait compter sur la victoire, évita les rochers de la Corse, longea les côtes orientales de la Sardaigne, et mit ses vaisseaux en sûreté contre la violence des vents du sud en jetant l'ancre dans le port vaste et sûr de Cagliari, à la distance de cent quarante milles des côtes de l'Afrique (2).

Défaite et mort de Gildon. A. D. 398.

Gildon avait mis sur pied, pour repousser l'invasion, toutes les forces de cette province. Il avait tâché de s'assurer par des dons et par des promesses la fidélité suspecte des soldats romains, en même temps qu'il attirait sous ses drapeaux les tribus éloignées de la Gétulie et de l'Éthiopie. Après avoir

---

nès diaboli. Tillemont (*Mém. ecclés.*, t. xii, p. 471) observe, avec plus de modération, que le poëte incrédule donne un éloge en croyant faire une satire.

(1) Orose, l. vii, c. 36, p. 564. Saint Augustin fait l'éloge de deux de ces saints sauvages de l'île des Chèvres (*epist.* 81); *apud* Tillemont, *Mém. ecclés.*, t. xiii, p. 317; et Baronius, *Annal. eccles.*, A. D. 398, n° 51.

(2) Ici se termine le premier livre de la guerre de Gildon. Le reste du poëme de Claudien a été perdu, et nous ignorons où et comment l'armée a abordé en Afrique.

passé en revue une armée de soixante-dix mille hommes, l'orgueilleux usurpateur se vantait, avec une folle présomption qui est presque toujours l'avant-coureur d'un revers, que sa nombreuse cavalerie foulerait aux pieds la petite troupe de Mascezel, et ensevelirait dans un nuage de sable brûlant ces soldats tirés des froides régions de la Gaule et de la Germanie (1). Mais le Maure qui commandait les légions d'Honorius connaissait trop bien le caractère et les usages de ses compatriotes, pour craindre une multitude confuse de Barbares presque nus, dont le bras gauche, au lieu de bouclier, n'était couvert que d'un manteau, qui se trouvaient totalement désarmés dès qu'ils avaient lancé le javelot qu'ils portaient dans leur main droite, et dont les chevaux n'avaient jamais appris à supporter le frein ni à suivre les mouvemens de la bride. Il campa avec ses cinq mille vétérans devant la nombreuse armée de ses ennemis; et après avoir laissé reposer ses soldats pendant trois jours, il donna le signal d'une bataille générale (2). Mascezel s'étant avancé au-

---

(1) Orose est le seul garant de la vérité de ce récit. Claudien (1 cons. Stilich., l. 1, p. 345-355) donne un grand détail de la présomption de Gildon et de la multitude de Barbares qu'il avait sous ses drapeaux.

(2) Saint Ambroise, mort environ un an auparavant, révéla, dans une vision, le temps et le lieu de la victoire. Mascezel raconta depuis son rêve à saint Paulin, premier biographe du saint, et par qui il peut facilement être venu à la connaissance d'Orose.

devant de ses légions pour offrir le pardon et la paix, rencontra un porte-étendard des Africains qui refusa de se soumettre à lui. Le général le frappa sur le bras de son épée, la force du coup abaissa le bras et l'étendard, et cet acte de soumission imaginaire fut imité à l'instant par tous les porte-drapeaux de la ligne. Les cohortes mal affectionnées proclamèrent aussitôt le nom de leur souverain légitime. Les Barbares, surpris de la défection des troupes romaines, prirent la fuite en désordre, et se dispersèrent selon leur coutume. Mascezel obtint une victoire facile, complète, et presque sans effusion de sang (1). L'usurpateur s'échappa du champ de bataille, gagna le bord de la mer, et se jeta dans un petit vaisseau, espérant atteindre en sûreté un port allié de l'empire d'Orient; mais l'opiniâtreté du vent contraire le repoussa dans le port de la ville de Tabraca (2), qui s'était soumise, avec le reste de la province, à la domination d'Honorius et à l'autorité de son lieutenant. Les habitans, pour prouver leur repentir et leur fidélité, saisirent Gildon et le jetèrent dans un cachot; mais son désespoir lui sauva le tour-

(1) Zozime (v, p. 303.) suppose un combat opiniâtre; mais le récit d'Orose paraît contenir un fait réel, déguisé sous l'apparence d'un miracle.

(2) Tabraca était située entre les deux Hippone. (Cellarius, t. II, part. II, p. 112; d'Anville, t. III, p. 84.) Orose a nommé clairement le champ de bataille; mais notre ignorance ne nous permet pas d'en fixer la situation précise.

ment insupportable d'être conduit en la présence d'un frère victorieux et mortellement offensé (1). Les esclaves et les dépouilles furent déposés aux pieds de l'empereur. Stilichon, dont la modération ne se faisait jamais mieux admirer que dans la prospérité, voulut encore suivre les lois de la république, et en référa au sénat et au peuple romain du jugement des principaux criminels (2). L'instruction de leur procès fut publique et solennelle; mais les juges, dans l'exercice de cette juridiction précaire et tombée en désuétude, se montrèrent impatiens de punir les magistrats d'Afrique qui avaient privé le peuple romain de sa subsistance. La province riche et coupable éprouva toute la rigueur des ministres impériaux, qui trouvaient un avantage personnel à multiplier les complices de Gildon; et si un édit d'Honorius sembla vouloir imposer silence aux délateurs, dix ans après, l'empereur en publia un autre

---

(1) La mort de Gildon est rapportée par Claudien (1 *cons. Stilich.*, v. 357), et par Zozime et Orose, ses meilleurs interprètes.

(2) Claudien (11 *cons. Stilich.*; 99-119) donne les détails de leur procès. *Tremuit quos Africa nuper, cernunt rostra reos*; et il applaudit au rétablissement de l'ancienne constitution. C'est ici qu'il place cette sentence si familière aux partisans du despotisme :

. . . . *Nunquam libertas gratior extat*
Quàm sub rege pio. . . . .

Mais la liberté qui dépend de la piété d'un roi n'en mérite pas le nom.

qui ordonnait de continuer et de renouveler les poursuites contre les crimes commis dans le temps de la révolte générale (1). Ceux des adhérens de l'usurpateur qui échappèrent à la première fureur des soldats et à celle des juges, apprirent sans doute avec satisfaction le destin funeste de son frère, qui ne put jamais obtenir le pardon du service signalé qu'il avait rendu à l'État. Après avoir terminé dans un seul hiver une guerre importante, Mascezel fut reçu à la cour de Milan avec des applaudissemens bruyans, une feinte reconnaissance et une secrète jalousie (2); sa mort, peut-être l'effet d'un accident, a été imputée à la perfidie de Stilichon. En traversant un pont, le prince maure, qui accompagnait le maître général de l'Occident, fut tout à coup renversé de son cheval dans la rivière. Un sourire perfide et cruel qu'on entrevit sur le visage de Stilichon arrêta l'empressement de ceux qui se préparaient à le secourir, et tandis qu'ils balançaient, l'infortuné Mascezel perdit la vie (3).

---

(1) *Voyez* le *Code Théodos.*, l. ix, tit. 39, leg. 3 ; tit. 40, leg. 19.

(2) Stilichon, qui prétendait avoir eu également part aux victoires de Théodose et à celles de son fils, assure, en particulier, que l'Afrique fut recouvrée par la sagesse de ses conseils. *Voyez* l'inscription citée par Baronius.

(3) J'ai adouci le récit de Zozime, qui, rendu dans toute sa simplicité, paraîtrait presque incroyable (l. v, p. 303). Orose voue le général à une damnation éternelle (p. 538), pour avoir violé les droits sacrés du sanctuaire.

Les réjouissances de la victoire d'Afrique se trou- | Mariage
vèrent heureusement liées à celles du mariage de | et caractère
l'empereur Honorius avec Marie, sa cousine et la | d'Honorius.
fille de Stilichon; et cette alliance illustre et conve- | A. D. 398.
nable sembla donner au ministre les droits d'un père
à la soumission de son auguste pupille. La muse de
Claudien ne garda point le silence dans cette circonstance glorieuse (1): il chanta avec vivacité,
sur différens tons, le bonheur des époux couronnés,
et la gloire d'un héros auteur de leur union et soutien de leur trône. Les fables de l'ancienne Grèce,
qui avaient presque entièrement cessé d'être les objets d'une croyance religieuse, furent sauvées de
l'oubli par le génie de la poésie ; et dans le tableau
du Verger de Cypris, siége de l'Amour et de l'Harmonie, dans la marche de Vénus sur les ondes, où
elle a pris naissance, et dans la douceur de l'influence qu'elle vient répandre sur la cour de Milan,
tous les siècles reconnaîtront les sentimens naturels
du cœur, le langage plein de justesse et de grâces
que leur prête la fiction allégorique. Mais l'impatience amoureuse que Claudien suppose au jeune
monarque (2) excitait probablement le sourire des
courtisans ; et la beauté de son épouse (en admet-

---

(1) Claudien, en qualité de poëte lauréat, composa avec
soin un épithalame sérieux de trois cent quarante vers, outre
quelques vers fescennins fort gais, qui furent chantés sur
un ton plus libre la première nuit du mariage.

(2) . . . . *Calet obvius ire.*

tant qu'elle fût belle) n'avait pas beaucoup à craindre ou à espérer de la passion d'Honorius, qui n'était encore que dans sa quatorzième année. Sérène, mère de son épouse, parvint, par adresse ou par persuasion, à différer la consommation du mariage. Marie mourut vierge dix ans après ses noces; et la froideur ou la faiblesse de la constitution de l'empereur contribua sans doute à conserver sa chasteté (1). Ses sujets, qui étudiaient soigneusement le caractère de leur jeune souverain, découvrirent qu'Honorius sans passions était par conséquent sans talens, et que sa disposition faible et languissante le rendait également incapable de remplir les devoirs de son rang et de jouir des plaisirs de son âge. Dans les premières années de sa jeunesse, il avait acquis quelque adresse dans les exercices de l'arc et du cheval; mais il renonça bientôt à ces fatigantes occupations. Le soin et la nourriture d'une basse-cour devint la principale affaire du monarque de l'Occident (2), qui remit dans les mains fermes et habiles

---

Jam princeps, tardumque cupit discedere solem.
Nobilis haud alius sonipes.

De Nuptiis Honor. et Mariæ, 287; et plus librement dans les vers fescennins, 112-126:

Dices, ó quoties! hoc mihi dulcius
Quàm flavos decies vincere Sarmatas.

Tum victor madido prosilias toro,
Nocturni referens vulnera prælii.

(1) Voyez Zozime, l. v, p. 333.
(2) Procope, *de Bell. Goth.*, l. 1, c. 2. J'ai peint la con-

de Stilichon les rênes de son gouvernement. L'expérience fournie par l'histoire de sa vie, autorise à soupçonner que ce prince, né sous la pourpre, reçut une plus mauvaise éducation que le dernier paysan de ses États, et que son ambitieux ministre le laissa parvenir à l'âge viril sans essayer d'exciter son courage ou d'éclairer son jugement (1). Les prédécesseurs d'Honorius avaient coutume d'animer la valeur des légions par leur exemple, ou au moins par leur présence ; les dates de leurs lois attestent qu'ils parcouraient avec activité toutes les provinces du monde romain ; mais le fils de Théodose passa ce temps de sommeil qu'on a appelé sa vie, captif dans son palais, étranger dans son pays, spectateur patient et presque indifférent de la ruine de son empire, qui fut attaqué à différentes reprises, et enfin renversé par les efforts des Barbares. Dans le cours d'un règne de vingt-huit ans, très-fécond en grands événemens, il sera rarement nécessaire de nommer l'empereur Honorius.

---

duite générale d'Honorius, sans adopter le conte singulier et très-peu probable que fait l'historien grec.

(1). Les leçons de Théodose, ou plutôt de Claudien (IV cons. Honor., 214-418), pourraient faire un excellent traité d'éducation pour le prince futur d'une nation grande et libre. Il était fort au-dessus d'Honorius et de ses sujets dégénérés.

CHAPITRE XXX.

Révolte des Goths. Ils pillent la Grèce. Deux grandes invasions de l'Italie par Alaric et Radagaise. Ils sont repoussés par Stilichon. Les Germains s'emparent de la Gaule. Usurpation de Constantin en Occident. Disgrâce et mort de Stilichon.

<small>Révolte des Goths. A. D. 395.</small>

Si les sujets de Rome avaient pu ignorer ce qu'ils devaient au grand Théodose, la mort de cet empereur leur aurait bientôt appris avec combien de peines, de courage et d'intelligence, il était parvenu à soutenir l'édifice chancelant de la république. Il cessa de vivre au mois de janvier; et avant la fin de l'hiver de la même année, toute la nation des Goths avait pris les armes (1). Les auxiliaires barbares déployèrent leur étendard indépendant, et avouèrent hautement les hostiles desseins nourris depuis longtemps dans ces esprits féroces. Au premier bruit de la trompette, leurs compatriotes, que le dernier traité condamnait à vivre en paix de leurs travaux rustiques, abandonnèrent leurs cultures, et reprirent leur épée qu'ils avaient posée avec répugnance. Les barrières du Danube furent forcées, les sauvages

---

(1) Claudien parle clairement de la révolte des Goths et du blocus de Constantinople (*in Rufin.*, l. II, 7-100); Zozime (l. v, p. 292); et Jornandès (*de Reb. getic.*, c. 29).

guerriers de la Scythie sortirent de leurs forêts, et l'extrême rigueur de l'hiver donna occasion au poëte de dire « qu'ils traînaient leurs énormes chariots sur le vaste sein glacé du fleuve indigné (1). » Les habitans infortunés des provinces au sud du Danube se soumirent à des calamités avec lesquelles vingt années d'habitude les avaient presque familiarisés. Des troupes de Barbares, qui toutes se glorifiaient du nom de Goths, se répandirent irrégulièrement depuis les côtes de la Dalmatie jusqu'aux portes de Constantinople (2). L'interruption, ou du moins la diminution du subside accordé aux Goths par la prudente libéralité de Théodose, servit de prétexte à leur révolte. Cet affront les irrita d'autant plus, qu'ils méprisaient les timides fils de cet empereur ; et leur ressentiment fut encore envenimé par la faiblesse ou par la trahison du ministre d'Arcadius. Les fréquentes visites que Rufin faisait au camp des Barbares, son affecta-

---

(1) . . . . *Alii per terga ferocis*
Danubii solidata ruunt; expertaque remis
Fragunt stagna rotis.

Claudien et Ovide amusent souvent leur imagination à varier, par une opposition continuelle, les métaphores tirées des propriétés de l'*eau liquide* et de la *glace solide*. Ils ont dépensé beaucoup de faux bel-esprit dans ce facile exercice.

(2) Saint Jérôme, t. 1, p. 26. Il tâche de consoler son ami Héliodoré, évêque d'Altinum, de la perte de son neveu Népotien, par une récapitulation curieuse de tous les malheurs publics et particuliers de ces temps. Tillemont, *Mém. eccl.*, t. XII, p. 200, etc.

tion à imiter leur appareil de guerre, parurent une preuve suffisante de sa correspondance criminelle; et les ennemis de la nation, soit par reconnaissance ou par politique, exceptaient avec attention de la dévastation générale les domaines de ce ministre détesté. Les Goths, au lieu d'obéir aveuglément aux passions violentes de leurs différens chefs, se laissaient diriger par le génie adroit et profond d'Alaric. Ce général célèbre descendait de la noble race des Balti (1), qui ne le cédait qu'à l'illustration royale des Amalis. Il avait sollicité le commandement des armées romaines; irrité du refus de la cour impériale, il résolut de lui faire sentir son imprudence et la perte qu'elle avait faite. Quelque espérance qu'eût pu concevoir Alaric de se rendre maître de Constantinople, ce judicieux général abandonna bientôt une entreprise impraticable. Au milieu d'une cour divisée et d'un peuple mécontent, l'empereur Arcadius tremblait à la vue d'une armée de Goths; mais les fortifications de la ville suppléaient au manque de valeur.

---

(1) *Baltha* ou *Bold, origo mirifica*, dit Jornandès, c. 29. Cette race illustre fut long-temps célèbre en France, dans la province gothique de Septimanie ou Languedoc (sous la dénomination corrompue de Baux; et une branche de cette famille forma depuis un établissement dans le royaume de Naples. Grotius, *in Prolegom. ad Hist. Gothic.*, p. 53. Les seigneurs de Baux, près d'Arles, et de soixante-dix terres qui en relevaient, étaient indépendans des comtes de Provence. Longuerue, *Description de la France*, t. 1., p. 357.

et de génie. Du côté de la terre et de la mer, la capitale pouvait aisément braver les traits impuissans et mal dirigés d'une armée de Barbares. Alaric dédaigna d'opprimer plus long-temps les peuples soumis et ruinés de la Thrace et de la Dacie, et il alla chercher la gloire et la richesse dans une province échappée jusqu'alors aux ravages de la guerre (1).

Le caractère des officiers civils et militaires auxquels Rufin avait confié le gouvernement de la Grèce, confirma les soupçons du public; et l'on ne douta plus qu'il n'eût le dessein de livrer au chef des Goths l'ancienne patrie des sciences et de la liberté. Le proconsul Antiochus était le fils indigne d'un père respectable, et Gerontius, qui commandait les troupes provinciales, semblait plus propre à exécuter les ordres tyranniques d'un despote, qu'à défendre avec courage et intelligence un pays singulièrement fortifié par les mains de la nature. Alaric avait traversé sans résistance les plaines de Macédoine et de Thessalie jusqu'au pied du mont OEta, dont les collines, escarpées et couvertes de bois, formaient une chaîne presque impénétrable à la cavalerie. Elles s'étendaient d'orient en occident jusqu'aux bords de la mer, et ne laissaient entre le précipice qu'elles formaient et le golfe Malien qu'un

<small>Alaric marche en Grèce.
A. D. 396.</small>

---

(1) Zozime (l. v, p. 293-295) est le meilleur guide pour la conquête de la Grèce; mais les passages et les allusions de Claudien sont autant de traits de lumière pour l'histoire.

intervalle de trois cents pieds, qui se réduisait dans quelques endroits à une route étroite où il ne pouvait passer qu'une seule voiture (1). Un général habile aurait facilement arrêté et peut-être détruit l'armée des Goths dans cette gorge des Thermopyles, où Léonidas et ses trois cents Spartiates avaient glorieusement dévoué leur vie; et peut-être la vue de ce passage aurait-elle ranimé quelques étincelles d'ardeur militaire dans le cœur des Grecs dégénérés. Les troupes qui occupaient le détroit des Thermopyles se retirèrent, conformément à l'ordre qu'on leur avait donné, sans entreprendre d'arrêter Alaric ou de retarder son passage (2). Les plaines fertiles de la Phocide et de la Béotie furent bientôt couvertes d'une multitude de Barbares qui massacraient tous les hommes d'âge à porter les armes, et entraînaient avec eux les femmes, les troupeaux et le butin enlevé aux villages qu'ils incendiaient. Les voyageurs qui visitèrent la Grèce plusieurs années après, distinguèrent encore les traces durables et sanglantes de la marche des Goths; et la ville de Thèbes dut moins sa conservation à ses sept portes qu'à l'em-

---

(1) Comparez Hérodote (VII, c. 176) et Tite-Live (XXXVI, 15). Ce passage étroit, qui défendait la Grèce, a probablement été élargi successivement par chacun des conquérans qui l'ont envahi.

(2) Il passa, dit Eunape (*in Vit. Philosoph.*, p. 93; édit. Commelin, 1596) à travers le détroit des Thermopyles. Δια των πυλων παρηλθεν· ωσπερ δια σταδιου και ιπποκροτου πεδιου τρεχων.

pressement qu'Alaric avait de s'emparer d'Athènes et du port du Pirée. La même impatience l'engagea à s'épargner, en offrant une capitulation, les longueurs et les dangers d'un siége; et dès que les Athéniens entendirent la voix de son héraut, ils consentirent à livrer la plus grande partie de leurs richesses, pour racheter la ville de Minerve et ses habitans. Le traité fut ratifié par des sermens solennels, et observé réciproquement avec fidélité. Le prince des Goths entra dans la ville, accompagné d'un petit nombre de troupes choisies. Il y prit le rafraîchissement du bain, accepta un repas magnifique chez le magistrat, et affecta de montrer qu'il n'était point étranger aux usages des nations civilisées (1); mais tout le territoire de l'Attique, depuis le promontoire de Sunium jusqu'à la ville de Mégare, fut la proie des flammes et de la destruction; et, si nous pouvons nous servir de la comparaison d'un philosophe contemporain, Athènes elle-même ressemblait à la peau vide et sanglante d'une victime offerte en sacrifice. La distance de Mégare à Corinthe n'excédait guère

---

(1) Pour me conformer à saint Jérôme et à Claudien, j'ai chargé un peu le récit de Zozime, qui cherche à adoucir les calamités de la Grèce.

Nec fera Cecropias traxissent vincula matres.

Synèse (*epist.* 156, p. 272, édit. de Petau) observe qu'Athènes, dont il impute les malheurs à l'avarice du proconsul, était plus fameuse alors par son commerce de miel que par ses écoles de philosophie.

trente milles; mais *la mauvaise route*, dénomination expressive qu'elle porte encore chez les Grecs, aurait été facilement rendue impraticable pour une armée d'ennemis. Les bois épais et obscurs du mont Cythéron couvraient l'intérieur du pays. Les rochers Scironiens qui bordaient le rivage semblaient suspendus sur le sentier étroit et tortueux, resserré dans une longueur de plus de six milles, le long des côtes de la mer (1). L'isthme de Corinthe terminait le passage de ces rochers si détestés dans tous les siècles, et un petit nombre de braves soldats auraient facilement défendu un retranchement de cinq ou six milles, établi momentanément entre la mer d'Ionie et la mer Égée. Les villes du Péloponèse, se fiant à leur rempart naturel, avaient négligé le soin de leurs murs antiques, et l'avarice des gouverneurs romains trahit cette malheureuse province après l'avoir épuisée (2). Argos, Sparte, Corinthe, cédèrent sans résistance aux armes des Goths, et les

---

(1) . . . . *Vallata mari Scironia rupes,*
Et duo continuo connectens æquora muro
Isthmos.

Claudien, *de Bell. getico*, 188. Pausanias a décrit les rochers Scironiens (l. 1, c. 44, p. 107, édit. Kuhn.), et nos voyageurs modernes, Wheeler (p. 436) et Chandler (p. 298) en ont aussi donné une description. Adrien rendit la route praticable pour deux voitures de front.

(2) Claudien (*in Rufin.*, l. 11, 186, et *de Bell. getic.*, 611, etc.) peint vaguement, mais avec force, cette scène de dévastation.

plus heureux des habitans furent ceux qui, premières victimes de leur fureur, évitèrent par la mort le spectacle affreux de leurs maisons en cendres et de leurs familles dans les fers (1). Dans le partage des vases et des statues, les Barbares considérèrent plus la valeur de la matière que le prix de la main d'œuvre. Les femmes captives subirent les lois de la guerre, la possession de la beauté servit de récompense à la valeur, et les Grecs ne pouvaient raisonnablement se plaindre d'un abus justifié par l'exemple des temps héroïques (2). Les descendans de ce peuple extraordinaire, qui avait considéré la valeur et la discipline comme les meilleures fortifications de Sparte, ne se rappelaient plus la réponse courageuse d'un de leurs ancêtres à un guerrier plus redoutable qu'Alaric : « Si tu es un dieu, tu n'opprimeras point ceux qui ne t'ont pas offensé ; si tu

---

(1) Τρὶς μάκαρες Δαναοὶ καὶ τετράκις, etc. Ces superbes vers d'Homère (*Odyssée*, l. v, 306) furent transcrits par un des jeunes captifs de Corinthe ; et les larmes de Mummius peuvent servir à prouver que si le grossier conquérant ignorait la valeur d'une peinture originale, il n'en possédait pas moins la véritable source du bon goût, un cœur bienveillant. Plutarque, *Symposiac.*, l. ix, t. ii, p. 737, édit. Wechel.

(2) Homère parle sans cesse de la patience exemplaire des femmes captives, qui livrèrent leurs charmes et donnèrent même leurs cœurs aux meurtriers de leurs frères, de leurs pères, etc. Racine a représenté avec une délicatesse admirable une passion semblable dans le caractère d'Ériphile éprise d'Achille.

n'es qu'un homme, avance, et tu trouveras des hommes qui ne te cèdent ni en force ni en courage (1). » Depuis les Thermopyles jusqu'à Sparte, le chef des Goths continua sa marche victorieuse sans rencontrer un seul ennemi de nature mortelle; mais un des prosélytes du paganisme expirant assure avec confiance que la déesse Minerve, armée de sa redoutable égide, et l'ombre menaçante d'Achille (2), défendirent les murs d'Athènes, et que l'apparition des divinités de la Grèce épouvanta le hardi conquérant. Dans un siècle fécond en miracles, il serait peut-être injuste de priver Zozime de cette ressource commune; cependant on ne peut se dissimuler que l'imagination d'Alaric était mal préparée à recevoir, soit éveillé, soit en songe, les visions de la superstition grecque. L'ignorant Barbare n'avait probablement jamais entendu parler ni des chants d'Homère, ni de la renommée d'Achille; et la foi chrétienne, qu'il professait dévotement, lui enseignait à mépriser les divinités imaginaires de Rome et d'Athènes. L'invasion des Goths, loin de venger l'honneur du paganisme, contribua, au moins accidentellement,

---

(1) Plutarque (*in Pyrrho*, t. II, p. 471, édition Brian.) donne la réponse littérale dans l'idiome laconique. Pyrrhus attaqua Sparte avec vingt-cinq mille hommes d'infanterie, deux mille chevaux et vingt-quatre éléphans; et la défense de cette ville sans fortifications fait un bel éloge des lois de Lycurgue, même au dernier période de leur décadence.

(2) Tel peut-être qu'Homère l'a si noblement représenté, *Iliade*, xx, 164.

à en anéantir les dernières traces, et les mystères de Cérès, qui subsistaient depuis dix-huit cents ans, ne survécurent point à la destruction d'Éleusis ni aux calamités de la Grèce (1).

Un peuple qui n'attendait plus rien de ses armes, de ses dieux ni de son souverain, plaçait son unique et dernier espoir dans la puissance et la valeur du général de l'Occident; Stilichon, à qui l'on n'avait pas permis de repousser les destructeurs de la Grèce, s'avança pour les châtier (2). Il équipa une flotte nombreuse dans les ports de l'Italie, et ses troupes, après une heureuse navigation sur la mer d'Ionie, débarquèrent sur l'isthme auprès des ruines de Corinthe. Les bois et les montagnes de l'Arcadie devinrent le théâtre d'un grand nombre de combats douteux entre deux généraux dignes l'un de l'autre. La persévérance et le génie du Romain finirent par l'emporter; les Goths, fort diminués par les maladies et par la désertion, se retirèrent lentement sur la haute montagne de Pholoé, près des sources du Pénée et des frontières de l'Élide, pays sacré et jadis exempt

Alaric est attaqué par Stilichon. A. D. 397.

---

(1) Eunape (*in Vit. Philosoph.*, p. 90-93) donne à entendre qu'une troupe de moines trahit la Grèce et suivit l'armée des Goths.

(2) Pour la guerre de Stilichon en Grèce, comparez le récit fidèle de Zozime (l. v, p. 295, 296) avec le récit adulateur, mais curieux et détaillé, de Claudien (1 *cons. Stilich.*, l. i, 172-186; iv *cons. Honor.*, 459-487). Comme l'événement ne fut pas glorieux, il est habilement laissé dans l'ombre.

des calamités de la guerre (1). Stilichon assiégea le camp des Barbares, détourna le cours de la rivière (2). Tandis qu'ils souffraient les maux insupportables de la soif et de la faim, le général romain, pour prévenir leur fuite, fit entourer leur camp d'une forte ligne de circonvallation ; mais, comptant trop sur la victoire, après avoir pris ses précautions, il alla se délasser de ses fatigues en assistant aux jeux des théâtres grecs et à leurs danses lascives : ses soldats quittèrent leurs drapeaux, se répandirent dans le pays de leurs alliés, et les dépouillèrent de ce qui avait échappé à l'avidité des Barbares. Il paraît qu'Alaric saisit ce moment favorable pour exécuter une de ces entreprises hardies, où le véritable génie d'un général se déploie

---

(1) Les troupes qui traversaient l'Élide quittaient leurs armes. Cette sécurité enrichit les Éléens, qui s'adonnaient à l'agriculture. Les richesses amenèrent l'orgueil ; ils dédaignèrent leurs priviléges et en furent punis. Polybe leur conseille de retourner dans leur cercle magique. *Voyez* un discours savant et judicieux que M. West a mis en tête de sa traduction de Pindare.

(2) Claudien (*in* IV *cons. Honor.*, 480) fait allusion à ce fait sans nommer l'Alphée. 1 *cons. Stilich.*, l. 1, 185.

. . . . *Et Alpheus geticis augustus acervis*
Tardior ad siculos etiamnum pergit amores.

Je supposerais cependant plutôt le Pénée, dont le cours faible roule dans un lit vaste et profond à travers l'Élide, et se jette dans la mer au-dessous de Cyllène. Il avait été joint à l'Alphée pour nettoyer les étables d'Augias. Cellarius, t. 1, p. 760 ; *Voyages de Chandler*, p. 286.

avec plus d'avantage que dans le tumulte d'un jour de bataille. Pour se tirer de sa prison du Péloponèse, il fallait passer à travers les retranchemens dont son camp était environné, exécuter une marche difficile et dangereuse de trente milles jusqu'au golfe de Corinthe, et transporter ses troupes, ses captifs et son butin, de l'autre côté d'un bras de mer, qui, dans l'endroit le plus étroit, entre Rhium et la côte opposée, est large d'environ un demi-mille (1). Ces opérations furent sans doute secrètes, prudentes et rapides, puisque le général romain apprit avec la plus grande surprise que les Goths, après avoir éludé tous ses efforts, étaient en pleine et paisible possession de l'importante province d'Épire. Ce malheureux délai donna le temps à Alaric de conclure le traité qu'il négociait secrètement avec les ministres de Constantinople. La lettre hautaine de ses rivaux, et la crainte d'une guerre civile, forcèrent Stilichon à se retirer des États d'Arcadius, et à respecter, dans l'ennemi de la république, le caractère honorable d'allié et de serviteur de l'empereur d'Orient.

Alaric se réfugie avec son armée en Épire.

Un philosophe grec, Synèse (2), qui visita Constantinople peu de temps après la mort de Théodose, a publiquement énoncé des opinions libérales sur les devoirs des souverains et sur l'état de la république

Alaric est déclaré maître général de l'Illyrie orientale. A. D 398

---

(1) Strabon, l. VII, p. 517; Pline, *Hist. natur.*, IV, 3; Wheeler, p. 308; Chandler, p. 275. Ils mesurèrent de différens points l'intervalle des deux côtes.

(2) Synèse passa trois ans (A. D. 397-400) à Constanti-

romaine. Il observe et déplore l'abus funeste que l'imprudente bonté du dernier empereur avait introduit dans le service militaire. Les citoyens et les sujets achetaient, pour une somme d'argent fixe, l'exemption du devoir indispensable de défendre la patrie, dont la sûreté se trouvait confiée à des Barbares mercenaires. Des fugitifs de la Scythie possédaient et déshonoraient une partie des plus illustres dignités de l'empire. Leur jeunesse féroce dédaignait le joug salutaire des lois, s'occupait plutôt des moyens d'envahir les richesses que d'acquérir les arts d'un peuple qu'elle haïssait et méprisait également ; et la puissance des Goths, semblable à la pierre de Phlégyas perpétuellement suspendue, menaçait toujours la paix et la sûreté de l'État qu'elle devait écraser un jour. Les moyens recommandés par Synèse annoncent les sentimens d'un patriote hardi et zélé. Il exhorte l'empereur à ranimer la valeur de ses sujets par l'exemple de ses vertus et de sa fermeté, à bannir le luxe de la cour et des camps, à substituer à la place des Barbares mercenaires une armée d'hommes intéressés à défendre leurs lois et leurs propriétés ; il lui conseille d'arracher, dans ce moment de crise générale, l'ouvrier de sa boutique,

---

nople, comme député de Cyrène à l'empereur Arcadius. Il lui présenta une couronne d'or, et prononça devant lui ce discours instructif, *de Regno* (p. 1-32, édit. de Petau, 1612). Le philosophe fut fait évêque de Ptolémaïs (A. D. 410), et mourut à peu près en 430. *Voyez* Tillemont, *Mém. ecclés.*, t. XII, p. 499-554, 683-685.

et le philosophe de son école, de réveiller le citoyen indolent du songe de ses plaisirs, et d'armer, pour protéger l'agriculture, les mains rustiques des robustes laboureurs. Il excite le fils de Théodose à se mettre à la tête d'une telle armée, qui mériterait le nom de romaine et en déploierait le courage; à attaquer la race des Barbares qui n'ont d'autre valeur qu'une impétuosité peu durable; et à ne point quitter les armes qu'il ne les ait repoussés dans les déserts de la Scythie, ou réduits dans l'état de servitude où les Lacédémoniens tenaient précédemment les Ilotes (1). La cour d'Arcadius souffrit le zèle, applaudit à l'éloquence et négligea l'avis de Synèse. Peut-être le philosophe, en adressant à l'empereur d'Orient un discours vertueux et sensé qui aurait pu convenir au roi de Sparte, n'avait-il pas daigné songer à rendre son projet praticable dans les circonstances où se trouvait un peuple dégénéré; peut-être la vanité des ministres, à qui les affaires laissent rarement le temps de la réflexion, rejeta-t-elle comme ridicule et insensé tout ce qui excédait la mesure de leur intelligence, ou s'éloignait des formes et des préjugés établis. Tandis que les discours de Synèse et la destruction des Barbares faisaient le sujet général de la conversation, un édit publié à Constantinople déclara la promotion d'Alaric au rang de maître général de l'Illyrie orientale. Les habitans des provinces romaines, et les alliés qui avaient respecté

---

(1) Synèse, *de Regno*, p. 21-26.

la foi des traités, virent avec une juste indignation récompenser si libéralement le destructeur de la Grèce et de l'Épire. Le Barbare victorieux fut reçu en qualité de magistrat légitime dans les villes qu'il assiégeait si peu de temps auparavant. Les pères dont il avait massacré les fils, les maris dont il avait violé les femmes, furent soumis à son autorité, et le succès de sa révolte encouragea l'ambition de tous les chefs des étrangers mercenaires. L'usage qu'Alaric fit de son nouveau commandement annonce l'esprit ferme et judicieux de sa politique. Il envoya immédiatement aux quatre magasins ou manufactures d'armes offensives et défensives, Margus, Ratiaria, Naissus et Thessalonique, l'ordre de fournir à ses troupes une provision extraordinaire de boucliers, de casques, de lances et d'épées. Les infortunés habitans de la province furent contraints de forger les instrumens de leur propre destruction, et les Barbares virent disparaître l'obstacle qui avait quelquefois rendu inutiles les efforts de leur courage (1). La naissance d'Alaric, la renommée de ses premiers

---

(1) . . . . *Qui fœdera rumpit*
Ditatur : qui servat, eget : vastator Achivæ
Gentis, et Epirum nuper populatus inultam,
Præsidet Illyrico : jam, quos obsedit, amicos
Ingreditur muros ; illis responsa daturus
Quorum conjugibus potitur, natosque peremit.

Claudien, *in Eutrop.*, l. II, 212. Alaric applaudit à sa propre politique (*de Bell. get.*, 533-543) dans l'usage qu'il fit de son autorité en Illyrie.

exploits et les espérances que l'on pouvait fonder sur son ambition, réunirent insensiblement sous ses étendards victorieux tout le corps de la nation des Goths. Du consentement unanime de tous les chefs barbares, le maître général de l'Illyrie fut élevé sur un bouclier, selon l'ancienne coutume, et proclamé solennellement roi des Visigoths (1). Armé de cette double autorité, et posté sur les limites des deux empires, il faisait alternativement payer ses trompeuses promesses aux cours des deux souverains (2); mais enfin, il déclara et exécuta l'audacieuse résolution d'envahir l'empire d'Occident. Les provinces d'Europe, qui appartenaient à l'empire d'Orient, étaient épuisées; celles de l'Asie étaient inaccessibles, et Constantinople avait bravé tous ses efforts. La gloire, la beauté, la richesse de l'Italie, qu'il avait visitée deux fois, lui firent ambitionner cette conquête; il se sentit flatté en secret de l'idée d'arborer l'étendard des Goths sur les murs de Rome, et d'enrichir son armée des dépouilles que trois cents triomphes y avaient rassemblées (3).

Et roi des Visigoths.

---

(1) Jornandès, c. 29, p. 651. L'historien des Goths ajoute avec une énergie qui lui est peu ordinaire : *Cum suis deliberans, suasit suo labore quærere regna, quàm alienis per otium subjacere.*

(2) . . . *Discors odiisque anceps civilibus orbis*
Non suavis tutata diù, dùm fœdera fallax
Ludit, et alternæ perjuria venditat aulæ.
      Claud., de Bell. getic., 565.

(3) *Alpibus Italiæ ruptis penetrabis ad* Urbem. Cette pré-

Il fait une invasion en Italie. 400-403.

Le petit nombre des faits (1) constatés et l'incertitude des dates (2) ne nous permettent point de donner des détails de la première invasion d'Alaric en Italie. La marche qu'il eut à faire, probablement depuis Thessalonique jusqu'au pied des Alpes Juliennes, dans les provinces ennemies et belliqueuses de la Pannonie, son passage à travers ces montagnes fortifiées par des troupes et des retranchemens, le siége d'Aquilée et la conquête de l'Istrie et de la Vénétie, semblent lui avoir coûté beaucoup de temps. A moins que ses opérations n'aient été conduites avec beaucoup de lenteur et de circonspection, la longueur de l'intervalle donnerait à penser qu'avant de pénétrer dans le cœur de l'Italie, le roi des Goths

---

diction authentique fut annoncée par Alaric ou au moins par Claudien (*de Bell. getico*, 547) sept ans avant l'événement; mais comme elle ne fut pas accomplie à l'époque qu'on avait imprudemment fixée, les traducteurs se sont sauvés à l'aide d'un sens ambigu.

(1) Nos meilleurs matériaux sont neuf cent soixante-dix vers de Claudien, dans le poëme *de Bell. getico*, et au commencement de celui qui célèbre le sixième consulat d'Honorius. Zozime garde le plus profond silence, et nous sommes réduits aux parcelles que nous pouvons tirer d'Orose et des Chroniques.

(2) Malgré les fortes erreurs de Jornandès, qui confond les différentes guerres d'Alaric en Italie (c. 29), sa date du consulat de Stilichon et d'Aurélien mérite confiance. Il est certain d'après Claudien (*voy.* Tillemont, *Hist. des Emp.*, t. v, p. 804), que la bataille de Pollentia se donna A. D. 403; mais nous ne pouvons pas aisément remplir l'intervalle.

se retira vers les bords du Danube et recruta son armée d'un nouvel essaim de Barbares. Puisque les principaux événemens publics échappent aux recherches de l'historien, on lui permettra de contempler un moment l'influence des armes d'Alaric sur la fortune de deux particuliers obscurs, un prêtre d'Aquilée et un laboureur des environs de Vérone. Le savant Rufin, ayant été sommé par ses ennemis de comparaître devant un synode romain (1), préféra sagement les dangers d'une ville assiégée, dans l'espérance qu'il éviterait parmi les Barbares la sentence exécutée sur un autre hérétique, qui, à la requête des mêmes évêques, venait d'être cruellement fouetté et condamné à un exil perpétuel dans une île déserte (2). Quant au vieillard (3), qui avait coulé des jours simples et innocens dans les envi-

---

(1) *Tantum Romanæ urbis judicium fugis, ut magis obsidionem barbaricam, quàm pacatæ urbis judicium velis sustinere.* Saint Jérôme, t. II, p. 239. Rufin sentit son danger personnel. La ville *paisible* où on voulait l'attirer était échauffée par la furieuse Marcella et le reste de la faction de saint Jérôme.

(2) Jovien, l'ennemi des jeûnes et du célibat, qui fut persécuté et insulté par le violent saint Jérôme. *Remarques de Jortin*, vol. IV, p. 104, etc. *Voyez* l'édit original de son bannissement dans le *Code de Théodose*, l. XVI, tit. 5, leg. 43.

(3) Cette épigramme (*de Sene Veronensi, qui suburbium nusquam egressus est*) est une des premières et des plus agréables compositions de Claudien. L'imitation de Cowley

rons de Vérone, il n'avait pas la moindre notion des querelles des rois ni des évêques. Ses désirs, son savoir et ses plaisirs, étaient renfermés dans le cercle étroit de la petite ferme qu'il tenait de son père; et un bâton soutenait alors ses pas chancelans sur le sol témoin des jeux de son enfance. Mais son humble et rustique félicité, que Claudien décrit avec autant de naïveté que de sentiment, n'était point à l'abri des calamités de la guerre. Ses arbres, ses vieux contemporains (1), risquaient de se trouver enveloppés dans l'incendie général du canton. Un détachement de cavalerie barbare pouvait anéantir d'un moment à l'autre sa famille et sa chaumière; et Alaric avait la puissance de détruire un bonheur dont il ne savait pas jouir et qu'il ne pouvait pas procurer. « La Renommée, dit le poëte, déployant ses ailes avec terreur, annonça au loin la marche de l'armée barbare et remplit l'Italie de consternation. » Les frayeurs de

---

(édit. de Hurd, vol. II, p. 241) présente quelques traits heureux et naturels; mais elle est fort inférieure au tableau original, qui est évidemment fait d'après nature.

(1) *Ingentem meminit parvo qui germine quercum*
Æquævumque videt consenuisse nemus.
A neighbouring wood born with himself he sees,
And loves his old contemporary trees.
Cowley.

« Il voit près de sa demeure un bois né en même temps que lui, et en chérit les vieux arbres, ses contemporains. » Dans ce passage, Cowley est peut-être supérieur à son original; et le poëte anglais, qui était un bon botaniste, a déguisé les *chênes* sous une dénomination plus générale.

chaque individu augmentaient en proportion de sa fortune; et les plus timides, embarquant d'avance leurs effets, méditaient de se retirer en Sicile ou sur la côte d'Afrique. Les craintes et les reproches de la superstition ajoutaient à la détresse publique (1). Chaque instant donnait naissance à des contes absurdes et horribles, à d'étranges récits d'armemens tenant du prodige : les païens déploraient qu'on eût négligé les augures et supprimé les sacrifices; mais les chrétiens mettaient leur espoir dans la puissante intercession des saints et des martyrs (2).

L'empereur ne se distinguait pas moins de ses sujets par l'excès de sa frayeur que par la supériorité de son rang. Élevé dans l'orgueil et le faste de la royauté, il avait toujours été loin de soupçonner qu'un mortel fût assez audacieux pour troubler le repos du successeur d'Auguste. Ses flatteurs lui dissimulèrent le danger jusqu'au moment où Alaric approcha du palais de Milan; mais lorsque le bruit de la guerre parvint aux oreilles du jeune monarque, au lieu de courir aux armes avec le courage ou du

Honorius abondonne Milan. A. D. 403.

---

(1) Claudien, *de Bell. getic.*, 199-266. Il peut paraître prolixe; mais la terreur et la superstition occupaient une place considérable dans l'imagination des Italiens.

(2) D'après le passage de saint Paulin, produit par Baronius (*Annal. eccl.*, A. D. 403, n° 51); il paraît évident que l'alarme s'était répandue dans toute l'Italie, jusqu'à Nole en Campanie, où ce célèbre pénitent avait fixé sa résidence.

moins l'impétuosité de son âge, il montra le plus
grand empressement à suivre l'avis des courtisans
timides qui lui proposaient de se retirer avec ses
fidèles serviteurs dans une des villes du fond de la
Gaule. Stilichon (1) eut seul le courage et l'autorité
de s'opposer à une démarche honteuse, qui aurait
abandonné Rome et l'Italie aux Barbares; mais
comme les troupes du palais avaient été détachées
récemment sur la frontière de Rhétie, comme la ressource des nouvelles levées n'offrait qu'un secours
tardif et précaire, le général de l'Occident ne put
faire d'autre promesse que celle de reparaître dans
très-peu de temps, si la cour de Milan consentait à
tenir ferme durant son absence, avec une armée suffisante pour repousser Alaric. Sans perdre un seul
moment dans une circonstance où ils étaient tous si
intéressans pour la sûreté publique, le brave Stilichon s'embarqua sur le lac Laurien, gravit au milieu
de l'hiver, tel qu'il se fait sentir dans les Alpes, les
montagnes couvertes de neige et de glace, et réprima, par son apparition inattendue, les ennemis
qui troublaient la tranquillité de la Rhétie (2). Les
Barbares, peut-être quelques tribus des Allemands,

---

(1) *Solus erat Stilichon*, etc. Tel est l'éloge exclusif qu'en
fait Claudien, sans daigner excepter l'empereur. (*De Bell.
get.*, 267.) Combien ne fallait-il pas qu'Honorius fût méprisé,
même dans sa propre cour!

(2) L'aspect du pays et la hardiesse de Stilichon sont
supérieurement décrits, *de Bell. getic.*, 340-363.

respectaient la fermeté d'un chef qui leur parlait encore du ton d'un commandant, et regardèrent comme une preuve d'estime et de confiance le choix qu'il fit d'un nombre de guerriers parmi leur plus brave jeunesse. Les cohortes délivrées du voisinage de l'ennemi joignirent sur-le-champ l'étendard impérial; et Stilichon fit passer des ordres dans tous les pays de l'Occident pour que les troupes les plus éloignées accourussent à grandes journées défendre Honorius et l'Italie. Les forts du Rhin furent abandonnés, et la Gaule n'eut pour garant de sa sûreté que la bonne foi des Germains et la terreur du nom romain : on rappela même la légion stationnée dans la Grande-Bretagne pour défendre le mur qui la séparait des Calédoniens du nord (1); et un corps nombreux de la cavalerie des Alains consentit à s'engager au service de l'empereur, qui attendait avec anxiété le retour de son général. La prudence et l'énergie de Stilichon brillèrent dans cette occasion, qui fit paraître en même temps la faiblesse de l'empire, alors sur le penchant de sa ruine. Les légions romaines, dégénérées peu à peu de la discipline et

---

(1) *Venit et extremis legio prætenta Britannis,*
Quæ Scoto dat frena truci.
De Bell. get. 416.

Cependant la marche la plus rapide d'Édimbourg ou de Newcastle à Milan aurait demandé plus de temps que Claudien ne semble en accorder pour toute la durée de la guerre des Goths.

de la valeur de leurs ancêtres, avaient été exterminées dans les guerres civiles et dans celles des Goths; et il parut impossible de rassembler une armée pour la défense de l'Italie sans épuiser et exposer les provinces.

<small>Honorius est poursuivi et assiégé par les Goths.</small>

En abandonnant son souverain sans défense dans son palais de Milan, Stilichon avait sans doute calculé le terme de son absence, la distance où se trouvait encore l'ennemi, et les obstacles qui devaient retarder sa marche. Il comptait principalement sur la difficulté du passage des rivières d'Italie, l'Adige, le Mincio, l'Oglio et l'Adda, qui enflent prodigieusement en hiver par la fonte des neiges et par les pluies dans le printemps (1), et deviennent des torrens impétueux; mais le hasard voulut que la saison fût très-sèche, et les Goths traversèrent sans obstacle des lits vastes et pierreux au milieu desquels se faisait remarquer à peine un faible filet d'eau. Un fort détachement de leur armée s'empara du pont et assura le passage de l'Adda; et lorsque Alaric appro-

---

(1) Tout voyageur doit se rappeler l'aspect de la Lombardie (*voyez* Fontenelle, t. v, p. 279), qui est si souvent tourmentée par les crues abondantes et irrégulières des eaux. Les Autrichiens devant Gênes campèrent dans le lit de la Polcevera qui était à sec. « *Nè sarebbe*, dit Muratori, *mai passato per mente a que' buoni Allemanni, che quel picciolo torrente potesse, per cosi dire in un instante, cangiarsi in un terribil gigante.* » Annal. d'Ital., t. xvi, p. 443. Milan, 1753, édit. in-8°.

cha des murs ou plutôt des faubourgs de Milan, il put jouir de l'orgueilleuse satisfaction de voir fuir devant lui l'empereur des Romains. Honorius, accompagné d'une faible suite de ses ministres et de ses eunuques, traversa rapidement les Alpes avec le dessein de se réfugier dans la ville d'Arles, dont ses prédécesseurs avaient souvent fait leur résidence; mais il avait à peine passé le Pô (1), qu'il fut atteint par la cavalerie des Barbares (2). Un danger si pressant l'obligea de chercher une retraite dans les fortifications d'Asti, ville de la Ligurie ou du Piémont, située sur les bords du Tanaro (3). Le roi des Goths forma immédiatement et pressa sans relâche le siége d'une petite place qui contenait une si riche capture, et qui ne semblait pas capable de faire une longue résistance. Lorsque l'empereur assura depuis qu'il n'avait jamais éprouvé l'impression de la peur, cette

---

(1) Claudien n'éclaircit pas bien cette question, où était Honorius lui-même? Cependant la fuite est prouvée par la poursuite; et mes opinions sur la guerre des Goths sont justifiées par les critiques italiens, Sigonius, (t. 1, part. 2, p. 369, *de Imper. occid.*, l. x) et Muratori (*Annali d'Italia*, t. IV, p. 45).

(2) On peut trouver une des routes dans les Itinéraires, p. 98-228-294, avec les notes de Wesseling. Asti était située à quelques milles sur la droite.

(3) Asta ou Asti, colonie romaine, est à présent la capitale d'un très-beau comté, qui passa dans le seizième siècle aux ducs de Savoie. Leandro Alberti, *Descrizione d'Italia*, p. 382.

fanfaronnade n'obtint probablement pas la confiance même de ses courtisans (1). Réduit à la dernière extrémité, presque sans espérance et ayant déjà reçu des offres insultantes de capitulation, Honorius fut délivré de ses craintes et de sa captivité par l'approche et bientôt par la présence du héros si long-temps attendu. A la tête d'une avant-garde choisie, Stilichon passa l'Adda à la nage, pour économiser le temps qu'il aurait perdu à l'attaque du pont. Le passage du Pô présentait moins de difficultés et de danger; et l'heureuse audace avec laquelle il se fit route à travers le camp des ennemis pour s'introduire dans Asti, ranima l'espoir et rétablit l'honneur des Romains. Au moment de saisir le fruit de ses victoires, le général des Barbares se vit peu à peu investi de tous côtés par les troupes de l'Occident, qui débouchaient successivement par tous les passages des Alpes. Ses quartiers furent resserrés et ses convois enlevés, et les Romains commencèrent avec activité à former une ligne de fortifications dans lesquelles l'assiégeant se trouvait lui-même assiégé. On assembla un conseil militaire composé des chefs à la longue chevelure, des vieux guerriers enveloppés de fourrures, et dont l'aspect était rendu plus imposant par d'honorables cicatrices; après avoir pesé la gloire de persister dans leur entreprise et l'avantage de mettre

---

(1) *Nec me timor impulit ullus.* Il pouvait tenir ce langage orgueilleux à Rome l'année suivante, lorsqu'il était à cinq cents milles de la scène du danger (VI *cons. Honor.*, 449).

leurs dépouilles en sûreté, tous opinèrent prudemment à se retirer tandis qu'il en était encore temps. Dans cet important débat, Alaric déploya le courage et le génie du conquérant de Rome. Après avoir rappelé à ses compagnons leurs exploits et leurs desseins, il termina son discours énergique par une protestation solennelle et positive de trouver en Italie un trône ou un tombeau (1).

L'indiscipline des Goths les exposait continuellement à des surprises; mais, au lieu de choisir le moment où ils se livraient aux excès de l'intempérance, Stilichon résolut d'attaquer les dévots Barbares tandis qu'ils célébraient pieusement la fête de Pâques (2). L'exécution de ce stratagême, que le clergé traita de sacrilége, fut confiée à Saul, Barbare et païen, qui avait cependant servi avec distinction parmi les généraux vétérans de Théodose. La charge impétueuse

Bataille de Pollentia.
A. D. 403,
29 mars.

---

(1) *Hanc ego vel victor regno, vel morte tenebo*
Victus, humum.

Les harangues (*de Bell. get.*, 479-549) du Nestor et de l'Achille des Goths sont énergiques, parfaitement adaptées à leurs caractères et aux circonstances, et non moins fidèles peut-être que celles de Tite-Live.

(2) Orose (l. VII, c. 37) est irrité de l'impiété des Romains, qui attaquèrent de si pieux chrétiens le dimanche de Pâques. On offrait cependant alors des prières à la châsse de saint Thomas d'Édesse, pour obtenir la destruction du brigand arien. *Voyez* Tillemont (*Hist. des Emp.*, t. v, p. 529), qui cite une homélie attribuée mal à propos à saint Chrysostôme.

de la cavalerie impériale jeta le désordre et la confusion dans le camp des Goths, qu'Alaric avait assis dans les environs de Pollentia (1); mais le génie de leur intrépide général rendit en un instant à ses soldats un ordre et un champ de bataille ; et après le premier instant de la surprise, les Barbares, persuadés que le Dieu des chrétiens combattrait pour eux, se sentirent animés d'une force qui ajoutait à leur valeur ordinaire. Dans ce combat, long-temps soutenu avec un courage et un succès égal, le chef des Alains, dont la petite taille et l'air sauvage recélaient une âme magnanime, prouva l'injustice des soupçons formés contre sa fidélité par le courage avec lequel il combattit et mourut pour les Romains. Claudien a conservé imparfaitement dans ses vers la mémoire de ce vaillant Barbare, dont il célèbre la gloire sans nous apprendre son nom. En le voyant tomber, les escadrons qu'il commandait perdirent courage et prirent la fuite, et la défaite de l'aile de cavalerie aurait pu décider la victoire en faveur d'Alaric, si Stilichon ne fût pas promptement arrivé à la tête de toute l'infanterie romaine et barbare. Le génie du général et la valeur des soldats surmontèrent tous

---

(1) Les vestiges de Pollentia se trouvent à vingt-cinq milles au sud-est de Turin. *Urbs*, dans les mêmes environs, était une maison de chasse des rois de Lombardie, où se trouvait une rivière du même nom, qui justifia la prédiction : *Penetrabis ad Urbem*. Cluv., *Italia antiqua*, t. 1, p. 83-85.

les obstacles ; et sur le soir de cette sanglante journée, les Goths se retirèrent du champ de bataille : leurs retranchemens furent forcés ; le pillage du camp et le massacre des Barbares payèrent quelques-uns des maux dont ils avaient accablé les sujets de l'empire (1). Les vétérans de l'Occident s'enrichirent des dépouilles magnifiques de Corinthe et d'Argos ; et l'épouse d'Alaric, qui attendait impatiemment les bijoux précieux et les esclaves patriciennes que lui avait promis son mari (2), réduite en captivité, se vit forcée d'implorer la clémence d'un insolent vainqueur. Des milliers de prisonniers, échappés des chaînes des Barbares, allèrent porter dans toutes les villes de l'Italie les louanges de leur libérateur. Le poëte Claudien, qui n'était peut-être que l'écho du public, compara le triomphe de Stilichon (3) à celui de Ma-

---

(1) Orose cherche, par des expressions ambiguës, à faire entendre que les Romains furent vaincus : *Pugnantes vicimus, victores victi sumus*. Prosper (*in Chron.*) en fait une bataille sanglante et douteuse ; mais les écrivains des Goths, Cassiodore (*in Chron.*) et Jornandès (*de Rebus get.*, c. 29), prétendent à une victoire décisive.

(2) *Demens Ausonidum gemmata monilia matrum,*
Romanasque altâ famulas cervice petebat.
De Bell. get., 627.

(3) Claudien (*de Bell. getic.*, 580-647) et Prudence (*in Symmach.*, l. II, 694-719) célèbrent sans ambiguïté la victoire des Romains à Pollentia. Ils sont poëtes et parties ; cependant les témoins les plus suspects méritent quelque confiance quand ils sont retenus par la notoriété récente des faits.

rius qui, dans le même canton de l'Italie, avait attaqué et détruit une armée des Barbares du Nord. La postérité pouvait aisément confondre les ossemens gigantesques et les casques vides des Goths avec ceux des Cimbres, et élever sur la même place un trophée commun aux deux illustres vainqueurs des deux plus formidables ennemis de Rome (1).

<small>Retraite hardie d'Alaric.</small>

Claudien (2) a prodigué son éloquente admiration à la victoire de Pollentia, qu'il célèbre comme le jour le plus glorieux de la vie de son patron ; mais sa muse partiale accorde à regret des éloges moins commandés au caractère d'Alaric. Quoiqu'il charge son nom des injurieuses épithètes de pirate et de brigand, auxquelles purent si bien prétendre les conquérans de tous les siècles, le chantre de Stilichon est forcé d'avouer qu'Alaric possédait cette invincible force d'âme qui, toujours supérieure à la fortune, tire de nouvelles ressources du sein de l'adversité. Après la défaite totale de son infanterie,

---

(1) La péroraison de Claudien est énergique et élégante ; mais il faut entendre l'identité du champ de bataille des Cimbres et de celui des Goths (de même que le *Philippi* de Virgile, *Georgic.* 1, 490), selon la géographie vague et peu certaine des poëtes. Verceil et Pollentia sont à soixante milles l'une de l'autre, et la distance est encore plus grande si les Cimbres furent vaincus dans la vaste et stérile plaine de Vérone. Maffei, *Verona illustrata*, part. 1, p. 54-62.

(2) Il est indispensable de suivre Claudien et Prudence avec circonspection, pour réduire l'exagération, et extraire de ces poëtes le sens historique.

il s'échappa, ou plutôt se retira du champ de bataille avec la plus grande partie de sa cavalerie encore en bon ordre et peu endommagée. Sans perdre le temps à déplorer la perte irréparable de tant de braves compagnons, il laissa aux ennemis victorieux la liberté d'enchaîner les images captives d'un roi des Goths (1), et résolut de traverser les passages abandonnés des Apennins, de ravager la fertile Toscane, et de vaincre ou de mourir aux portes de Rome. L'infatigable activité de Stilichon sauva la capitale; mais il respecta le désespoir de son ennemi; et, au lieu d'exposer le salut de l'État au hasard d'une seconde bataille, il proposa de payer la retraite des Barbares. Le généreux et intrépide Alaric aurait rejeté avec mépris et indignation la permission de se retirer et l'offre d'une pension; mais il n'exerçait qu'une autorité limitée et précaire sur des chefs indépendans, qui l'avaient élevé, pour leur propre intérêt, au-dessus de ses égaux. Ces chefs n'étaient plus disposés à suivre un général malheureux; et plusieurs d'entre eux inclinaient à traiter personnellement avec le ministre d'Honorius. Le monarque se rendit au vœu de ses peuples, ratifia le traité avec

---

(1) Et, gravant en airain ses frêles avantages,
De mes États conquis enchaîner les images.

Cet usage d'exposer en triomphe les images des rois et des provinces, était très-familier aux Romains. Le buste de Mithridate, haut de douze pieds, était d'or massif. Freinshem, *Supplément de Tite-Live*, c. III, 47.

l'empire d'Occident, et repassa le Pô avec les restes de l'armée florissante qu'il avait conduite en Italie. Une partie considérable des troupes romaines veilla sur ses mouvemens, et Stilichon, qui entretenait une correspondance secrète avec quelques chefs des Barbares, fut ponctuellement instruit des desseins formés dans le camp et dans les conseils d'Alaric. Le roi des Goths, jaloux de signaler sa retraite par quelque coup de main hardi et avantageux, résolut de s'emparer de la ville de Vérone, qui sert de clef au principal passage des Alpes rhétiennes ; et, dirigeant sa marche à travers le territoire des tribus germaines, dont l'alliance pouvait réparer les pertes de son armée, d'attaquer la Gaule du côté du Rhin et d'envahir ses riches provinces sans défiance. Ne se doutant point de la trahison qui avait déjà déconcerté ce sage et hardi projet, Alaric s'avança vers les passages des montagnes, qu'il trouva occupés par les troupes impériales ; et dans le même instant son armée fut attaquée de front, sur ses flancs et sur ses derrières. Dans cette action sanglante, à une très-petite distance des murs de Vérone, les Goths firent une perte égale à celle de la défaite de Pollentia, et leur intrépide commandant, qui dut son salut à la vitesse de son cheval, aurait inévitablement été pris mort ou vif, si l'impétuosité indisciplinable des Alains n'eût pas déconcerté les précautions du général romain. Alaric sauva les débris de son armée sur les rochers voisins ; et se prépara courageusement à soutenir un siège contre un ennemi supérieur en nombre, qui l'environnait de toutes parts; mais il ne put parer au besoin impérieux de subsistances, ni éviter la désertion continuelle de ses impatiens et capricieux Barbares. En cette extrémité, il trouva encore des ressources dans son courage ou dans la modération de son ennemi, et sa retraite fut regardée comme la délivrance de l'Italie (1). Cependant le peuple et même le clergé, également incapables de juger de la nécessité de la paix ou de la guerre, blâmèrent hautement la politique de Stilichon, qui laissait continuellement échapper un ennemi dangereux qu'il avait vaincu si souvent et tant de fois environné. Le premier moment après la délivrance est consacré à la joie et à la reconnaissance; l'ingratitude et la calomnie s'emparent promptement du second (2).

L'approche d'Alaric avait effrayé les citoyens de Rome, et l'activité avec laquelle ils travaillèrent à réparer les murs de la capitale, annonça leurs craintes et le déclin de l'empire. Après la retraite des Barbares, on prescrivit à Honorius d'accepter l'invitation respectueuse du sénat, et de célébrer dans la

Triomphe d'Honorius à Rome.
A. D. 404.

---

(1) La guerre gothique et le sixième consulat d'Honorius lient ensemble assez obscurément les défaites et la retraite d'Alaric.

(2) *Taceo de Alarico... sæpè victo, sæpè concluso, semperque dimisso.* Orose, l. VII, c. 37, p. 567. Claudien (VI cons. Honor., 320) tire le rideau en présentant une fort belle image.

ville impériale l'époque heureuse de la défaite des Goths et de son sixième consulat (1). Depuis le pont Milvius jusqu'au mont Palatin, les rues et les faubourgs étaient remplis par la foule du peuple romain, qui, depuis cent ans, n'avait joui que trois fois de l'honneur de contempler son souverain. En fixant leurs regards sur le char dans lequel Stilichon accompagnait son auguste pupille, les citoyens applaudissaient sincèrement à la magnificence d'un triomphe qui n'était point souillé de sang romain comme celui de Constantin ou de Théodose. Le cortége passa sous un arc fort élevé, et construit exprès pour cette cérémonie; mais, moins de sept ans après, les Goths, vainqueurs de Rome, ont pu lire la fastueuse inscription de ce monument, qui attestait la défaite et la destruction totale de leur nation (2). L'empereur résida plusieurs mois dans la capitale, et sa conduite fut dirigée avec le plus grand soin, de manière à lui concilier l'affection du clergé, du sénat et du peuple romain. Le clergé fut édifié de ses fréquentes visites et de la libéralité de ses dons aux châsses des saints apôtres. Le sénat, qui avait été

---

(1) Le reste du poëme de Claudien, sur le sixième consulat d'Honorius, donne la description du voyage, du triomphe et des jeux, 330-660.

(2) *Voyez* l'inscription dans l'histoire des anciens Germains par Mascou (VIII, 12). Les expressions sont positives et imprudentes : *Getarum nationem in omne ævum domitam*, etc.

dispensé de l'humiliante obligation de précéder à pied, selon l'usage, le char de l'empereur durant la marche triomphale, fut traité avec le respect décent que Stilichon affecta toujours pour cette assemblée. Le peuple parut flatté de l'affabilité d'Honorius, et de la complaisance avec laquelle il assista plusieurs fois aux jeux du cirque, célébrés dans cette occasion avec une magnificence qui pouvait les rendre dignes d'un tel spectateur. Dès que le nombre fixe de courses de chars était accompli, la décoration changeait ; une chasse d'animaux sauvages offrait un spectacle brillant et varié, et se terminait par une danse militaire qui, d'après la description de Claudien, paraît ressembler aux tournois modernes.

Dans ces jeux célébrés par Honorius, le sang des gladiateurs souilla pour la dernière fois l'amphithéâtre de Rome (1). Le premier des empereurs chrétiens avait eu la gloire de publier le premier édit qui condamna ces jeux où l'on avait fait un art et un amusement de l'effusion du sang humain (2); mais cette loi bienfaisante, en annonçant les vœux du prince, ne réforma pas un si antique abus, qui dégradait une

Les gladiateurs abolis.

---

(1) Sur l'horrible, mais curieux sujet des gladiateurs, consultez les deux livres des Saturnales de Lipse, qui, en qualité d'antiquaire, est disposé à excuser les usages de l'antiquité, t. III, p. 483-545.

(2) *Codex Theodos.*, l. xv, tit. 12, leg. 1. Le *Commentaire* de Godefroy offre une grande abondance de matériaux (t. v, p. 396) pour l'histoire des gladiateurs.

nation civilisée au-dessous d'une horde de cannibales. Plusieurs centaines, peut-être des milliers de victimes périssaient tous les ans dans les grandes villes, et le mois de décembre, plus particulièrement consacré aux combats des gladiateurs, offrait régulièrement aux yeux des Romains enchantés ces barbares et sanglans spectacles. Tandis que la victoire de Pollentia excitait les transports de la joie publique, un poëte chrétien exhorta l'empereur à détruire de son autorité un usage barbare qui s'était perpétué malgré les cris de la religion et de l'humanité (1). Les représentations pathétiques de Prudence furent moins efficaces que la généreuse audace de saint Télémaque, moine asiatique, dont la mort fut plus utile au genre humain que ne l'avait été sa vie (2). Les Romains s'irritèrent de voir interrompre leurs plaisirs, et écrasèrent sous une grêle de pierres le moine imprudent qui était descendu dans l'arène pour séparer les gladiateurs : mais la fureur du peuple s'éteignit promptement ; il respecta la mémoire de saint Télémaque, qui avait mérité les honneurs du martyre, et se sou-

---

(1) *Voyez* la péroraison de Prudence (*in Symmach.*, l. II, 1121-1131), qui avait sans doute lu la satire éloquente de Lactance (*Div. Instit.*, l. VI, c. 20). Les apologistes chrétiens n'ont pas épargné les jeux sanglans qui faisaient partie des fêtes religieuses du paganisme.

(2) Théodoret, l. V, c. 26. J'aurais grand plaisir à croire l'histoire de saint Télémaque ; cependant on n'a point élevé d'autel au seul moine qui soit mort martyr de la cause de l'humanité.

mit sans murmure à la loi par laquelle Honorius abolissait pour toujours les sacrifices humains des amphithéâtres. Les citoyens, qui chérissaient les usages de leurs ancêtres, alléguaient peut-être que les derniers restes de l'ardeur martiale se conservaient dans cette école d'intrépidité, qui accoutumait les Romains à la vue du sang et au mépris de la mort. Vain et cruel préjugé, si honorablement réfuté par la valeur de l'ancienne Grèce et de l'Europe moderne (1) !

Le danger récent que l'empereur avait couru dans son palais de Milan, le décida à choisir pour retraite quelque forteresse inaccessible de l'Italie, où il pût résider sans craindre les entreprises d'une foule de Barbares qui battaient la campagne. Sur la côte de la mer Adriatique, environ à dix ou douze milles de la plus méridionale des sept embouchures du Pô, les Thessaliens avaient fondé l'ancienne colonie de Ravenne (2), qu'ils cédèrent depuis aux natifs de l'Ombrie. Auguste, qui avait remarqué les avantages

Honorius fixe sa résidence à Ravenne. A. D. 404.

---

(1) *Crudele gladiatorum spectaculum et inhumanum nonnullis videri solet: et* haud scio *an ita sit, ut nunc fit.* Cic., Tusculan., II, 17. Il blâme légèrement l'abus, et défend chaudement l'usage de ces spectacles : *Oculis nulla poterat esse fortior contra dolorem et mortem disciplina.* Sénèque (epist. 7) montre la sensibilité d'un homme.

(2) Cette description de Ravenne est tirée de Strabon (l. v, p. 327), Pline (III, 20), Étienne de Byzance (*sub voce* Ραβεννα, p. 651, édit. Berkel.), Claudien (*in* VI *cons. Honor.*, 494, etc.), Sidonius-Apollinaris (l. I, epist. 5, 8), Jornandès (*de Rebus getic.*, c. 29), Procope (*de Bell. goth.*,

de cette situation, fit construire, à trois milles de l'ancienne ville, un vaste port capable de contenir deux cent cinquante vaisseaux de guerre. Cet établissement naval, qui comprenait des arsenaux, des magasins, des baraques pour les troupes et les logemens des ouvriers, tire son origine et son nom de la station permanente de la flotte romaine. Les places vides se remplirent bientôt de bâtimens et d'habitans; et les trois quartiers vastes et peuplés de Ravenne contribuèrent insensiblement à former une des plus importantes villes de l'Italie. Le principal canal d'Auguste conduisait à travers la ville une partie des eaux du Pô jusqu'à l'entrée du port; ces mêmes eaux se répandaient dans des fossés profonds qui environnaient les murs : elles se distribuaient, par le moyen d'un grand nombre de petits canaux, dans tous les quartiers de la ville, qu'ils divisaient en autant d'îles séparées, et qui n'avaient de communication que par des ponts ou des bateaux. Les maisons de Ravenne étaient bâties sur pilotis, et l'aspect de cette ville pouvait être comparé à celui qu'offre aujourd'hui Venise. Le pays des environs, jusqu'à plusieurs milles, était rempli de marais inabordables, et l'on pouvait aisément défendre ou détruire, à l'approche d'une armée ennemie, la chaussée qui joignait Ravenne au continent. L'intervalle des marais était ce-

---

l. 1, c. 1, p. 309, édit. Louvre) et Cluvier (*Ital antiq.*, t. 1, p. 301-307.). Il me manque cependant encore un antiquaire local et une bonne carte topographique.

pendant parsemé de vignes ; et, le sol épuisé même par quatre ou cinq récoltes, le vin était encore dans le port de Ravenne en beaucoup plus grande abondance que l'eau douce (1). L'air, au lieu d'être imprégné des vapeurs malignes et presque pestilentielles qui s'exhalent ordinairement des terres basses et marécageuses, avait, comme celui des environs d'Alexandrie, la réputation d'être pur et salubre ; on attribuait ce singulier avantage aux marées régulières de la mer Adriatique, qui balayaient les canaux, empêchaient la pernicieuse stagnation des eaux, et amenaient tous les jours les vaisseaux des pays voisins jusqu'au milieu de Ravenne. La mer s'est retirée insensiblement à quatre milles de la ville moderne. Dès le cinquième ou sixième siècle de l'ère chrétienne, le port d'Auguste se trouvait converti en vergers agréables, et une plantation de pins occupait l'endroit où les vaisseaux des Romains avaient jadis jeté l'ancre (2). Cette révolution contribuait encore à rendre

---

(1) Martial (*epig.* III, 56, 57) plaisante sur le tour que lui joua un fripon, en lui vendant du vin pour de l'eau ; mais il assure très-sérieusement qu'une bonne citerne est plus précieuse à Ravenne qu'une bonne vigne. Sidonius se plaint de ce que la ville manque de fontaines et d'aqueducs, et compte au nombre de ses incommodités locales le défaut d'eau douce, le coassement des grenouilles et les piqûres des insectes, etc.

(2) La fable de Théodore et d'Honoria ; que Dryden a tirée de Boccace et traitée si supérieurement (Giornata III, *Nov.* 8), se passait dans le bois de *Chiassi,* corruption du mot

l'accès plus difficile, et le peu de profondeur des eaux suffisait pour arrêter les grands vaisseaux des ennemis. Ces fortifications naturelles étaient perfectionnées par les travaux de l'art ; et dans la vingtième année de son âge, l'empereur d'Occident, uniquement occupé de sa sûreté personnelle, se confina pour toujours entre les murs et les marais de Ravenne. L'exemple d'Honorius fut imité par ses faibles successeurs, par les rois goths et les exarques qui occupèrent depuis le trône et le palais des empereurs ; jusqu'au milieu du huitième siècle, Ravenne fut considérée comme le siége du gouvernement et la capitale de l'Italie (1).

{Révolutions de la Scythie. A. D. 400.} Les craintes d'Honorius étaient fondées, et ses précautions ne furent pas inutiles. Tandis que l'Italie se réjouissait d'être délivrée des Goths, il s'élevait une tempête violente parmi les nations de la Germanie. Elles cédaient à l'impulsion irrésistible qui paraît s'être communiquée successivement depuis l'extrémité orientale du continent de l'Asie. Les annales de la Chine, dont nous a donné connaissance l'industrieuse érudition de notre siècle, peuvent aider utilement à découvrir les causes secrètes et éloignées

---

classis, qui désignait la station navale ou le port, qui avec la route ou le faubourg intermédiaire, la *Via Cæsaris*, composait la triple cité de Ravenne.

(1) Depuis l'année 404, les dates du Code Théodosien sont toujours de Constantinople ou de Ravenne. *Voyez* Godefroy, *Chronologie des Lois*, t. 1, p. 148, etc.

qui entraînèrent la chute de l'empire romain. Après la fuite des Huns, les Sienpi victorieux occupèrent leur vaste territoire au nord du grand mur. Tantôt ils se répandaient en tribus indépendantes, tantôt ils se rassemblaient sous un seul chef, jusqu'à l'époque où, sous le nom de *Topa* ou de maîtres de la terre, qu'ils s'étaient donné eux-mêmes, ils acquirent une consistance plus solide et une puissance plus formidable. Les Topa forcèrent bientôt les nations pastorales du désert oriental à reconnaître la supériorité de leurs armes. Ils envahirent la Chine dans un moment de faiblesse et de discorde intestine de ce grand empire; et ces heureux Tartares, adoptant les lois et les mœurs du peuple vaincu, fondèrent une dynastie impériale qui régna près de cent soixante ans sur les provinces septentrionales de cette monarchie. Quelques générations avant qu'ils se fussent emparés du trône de la Chine, un des princes Topa avait enrôlé dans sa cavalerie un esclave nommé Moko, renommé par sa valeur, mais qui, pour éviter quelque punition, déserta ses drapeaux et s'enfonça dans le désert, suivi d'une centaine de ses compagnons. Cette troupe de brigands et de proscrits, journellement recrutée par d'autres, forma d'abord un camp, ensuite une tribu, et enfin un peuple nombreux connu sous le nom de *Geougen*; et leurs chefs héréditaires, descendans de l'esclave Moko, prirent rang parmi les monarques de la Scythie. La jeunesse de Toulun, le plus célèbre de ses successeurs, fut formée à l'école de l'adversité, qui est celle des héros. Il sut résister courageusement à l'infortune, détruisit la puissance orgueilleuse des Topa, devint le législateur de sa nation, et le conquérant de la Tartarie. Ses troupes étaient distribuées en bandes de cent et de mille guerriers. Les lâches périssaient par le supplice de la lapidation, et la valeur obtenait pour récompense les honneurs les plus magnifiques. Toulun, assez éclairé pour mépriser l'érudition chinoise, n'adopta que les arts et les institutions favorables à l'esprit militaire de son gouvernement. Il campait durant l'été dans les plaines fertiles qui bordent le Sélinga, et se retirait à l'approche de l'hiver dans des contrées plus méridionales. Ses conquêtes s'étendaient depuis la Corée jusque fort au-delà de l'Irtish. Il vainquit au nord de la mer Caspienne la nation des Huns (1); et le surnom de Kan ou Cagan annonça l'éclat et la puissance qu'il tira de cette victoire mémorable.

Émigration des Germains septentrionaux. A. D. 405.

En passant des bords du Volga à ceux de la Vistule, la chaîne des événemens se trouve interrompue, ou du moins cachée dans l'intervalle obscur qui sépare les dernières limites de la Chine de celles de la géographie romaine. Cependant le caractère de ces Barbares, et l'expérience des émigrations précédentes, autorisent à croire que les Huns, après avoir été vaincus par les Geougen, quittèrent bientôt le voisinage d'un vainqueur insolent. Des tribus de leurs compatriotes occupaient déjà les environs de l'Euxin;

---

(1) *Voyez* M. de Guignes, *Hist. des Huns*, t. 1, p. 179-189; t. 11, p. 295, 334-338.

et leur fuite, qu'ils changèrent bientôt en une attaque hardie, dut naturellement se diriger vers les plaines fertiles à travers lesquelles la Vistule coule paisiblement jusque dans la mer Baltique. L'invasion des Huns doit avoir alarmé de nouveau et agité le Nord; et les nations qu'ils chassaient devant eux sont venues sans doute écraser de leur poids les frontières de la Germanie (1). Les habitans des régions où les anciens placent les Suèves, les Vandales et les Bourguignons, purent prendre la résolution d'abandonner aux Sarmates fugitifs leurs bois et leurs marais, ou du moins de rejeter le superflu de leur population sur les provinces de l'empire romain (2). Environ quatre ans après que le victorieux Toulun eut pris le titre de kan des Geougen, un autre Barbare, le fier Rhodogaste ou Radagaise (3), marcha de l'extrémité septentrionale de la Germanie, presque jusqu'aux

---

(1) Procope (*de Bell. Vandal.*, l. 1, c. 3, p. 182) a fait mention d'une émigration des Palus-Méotides, qu'il attribue à une famine; mais ses idées sur l'histoire ancienne sont étrangement obscurcies par l'erreur et par l'ignorance.

(2) Zozime (l. v, p. 331) se sert de la qualification générale de nations au-delà du Danube et du Rhin. Leurs situations géographiques, et par conséquent leurs noms, sont faciles à deviner, même par les diverses épithètes que leur donne dans l'occasion chaque auteur ancien.

(3) Le nom de Rhadagaste était celui d'une divinité locale des Obotrites (dans le Mecklenbourg). Un héros pouvait prendre le nom de sa divinité tutélaire; mais il n'est pas probable que les Barbares adorassent un héros malheureux. *Voyez* Mascou, *Hist. des Germains*, VIII, 14.

portes de Rome, et laissa en mourant les restes de son armée pour achever la destruction de l'empire d'Occident. Les Suèves, les Vandales et les Bourguignons, composaient la principale force de cette armée redoutable ; mais les Alains, qui s'étaient vus reçus avec hospitalité dans la contrée où ils étaient descendus, joignirent leur active cavalerie à la pesante infanterie des Germains; et les aventuriers goths accoururent en si grand nombre sous les drapeaux de Radagaise, que quelques historiens lui ont donné le titre de roi des Goths. Un corps de douze mille guerriers, distingués par leur naissance et par leurs exploits, composait la première avant-garde de son armée (1); et l'armée entière, forte de deux cent mille combattans, peut s'évaluer, en y ajoutant les femmes, les enfans et les esclaves, à quatre cent mille personnes. Cette effrayante émigration descendait de cette même côte de la mer Baltique, d'où des myriades de Cimbres et de Teutons avaient fondu sur Rome et sur l'Italie dans les temps glorieux de la république. Après le départ de ces Barbares, leur pays natal, où ils laissaient des vestiges de leur grandeur, de vastes remparts et des môles gigantesques (2), ne fut, durant plusieurs siècles, qu'une

---

(1) Olympiodore (*apud Photium*, p. 180) se sert du mot grec ὀπτιματοι, qui ne donne pas une idée claire. J'imagine que cette troupe était composée de princes, de nobles et de leurs fidèles compagnons, des chevaliers et de leurs écuyers, comme on aurait pu les dénommer quelques siècles plus tard.

(2) Tacit., *de Moribus Germanorum*, c. 37.

immense et effrayante solitude. Le genre humain s'y multiplia peu à peu par la génération, et une nouvelle inondation d'habitans vint remplir les vides du désert. Les nations qui occupent aujourd'hui une étendue de terrain qu'elles ne peuvent cultiver, trouveraient bientôt du secours dans la pauvreté industrieuse de leurs voisins, si les gouvernemens de l'Europe ne défendaient pas les droits du souverain et la propriété des particuliers.

La correspondance entre les nations était dans ce siècle si imparfaite et si précaire, que la cour de Ravenne put ignorer les révolutions du Nord jusqu'au moment où la tempête qui s'était formée sur la côte de la mer Baltique, vint éclater avec violence sur les bords du Haut-Danube. Le monarque de l'Occident, si ses ministres jugèrent à propos d'interrompre ses amusemens par la nouvelle du danger qui le menaçait, se contenta d'être l'objet et le spectateur de la guerre (1). La sûreté de Rome fut confiée à la valeur et à la sagesse de Stilichon; mais tels étaient la faiblesse et l'épuisement de l'empire, qu'il fut impossible de réparer les fortifications du Danube ou de prévenir, par un effort vigoureux, l'invasion des Germains (2). Toutes les espérances du vigilant mi-

Radagaise fait une invasion en Italie.
A. D. 406.

---

(1) . . . . *Cujus agendi*
Spectator vel causa fui.
Claudien, vi cons. Honor., 439. Tel est le modeste langage d'Honorius en parlant de la guerre des Goths, qu'il avait vue d'un peu plus près.

(2) Zozime (l. v, p. 331) transporte la guerre et la vic-

nistre d'Honorius se bornèrent à la défense de l'Italie. Il abandonna une seconde fois les provinces, rappela les troupes, pressa les nouvelles levées exigées à la rigueur et éludées avec pusillanimité, employa les moyens les plus efficaces pour arrêter ou ramener les déserteurs, et offrit la liberté et deux pièces d'or à chaque esclave qui consentait à s'enrôler (1). Ce fut à l'aide de ces ressources que Stilichon parvint à rassembler avec peine, parmi les sujets d'un grand empire, une armée de trente ou quarante mille hommes, que, dans le temps de Scipion ou de Camille, eussent fournie sur-le-champ les citoyens libres du territoire de Rome (2). A ces trente légions, le gé-

---

toire de Stilichon au-delà du Danube; étrange erreur qu'on répare d'une manière bien bizarre et bien imparfaite en lisant Αρυον pour Ιστρον. (Tillemont, *Hist. des Emper.*, t. v, p. 807.) Nous sommes forcé, en bonne politique, de nous servir de Zozime, quoique nous ne lui accordions ni estime ni confiance.

(1) *Cod. Theod.*, l. VII, tit. 13, leg. 16. La date de cette loi (A. D. 406, mai 18) m'apprend, comme à Godefroy (t. II, p. 387), la véritable époque de l'invasion de Radagaise. Tillemont, Pagi et Muratori, préfèrent l'année précédente; mais il faut considérer ce qu'ils doivent de respect et de civilité à saint Paulin de Nole.

(2) Peu de temps après que les Gaulois se furent emparés de Rome, le sénat leva dix légions, trois mille hommes de cavalerie, et quarante mille hommes d'infanterie, effort que la capitale n'aurait pu faire du temps d'Auguste. (Tite-Live, VII, 25). Ce fait peut étonner un antiquaire; mais Montesquieu en explique clairement la raison.

néral romain ajouta un corps nombreux d'auxiliaires.
Les fidèles Alains lui étaient personnellement affectionnés ; les Goths et les Huns, qui servaient sous la conduite de leurs princes légitimes, Huldin et Sarus, étaient excités, par leurs intérêts et leurs ressentimens personnels, à s'opposer aux entreprises et aux succès de Radagaise. Le roi des Germains confédérés passa sans résistance les Alpes, le Pô et l'Apennin, laissant d'un côté le palais inaccessible d'Honorius, enseveli à l'abri de tout danger dans les marais de Ravenne, et de l'autre le camp de Stilichon, qui avait pris ses quartiers à Ticinum ou Pavie, et qui évitait probablement une bataille décisive, jusqu'à ce qu'il eût rassemblé les forces éloignées qu'il attendait. Un grand nombre de villes de l'Italie furent détruites ou pillées ; et le siége de Florence (1), par Radagaise, est un des premiers événemens rapportés dans l'histoire de cette fameuse république ; dont la fermeté arrêta quelque temps l'impétuosité de ces Barbares sans art et sans discipline. Quoiqu'ils fussent encore à cent quatre-vingts milles de Rome, le peuple et le sénat se livraient à la terreur, et comparaient

<small>Il assiége Florence.</small>

---

(1) Machiavel a expliqué, au moins en philosophe, l'origine de Florence, que les bénéfices du commerce firent insensiblement descendre des rochers de Fæsule aux bords de l'Arno. (*Hist. Florent.*, t. 1, l. 11, p. 36. Londr., 1747.) Les triumvirs envoyèrent une colonie à Florence, qui, sous le règne de Tibère (Tacit., *Annal.*, 1, 79), méritait le nom et la réputation d'une ville *florissante*. *Voyez* Cluvier, *Ital. antiq.*, t. 1, p. 507, etc.

en tremblant le danger dont ils venaient d'être délivrés avec celui qui les menaçait. Alaric était chrétien, et animé des sentimens d'un guerrier; il conduisait une armée disciplinée, connaissait les lois de la guerre et respectait la foi des traités; il s'était souvent trouvé familièrement avec les sujets de l'empire dans leurs camps et dans leurs églises; mais le sauvage Radagaise n'avait pas la moindre notion des mœurs, de la religion, ni même du langage des nations civilisées du Midi; une superstition barbare ajoutait à sa férocité naturelle; et on croyait généralement qu'il s'était engagé, par un vœu solennel, à réduire la ville en cendres et à sacrifier les plus illustres sénateurs sur l'autel de ses dieux, que le sang humain pouvait seul apaiser. Le danger pressant, qui aurait dû éteindre toutes les animosités intestines, développa au contraire l'incurable folie des factions religieuses. Les adorateurs de Jupiter et de Mars, opprimés par leurs concitoyens, respectaient dans l'implacable ennemi de Rome le caractère d'un païen zélé; ils déclaraient hautement que les sacrifices de Radagaise leur paraissaient beaucoup plus à craindre que ses armes, et ils se réjouissaient secrètement d'une calamité qui devait convaincre de fausseté la religion des chrétiens (1).

Et menace Rome.

---

(1) Cependant le Jupiter de Radagaise, qui adorait Thor et Wodin, était fort différent des Jupiter Olympique ou Capitolin. Le caractère conciliant du polythéisme pouvait s'accommoder de toutes ces divinités différentes; mais les véri-

Florence fut réduite à la dernière extrémité, et le courage épuisé de ses citoyens n'était plus soutenu que par l'autorité de saint Ambroise, qui était apparu en songe pour leur annoncer une prompte délivrance (1). Peu de jours après, ils aperçurent, du haut de leurs murs, les étendards de Stilichon, qui avançait, à la tête de toutes ses forces réunies, au secours de cette ville fidèle, et qui fit bientôt de ses environs le tombeau de l'armée barbare. On peut, sans faire beaucoup de violence à leurs opinions respectives, concilier aisément les contradictions apparentes des écrivains qui ont raconté différemment la défaite de Radagaise. Orose et saint Augustin, intimement liés par l'amitié et par la dévotion, attribuent cette victoire miraculeuse à la protection du ciel, plutôt qu'à la valeur des hommes (2). Ils affirment positivement qu'il n'y eut ni combat ni sang répandu; que les Romains, oisifs dans leur camp, où ils

Son armée est vaincue et détruite par Stilichon.
A. D. 406.

tables Romains abhorraient les sacrifices humains de la Gaule et de la Germanie.

(1) Paulin (*in Vitâ Ambrosii*, c. 50.) raconte cette histoire, qu'il tient de Pansophia, pieuse matrone de Florence. Cependant l'archevêque cessa bientôt de se mêler des affaires de ce monde, et ne devint jamais un saint populaire.

(2) Saint Augustin (*de Civ. Dei*, v, 23); Orose (l. VII, c. 37, p. 567-571). Les deux amis écrivaient en Afrique dix ou douze ans après la victoire, et leur autorité est implicitement suivie par Isidore de Séville (*in Chron.*, p. 713, éd. Grot.). Combien de faits intéressans Orose aurait pu insérer dans l'espace qu'il remplit de pieuses absurdités!

jouissaient de l'abondance, virent les Barbares affamés expirer lentement sur les rochers de Fæsule qui dominent la ville de Florence. Que l'armée chrétienne n'ait pas perdu un seul soldat, qu'elle n'en ait pas même eu un seul de blessé de la main des Barbares, c'est une assertion dont le ridicule ne permet pas qu'on s'arrête à la repousser; mais le reste du récit d'Orose et de saint Augustin s'accorde avec les circonstances et avec le caractère de Stilichon. Il sentait trop bien qu'il commandait la dernière armée de la république, pour l'exposer imprudemment en bataille rangée à l'impétueuse furie des Germains. Se servant avec habileté, sur un terrain plus étendu et dans une occasion plus décisive, du moyen qu'il avait déjà employé deux fois avec succès contre le roi des Goths, le général enferma ses ennemis dans une forte ligne de circonvallation. Le moins instruit des guerriers romains ne pouvait ignorer l'exemple de César et les fortifications de Dyrrachium, qui, liant ensemble vingt-quatre forts par un fossé et un rempart non interrompus dans une étendue de quinze milles, présentaient le modèle d'un retranchement capable de contenir et d'affamer la plus nombreuse armée (1). Les troupes romaines

---

(1) *Franguntur montes, planumque per ardua Cæsar*
  Ducit opus : pandit fossas, turritaque summis
  Disponit castella jugis, magnoque recessu
  Amplexus fines : saltus nemorosaque tesqua
  Et sylvas, vastáque feras indagine claudit.

Cependant le simple récit de la vérité (César, *de Bell. civ.*,

n'avaient pas autant perdu de l'industrie que de la valeur de leurs ancêtres ; et si les travaux serviles et pénibles blessaient la vanité des soldats, la Toscane pouvait fournir des milliers de paysans plus disposés à travailler qu'à combattre pour le salut de leur patrie. Le manque de subsistances servit sans doute plus que l'épée des Romains à détruire une multitude d'hommes et de chevaux renfermés comme dans une étroite prison (1); mais pendant toute la durée d'un travail si considérable, les Romains furent exposés aux fréquentes attaques d'un ennemi impatient. Le désespoir et la faim durent souvent pousser les Barbares à de violens efforts contre les remparts dont on cherchait à les environner. Stilichon céda peut-être quelquefois à l'ardeur de ses braves auxiliaires, qui demandaient à grands cris l'assaut du camp des Germains ; et ces entreprises réciproques ont pu donner lieu aux combats sanglans et opiniâtres qui ornent le récit de Zozime et les chroniques de Prosper et de Marcellin (2). Un utile secours d'hommes et de pro-

---

III, 44) est fort au-dessus des amplifications de Lucain (*Pharsal.*, l. vi, 29-63).

(1) Les expressions d'Orose, *In arido et aspero montis jugo, In unum et parvum verticem*, ne conviennent guère au camp d'une grande armée; mais le quartier général de Radagaise pouvait être placé à Fæsule ou Fiesole, à trois milles de Florence, et devait être environné par les fortifications des Romains comme le reste de l'armée.

(2) *Voyez* Zozime (l. v, p. 331) et les *Chroniques* de Prosper et de Marcellin.

visions avait été introduit dans les murs de Florence ; l'armée affamée de Radagaise se trouvait à son tour assiégée ; et le chef orgueilleux de tant de nations belliqueuses, après avoir vu périr ses plus braves guerriers, n'eut bientôt plus d'autre ressource que de se rendre sur la foi d'une capitulation ou de la clémence de son vainqueur (1). Mais la mort de cet illustre captif, ignominieusement décapité, déshonora le triomphe de Rome et du christianisme ; et le court délai de son exécution suffit pour inculper le général victorieux du reproche de cruauté réfléchie (2). Ceux des Germains affamés qui échappèrent à la fureur des auxiliaires, furent vendus comme esclaves, au vil prix d'une pièce d'or par tête ; mais la différence de climat et de nourriture fit périr le plus grand nombre de ces malheureux étrangers ; et, comme on l'a observé alors, les inhumains qui les avaient achetés, au-lieu de profiter du fruit de leurs travaux, eurent bientôt à payer les frais de leurs funérailles. Stilichon informa l'empereur et le sénat de ses nou-

---

(1) Olympiodore (*apud Photium*, p. 180) emploie l'expression de προσηταίρισατο, qui semble annoncer une alliance solide et amicale, et rendrait Stilichon encore plus coupable. Le *paulisper detentus, deinde interfectus*, d'Orose, est déjà suffisamment odieux.

(2) Orose, dévotement barbare, sacrifie le roi et le peuple, Agag et les Amalécites, sans le moindre mouvement de compassion. Le sanguinaire auteur du crime me paraît moins odieux que l'écrivain qui l'approuve dans le calme de la réflexion.

veaux succès, et mérita une seconde fois le titre glorieux de libérateur de l'Italie (1).

Le bruit de cette victoire, et surtout du miracle auquel on l'attribue, a donné lieu à cette opinion sans fondement, que l'armée entière, ou plutôt toute la nation des Germains, descendue des côtes de la mer Baltique, avait été anéantie sous les murs de Florence. Tel fut effectivement le sort de Radagaise, de ses braves et fidèles compagnons, et de plus d'un tiers de la multitude de Suèves, d'Alains, de Vandales et de Bourguignons, qui suivaient les drapeaux de ce général (2). La réunion d'une pareille armée pourrait nous surprendre; mais les causes qui la séparèrent sont claires et frappantes. On les trouve dans l'orgueil de la naissance, la fierté de la valeur, la jalousie du commandement, l'impatience de la subordination et le conflit opiniâtre des opinions, des intérêts et des passions, parmi tant de princes et de guerriers aussi peu disposés à céder qu'à obéir.

Le reste des Germains envahit la Gaule. A. D. 406, décembre 31.

---

(1) Et la muse de Claudien, qu'était-elle devenue? dormait-elle, ou avait-elle été mal récompensée? Il me semble que le septième consulat d'Honorius (A. D. 407) aurait pu fournir le sujet d'un beau poëme. Avant qu'on eût découvert qu'il n'était plus possible de sauver l'État, Stilichon, après Romulus, Camille et Marius, aurait pu être justement surnommé le quatrième fondateur de Rome.

(2) Un passage lumineux des Chroniques de Prosper, *In tres partes, per diversos principes, divisus exercitus*, réduit un peu le miracle, et lie ensemble l'histoire de l'Italie, de la Gaule et de la Germanie.

Après la défaite de Radagaise, les deux tiers des Germains, qui devaient composer plus de cent mille combattans, étaient encore sous les armes entre les Alpes et l'Apennin, ou entre les Alpes et le Danube. On ne sait point s'ils cherchèrent à venger la mort de leur général ; mais la prudence et la fermeté de Stilichon, en arrêtant leur marche et favorisant leur retraite, détourna sur un autre point leur impétuosité désordonnée. Principalement occupé de sauver Rome et l'Italie, Stilichon sacrifiait avec trop d'indifférence les richesses et la tranquillité des provinces éloignées (1). Les Barbares acquirent de quelques déserteurs pannoniens la connaissance du pays et des routes ; et l'invasion de la Gaule, projetée par Alaric, fut exécutée par les restes de l'armée de Radagaise (2).

Cependant, s'ils avaient conçu l'espérance d'obte-

---

(1) Orose et saint Jérôme l'accusent d'avoir suscité l'invasion : *Excitatæ à Stilichone gentes*, etc. Leur intention était sans doute d'ajouter *indirectement*. Il sauva l'Italie en sacrifiant la Gaule.

(2) Le comte du Buat assure que l'invasion de la Gaule se fit par les deux tiers restant de l'armée de Radagaise. *Voyez* l'*Histoire ancienne des peuples de l'Europe*, t. VII, p. 87-121. *Paris*, 1772 ; ouvrage savant que je n'ai eu l'avantage de lire que dans l'année 1777. Dès 1771, j'ai trouvé la même idée dans une ébauche de la présente histoire, et depuis dans Mascou (VIII, 15) ; un pareil concert de sentiment sans communication peut donner quelque poids à notre commune opinion.

nir le secours des Germains qui habitaient les bords du Rhin, cette espérance fut déçue. Les Allemands conservèrent strictement la neutralité, et les Francs firent briller leur valeur et leur zèle pour la défense de l'empire. Dans cette rapide expédition sur le Rhin, qui avait signalé les premiers instans de son gouvernement, Stilichon s'était attaché, avec une attention particulière, aux moyens de s'assurer l'alliance de cette nation guerrière, et d'en éloigner les ennemis irréconciliables de la paix et de la république. Marcomir, un de leurs rois, ayant été publiquement convaincu, devant le tribunal du magistrat romain, d'avoir violé la foi des traités, fut banni de son pays par un exil peu rigoureux dans la province de Toscane ; et cette dégradation de la royauté excita si peu le ressentiment de ses sujets, qu'ils punirent de mort le turbulent Sunno, qui voulait entreprendre de venger son frère, et obéirent avec fidélité au prince placé sur le trône par le choix de Stilichon (1). Lorsque l'émigration septentrionale vint tomber sur les confins de la Gaule et de la Germanie, les Francs

---

(1) . . . . *Provincia missos*
Expellet citiùs fasces, quàm Francia reges
Quos dederis.

Claudien (1 cons. *Stilich.*, l. 1, 2-35, etc.) est clair et satisfaisant. Ces rois des Francs sont inconnus à saint Grégoire de Tours; mais l'auteur des *Gesta Francorum* parle de Sunno et de Marcomir, et nomme le dernier comme le père de Pharamond (t. II, p. 543). Il semble avoir écrit d'après de bons guides qu'il ne comprenait pas.

attaquèrent avec impétuosité les Vandales, qui, oubliant les leçons de l'adversité, s'étaient encore séparés de leurs alliés. Ils payèrent cher leur imprudence; Godigisclus leur roi et vingt mille guerriers furent tués sur le champ de bataille. Toute la nation aurait probablement été détruite si les escadrons des Alains, accourant à leur secours, n'eussent passé sur le corps de l'infanterie des Francs. Ceux-ci, après une honorable résistance, furent contraints d'abandonner un combat inégal. Les alliés victorieux continuèrent leur route; et le dernier jour de l'année, dans une saison où les eaux du Rhin étaient probablement glacées, ils entrèrent sans opposition dans les provinces désarmées de la Gaule. Ce passage mémorable des Suèves, des Vandales, des Alains et des Bourguignons, qui ne se retirèrent plus, peut être considéré comme la chute de l'empire romain dans les pays au-delà des Alpes; et dès ce moment, les barrières qui avaient séparé si long-temps les peuples sauvages des nations civilisées, furent anéanties pour toujours (1).

Désolation de la Gaule. A. D. 407, etc.

Tandis que la fidélité des Francs et la neutralité des Allemands semblaient assurer la paix de la Ger-

---

(1) *Voyez* Zozime (l. VI, p. 377.), Orose (l. VII, c. 40, p. 576) et les Chroniques. Saint Grégoire de Tours (l. II, c. 9, p. 165., dans le second volume des historiens de France) a conservé un fragment précieux de Renatus Profuturus Frigeridus, dont les trois noms annoncent un chrétien, un sujet romain et un demi-barbare.

manie, les sujets de Rome, ignorant le danger qui les menaçait, jouissaient d'une douce sécurité, à laquelle les frontières de la Gaule étaient peu accoutumées. Leurs troupeaux paissaient librement sur le terrain des Barbares, et les chasseurs s'enfonçaient sans crainte et sans danger dans l'obscurité de la forêt Hercynienne (1). Les bords du Rhin étaient, comme ceux du Tibre, couverts de maisons élégantes et de fermes bien cultivées ; et le poëte qui descendit cette rivière, put demander lequel des deux côtés appartenait aux Romains (2). Cette scène de paix et d'abondance se changea tout à coup en un désert, et l'affreux aspect des ruines fumantes distinguait seul les pays désolés par les hommes, de ceux que la nature avait rendus solitaires. La florissante ville de Mayence fut surprise et détruite, et des milliers de chrétiens furent inhumainement égorgés dans l'église. Worms succomba après un siége long

---

(1) Claudien (1 *cons. Stilich.*, l. 1, 221, et l. 11, 186) fait le tableau de la paix et du bonheur des frontières de la Gaule. L'abbé Dubos (*Hist. crit.*, etc., t. 1, p. 174) voudrait substituer *Alba* (un ruisseau inconnu des Ardennes) au lieu d'*Albis*, et appuie sur les dangers que les troupeaux de la Gaule auraient couru en paissant au-delà de l'Elbe. La remarque est passablement ridicule. En style poétique, l'Elbe ou la forêt Hercynienne signifient tous les bois ou rivières de la Germanie. Claudien n'est pas de force à supporter le rigoureux examen de nos antiquaires.

(2) . . . . : *Geminasque viator*
Cùm videat ripas, quæ sit romana requirat.

et opiniâtre; Strasbourg, Spire, Reims, Tournai, Arras, Amiens, subirent, en gémissant, le joug des cruels Germains; et le feu dévorant de la guerre s'étendit des bords du Rhin dans la plus grande partie des dix-sept provinces de la Gaule. Les Barbares se répandirent dans cette vaste et opulente contrée jusqu'à l'Océan, aux Alpes et aux Pyrénées, chassant devant eux la multitude confuse des évêques, des sénateurs, des femmes, des filles, tous chargés des dépouilles de leurs maisons et de leurs autels (1). Les ecclésiastiques qui nous ont laissé la description vague des calamités publiques, saisirent cette occasion pour exhorter les chrétiens à se repentir des péchés qui attiraient la vengeance du Tout-Puissant, et à renoncer aux jouissances précaires d'un monde trompeur et corrompu; mais comme la controverse de Pélage (2), qui prétend sonder le mystère de la grâce et de la prédestination, devint bientôt la plus sérieuse affaire du clergé latin, la

---

(1) Saint Jérôme, t. I, p. 93. *Voyez* le premier volume des historiens de France, p. 777-782; les extraits exacts du poëme *de Providentiâ divinâ;* et Salvien. Le poëte anonyme était lui-même captif avec son évêque et ses concitoyens.

(2) La doctrine de Pélage, qui fut discutée pour la première fois A. D. 405, fut aussi condamnée, dans l'espace de dix ans, à Rome et à Carthage. Saint Augustin combattit et triompha; mais l'Église grecque favorisa son adversaire; et, ce qui est assez particulier, le peuple ne prit aucune part à une dispute qu'il ne comprenait pas.

Providence, qui avait ordonné, prévu ou permis cette suite de maux physiques et moraux, fut audacieusement citée au tribunal d'une raison imparfaite et trompeuse. Les peuples, aigris par le malheur, comparaient leurs maux et leurs crimes à ceux de leurs ancêtres, et blâmaient la justice divine, qui souffrait que la destruction générale s'étendît sur la faiblesse et sur l'innocence, et qui n'en préservait pas même les enfans. Ces raisonneurs aveugles oubliaient que les lois invariables de la nature ont attaché la paix à l'innocence, l'abondance à l'industrie, et la sûreté à la valeur. La politique timide et égoïste de la cour de Ravenne pouvait rappeler les troupes palatines pour la défense de l'Italie. Le reste des troupes stationnaires aurait été sans doute insuffisant pour la défendre, et les auxiliaires barbares pouvaient préférer la licence illimitée du brigandage aux bénéfices modestes d'une paye régulière; mais les provinces de la Gaule étaient remplies d'une race nombreuse d'hommes jeunes, robustes et vigoureux, qui, s'ils avaient osé braver la mort pour défendre leurs maisons, leurs familles et leurs autels, auraient mérité d'obtenir la victoire. La connaissance du pays leur aurait constamment fourni des obstacles insurmontables à opposer aux progrès des usurpateurs; et les Barbares, manquant également d'armes et de discipline, ôtaient aux Gaulois le seul prétexte qui puisse excuser la soumission d'une contrée populeuse à une armée inférieure en nombre. Lorsque Charles-Quint fit une invasion en

France, il demanda d'un ton présomptueux à un prisonnier, combien on comptait de journées de la frontière à Paris : « Douze au moins, lui répondit fièrement le soldat, si votre majesté les compte par les batailles (1). » Telle fut la réponse hardie qui rabattit l'orgueil de ce monarque ambitieux. Les sujets d'Honorius et ceux de François Ier étaient animés d'un esprit bien différent. En moins de deux ans, les bandes séparées des sauvages de la mer Baltique, dont le nombre, en l'examinant de bonne foi, ne paraîtrait pas digne de la moindre crainte, pénétrèrent sans combattre jusqu'au pied des Pyrénées.

Révolte de l'armée bretonne. A. D. 407.

Dans les premières années du règne d'Honorius, la vigilance de Stilichon avait défendu avec succès l'île de la Bretagne contre les ennemis que lui envoyaient sans cesse l'Océan, les montagnes et la côte d'Irlande (2); mais ces Barbares inquiets ne négligè-

---

(1) *Voyez* les *Mémoires de Guillaume du Bellay*, l. vi.

(2) Claudien, 1 cons. *Stilich.*, l. ii, 250. On suppose que les Écossais, alors fixés en Irlande, firent une invasion par mer, et occupèrent toute la côte occidentale de l'île de la Bretagne ; on peut accorder quelque confiance même à Nennius et aux traditions irlandaises. (*Histoire d'Angleterre*, par Carte, vol. 1, p. 169; *Histoire des Bretons*, par Whitaker, p. 199.) Les soixante-six Vies de saint Patrice, qui existaient dans le neuvième siècle, devaient contenir autant de milliers de mensonges. Cependant nous pouvons croire que, dans une de ces excursions des Irlandais, le futur apôtre fut emmené captif. Usher, *Antiq. eccles. Britan.*, p. 431; et Tillemont, *Mém. ecclés.*, t. xvi, p. 456--782, etc.

rent pas l'occasion de la guerre des Goths, qui dégarnit de troupes les murailles et les postes défendus par les Romains. Lorsque quelque légionnaire obtenait la liberté de revenir de l'expédition d'Italie, ce qu'il racontait de la cour et du caractère d'Honorius devait naturellement affaiblir le sentiment du respect et de la soumission, et enflammer le caractère séditieux de l'armée bretonne. La violence capricieuse des soldats ranima l'esprit de révolte qui avait troublé le règne de Gallien, et les candidats infortunés et peut-être ambitieux qu'ils honoraient de leur choix fatal, devenaient tour à tour les instrumens et ensuite les victimes de leurs fureurs (1). Marcus fut le premier qu'ils placèrent sur le trône comme légitime empereur de la Bretagne et de l'Occident. Les soldats violèrent bientôt, en lui donnant la mort, le serment de fidélité qu'ils s'étaient imposé volontairement, et la censure qu'ils ont faite de ses mœurs semblerait attacher à sa mémoire un témoignage qui l'honore. Gratien fut le second qu'ils décorèrent de la pourpre et du diadême; et quatre mois après, Gratien éprouva le sort de son prédécesseur. Le souvenir du grand Constantin, que les légions de la Bretagne avaient donné à l'Église et à

---

(1) Les usurpateurs bretons sont cités par Zozime (l. vi, p. 371-375); Orose (l. vii, c. 40, p. 576, 577); Olympiodore (*apud Photium*, p. 180, 181); les historiens ecclésiastiques et les Chroniques. Les Latins ne parlent point de Marcus.

l'empire, leur suggéra le bizarre motif de la troisième élection. Elles découvrirent dans leurs rangs un simple soldat qui portait le nom de Constantin, et leur impatiente légèreté l'avait placé sur le trône avant d'apercevoir son incapacité à soutenir la gloire d'un si beau nom (1). Cependant Constantin eut une autorité moins précaire et plus de succès que ses deux prédécesseurs. Les exemples récens de l'élévation et de la chute de Marcus et de Gratien lui firent sentir le danger de laisser ses soldats dans l'inaction d'un camp deux fois souillé de sang et troublé par la sédition, et il résolut d'entreprendre la conquête des provinces de l'Occident. Constantin prit terre à Boulogne, suivi d'un petit nombre de troupes; après s'être reposé quelques jours, il somma celles des villes de la Gaule qui avaient échappé au joug des Barbares de reconnaître leur souverain légitime, et elles obéirent sans résistance. L'abandon où les laissait la cour de Ravenne, relevait suffisamment du serment de fidélité des peuples oubliés par leur souverain. Leur triste situation les disposait à accepter tous les changemens sans crainte, et peut-être avec quelques mouvemens d'espérance; on pouvait se flatter que les troupes, l'autorité ou

---

(1) *Cùm in Constantino* inconstantiam..... *execrarentur.* Sidonius-Apollinaris, l. v, *epist.* 9, p. 139, *edit. secund.* Sirmond. Cependant Sidonius a pu être tenté de saisir l'occasion de ce jeu de mots pour noircir un prince qui avait dégradé son grand-père.

même le nom d'un empereur romain qui fixait sa résidence dans la Gaule, défendraient ce malheureux pays de la fureur des Barbares. Les premiers succès de Constantin contre quelques partis de Germains prirent, en passant par la bouche des flatteurs, l'importance de victoires brillantes et décisives ; mais l'audace des ennemis, réunis enfin en corps d'armées, les réduisit bientôt à leur juste valeur. A force de négociations, il obtint une trêve courte et précaire ; et si quelques tribus de Barbares, séduites par ses dons et ses promesses, consentirent à entreprendre la défense du Rhin, ces traités incertains et ruineux, au lieu de rendre la sûreté aux frontières de la Gaule, ne servirent qu'à avilir la majesté du souverain et à épuiser les restes du trésor public. Enorgueilli toutefois par ce triomphe imaginaire, le soi-disant libérateur de la Gaule s'avança dans les provinces méridionales pour parer à un danger plus pressant et plus personnel. Sarus le Goth avait reçu l'ordre d'apporter la tête de Constantin aux pieds de l'empereur Honorius ; et cette querelle intestine consuma sans gloire les forces de la Bretagne et de l'Italie. Après la mort de ses deux plus braves généraux, Justinien et Nevigastes, dont le premier perdit la vie sur le champ de bataille, et l'autre par trahison dans une entrevue, le nouveau monarque d'Occident se retira dans les fortifications de Vienne. L'armée impériale l'attaqua sept jours de suite sans succès, et, forcée de se retirer avec précipitation, fut honteusement obligée de payer aux brigands et aux aventuriers des Alpes la sûreté de son passage (1). Ces montagnes séparaient alors les États des deux monarques rivaux ; et les fortifications de cette double frontière étaient gardées par les troupes de l'empire, qui auraient été plus utilement employées à chasser de ses provinces les Scythes et les Germains.

Constantin soumet l'Espagne. A. D. 408.

Du côté des Pyrénées, la proximité du danger pouvait justifier l'ambition de Constantin ; mais sa puissance se trouva bientôt affermie par la conquête ou plutôt par la soumission de l'Espagne, qui suivit l'influence d'une subordination habituelle, et reçut les lois et les magistrats de la préfecture de la Gaule. Le seul obstacle qu'éprouva son autorité ne vint ni de la force du gouvernement, ni du courage des peuples, mais du zèle et de l'intérêt personnel de la famille de Théodose (2). Quatre frères, parens de l'empereur défunt, avaient obtenu, par sa faveur, un rang honorable et d'amples possessions dans leur pays natal ; et cette jeunesse reconnaissante était déterminée à employer ses bienfaits au service de son fils. Après des efforts inutiles pour repousser l'u-

---

(1) *Bagaudæ* est le nom que Zozime leur donne ; peut-être en méritaient-ils un moins odieux. *Voyez* Dubos (*Histoire critique*, t. 1, p. 203) et cette Histoire ; nous aurons encore occasion d'en parler.

(2) Vernianus, Didyme, Théodose et Lagodius, qui dans nos cours modernes seraient décorés du titre de princes du sang, n'étaient distingués ni par le rang ni par les priviléges au-dessus de leurs concitoyens.

surpateur avec le secours des troupes stationnées en Lusitanie, ils se retirèrent dans leurs domaines, où ils levèrent et armèrent à leurs dépens un corps considérable de paysans et d'esclaves, avec lesquels ils s'emparèrent hardiment des passages et des postes fortifiés des Pyrénées. Le souverain de la Gaule et de la Bretagne, alarmé de cette révolte, soudoya une armée de Barbares auxiliaires pour achever la conquête de l'Espagne. On les distinguait par la dénomination d'*Honoriens*, qui semblait devoir leur rappeler la fidélité due au souverain légitime (1); et si l'on peut supposer que les Écossais furent entraînés par un sentiment de partialité pour un prince breton, les Maures et les Marcomans n'avaient pas cette excuse; mais ils cédèrent aux profusions de l'usurpateur, qui distribuait aux Barbares les honneurs militaires et même les emplois civils de l'Espagne. Les neuf bandes d'Honoriens, dont il est aisé de trouver la place dans l'état militaire de l'empire d'Occident, n'excédaient pas le nombre de cinq mille hommes, et cependant cette force peu redoutable suffit pour terminer une guerre qui avait menacé la puissance et la sûreté de Constantin. L'armée rustique

---

(1) Ces *Honoriani* ou *Honoriaci* consistaient en deux bandes d'Écossais ou Attacotti, deux de Maures, deux de Marcomans, les Victores, les Ascarii et les Gallicani. *Notit. imperii*, sect. 38, édit. Lab. Ils faisaient partie des cinquante-cinq *auxilia Palatina*, et sont proprement dénommés εν τα αυλη ταξεις par Zozime, l. vi, p. 374.

des parens de Théodose fut environnée et détruite dans les montagnes des Pyrénées. Deux des frères eurent le bonheur de se réfugier par mer en Italie et en Orient : les deux autres, après quelques délais, furent exécutés à Arles. Si Honorius demeurait insensible aux calamités publiques, il dut peut-être au moins déplorer le malheur particulier de ses généreux parens. Tels furent les faibles moyens qui décidèrent à qui resterait la possession des provinces occidentales de l'Europe, depuis le mur d'Antonin jusqu'aux colonnes d'Hercule. Les événemens de la guerre et de la paix ont sans doute été rapetissés par les écrivains de ces temps, dont les vues étroites et imparfaites ne s'étendaient point sur les causes ni sur les effets des plus importantes révolutions ; mais l'anéantissement des forces nationales avait détruit jusqu'à la dernière ressource du despotisme, et le revenu des provinces épuisées ne pouvait plus acheter le service militaire d'un peuple mécontent et pusillanime.

Négociation d'Alaric et de Stilichon.
A. D. 404-408.

Le poëte adulateur qui a attribué les victoires de Pollentia et de Vérone à l'intrépidité des Romains, précipite sur l'armée d'Alaric, fuyant hors de l'Italie, une horrible troupe de spectres enfantés par son imagination, et placés en effet avec beaucoup de vraisemblance à la suite d'une multitude de Barbares exténués par les fatigues, la famine et les maladies (1).

---

(1) . . . . *Comitatur euntem*
Pallor, et atra Fames; et saucia lividus ora
Luctus; et inferni stridentes agmine Morbi.
CLAUD., in VI cons. Honor.; 321, etc.

Dans le cours de cette expédition malheureuse, le roi des Goths doit avoir souffert une perte considérable ; il lui fallut du temps pour recruter ses soldats harassés et pour ranimer leur confiance. L'adversité avait donné au génie d'Alaric autant d'éclat que d'exercice, et la renommée de sa valeur amenait sous ses drapeaux les plus braves guerriers des Barbares, qui, depuis les bords de l'Euxin jusqu'à ceux du Rhin, étaient enflammés de l'amour des conquêtes et du brigandage. Alaric avait mérité l'estime de Stilichon, et accepta bientôt son amitié. Renonçant au service d'Arcadius, il conclut avec la cour de Ravenne un traité de paix et d'alliance par lequel l'empereur le déclarait maître général des armées romaines dans toute la préfecture d'Illyrie, telle que le ministre d'Honorius la réclamait selon les limites anciennes et véritables (1). L'irruption de Radagaise semble avoir suspendu l'exécution de ce dessein ambitieux, stipulé ou au moins inséré dans les articles du traité ; et l'on pourrait comparer la neutralité du roi des Goths à l'indifférence de César, qui, dans la conjuration de Catilina, refusa son secours et pour et contre l'ennemi de la république. Après la défaite des Vandales, Stilichon renouvela ses prétentions sur les provinces de l'Orient, nomma des magistrats

---

(1) Le comte du Buat a examiné ces obscures transactions (*Hist. des Peuples de l'Europe*, t. VII, c. 3-8, p. 69-206), et sa laborieuse exactitude peut fatiguer quelquefois un lecteur superficiel.

civils pour l'administration de la justice et des finances, et déclara qu'il lui tardait de conduire l'armée des Romains et des Goths réunis aux portes de Constantinople. Cependant la prudence de Stilichon, son aversion pour les guerres civiles et sa parfaite connaissance de la faiblesse de l'État, portent à croire que sa politique avait plus en vue de conserver la paix intérieure que de faire des conquêtes, et que son but principal était d'éloigner les forces d'Alaric de l'Italie. Ce dessein n'échappa pas long-temps à la pénétration du roi des Goths, qui, continuant d'entretenir une correspondance suspecte ou peut-être perfide avec les deux cours rivales, prolongea comme un mercenaire mécontent ses opérations languissantes en Épire et dans la Thessalie, et revint promptement demander des récompenses extravagantes pour des services imaginaires. De son camp près d'OEmone, sur les frontières de l'Italie (1), il fit passer à l'empereur de l'Occident une longue liste de promesses, de dépenses et de demandes, exigea une prompte satisfaction sur ces objets, et ne dissimula point le danger du refus. Cependant, si sa con-

---

(1) *Voyez* Zozime, l. v, p. 334, 335. Il suspend son récit peu satisfaisant, pour raconter la fable d'OEmone et du vaisseau Argo, qui fut traîné sur terre depuis le lieu où est située cette ville, jusqu'à la mer Adriatique. Sozomène (l. VIII, c. 25; l. IX, c. 4) et Socrate (l. VII, c. 10) jettent une faible lumière; et Orose (l. VII, c. 38, p. 571) est horriblement partial.

sa conduite était celle d'un ennemi, ses expressions étaient décentes et respectueuses. Alaric se déclarait modestement l'ami de Stilichon, le soldat d'Honorius; il offrait de marcher sans délai, à la tête de toutes ses troupes, contre l'usurpateur de la Gaule, et sollicitait, pour y établir à demeure sa nation, quelque canton vacant dans les provinces de l'Occident.

Les négociations de deux habiles politiques qui cherchaient à se tromper réciproquement et à en imposer au monde, seraient peut-être restées enveloppées d'un voile impénétrable et enterrées dans le secret du cabinet, si les débats d'une assemblée populaire n'avaient jeté quelques rayons de lumière sur la correspondance d'Alaric et de Stilichon. La nécessité de soutenir par quelque expédient artificiel un gouvernement qui, à raison non pas de sa modération, mais de sa faiblesse, se trouvait réduit à traiter avec ses propres sujets, avait ranimé insensiblement l'autorité du sénat de Rome; et le ministre d'Honorius consulta respectueusement le conseil législatif de la république. Stilichon assembla les sénateurs dans le palais des Césars, représenta, dans un discours étudié, l'état actuel des affaires, exposa les propositions du roi des Goths, et soumit à leur décision le choix de la paix ou de la guerre. Les pères conscrits, comme s'ils se fussent réveillés d'une léthargie de quatre cents ans, parurent inspirés, dans cette importante occasion, plutôt par le courage que par la sagesse de leurs prédécesseurs; ils déclarèrent

Débats du sénat de Rome.
A. D. 408.

hautement, soit par des discours prononcés avec calme, soit par des acclamations tumultueuses, qu'il était indigne de la majesté de Rome d'acheter une trêve honteuse d'un roi barbare, et qu'un peuple magnanime devait toujours préférer le hasard de sa destruction à la certitude du déshonneur. Le ministre, dont les intentions pacifiques n'étaient approuvées que par quelques-unes de ses vénales et serviles créatures, essaya de calmer la fermentation générale par l'apologie suivante de sa propre conduite et même des demandes d'Alaric. « Le paiement du subside, qui semble exciter l'indignation des Romains, ne devait pas être considéré, disait-il, sous le jour odieux d'un tribut ou d'une rançon arrachée par les menaces d'un ennemi barbare. Alaric avait fidèlement soutenu les justes prétentions de la république sur les provinces usurpées par les Grecs de Constantinople ; il ne demandait qu'à stipuler une récompense de ses services ; et s'il s'était désisté de poursuivre son entreprise, sa retraite était une nouvelle preuve de son obéissance aux ordres particuliers de l'empereur lui-même. Sans chercher à dissimuler les erreurs de ce qui lui était cher, Stilichon avouait que ces ordres contradictoires avaient été obtenus par l'intercession de Sérène. La discorde des deux augustes frères, les fils de son père adoptif, avait affecté trop vivement peut-être la sensibilité de sa femme, et les sentimens de la nature l'avaient emporté trop facilement sans doute sur la loi sévère de l'intérêt public. » L'autorité de Stilichon appuya des raisons spécieuses qui déguisaient faiblement les intrigues obscures de la cour de Ravenne; et, après un long débat, il obtint du sénat une sanction accordée avec répugnance. La voix du courage et de la liberté garda le silence, et l'on vota, sous le nom de subside, une somme de quatre mille livres d'or, pour assurer la paix de l'Italie et conserver l'alliance du roi des Goths. Le seul Lampadius, un des plus illustres membres de l'assemblée, persista dans son refus; et après s'être écrié avec véhémence : « Ceci n'est point un traité de paix, mais un pacte d'esclavage (1), » il évita le danger d'une si audacieuse opposition par une retraite précipitée dans le sanctuaire d'une église chrétienne.

Mais le règne de Stilichon tirait à sa fin, et l'orgueilleux ministre pouvait apercevoir les premiers symptômes de sa disgrâce prochaine. On avait applaudi à la résistance courageuse de Lampadius; et le sénat, qui s'était depuis long-temps résigné si patiemment à la servitude, rejetait avec dédain l'offre d'une liberté honteuse et imaginaire. Les troupes qui, sous le nom de légions romaines, en possédaient encore les priviléges, voyaient avec colère la prédilection de Stilichon pour les Barbares, et le peuple

Intrigues du palais. A. D. 408, mai.

---

(1) Zozime; l. v, p. 338, 339. Il répète les expressions de Lampadius dans la langue où elles furent prononcées : *Non est ista pax, sed pactio servitutis;* et ensuite il les traduit en grec, pour la commodité de ses lecteurs.

dégénéré imputait à la pernicieuse politique du ministre, des malheurs, suite naturelle de sa propre lâcheté. Cependant Stilichon aurait pu braver encore les clameurs du peuple, et même des soldats, s'il eût pu conserver son empire sur l'esprit de son faible pupille; mais le respectueux attachement d'Honorius s'était changé en crainte, en soupçons et en haine. Le perfide Olympius (1), qui cachait ses vices sous le masque de la piété chrétienne, avait sourdement déchiré le bienfaiteur dont il tenait la place honorable qu'il occupait dans le palais impérial. L'indolent Honorius, qui accomplissait sa vingt-cinquième année, apprit d'Olympius, avec étonnement, qu'avec le nom d'empereur il n'en possédait ni l'autorité ni la considération. Le rusé courtisan alarma adroitement la timidité de son maître par une peinture animée des desseins de Stilichon, qui méditait disait-il, la mort de son souverain, dans l'espérance de placer le diadême sur la tête de son fils Eucherius. Le nouveau favori engagea l'empereur à prendre le

---

(1) Il venait de la côte de l'Euxin, et exerçait un emploi distingué, λαμπρας δε στρατειας εν τοις βασιλειοις αξιουμενος. Ses actions justifient le caractère que prend plaisir à lui attribuer Zozime (l. v, 340). Saint Augustin révérait la piété d'Olympius, qu'il appelle un vrai fils de l'Église. (Baron., *Annal. ecclés.*, A. D. 408, n° 19, etc.; Tillemont, *Mém. ecclés.*, t. XIII, p. 467, 468.) Mais les louanges que le saint d'Afrique prostitue si mal à propos, venaient peut-être autant de son ignorance que de son adulation.

ton de l'indépendance et de la dignité ; et le ministre vit avec surprise la cour et le conseil former en secret des desseins opposés à ses intérêts ou à ses intentions. Au lieu de fixer sa résidence dans le palais de Rome, Honorius déclara qu'il voulait retourner dans l'asile plus sûr de la forteresse de Ravenne. Dès qu'il apprit la mort de son frère Arcadius, il résolut de partir pour Constantinople, et d'administrer, en qualité de tuteur, les provinces de Théodose encore dans l'enfance (1). Des représentations sur les dépenses et sur la difficulté de cette expédition lointaine réprimèrent cette étrange saillie d'activité ; mais il demeura inébranlable dans le périlleux projet de se montrer aux troupes du camp de Pavie, entièrement composées de légions romaines, ennemies de Stilichon et de ses auxiliaires barbares. L'habile et pénétrant Justinien, célèbre avocat de Rome et confident du ministre, pressa son protecteur d'empêcher un voyage si dangereux pour sa gloire et pour sa sûreté ; mais les inutiles efforts de Stilichon ne servirent qu'à confirmer le triomphe d'Olympius, et le prudent jurisconsulte abandonna son patron, dont la ruine lui paraissait inévitable.

---

(1) Zozime, l. v, p. 338, 339 ; Sozomène, l. ix, c. 4. Stilichon, pour détourner Honorius de cette vaine entreprise, offrit de faire lui-même le voyage de Constantinople. L'empire d'Orient n'aurait point obéi, et il n'était pas en état d'en faire la conquête.

Disgrâce et mort de Stilichon.
A. D. 408, août 23.

Dans le passage de l'empereur à Bologne, Stilichon apaisa une sédition des gardes, que sa politique l'avait engagé à exciter sourdement. Il annonça aux soldats la sentence qui les condamnait à être décimés, et se fit un mérite vis-à-vis d'eux d'en avoir obtenu la révocation. Lorsque ce tumulte eut cessé, Honorius embrassa pour la dernière fois le ministre qu'il ne considérait plus que comme un tyran, et poursuivit sa route vers Pavie, où il fut reçu aux acclamations de toutes les troupes rassemblées pour secourir la Gaule. Le quatrième jour, le monarque prononça, en présence des soldats, une harangue militaire, composée par Olympius, qui, par ses charitables visites et ses discours artificieux, avait dû les engager dans une odieuse et sanglante conspiration. Au premier signal, ils massacrèrent les amis de Stilichon, les officiers les plus distingués de l'empire, les deux préfets du prétoire de l'Italie et de la Gaule, deux maîtres généraux de la cavalerie et de l'infanterie, le maître des offices, le questeur, le trésorier et le comte des domestiques. Un grand nombre de citoyens perdirent la vie, beaucoup de maisons furent pillées, et le tumulte dura jusqu'à la nuit. Le monarque épouvanté, qu'on avait vu dans les rues de Pavie sans diadême et dépouillé de la pourpre impériale, céda aux conseils de son favori, condamna la mémoire des victimes, et reconnut publiquement l'innocence et la fidélité des assassins. La nouvelle du massacre de Pavie remplit l'âme de Stilichon des plus justes et des plus sinistres appréhensions. Il assembla sur-le-champ, dans le camp de Bologne, un conseil des chefs confédérés attachés à sa personne, et qui devaient craindre de se trouver enveloppés dans sa ruine. « Aux armes! à la vengeance! » furent les premiers cris que fit entendre cette impétueuse assemblée : ils voulaient marcher sans délai sous les étendards d'un héros qui les avait si souvent conduits à la victoire; surprendre, saisir et exterminer le perfide Olympius et ses méprisables Romains, et peut-être assurer le diadême sur la tête de leur général outragé. Au lieu d'exécuter une résolution qui pouvait être justifiée par le succès, Stilichon hésita jusqu'au moment où sa perte devint inévitable. Il ignorait encore le sort de l'empereur, se méfiait de son propre parti, et considérait avec horreur le danger d'armer une multitude de Barbares indisciplinables contre les soldats et les peuples de l'Italie. Les chefs, irrités de ses doutes et de ses délais, se retirèrent frappés de crainte et enflammés d'indignation. A minuit, Sarrus, guerrier de la nation des Goths, et renommé, même parmi eux, pour sa force et son intrépidité, entra tout à coup à main armée dans le camp de son bienfaiteur, pilla le bagage, tailla en pièces les fidèles Huns qui lui servaient de gardes, et pénétra jusque dans la tente où le ministre inquiet et pensif réfléchissait aux dangers de sa situation. Stilichon échappa avec difficulté à la fureur des assassins, et, après avoir fait publier un généreux et dernier avis à toutes les villes d'Italie de fermer leurs portes aux Barbares, sa confiance ou son désespoir le conduisit à Ravenne; déjà occupée par ses ennemis. Olympius, qui exerçait déjà toute l'autorité de l'empereur, apprit bientôt que son rival s'était réfugié dans l'église de Ravenne. Bas et cruel, l'hypocrite Olympius était également incapable de remords et de compassion; mais, voulant conserver une apparence de piété, il tâcha d'éluder les privilèges d'un asile qu'il feignait de respecter. Le comte Héraclien, suivi d'une troupe de soldats, parut au point du jour devant les portes de l'église de Ravenne; et un serment solennel persuada à l'évêque que l'empereur avait seulement ordonné de s'assurer de la personne de Stilichon; mais dès que l'infortuné ministre eut passé le seuil consacré, le commandant perfide montra la sentence qui le condamnait à mourir sur-le-champ. Stilichon souffrit avec tranquillité les noms injurieux de traître et de parricide, réprima le zèle inutile de sa suite prête à mourir pour le sauver, et tendit le cou au glaive avec une fermeté digne du dernier général des

Sa mémoire est diffamée.

Romains (1).

La foule servile du palais, qui avait si long-temps

---

(1) Zozime (l. v, p. 336-345) a très-longuement, mais très-obscurément raconté la disgrâce et la mort de Stilichon. Olympiodore (*apud Photium*, p. 177), Orose (l. vii, c. 38, p. 571, 572), Sozomène (l. ix, c. 4) et Philostorgius (l. xi, c. 3; l. xii, c. 2) y suppléent un peu dans leurs différens passages.

adoré la fortune de Stilichon, affecta d'insulter à son malheur; et la liaison la plus éloignée avec le grand-maître de l'Occident, considérée peu de jours avant comme un moyen de parvenir aux honneurs et aux richesses, fut désormais désavouée avec soin et punie avec rigueur. Sa famille, unie par une triple alliance à celle de Théodose, se voyait réduite à envier le sort des derniers habitans des campagnes. Son fils Eucherius fut arrêté dans sa fuite, et la mort de ce jeune homme innocent suivit de près le divorce de Thermantia, qui avait pris la place de sa sœur Marie, et avait conservé, comme elle, sa virginité dans le lit impérial (1). L'implacable Olympius persécuta tous ceux des amis de Stilichon qui avaient échappé au massacre de Pavie, et employa les plus cruelles tortures pour leur arracher l'aveu d'une conspiration sacrilége. Ils moururent en silence. Leur fermeté justifie le choix (2) de leur protecteur, et prouve peut-être son innocence; le despotisme

---

(1) Zozime, l. v, p. 333. Le mariage d'un prince chrétien avec deux sœurs scandalise Tillemont (*Hist des Emper.*, t. v, p. 557), qui prétend que le pape Innocent 1er aurait dû faire quelque démarche relative à une dispense ou à une opposition.

(2) Zozime parle honorablement de deux de ses amis (l. v, p. 346), Pierre, chef de l'école des notaires, et le grand chambellan Deuterius. Stilichon s'était assuré un appui dans la chambre à coucher de l'empereur; et il est étonnant que sous un prince faible cet appui ne l'ait point sauvé.

qui, après lui avoir ôté la vie sans examen, a flétri sa mémoire sans preuves, n'a aucun pouvoir sur le suffrage impartial de la postérité (1). Les services de Stilichon sont grands et manifestes ; ses crimes, vaguement énoncés par la voix de la haine ou de l'adulation, sont pour le moins douteux et invraisemblables. Quatre mois environ après sa mort, un édit publié au nom d'Honorius, rétablit entre les deux empires la communication si long-temps interrompue par *l'ennemi public* (2). On accusait le ministre, dont la gloire et la fortune étaient liées avec la prospérité publique, d'avoir livré l'Italie aux Barbares qu'il avait vaincus successivement à Pollentia, à Vérone et sous les murs de Florence. Son prétendu dessein de placer le diadême sur la tête de son fils Eucherius, ne pouvait avoir été conduit sans complices et sans préparations. Stilichon, avec de semblables vues, n'aurait pas laissé le futur empereur jusqu'à la vingtième année de sa vie dans le poste obscur de tribun des notaires. La haine d'Olympius attaqua jusqu'aux sentimens religieux de son rival ; et le clergé, en célébrant dévotement le jour heu-

---

(1) Orose (l. VII, c. 38, p. 571, 572) semble copier les manifestes faux et violens que la nouvelle administration répandait dans les provinces.

(2) Voyez *Cod. Theod.*, l. VII, tit. 16, leg. 1 ; l. IX, tit. 42, leg. 22. Stilichon est désigné par le nom de *prædo publicus*, qui employait ses richesses *ad omnem ditandam, inquietandamque Barbariem.*

reux qui en avait délivré presque miraculeusement l'Église, assura que si Eucherius eût régné, le premier acte de sa puissance aurait été de rétablir le culte des idoles et de renouveler les persécutions contre les chrétiens. Le fils de Stilichon avait cependant été élevé dans le sein du christianisme, que son père avait toujours professé et soutenu avec zèle (1). Le magnifique collier de Sérène venait de la déesse Vesta (2), et les païens abhorraient la mémoire d'un ministre sacrilége, qui avait livré aux flammes les livres prophétiques de la sibylle, regardés comme les oracles de Rome (3). La puissance et l'orgueil de Stilichon firent tout son crime. Sa généreuse répugnance à verser le sang de ses concitoyens paraît

---

(1) Saint Augustin lui-même est satisfait des lois promulguées par Stilichon contre les hérétiques et les idolâtres, lesquelles existent encore dans le code. Il s'adresse à Olympius, seulement pour en obtenir la confirmation. Baronius, *Annal. eccles.*, A. D. 408, n° 19.

(2) Zozime, l. v, p. 351. Nous pouvons observer, comme une preuve du mauvais goût de ce siècle, la bizarre magnificence avec laquelle on décorait alors les statues.

(3) *Voyez* Rutilius Numatianus (*Itiner.*, l. II, p. 41-60), à qui l'enthousiasme religieux avait dicté quelques vers élégans et expressifs. Stilichon dépouilla aussi les portes du Capitole des lames d'or dont elles étaient ornées, et lut une sentence prophétique gravée à la place qu'elles recouvraient (Zozime, l. v, p. 352). Ces histoires sont ridicules; cependant l'accusation d'impiété, portée par Zozime, donne du poids à l'éloge qu'il accorde ensuite à regret aux vertus de ce ministre.

avoir contribué au succès de son indigne rival ; et la postérité, pour dernière preuve du mépris que méritait le caractère d'Honorius, n'a pas daigné lui reprocher sa basse ingratitude envers le protecteur de sa jeunesse et le soutien de son empire.

Le poëte Claudien.

Parmi ceux de ses protégés dont le rang et la fortune ont mérité l'attention de leur siècle, notre curiosité se porte sur le célèbre poëte Claudien, qui, après avoir joui de la faveur de Stilichon, fut entraîné dans la chute de son bienfaiteur. Les titres de tribun et de notaire lui donnaient un rang à la cour impériale. Par la puissante intervention de Sérène, il épousa une héritière opulente d'une province d'Afrique (1) ; et la statue de Claudien, élevée dans le Forum de Trajan, atteste le goût et la libéralité du sénat de Rome (2). Lorsque l'éloge de Stilichon devint un crime, Claudien se trouva exposé à la ven-

---

(1) Aux noces d'Orphée (la comparaison est modeste), toutes les parties de la nature animée contribuèrent de quelques dons ; et les dieux eux-mêmes enrichirent leur favori. Claudien n'avait ni troupeaux, ni vignes, ni oliviers ; l'opulente héritière possédait tous ces biens ; mais il porta en Afrique une lettre de recommandation de la part de Sérène, sa Junon, et il devint heureux. *Epist.* 2, *ad Serenam.*

(2) Claudien a pour cet honneur la sensibilité d'un homme qui le mérite (*in præfat. Bell. get.*). L'inscription sur marbre fut trouvée à Rome dans le quinzième siècle, et dans la maison de Pomponius-Lætus. La statue d'un poëte infiniment supérieur à Claudien a dû être élevée durant sa vie par des hommes de lettres, ses compatriotes et ses contemporains ; c'était un noble projet.

geance d'un courtisan puissant, qui ne pardonnait pas à l'esprit du poëte de s'être exercé à ses dépens. Il avait comparé, dans une épigramme, les caractères opposés de deux préfets du prétoire de l'Italie, et fait contraster le repos innocent du philosophe qui donne quelquefois au sommeil, ou peut-être à l'étude, des heures destinées aux affaires publiques, avec l'activité funeste d'un ministre avide et infatigable dans l'exercice de sa rapacité. « Peuples de l'Italie, dit Claudien, faites des vœux pour que Mallius veille sans cesse, et qu'Adrien dorme toujours (1) ! » Ce reproche doux et amical ne troubla point le repos de Mallius ; mais la cruelle vigilance d'Adrien épia l'occasion de se venger, et obtint sans peine, des ennemis de Stilichon, le faible sacrifice d'un poëte indiscret. Claudien se tint caché durant le tumulte de la révolution ; et, consultant plus les règles de la prudence que les lois de l'honneur, il envoya au préfet offensé un humble et suppliant désaveu en forme d'épître. Claudien déplore tristement l'impru-

---

(1) *Voyez* Épigramme 30 :

Mallius indulget somno noctesque diesque :
Insomnis Pharius sacra, profana, rapit.
Omnibus, hoc, Italæ gentes, exposcite votis,
Mallius ut vigilet, dormiat ut Pharius.

Adrien était un Pharien (d'Alexandrie). *Voyez* sa vie dans Godefroy (*Cod. Theod.*, t. VI, p. 364). Mallius ne dormait pas toujours ; il a composé des dialogues écrits avec élégance, sur les systèmes grecs de la philosophie naturelle. Claudien, *in Mall. Theod. consul.*, 61-112.

dence où l'entraîna une colère insensée; et, après avoir présenté à son adversaire les généreux exemples de la clémence des dieux, des héros et des lions, il ose espérer que le magnanime Adrien dédaignera d'écraser un infortuné obscur, suffisamment puni par la disgrâce et la pauvreté, et profondément affligé de l'exil, des tortures et de la mort de ses amis les plus intimes (1). Quels qu'aient été le succès de cette prière et la destinée du reste de sa vie, il est constant que, sous peu d'années, la mort réduisit le ministre et le poëte à l'état d'égalité ; mais le nom d'Adrien est presque inconnu, et on lit encore Claudien avec plaisir dans tous les pays qui ont conservé ou acquis la connaissance de l'idiome latin. Après avoir balancé avec impartialité son mérite et ses défauts, nous devons avouer que Claudien ne satisfait ni ne subjugue la raison. Il serait difficile de trouver dans ses œuvres un de ces passages qui méritent l'épithète de sublime ou de pathétique. On n'y rencontre point de ces vers qui pénètrent l'âme ou agrandissent l'imagination. Nous chercherions en vain dans ses poëmes l'invention heureuse ou la conduite ingénieuse d'une fable intéressante, ou la peinture juste et frappante des caractères et des situations de la vie réelle. Il publia en faveur de Stilichon beaucoup de panégyriques et de satires, et le but de ces

---

(1) *Voyez* la première épître de Claudien. Elle trahit cependant la répugnance qu'il voudrait cacher. L'ironie et l'indignation semblent percer dans quelques passages.

compositions serviles se trouva d'accord avec le penchant qu'il avait à sortir des bornes de la vérité et de la nature. Ces imperfections sont toutefois compensées, à quelques égards, par le mérite poétique de Claudien. Il avait le rare et précieux talent d'ennoblir le sujet le plus ignoble, d'orner le plus sec et de varier le plus monotone. Son coloris, surtout dans les descriptions, est brillant et doux ; et il manque rarement l'occasion de déployer, souvent même jusqu'à l'abus, les avantages d'un esprit orné, d'une imagination féconde, d'une expression facile et quelquefois énergique, enfin d'une versification toujours abondante et harmonieuse. A cet éloge indépendant des accidens de temps et de lieu, nous devons ajouter le mérite particulier qui sut vaincre les circonstances défavorables de sa naissance. Claudien était né en Égypte (1), dans le déclin des arts et de l'empire. Après avoir reçu une éducation grecque, il acquit, dans la maturité de son âge, la connaissance et l'usage de la langue latine (2), s'éleva au-dessus de

---

(1) La vanité nationale en a fait un Florentin ou un Espagnol ; mais la première épître de Claudien atteste qu'il est né à Alexandrie. Fabricius, *Bibl. lat.*, t. III, p. 192-202, édit. Ernesti.

(2) Ses premiers vers latins furent composés sous le consulat de Probinus (A. D. 395).

Romanos bibimus primùm, te consule, fontes,
   Et latiæ cessit Thalia graia togæ.

Outre ses épigrammes qui existent encore, le poëte latin

ses faibles contemporains, et se plaça, après un intervalle de trois cents ans, au nombre des poëtes de l'ancienne Rome (1).

---

a composé en grec les antiquités de Tarse, d'Anazarbe, de Béryte et de Nicée, etc. Il est plus aisé de remplacer la perte d'une belle poésie que celle d'une histoire authentique.

(1) Strada (*Prolusion*, v, vi) le place en concurrence avec Lucrèce, Virgile, Ovide, Lucain et Stace. Balthasar Castiglione est son grand admirateur. Ses partisans sont très-nombreux et fort passionnés ; cependant les critiques sévères lui reprochent une profusion de fleurs exotiques et trop abondantes pour le dialecte latin.

FIN DU TOME CINQUIÈME.

TABLE DES CHAPITRES

CONTENUS DANS LE CINQUIÈME VOLUME.

    Pages

CHAPITRE XXV. Gouvernement et mort de Jovien. Élection de Valentinien. Il associe son frère Valens au trône. Division définitive des empires d'Orient et d'Occident. Révolte de Procope. Administration civile et militaire. L'Allemagne, la Bretagne, aujourd'hui Angleterre, l'Afrique, l'Orient, le Danube. Mort de Valentinien. Ses deux fils, Gratien et Valentinien, succèdent à l'empire d'Occident. 1

CHAP. XXVI. Mœurs des nations pastorales. Marche des Huns de la Chine en Europe. Défaite des Goths; ils passent le Danube. Guerre des Goths. Défaite et mort de Valens. Gratien élève Théodose sur le trône de l'empire d'Orient. Son caractère et ses succès. Paix et établissement des Goths. 125

CHAP. XXVII. Mort de Gratien. Destruction de l'arianisme. Saint Ambroise. Première guerre civile contre Maxime. Caractère, administration et pénitence de Théodose. Mort de Valentinien II. Seconde guerre civile contre Eugène. Mort de Théodose. 239

CHAP. XXVIII. Destruction totale du paganisme. Introduction du culte des saints et des reliques parmi les chrétiens. 336

CHAP. XXIX. Partage définitif de l'empire romain entre les fils de Théodose. Règne d'Arcadius et d'Honorius. Administration de Rufin et de Stilichon. Révolte et défaite de Gildon en Afrique. 387

Page

CHAP. XXX. Révolte des Goths. Ils pillent la Grèce. Deux grandes invasions de l'Italie par Alaric et Radagaise. Ils sont repoussés par Stilichon. Les Germains s'emparent de la Gaule. Usurpation de Constantin en Occident. Disgrâce et mort de Stilichon. 430

FIN DE LA TABLE DES CHAPITRES.

TABLE DES MATIÈRES

CONTENUES DANS CE VOLUME.

	Pages		Pages
État de l'Église. A. D. 363.	1	Ambition et luxe de Damase, évêque de Rome. A. D. 366-384.	54
Jovien publie une tolérance universelle.	5	Guerres étrangères. A. D. 364 - 375.	58
Son départ d'Antioche. A. D. 363, octobre.	7	Allemagne. Les Allemands envahissent la Gaule. A. D. 365.	59
Mort de Jovien. Févr. 17.	9	Leur défaite.	61
Élection et caractère de Valentinien.	12	Valentinien passe le Rhin et le fortifie. A. D. 368.	63
Valentinien est reconnu empereur par l'armée. A. D. 364, 26 février.	15	Les Bourguignons. A. D. 371.	66
Il associe son frère Valens à l'empire. A. D. 364, mars 28.	18	Les Saxons.	69
		Grande-Bretagne. Les Pictes et les Écossais.	75
Partage définitif des empires d'Orient et d'Occident. A. D. 364.	Ibid.	Leur invasion dans la Grande-Bretagne. A. D. 343 - 366.	80
Révolte de Procope. A. D. 365, septembre.	20	Théodose délivre la Grande-Bretagne. A. D. 367 - 370.	83
Sa défaite et sa mort. A. D. 366, mai 28.	26	Tyrannie de Romanus. A. D. 366, etc.	86
Recherches sévères du crime de magie à Rome et à Antioche. A. D. 373, etc.	29	Révolte de Firmus. A. D. 372.	89
Cruauté de Valens et de Valentinien. A. D. 364-375.	34	Théodose soumet l'Afrique. A. D. 373.	91
		Théodose a la tête tranchée à Carthage. A. D. 376.	93
Leurs lois et leur gouvernement.	38	État de l'Afrique.	94
Valentinien assure la tolérance religieuse. A. D. 364 - 375.	42	L'Orient. La guerre de Perse. A. D. 365 - 378.	97
		Aventures de Para, roi d'Arménie.	102
Valens professe l'arianisme, et persécute les catholiques. A. D. 367 - 378.	44	Le Danube. Conquêtes d'Hermanric.	106
Juste idée de sa persécution.	48	Motifs de la guerre des Goths. A. D. 366.	109
Valentinien.	50	Les hostilités et la paix. A. D. 367, 368, 369.	111
Valentinien réprime l'avarice du clergé. A. D. 370.	51	Guerre des Quades et des Sarmates. A. D. 374.	114

	Pages		Pages
Expédition de Valentinien. A. D. 375.	118	Victoire de Gratien sur les Allemands. A. D. 378, mai.	192
Mort de Valentinien. A. D. 375, 17 novembre.	120	Valens marche contre les Goths. A. D. 378, mai 30, juin, 11.	195
Les empereurs Gratien et Valentinien II.	121	Bataille d'Adrianople. A. D. 378, 9 août.	199
Tremblement de terre. A. D. 365, 21 juillet.	125	Défaite des Romains.	201
Les Huns et les Goths. A. D. 376.	128	Mort de l'empereur Valens.	202
Mœurs pastorales des Scythes et des Tartares.	129	Oraison funèbre de Valens et de son armée.	203
Nourriture.	131	Les Goths assiégent Adrianople.	205
Habitations.	134	Les Goths ravagent les provinces romaines. A. D. 378, 379.	208
Exercices.	137		
Gouvernement.	140		
Situation et étendue de la Scythie et de la Tartarie.	144	Massacre des jeunes Goths dans l'Asie.	210
Établissement primitif des Huns.	148	Théodose est nommé empereur de l'Orient par Gratien, empereur de l'Occident. A. D. 379, 19 janvier.	213
Leurs conquêtes dans la Scythie.	149		
Leur guerre contre les Chinois, deux cent un ans avant Jésus-Christ.	151	Naissance et caractère de Théodose.	215
Déclin et chute des Huns. Avant Jésus-Ch., 146-187.	153	Prudence de Théodose, et ses succès dans la guerre contre les Goths. A. D. 379-382.	219
Leurs émigrations. A. D. 100, etc.	157		
Les Huns blancs de la Sogdiane.	158	Dissensions, défaite et soumission des Goths. A. D. 379-382.	224
Les Huns du Volga.	160		
Les Huns subjuguent les Alains.	161	Mort et obsèques d'Athanaric. A. D. 381, 25 janv.	226
Leurs victoires sur les Goths. A. D. 375.	165	Invasion et défaite des Grunthungiens ou Ostrogoths. A. D. 386, octobre.	228
Les Goths implorent la protection de Valens. A. D. 376.	169	Établissement des Goths dans la Thrace et dans l'Asie.	232
Les Goths passent le Danube et sont reçus dans l'empire.	172	Leur disposition à la révolte.	235
Misère et mécontentement des Visigoths.	176	Caractère et conduite de l'empereur Gratien. A. D. 379-383.	239
Révolte des Goths dans la Mœsie, et leurs premières victoires.	179	Défauts de Gratien.	240
		Mécontentement des troupes romaines. A. D. 383.	243
Ils pénètrent dans la Thrace.	183	Révolte de Maxime dans la Grande-Bretagne.	245
Opérations de la guerre des Goths. A. D. 377.	186	Fuite et mort de Gratien.	247
Union des Goths avec les Huns et les Alains.	189	Traité de paix entre Théodose et Maxime. A. D. 383-387.	249

TABLE DES MATIÈRES.

	Pages		Pages
Baptême et édits orthodoxes de Théodose. A. D. 380, 28 février.	252	Victoire de Théodose sur Eugène. A. D. 394, 6 septembre.	326
Arianisme de Constantinople. A. D. 340-380.	255	Mort de Théodose. A. D. 395, 17 janvier.	330
Saint Grégoire de Nazianze.	257	Corruption du siècle.	332
Ruine de l'arianisme à Constantinople. A. D. 380, 26 novembre.	262	L'infanterie quitte son armure.	334
Concile de Constantinople. A. D. 381.	266	Destruction totale du paganisme. A. D. 378-395.	336
Retraite de saint Grégoire de Nazianze. A. D. 381.	269	État du paganisme à Rome.	337
Édits de Théodose contre les hérétiques. A. D. 380-394.	272	Le sénat demande le rétablissement de l'autel de la Victoire. A. D. 384.	341
Exécution de Priscillien et de ses associés. A. D. 385.	275	Conversion de Rome. A. D. 388, etc.	344
Saint Ambroise, évêque de Milan. A. D. 374-397.	279	Destruction des temples dans les provinces. A. D. 381.	348
Succès de sa résistance contre l'impératrice Justine. A. D. 385, 3 avril, 10 avril.	282	Le temple de Sérapis à Alexandrie.	354
		Sa destruction totale. A. D. 389.	357
Maxime fait une invasion en Italie. A. D. 387, août.	290	La religion païenne est défendue. A. D. 390.	363
Fuite de Valentinien.	292	Le paganisme persécuté.	366
Théodose arme pour secourir Valentinien. A. D. 387.	293	Le paganisme tout-à-fait aboli. A. D. 390-420, etc.	369
Défaite et mort de Maxime. A. D. 388, juin, août.	295	Culte des martyrs chrétiens.	372
Vertus de Théodose.	298	Réflexions générales.	375
Défauts de Théodose.	301	Reliques et martyrs fabuleux.	376
Sédition d'Antioche. A. D. 387, 26 février.	303	Renaissance du polythéisme.	380
Clémence de Théodose.	307	Introduction des cérémonies païennes.	383
Sédition et massacre de Thessalonique. A. D. 390.	308	Division de l'empire entre Arcadius et Honorius.	387
Influence et conduite de saint Ambroise. A. D. 388.	311	Caractère de Rufin et son administration. A. D. 386-395.	389
Pénitence de Théodose. A. D. 390.	313	Il opprime l'Orient. A. D. 395.	394
Générosité de Théodose. A. D. 388-391.	317	Son espérance est détruite par le mariage d'Arcadius.	398
Caractère de Valentinien. A. D. 391.	318	Caractère de Stilichon, ministre et général de l'empire d'Occident.	402
Mort de Valentinien, le 15 mai. A. D. 392.	321	Commandement militaire de Stilichon. A. D. 385-408.	404
Usurpation d'Eugène. A. D. 392-394.	322	Mort de Rufin. A. D. 395, 27 novembre.	407
Théodose se prépare à la guerre.	324	Discorde des deux empires. A. D. 396, etc.	412

TABLE DES MATIÈRES.

	Pages		Pages
Révolte de Gildon en Afrique. A. D. 386-398.	414	Révolutions de la Scythie. A. D. 400.	468
Il est condamné par le sénat de Rome. A. D. 397.	417	Émigration des Germains septentrionaux. A. D. 405.	470
Guerre d'Afrique. A. D. 398.	419	Radagaise fait une invasion en Italie. A. D. 406.	473
Défaite et mort de Gildon. A. D. 398.	422	Il assiége Florence.	475
Mariage et caractère d'Honorius. A. D. 398.	427	Et menace Rome.	476
Révolte des Goths. A. D. 395.	430	Son armée est vaincue et détruite par Stilichon. A. D. 406.	477
Alaric marche en Grèce. A. D. 396.	433	Le reste des Germains envahit la Gaule. A. D. 406, décembre 31.	481
Alaric est attaqué par Stilichon. A. D. 397.	439	Désolation de la Gaule. A. D. 407, etc.	484
Alaric se réfugie avec son armée en Épire.	441	Révolte de l'armée bretonne. A. D. 407.	488
Alaric est déclaré maître général de l'Illyrie orientale.	Ibid.	Constantin est reconnu en Bretagne et dans la Gaule. A. D. 407.	490
Et roi des Visigoths.	445	Constantin soumet l'Espagne. A. D. 408.	492
Il fait une invasion en Italie 400-403.	446	Négociation d'Alaric et de Stilichon. A. D. 404-408.	494
Honorius abandonne Milan. A. D. 403.	449	Débats du sénat de Rome. A. D. 408.	497
Honorius est poursuivi et assiégé par les Goths.	452	Intrigues du palais. A. D. 408, mai.	499
Bataille de Pollentia. A. D. 403, 29 mars.	455	Disgrâce et mort de Stilichon. A. D. 408, août 23.	502
Retraite hardie d'Alaric.	458	Sa mémoire est diffamée.	504
Triomphe d'Honorius à Rome. A. D. 404.	461	Le poëte Claudien.	508
Les gladiateurs abolis.	463		
Honorius fixe sa résidence à Ravenne. A. D. 404.	465		

FIN DE LA TABLE DES MATIÈRES.

ON TROUVE CHEZ LE MÊME LIBRAIRE:

DICTIONNAIRE HISTORIQUE ET BIBLIOGRAPHIQUE, contenant l'Histoire abrégée de toutes les personnes de l'un et de l'autre sexe qui se sont fait un nom par leurs talens, leurs vertus ou leurs crimes, depuis le commencement du monde, avec l'Histoire des dieux de toutes les mythologies; par Ladvocat. Nouvelle édition, revue, corrigée et augmentée, et où l'on a fondu le supplément de Leclerc. 5 vol. in-8°. 1822. 37 fr. 5o c.

L. AIMÉ-MARTIN. *Lettres à Sophie sur la Physique, la Chimie et l'Histoire naturelle*, avec des notes, par M. Patrin, de l'Institut. *Paris*, 1822. 2 v. in-8°, bien imprimés chez M. Crapelet, sur papier fin d'Annonay, ornés de 6 planches dessinées par M. Huet et par M. Bessa, imprimées en couleur, et retouchées au pinceau. 22 fr.

ESSAIS DE MICHEL DE MONTAIGNE; nouvelle édition, ornée du portrait de l'auteur, imprimée par *Firmin Didot*, sur papier fin d'Annonay. *Paris*, 1825. 8 vol. in-18. 24 fr.

LE MÊME, papier satiné. 26 fr.

LE MÉRITE DES FEMMES; nouvelle édition, augmentée de poésies inédites, par *Legouvé*. *Paris, Janet*, 1825. 1 vol. in-18, orné d'une figure. 2 fr. 5o c.

PAUL ET VIRGINIE, par Jacques-Henri Bernardin de Saint-Pierre. 1 vol. in-18, fig. *Paris, Janet*, 1823. 2 fr.

LETTRES DE MADAME DE SÉVIGNÉ, de sa Famille et de ses Amis; avec les Notes de tous les commentateurs; nouvelle édition, précédée d'un Essai biographique et littéraire, et ornée de deux portraits. 12 vol. in-8° bien imprimés sur beau papier des Vosges par *Didot aîné*, avec couvertures imprimées. *Paris, Sautelet*, 1826. 6o fr.

LES MÊMES, papier satiné. 66 fr.

ŒUVRES COMPLÈTES DE REGNARD, AVEC DES AVERTISSEMENS ET DES REMARQUES SUR CHAQUE PIÈCE, par Garnier; édition publiée par M. Lequien, et imprimée par M. Didot l'aîné. *Paris*, 1820. 6 volumes in-8° ornés d'un portrait. 24 fr.

ENCYCLOPÉDIE DOMESTIQUE. Recueil de procédés et de recettes concernant les arts et métiers, l'Économie rurale et domestique et applicables à tous les états, et dans toutes les circonstances de la vie; extraits des ouvrages spéciaux de MM. Appert, Berthollet, Bouillon-Lagrange, Buchan, Buc'hoz, Chaptal, Fourcroy, Olivier de Serre, Parmentier, Rozier, Sonnini, Thénard, Virey, etc.; par A. S***, avec une table très-détaillée, indispensable pour la prompte recherche de tous les articles, et pour la classification des matières qui appartiennent au même genre d'industrie. 3 volumes in-8°. 18 fr.

MÉMOIRE DE SULLY, principal ministre de Henri le Grand; nouvelle édition, enrichie de l'éloge de Sully, par M. le Comte Daru. 6 vol. in-8° imprimés sur papier fin d'Auvergne satiné, et ornés de deux beaux portraits. *Paris, Ledoux*; 1822. 42 fr.

LE MÊME, papier satiné. 45 fr.

www.ingramcontent.com/pod-product-compliance
Lightning Source LLC
Chambersburg PA
CBHW051124230426
43670CB00007B/664